Internationales Privatrecht und Geschäftsführerhaftung
bei Insolvenzen von Auslandsgesellschaften

Europäische Hochschulschriften

Publications Universitaires Européennes
European University Studies

Reihe II
Rechtswissenschaft

Série II Series II
Droit
Law

Bd./Vol. 5371

PETER LANG
Frankfurt am Main · Berlin · Bern · Bruxelles · New York · Oxford · Wien

Christian Grochowski

Internationales Privatrecht und Geschäftsführerhaftung bei Insolvenzen von Auslandsgesellschaften

Gläubigerschutz im englischen und deutschen Recht

PETER LANG
Internationaler Verlag der Wissenschaften

Bibliografische Information der Deutschen Nationalbibliothek
Die Deutsche Nationalbibliothek verzeichnet diese Publikation in der Deutschen Nationalbibliografie; detaillierte bibliografische Daten sind im Internet über http://dnb.d-nb.de abrufbar.

Zugl.: Köln, Univ., Diss., 2012

Gedruckt auf alterungsbeständigem, säurefreiem Papier.

D 38
ISSN 0531-7312
ISBN 978-3-631-63361-8

www.peterlang.de

Meinen Eltern

Vorwort

Die Juristische Fakultät der Universität zu Köln hat die vorliegende Arbeit im Wintersemester 2011/2012 als Dissertation angenommen. Mein besonderer Dank gilt meinem Doktorvater, Herrn Prof. Dr. Klaus Peter Berger, LL.M., der mir nicht nur die Möglichkeit zur Promotion gegeben, sondern mich bereits während meines Studiums an der Universität zu Köln sowie meines Masterstudiums an der University of Aberdeen stets gefördert hat. Dankbar verbunden bin ich auch Herrn Prof. Dr. Heinz-Peter Mansel für die rasche Erstattung des Zweitgutachtens sowie für seine wertvollen Anregungen zur Drucklegung dieser Arbeit.

Zudem bin ich meinen Freunden und Kollegen zu Dank verpflichtet, die mit vielfältiger Unterstützung zu dem Gelingen dieser Arbeit beigetragen haben. Genannt seien an dieser Stelle Frau RAin Dr. Julia Grothaus, Herr RA Florian Gantenberg, LL.M., Herr Alexander Helling und Herr RA Dr. Ilmo Pathe, die durch ihre Anregungen nach der Durchsicht des Manuskripts zur Verbesserung der Arbeit beigetragen haben. Eine große Hilfe bei der Drucklegung war ferner mein Bruder Matthias Grochowski.

Des Weiteren möchte ich meiner Patentante und meinem Patenonkel, Frau Christel und Herrn Heinz van de Mohlegraft, für die großzügige finanzielle Unterstützung danken, welche die Erstellung der Arbeit erst möglich gemacht hat. Insbesondere gilt mein Dank schließlich meinen Eltern Bärbel und Bernhard Grochowski, die meine Promotion immer gefördert und mir auch in allen sonstigen Lebenslagen bedingungslos zur Seite gestanden haben. Ihnen widme ich diese Arbeit.

Köln, im Juli 2012 Christian Grochowski

Inhaltsverzeichnis

Einleitung

Durch die Entscheidungen in den Rechtssachen *Centros*[1], *Überseering*[2] und *Inspire Art*[3] hat der EuGH das innerhalb der EU geltende gesellschaftsrechtliche Kollisionsrecht maßgeblich geprägt.[4] Aufgrund dieser Rechtsprechung gilt praktisch bei Gesellschaften, die nach dem Gesellschaftsrecht eines EU-Mitgliedstaates errichtet worden sind, das Gesellschaftsstatut der Rechtsordnung am Satzungssitz der Gesellschaft auch bei einem Wechsel des Verwaltungssitzes der Gesellschaft in einen anderen EU-Mitgliedstaat fort, sofern der Satzungssitz der Gesellschaft im Mitgliedstaat der Gründung verbleibt.[5] Dies gebietet die europarechtlich mittlerweile in Art. 49, 54 AEUV gewährleistete Niederlassungsfreiheit von Gesellschaften. Diese Rechtsprechung hat zu einer partiellen Vereinheitlichung des gesellschaftsrechtlichen Kollisionsrechts innerhalb der EU-Mitgliedstaaten geführt. Auf diesem Weg hat der EuGH die unter anderem in England bereits seit Langem anerkannte Gründungstheorie[6] faktisch als verbindlich für sämtliche EU-Mitgliedstaaten im Hinblick auf die Behandlung von innerhalb der EU gegründeten Gesellschaften festgelegt. Die unter anderem in Deutschland bis zu diesem Zeitpunkt verfolgte Sitztheorie, wonach eine solche Gesellschaft dem Recht am Ort ihres tatsächlichen Verwaltungssitzes unterliegt,[7] findet hingegen in diesen Konstellationen keine Anwendung mehr.[8] Rechtlich ist es damit heute möglich, eine Kapitalgesellschaft in einem EU-Mitgliedstaat mit dem Ziel zu gründen, wirtschaftlich ausschließlich in einem anderen Mitgliedstaat tätig zu sein. Es handelt sich hierbei um inländische (Schein-)Auslandsgesellschaften.[9]

---

1 EuGH, NJW 1999, 2027 – Centros.

2 EuGH, NJW 2002, 3614 – Überseering.

3 EuGH, NJW 2003, 3331 – Inspire Art.

4 Siehe im Einzelnen unten ab S. 182.

5 Vgl. nur *Horn*, NJW 2004, 893, 896; *Ulmer*, NJW 2004, 1201, 1209; a.A. noch *Altmeppen*, NJW 2004, 97, 99 ff.

6 *Lazard Bros v Midland Bank Ltd.* [1933] A.C. 289.

7 Ständige Rechtsprechung des Bundesgerichtshofs, zuletzt BGH, NJW 2011, 3372, 3373 mit Verweis auf BGH, NJW 2009, 289 – Trabrennbahn; vgl. auch MüKo/*Kindler*, Internationales Wirtschaftsrecht – Internationales Handels- und Gesellschaftsrecht, Rn. 5, mit zahlreichen w.N. zur Rechtsprechung des Bundesgerichtshofs.

8 Siehe im Einzelnen unten ab S. 150.

9 Vgl. nur *Ulmer*, NJW 2004, 1201 bei Fn. 1; im Folgenden wird für diese Gesellschaften der Begriff der „Auslandsgesellschaften" verwendet.

A. Problemstellung

Die Tolerierung der Gründung von Auslandsgesellschaften durch den EuGH als Nebeneffekt der Verwirklichung der Niederlassungsfreiheit von Gesellschaften in der EU hat in Deutschland zum Teil Kritik hervorgerufen. Kern der Kritik ist das Argument, dass mit der Eröffnung der Möglichkeit, eine Kapitalgesellschaft nach einem Recht zu gründen, in dem der Schutz individueller Interessen deutlich schwächer ausgeprägt ist als in der Rechtsordnung des Staates, in dem die Gesellschaft danach tatsächlich ausschließlich tätig ist, die Gefahr der Schädigung der Interessen der Gesellschaftsgläubiger einhergeht.[10] Eine solche Gefahr solle insbesondere bestehen, wenn die Rechtsordnung am Satzungssitz der Gesellschaft keinen ausreichenden Schutz der Gläubiger durch Normen der Kapitalaufbringung und Kapitalerhaltung vorsieht.[11] Die Kritik zielt vornehmlich auf die nach englischem Recht[12] gegründete *Private Company Limited by Shares*[13] mit Verwaltungssitz in Deutschland ab, deren Gründungszahlen in den vergangenen Jahren stark angestiegen sind.[14] Denn die Aufbringung eines dem Schutz der Gläubiger dienenden Mindestkapitals ist bei der Errichtung einer Ltd. nicht erforderlich.[15] Dies nährt die Kritik, dass eine Ltd. mit Verwaltungssitz in Deutschland einen nur unzureichenden Gläubigerschutz bietet.[16]

---

10 So noch BGH, ZIP 2000, 967, 968; vgl. insbesondere auch MüKo/*Kindler*, Internationales Wirtschaftsrecht – Internationales Handels- und Gesellschaftsrecht, Rn. 368, m.w.N.; *Wackerbarth* in FS Horn, S. 605, 612; *Weller*, IPRax 2003, 207.

11 Vgl. MüKo/*Kindler*, a.a.O., m.w.N.

12 Mit dem Begriff des „englischen Rechts" ist an dieser Stelle und auch im Folgenden das Recht von England & Wales als Teilrechtsordnung neben den Teilrechtsordnungen des schottischen und nordirischen Rechts gemeint, die als Gesamtheit den Mehrrechtsstaat des United Kingdom of Great Britain and Northern Ireland bilden.

13 Im Folgenden Ltd. oder Gesellschaft.

14 Für den Jahresanfang 2010 wurde ein Bestand von circa 17.500 Ltd.'s mit Verwaltungssitz in Deutschland ermittelt, vgl. *Kornblum*, GmbHR 2010, 739, 746, und es dürfte zukünftig auch langfristig weiterhin eine steigende Tendenz bei den Gründungszahlen zu verzeichnen sein; in diese Richtung wohl ebenfalls *Steffek*, Gläubigerschutz in der Kapitalgesellschaft, S. 5; a.A. *Kornblum*, GmbHR 2011, 692, 698. Allerdings hat es kurzfristig bis zum Jahresanfang 2011 einen Schrumpfungsprozess auf circa 15.000 Ltd.'s mit Verwaltungssitz in Deutschland gegeben, was auch mit den hohen Gründungszahlen bei der Unternehmergesellschaft (haftungsbeschränkt) zusammenhängen dürfte, vgl. *Kornblum*, GmbHR 2011, 692, 693.

15 Vgl. *Davies*, Principles of Company Law, S. 259, 261; Eidenmüller/*Rehm*, Ausländische Kapitalgesellschaften, § 10, Rn. 35.

16 Vgl. Eidenmüller/*Rehm*, Ausländische Kapitalgesellschaften, § 10, Rn. 1 f.; *Geyrhalter/Gänßler*, NZG 2003, 409, 412; dies muss auch das Ergebnis der in MüKo/*Kindler*, Internationales Wirtschaftsrecht – Internationales Handels- und Gesellschaftsrecht,

Umgekehrt hat die Tolerierung der Gründung reiner Auslandsgesellschaften in England keine Bedenken ausgelöst.[17] Die europarechtliche Entwicklung spiegelt im Ergebnis nur das schon auf nationaler Ebene existierende Recht wider. Praktisch spielen Auslandsgesellschaften in England aber kaum eine Rolle. Bei dem Handelsregister des Vereinigten Königreichs, dem *Companies House*, sind im gesamten Vereinigten Königreich 2.455.400 Ltd.'s registriert, denen lediglich 10.489 Auslandsgesellschaften gegenüberstehen, davon 365 nach deutschem Recht gegründete Gesellschaften.[18] Deutschen Gesellschaften mit beschränkter Haftung[19] ist durch das Inkrafttreten des MoMiG[20] nach Streichung des § 4a Abs. 2 GmbHG a.F. und Änderung des § 4a Abs. 1 GmbHG der Wegzug aus Deutschland unter Begründung eines Verwaltungssitzes im Ausland zwar ermöglicht.[21] Eine Auseinandersetzung mit etwaigen Problemen, die der Zuzug deutscher GmbH nach England im Hinblick auf den dortigen Gläubigerschutz auslösen könnte, findet aber (wahrscheinlich mangels Praxisrelevanz) nicht statt.

In dieser Arbeit soll näher untersucht werden, ob die Adaption der Gründungstheorie ein „Schreckgespenst"[22] im Hinblick auf den Schutz der Gläubiger von Ltd.'s mit deutschem Verwaltungssitz ist. Zudem soll die in England vollkommen unterbliebene Auseinandersetzung mit der Auswirkung der Gründungstheorie auf den Schutz der Gläubiger von GmbH mit englischem Verwaltungssitz nachgeholt werden. Dies soll vor dem Hintergrund der Geschäftsführerhaftung bei Insolvenzen von Auslandsgesellschaften geschehen. Die Möglichkeit der Inanspruchnahme der Geschäftsführung für pflichtwidriges Verhalten ist ein zentrales Mittel zum Schutz ungesicherter Gläubiger im englischen und deutschen Recht. Ungesicherte Gläubiger im Kontext der vorliegenden Untersuchung sind zivilrechtliche Gläubiger,[23] die keine vertragliche Absicherung

---

Rn. 368, angeführten, allgemein auf Auslandsgesellschaften bezogenen Argumentation sein. *Köke/Schwabe*, ZAP Fach 15, 511 f., deuten das Problem ebenfalls an.

17 Vgl. nur *Davies*, Principles of Company Law, S. 129 ff.

18 Statistik abrufbar auf der Internetseite des *Companies House*: http://www.companieshouse.gov.uk/about/pdf/companiesRegActivities2010_2011.pdf, zuletzt besucht am 01.07.2012.

19 Im Folgenden GmbH oder Gesellschaft.

20 Gesetz zur Modernisierung des GmbH-Rechts und zur Bekämpfung von Missbräuchen vom 23.10.2008, BGBl I, 2026.

21 Siehe hierzu S. 149.

22 So die Formulierung im Hinblick auf in Deutschland tätige Auslandsgesellschaften bei *Weller*, IPRax 2003, 207.

23 Vgl. zur Haftung des Geschäftsführers gegenüber öffentlich-rechtlichen Gläubigern, also dem Fiskus und den Sozialversicherungsträgern, Michalski/*Haas/Ziemons*, § 43, Rn. 354 ff.; Baumbach/Hueck/*Zöllner/Noack*, § 43, Rn. 89 ff.; Scholz/*U. Schneider*,

gegen ihren Forderungsausfall durch die Gewährung persönlicher[24] oder dinglicher[25] Sicherungsrechte haben. Gerade ab dem Zeitpunkt der Insolvenz der Gesellschaft, also dann, wenn die Interessen der Gesellschafter in den Hintergrund treten und das unternehmerische Risiko auf die Gläubiger übergeht, versuchen die Rechtsordnungen in England und Deutschland auf dem Weg der Geschäftsführerhaftung einen effektiven und effizienten Schutz dieser Gläubiger zu verwirklichen.

Zu untersuchen gilt, inwieweit dieses Ziel in den Rechtsordnungen im Hinblick auf den Schutz ungesicherter Gläubiger inländischer Auslandsgesellschaften erreicht wird. In diesem Zusammenhang ist festzuhalten, dass sich die Untersuchung einzig auf die jeweils existierenden Haftungssysteme bezieht. Neben dem Gläubigerschutz durch die Geschäftsführerhaftung verfolgt auch das insolvenzrechtliche Anfechtungsrecht der Rechtsordnungen als weiteres, zentrales Mittel diesen Schutzgedanken.[26] Zudem bestehen Publizitätspflichten[27] und straf- oder zivilrechtliche Sanktionen sonstiger Art, wie beispielsweise die Strafbarkeit der Geschäftsführung für *Transactions in fraud of creditors* gemäß Section 207 Insolvency Act 1986 und die *Disqualification* nach dem Company Directors Disqualification Act 1986 im englischen Recht und die Strafbarkeit der Insolvenzverschleppung nach § 15a Abs. 4 InsO und der Ausschluss von der Position des Geschäftsführers nach § 6 Abs. 2 GmbHG im deutschen Recht. Die Beantwortung der Frage, ob die Rechtsordnungen bei Auslandsgesellschaften existierende Schutzlücken durch das Anfechtungsrecht oder die Existenz weit-

---

§ 43, Rn. 357 ff.; Ulmer/*Paefgen*, § 43, Rn. 225 ff.; *Bitter*, ZInsO 2010, 1561, 1570 f.; zu der Bedeutung öffentlich-rechtlicher Gläubiger bei der Einleitung des Insolvenzverfahrens siehe S. 105 f.

24 Persönliche Sicherungsrechte des Gläubigers gegenüber dem *Director* bestehen in England etwa durch die Abgabe der *Personal Guarantee* oder des *Letter of Comfort*, vgl. *Griffin*, Personal Liability, S. 16 f. In Deutschland sind insbesondere der Garantievertrag, die Bürgschaft und der Schuldbeitritt als persönliche Sicherungsrechte der Gläubiger gegen den Geschäftsführer anerkannt, vgl. *Bitter*, ZInsO 2010, 1561 f.

25 Dingliche Sicherungsrechte sind im englischen Recht insbesondere *Mortgage*, *Charge* und *Lien*, vgl. Section 248 Insolvency Act 1986, vgl. auch *Keay/Walton*, Insolvency Law, S. 485 f. Siehe zu der besonderen Auswirkung des Sicherungsmittels *Floating Charge* auf die Rechte der ungesicherten Gläubiger unten ab S. 127. Im deutschen Recht sind diese dinglichen Sicherungsrechte der (verlängerte) Eigentumsvorbehalt, die Sicherungsübereignung, die Sicherungsabtretung, die Grundpfandrechte und der Mobiliar- und Rechtspfand.

26 Zum englischen Recht: *Hollicourt (Contracts) Ltd. v Bank of Ireland* [2001] Ch. 555; *Barber v CI Ltd.* [2006] B.C.C. 927; zum deutschen Recht: BGH, NJW 1972, 870, 871; BGH, NJW 1972, 2084.

27 Vgl. hierzu *Wackerbarth* in FS Horn, S. 605, 613 f.

gehender Publizitätspflichten bzw. straf- oder zivilrechtlicher Sanktionen sonstiger Art effektiv und effizient schließen, würde aber den Rahmen dieser Untersuchung sprengen. Derartige Erwägungen konnten daher vorliegend keine Berücksichtigung finden.

I. Gläubigerschutz als ein wesentliches Ziel der Geschäftsführerhaftung

Sowohl im englischen als auch im deutschen Recht ist es als gesicherte Erkenntnis anzusehen, dass durch die Haftung der Geschäftsführung zwei wesentliche Ziele verfolgt werden. Erstens bewirkt die Aussicht der Inanspruchnahme für pflichtwidriges Verhalten eine (psychologische) Steuerung des Verhaltens der Geschäftsführung und nimmt damit eine präventive Funktion ein.[28] Zweitens dient die Geschäftsführerhaftung dem Gläubigerschutz.[29]

Letztgenannter Aspekt kommt in Zeiten der Solvenz mittelbar zum Tragen. Neben der Möglichkeit der Gesellschaftsgläubiger, das Risiko des Eintritts eines wirtschaftlichen Schadens durch pflichtwidriges Verhalten der Geschäftsführung zu minimieren, indem sie sich im Wege des Selbstschutzes vertraglich persönliche und dingliche Sicherungsrechte von der Gesellschaft zusichern lassen, ist im englischen und deutschen Recht ein gesetzlicher Gläubigerschutz durch Haftungsnormen vorgesehen. Der Schutz durch Haftungsnormen erfolgt über den Erhalt des Gesellschaftsvermögens, das seinerseits nicht nur dazu dient, Einnahmen aus Umsatzgeschäften zugunsten der Gesellschaft zu erzielen, sondern auch die Befriedigung der Gesellschaftsgläubiger bezweckt.[30] Unmittelbar

---

28 Zum englischen Recht: *Finch*, Corporate Insolvency Law, S. 677; *Fletcher* in Making Commercial Law, S. 391, 394; zum deutschen Recht: *Haas*, Geschäftsführerhaftung und Gläubigerschutz, S. 10; vgl. auch *Habetha*, DZWIR 1995, 272, 277; *P. Haß*, GmbHR 1994, 666; allgemein zur Präventionsfunktion des Deliktsrechts Palandt/*Sprau*, Einleitung vor § 823, Rn. 1; MüKo/*Wagner*, Vor §§ 823 bis 853 BGB, Rn. 40 f.; Prütting/Wegen/Weinreich/*Leupertz/Schaub*, Vor §§ 823 ff., Rn. 4; rechtsvergleichend zum englischen und deutschen Recht: *Bachner*, Creditor Protection, S. 181; *Steffek*, Gläubigerschutz in der Kapitalgesellschaft, S. 65.

29 Zum englischen Recht: *DKG Contractors Ltd, Re* [1990] B.C.C. 903; *Rolled Steel Products (Holdings) Ltd. v British Steel Corporation* [1986] Ch. 246; *Halt Garage (1964), Re* [1982] 3 All E.R. 1016; *French/Mayson/Ryan*, Company Law, S. 511; *Davies*, Principles of Company Law, S. 521; zum deutschen Recht insbesondere: *Haas*, Geschäftsführerhaftung und Gläubigerschutz, S. 16 ff.; rechtsvergleichend zum englischen und deutschen Recht: *Steffek*, Gläubigerschutz in der Kapitalgesellschaft, a.a.O.

30 Zum englischen Recht: *DKG Contractors Ltd., Re* [1990] B.C.C. 903 („*creditors are entitled to have the company assets kept intact*“); *Halt Garage (1964), Re* [1982] 3 All E.R. 1016 bei 1039 („*[those who deal with a limited company] are entitled to have the*

kommt die Inanspruchnahme der Geschäftsführung bei pflichtwidrigem Verhalten damit zunächst nur der Gesellschaft zugute. Denn ihr gegenüber hat die Geschäftsführung den durch ihr pflichtwidriges Verhalten entstandenen Schaden auszugleichen. Im englischen Recht erfüllt die allgemeine Haftung nach dem Companies Act 2006, insbesondere über Section 172 Companies Act 2006, diese Aufgabe,[31] im deutschen Recht § 43 Abs. 2, 3 GmbHG.[32] Mittelbar profitieren aber auch die Gesellschaftsgläubiger von diesem Vorgehen. Auf dem Weg der Inanspruchnahme der Geschäftsführung gelingt es der Gesellschaft, das Gesellschaftsvermögen wieder anzureichern. Im Ergebnis kann die Gesellschaft ihre Verbindlichkeiten dann gegenüber den Gläubigern teilweise oder sogar vollständig erfüllen.

Mit dem Eintritt der Krise der Gesellschaft, die in der Insolvenz mündet, setzt demgegenüber ein unmittelbarer Schutz der Gläubiger ein. Für diesen unmittelbaren Gläubigerschutz gibt es im Wesentlichen zwei Gründe: Ein unmittelbarer Gläubigerschutz ist zum einen damit zu begründen, dass mit dem Eintritt der zur Insolvenz führenden Krise eine Umwälzung des unternehmerischen Risikos von den Gesellschaftern auf die Gläubiger erfolgt.[33] Denn in einer Situation, in der kein weiteres Interesse der Gesellschaft und der hinter ihr stehenden Gesellschafter besteht, wirtschaftliche Risiken zu vermeiden, weil die Gesellschaft nichts mehr zu verlieren hat, liegt das wirtschaftliche Risiko allein bei den Gesellschaftsgläubigern.[34] Zum anderen würde eine Situation, in der ein zu der Krise oder gar Insolvenz führendes pflichtwidriges Verhalten der Geschäftsführung folgenlos bliebe, eine massive Erosion des Vertrauens der Bevölkerung in das Konzept des Betreibens wirtschaftlichen Handels mit Gesellschaften, deren Haftung beschränkt ist, bewirken.[35] Auch unter dieser gesamtwirtschaftlichen Betrachtung ist es damit erforderlich, dass über die Geschäftsführerhaftung der

capital kept intact“); zum deutschen Recht: *Haas*, Geschäftsführerhaftung und Gläubigerschutz, S. 17.

31 Siehe im Einzelnen unten S. 33 f. und ab S. 54.

32 Siehe im Einzelnen unten ab S. 61.

33 Zum englischen Recht: *Finch*, Corporate Insolvency Law, S. 681; *Fletcher* in Making Commercial Law, S. 391, 394; *Milman*, [2004] J.B.L. 493; *Keay*, (2004) 4 J.C.L.S. 307; *Keay*, [2002] J.B.L. 379; zum deutschen Recht: *Haas*, Geschäftsführerhaftung und Gläubigerschutz, S. 28; rechtsvergleichend zum englischen und deutschen Recht: *Bachner*, Creditor Protection, S. 180 f.

34 Zum englischen Recht: *Finch*, a.a.O.; *Fletcher* in Making Commercial Law, S. 391, 394; zum deutschen Recht: *Haas*, a.a.O.; rechtsvergleichend zum englischen und deutschen Recht: *Bachner*, a.a.O.

35 Vgl. die Ausführungen bei *Fletcher* in Making Commercial Law, S. 391, 393, welche zwar auf die Situation in England abzielen, sich aber ohne Weiteres auch auf die Situation in Deutschland übertragen lassen.

Vertrauensverlust der Bevölkerung bei Insolvenzen von Gesellschaften, die einer Haftungsbeschränkung unterliegen, so gering wie möglich gehalten wird.

Aus diesen Gründen kommt ein etwaiger Erlös aus der Inanspruchnahme der Geschäftsführung nach dem Eintritt der Gesellschaft in das in der jeweiligen Rechtsordnung vorgesehene Insolvenzverfahren der Masse und damit der Gläubigergesamtheit zugute. Um dem Schutzbedürfnis der Gläubiger in der Situation der Krise und Insolvenz Rechnung zu tragen, existieren darüber hinaus in beiden Rechtsordnungen Haftungstatbestände, die eingreifen, wenn die Geschäftsführung einen dann zugunsten der Gläubiger bestehenden, erhöhten Sorgfaltsmaßstab nicht einhält.[36] Zu diesen Haftungstatbeständen zählen im englischen Recht die Haftung der Geschäftsführung für *Wrongful Trading* und die allgemeine Haftung nach Section 172 Companies Act 2006.[37] Im deutschen Recht erfüllen insbesondere die Haftung wegen Insolvenzverschleppung, die Haftung nach § 64 S. 1, 3 GmbHG und die Existenzvernichtungshaftung diesen Zweck.[38]

II. Potenzielle Gefahr bei Auslandsgesellschaften mit inländischem Verwaltungssitz

Bei Auslandsgesellschaften mit inländischem Verwaltungssitz kann die Gefahr bestehen, dass das durch die Haftung der Geschäftsführung verfolgte Ziel des Gläubigerschutzes unterwandert wird. Sowohl im englischen als auch im deutschen Recht kommt es im Zusammenhang mit der Geschäftsführerhaftung bei Gesellschaftsinsolvenzen zu einem Zusammenspiel zwischen gesellschaftsrechtlichen und insolvenzrechtlichen Haftungstatbeständen.[39] Den Gläubigerschutz vervollständigen des Weiteren deliktische (und im deutschen Recht zusätzlich quasi-vertragliche) Haftungstatbestände.[40]

Bei Auslandsgesellschaften, also im Rahmen der vorliegenden Untersuchung der Ltd. mit englischem Satzungssitz und deutschem Verwaltungssitz und der GmbH mit deutschem Satzungssitz in Deutschland und englischem Verwaltungssitz, kommt es zu einer Durchbrechung dieses Zusammenspiels. Einerseits finden die gesellschaftsrechtlichen Haftungstatbestände des am ausländischen Satzungssitz der Gesellschaft geltenden Rechts Anwendung. Andererseits sind

---

36 Zum englischen Recht: *Finch*, Corporate Insolvency Law, S. 698 ff.; zum deutschen Recht: *Haas*, Geschäftsführerhaftung und Gläubigerschutz, S. 19.

37 Siehe im Einzelnen unten ab S. 18 und ab S. 33.

38 Siehe im Einzelnen unten ab S. 25 und ab S. 37.

39 Vgl. *Bachner*, Creditor Protection, S. 7; *Pannen* in FS Fischer, S. 403, 413 f.; siehe hierzu auch unten ab S. 18.

40 Siehe hierzu unten ab S. 71.

– nach der EuInsVO[41] und der Rom II-Verordnung[42] – bei ausschließlich am inländischen Verwaltungssitz tätigen Auslandsgesellschaften grundsätzlich die inländischen Haftungstatbestände des Insolvenz- und Deliktsrechts zur Anwendung berufen.[43] Das anwendbare Kollisionsrecht bewirkt damit die Aufspaltung eines ursprünglich einheitlichen rechtlichen Regelungszusammenhangs (Dépeçage).[44] Bereits diese Ausgangslage führt zu einem Normenmangel, dem auf europarechtskonforme Weise entgegenzuwirken ist.[45]

Diese problematische Situation kann sich auf der rechtstatsächlichen Ebene, also bei der Rezeption der Haftungstatbestände in der Praxis, weiter verschärfen. Die Verschärfung tritt ein, wenn sich rechtstatsächlich Tendenzen bei der Heranziehung bestimmter Haftungstatbestände zur Inanspruchnahme der Geschäftsführung herausgebildet haben.[46] Entscheidend ist im Hinblick auf inländische Auslandsgesellschaften dann, welcher rechtlichen Sphäre diese Haftungstatbestände zuzuordnen sind.[47] Diese Bestimmung ist hinsichtlich der Haftungstatbestände des ausländischen und inländischen Rechts anhand der internationalprivatrechtlichen Qualifikation vorzunehmen.[48] Führt die internationalprivatrechtliche Qualifikation der ausländischen Haftungstatbestände zu dem Ergebnis, dass ausschließlich Normen, die rechtstatsächlich keine Anwendung finden, aufgrund ihrer gesellschaftsrechtlichen Qualifikation auf die Auslandsgesellschaft anzuwenden sind, ist es essenziell, einen angemessenen Schutz der Gläubiger über die nach dem inländischen Recht insbesondere als insolvenzrechtlich zu qualifizierenden Haftungstatbestände zu erreichen. Finden in dieser Situation die nach der Qualifikation des inländischen Rechts dem Insolvenzrecht zuzuordnenden Haftungstatbestände des inländischen Rechts aber wiederum rechtstatsächlich keine Anwendung, weil der Gläubigerschutz vornehmlich über dem Gesellschaftsrecht zuzuordnende Haftungstatbestände erfolgt, kann sich ergeben, dass ein Gläubigerschutz bei der Auslandsgesellschaft faktisch nicht mehr vorhanden

41 Verordnung (EG) Nr. 1346/2000 des Rates vom 29.05.2000 über Insolvenzverfahren, ABl EG Nr. L 160 vom 30.06.2000, 1.

42 Verordnung (EG) Nr. 864/2007 des Europäischen Parlaments und des Rates vom 11.07.2007 über das auf außervertragliche Schuldverhältnisse anzuwendende Recht (Rom II), ABl EU Nr. L 199 vom 31.07.2007, 40.

43 Siehe hierzu im Einzelnen unten ab S. 87.

44 Vgl. insbesondere *Henssler/Mansel* in FS Horn, S. 403, 414 und *Henssler/Mansel*, NJW 2007, 1393, 1395 f.; *v. Bar*/Mankowski, § 1, Rn. 28; *Weller*, Europäische Rechtsformwahlfreiheit, S. 105. Das Problem ist auch in England bekannt, vgl. *Fawcett/Carruthers*, Private International Law, S. 54; *Bennett*, (1990) 39, I.C.L.Q 136, 142.

45 Vgl. *Weller*, IPRax 2003, 207, 209.

46 Vgl. *Bachner*, Creditor Protection, S. 8; siehe hierzu auch unten ab S. 87.

47 Siehe hierzu im Einzelnen unten ab S. 171.

48 Siehe hierzu im Einzelnen unten ab S. 166.

ist. Diese Folge kann jedenfalls dann eintreten, wenn eine zusätzliche Anwendung der dem Gesellschaftsrecht zuzuordnenden inländischen Haftungstatbestände auf die Auslandsgesellschaft nicht möglich ist.[49]

B. Gang der Untersuchung

Im ersten Teil der Untersuchung sollen als Ausgangspunkt die rechtlichen Grundlagen der Haftungssysteme bei Gesellschaftsinsolvenzen in England und Deutschland dargestellt werden. Es soll verdeutlicht werden, dass in den Rechtsordnungen vergleichbare Haftungsmechanismen existieren. Hieran schließen sich Ausführungen zur Durchsetzung dieser Haftungsmechanismen zugunsten der Gläubiger an. Hierbei zeigt sich ebenfalls die Vergleichbarkeit der Rechtsordnungen im Hinblick auf die Rolle des Insolvenzverwalters und die Art und Weise der Verteilung des Erlöses, sodass das Fundament für einen effektiven Rechtsschutz der Gläubiger bei Gesellschaftsinsolvenzen durch die Inanspruchnahme der Geschäftsführung in den Rechtsordnungen ähnlich ist. Sodann sollen die rechtstatsächlichen Entwicklungen bei der Geschäftsführerhaftung bei Insolvenzen näher untersucht werden. Abgeschlossen werden soll der erste Teil der Untersuchung mit Überlegungen zur Effizienz der Haftungssysteme. Die Effizienz der Haftungssysteme hat ihrerseits einen großen Einfluss auf die Tragweite des Gläubigerschutzes in den Rechtsordnungen und wirkt sich unmittelbar durch die Einbindung der Auslandsgesellschaften in inländische Strukturen auch auf diese aus.

Im Anschluss sollen im zweiten Teil der Untersuchung zunächst die europarechtlichen Grundlagen herausgearbeitet werden, die zu der bereits angedeuteten kollisionsrechtlichen Gemengelage führen.[50] Zudem sollen die Grundlagen des internationalen Verfahrens- und Privatrechts bei der Geschäftsführerhaftung bei Insolvenzen von Auslandsgesellschaften dargestellt werden. Im Mittelpunkt steht hierbei das von den Gerichten anhand des Kollisionsrechts zu bestimmende anzuwendende Recht bei der Geschäftsführerhaftung bei Insolvenzen von Auslandsgesellschaften mit inländischem Verwaltungssitz. Ferner ist die Vereinbarkeit des anzuwendenden Rechts bei der Geschäftsführerhaftung bei Insolvenzen von Auslandsgesellschaften mit der europarechtlich gewährten Niederlassungsfreiheit näher zu untersuchen.

Im dritten und vierten Teil der Untersuchung soll dann ermittelt werden, welches Zusammenspiel inländischer und ausländischer Haftungsnormen sich anhand der Anwendung der Grundlagen des internationalen Privatrechts für den *Director* als Geschäftsführer einer englischen Ltd. mit Verwaltungssitz in

49 Siehe hierzu im Einzelnen unten ab S. 184.

50 Siehe hierzu im Einzelnen unten ab S. 145.

Deutschland und den Geschäftsführer einer deutschen GmbH mit Verwaltungssitz in England ergibt. Darüber hinaus soll eine Bewertung hinsichtlich der Frage erfolgen, ob es zu einem effektiven und effizienten Gläubigerschutz bei der Geschäftsführerhaftung bei Insolvenzen von Auslandsgesellschaften in den Rechtsordnungen kommt.

In der Schlussbetrachtung soll der erreichte Schutz bei der Haftung des *Director* einer Ltd. mit deutschem Verwaltungssitz dem Schutz bei der Haftung des Geschäftsführers einer GmbH mit deutschem Verwaltungssitz gegenübergestellt werden. Des Weiteren sollen Überlegungen angestellt werden, wie einem Abfall des Schutzes von Gläubigern inländischer Auslandsgesellschaften im Vergleich mit Gläubigern von Inlandsgesellschaften entgegengewirkt werden könnten.

1. Teil: Grundlagen der Geschäftsführerhaftung bei Insolvenzen in England und Deutschland

Die Rechtsordnungen in England und Deutschland haben, obwohl beide die Zahlungsunfähigkeit und die Überschuldung als Gründe für die Insolvenz der Gesellschaft anerkennen,[51] kein einheitliches Verständnis bezüglich des in dieser Situation einzuhaltenden Verfahrens.

Im englischen Recht existieren bei dem Vorliegen eines Insolvenzgrundes grundsätzlich vier Verfahren, die der Gesellschaft und ihren Gläubigern (im Fall des *Receiverships* ausschließlich den Gläubigern) offen stehen.[52] Zunächst gibt es drei Verfahren, bei denen es sich um *Non-terminal Insolvency Procedures* handelt, da die Gesellschaft nach der Verfahrensbeendigung (vorerst) weiter existiert.[53] Die Gesellschaft kann einen Rettungsversuch unternehmen, indem sie versucht, Vereinbarungen zur Entschuldung mit ihren Gläubigern im Zuge eines *Company Voluntary Arrangement* oder eines *Scheme of Arrangement under Part 26 of the Companies Act 2006* einzugehen. Die Gesellschaft oder ihre Gläubiger können sich ferner für die *Administration* entscheiden. Hierbei kommt es zur Einsetzung eines externen Vermögensverwalters, der versucht, die Gesellschaft ganz oder in Teilen zu retten. Weiterhin können die Gesellschaftsgläubiger ein *Receivership* in Betracht ziehen. Bei dem *Receivership* kommt es zu der Befriedigung bestimmter Gläubiger durch die Verwertung der besicherten Vermögenswerte der Gesellschaft, wonach die Gesellschaft im besten Fall wieder profitabel am Handelsverkehr teilnehmen kann.

Schließlich kann als viertes Verfahren die *Liquidation* der Gesellschaft erforderlich sein. Bei der *Liquidation* – alternativ wird häufig der Begriff des *Winding Up* verwendet – kommt es zur Abwicklung der insolventen Gesellschaft. Hierzu wird, regelmäßig von den Gläubigern, ein *Liquidator* als Verwalter des Gesellschaftsvermögens eingesetzt. Der *Liquidator* hat gemäß Section 143 Abs. 1 Insolvency Act 1986 die Aufgabe, die (nicht besicherten[54]) Vermögenswerte der Gesellschaft einzuziehen und die Verteilung an die Gläubiger

---

51 Siehe im Einzelnen unten ab S. 96.

52 Vgl. *Keay/Walton*, Insolvency Law, S. 89.

53 Vgl. *Keay/Walton*, a.a.O; zu beachten ist dass sich an eine *Administration* oder ein *Receivership* unmittelbar die Abwicklung durch das sogleich darzustellende Verfahren der *Liquidation* anschließen kann.

54 Zu dem Sonderfall des Sicherungsmittels der *Floating Charge* siehe unten ab S. 127.

durchzuführen.[55] Zu seinen Aufgaben gehört dabei auch, gegebenenfalls den *Director* für dessen pflichtwidriges Verhalten zulasten der Gläubigergesamtheit in Anspruch zu nehmen. Die *Liquidation* ist bei Gesellschaftsinsolvenzen in England das am häufigsten genutzte Verfahren. Im Jahr 2011 kam es nach Angaben des *Insolvency Service*, dem Exekutivorgan des unter der Bezeichnung *Department of Business, Innovation and Skills* operierenden britischen Wirtschaftsministeriums, zu 16.871 Verfahren der *Liquidation*,[56] der lediglich 4.972 Verfahren der *Non-terminal Insolvency Procedures* gegenüberstanden.[57] Aus diesem Grund bezieht sich die nachfolgende Darstellung der Haftung der Geschäftsführung bei Insolvenzen in England auf das Verfahren der *Liquidation*.

Demgegenüber sieht das deutsche Recht bei Gesellschaftsinsolvenzen bei dem Vorliegen eines Insolvenzgrundes grundsätzlich die Einleitung des Insolvenzverfahrens vor. Das Insolvenzverfahren ist gemäß § 1 S. 1 InsO darauf ausgerichtet, die Gläubigerforderungen gegenüber der insolventen Gesellschaft durch Verwertung des Gesellschaftsvermögens oder in einem Insolvenzplan (bestmöglich) zu befriedigen.[58] Hierzu ernennt das Gericht gemäß § 27 Abs. 1 S. 1 InsO in seinem Eröffnungsbeschluss einen Insolvenzverwalter, der für das gesamte Verfahren zuständig ist, sofern nicht in der ersten Gläubigerversammlung eine andere Person gemäß § 57 InsO zum Verwalter gewählt wird oder während des Verfahrens seine Entlassung[59] gemäß § 59 Abs. 1 S. 1 InsO erfolgt.[60]

Es ist dann die Gläubigerversammlung, die dem Insolvenzverwalter gemäß § 157 InsO in der grundlegenden Entscheidung über das Verfahrensziel vorgibt, wie die bestmögliche Befriedigung der Gläubiger durch den Insolvenzverwalter zu verfolgen ist.[61] Dies kann zunächst durch die Fortführung der Gesellschaft bis zum Eintritt der Sanierung (was regelmäßig mit der Vornahme einer Reorgani-

55 Vgl. auch *Finch*, Corporate Insolvency Law, S. 540; *Keay/Walton*, Insolvency Law, S. 295.

56 Statistik abrufbar auf der Internetseite des *Insolvency Service*: http://www.insolvency.gov.uk/otherinformation/statistics/201202/table1.pdf, zuletzt besucht am 01.07.2012.

57 Statistik abrufbar auf der Internetseite des *Insolvency Service*: http://www.insolvency.gov.uk/otherinformation/statistics/201202/table3.pdf, zuletzt besucht am 01.07.2012.

58 BVerfG, NJW 2006, 2613, 2614; vgl. auch MüKo/*Ganter*, § 1 InsO, Rn. 20; Uhlenbruck/*Pape*, § 1, Rn. 1; Kübler/*Prütting*/Bork, § 1, Rn. 13.

59 Siehe hierzu S. 117 f.

60 Vgl. MüKo/*Graeber*, § 56 InsO, Rn. 164; *Uhlenbruck*, § 56, Rn. 77; Kübler/Prütting/Bork/*Lüke*, § 56 Rn. 66.

61 Vgl. MüKo/*Görg*, § 157 InsO, Rn. 5 ff.; *Uhlenbruck*, § 157, Rn. 1 ff.; Kübler/Prütting/Bork/*Onusseit*, § 157, Rn. 2.

sation seitens des Insolvenzverwalters einhergeht) geschehen.[62] Es kann auch die Sanierung im Rahmen eines Insolvenzplanverfahrens gemäß §§ 217 ff. InsO in Betracht kommen. Weiterhin kann der Insolvenzverwalter eine übertragende Sanierung durchführen, bei der er unterschiedlich große, nach den Wünschen des Erwerbers arrangierte Teile des Gesellschaftsvermögens mit dem Ziel veräußert, jedenfalls Teile der Gesellschaft aufrechtzuerhalten.[63] Zuletzt kann die Gläubigerversammlung die sofortige Stilllegung und Liquidation der insolventen Gesellschaft beschließen.[64] Kommt es zu keinem Beschluss der Gläubigerversammlung über das Verfahrensziel, etwa weil kein Gläubiger der Einladung zur Gläubigerversammlung gefolgt ist, entscheidet der Insolvenzverwalter eigenverantwortlich über sein weiteres Vorgehen.[65] Gerade in der Situation der sofortigen Stilllegung und Liquidation, in der die unverzügliche Verwertung der Masse der Gesellschaft in den Mittelpunkt rückt, richtet sich der Fokus des Insolvenzverwalters im besonderen Maße auf die Inanspruchnahme des Geschäftsführers für ein etwa schuldhaft pflichtwidriges Verhalten. Denn bei diesem gesetzlichen Liquidationsverfahren ist der Insolvenzverwalter durch die Stilllegung der Gesellschaft nicht weiter auf die Mitarbeit des Geschäftsführers im Tagesgeschäft angewiesen und kann bei der erfolgreichen Inanspruchnahme des Geschäftsführers die Masse im Hinblick auf die Verwertung anreichern.

Anstelle des Insolvenzverfahrens kann die insolvente Gesellschaft die Eigenverwaltung unter der Aufsicht eines Sachwalters gemäß § 270 InsO anstreben. Ein maßgeblicher Unterschied zum Insolvenzverfahren nach §§ 1 ff. InsO ist, dass bei der Eigenverwaltung die Gesellschaft die Verwaltungs- und Verfügungsbefugnis über die Gegenstände der Insolvenzmasse behält.[66] Dementsprechend führt die Gesellschaft das Verfahren maßgeblich durch, wobei ein von dem Insolvenzgericht eingesetzter Sachwalter die ordnungsgemäße Durchführung des Verfahrens überwacht. Die Eigenverwaltung ist bei der Erfüllung

---

62 Zu beachten ist allerdings, dass die Gläubigerversammlung die Gesellschafter der insolventen Gesellschaft nicht zur Unternehmensfortführung zwingen kann, vgl. MüKo/*Görg*, § 157 InsO, Rn. 12; *Uhlenbruck*, § 157, Rn. 10; wohl auch Kübler/Prütting/Bork/*Onusseit*, § 157, Rn. 3.

63 Vgl. MüKo/*Görg*, § 157 InsO, Rn. 11 ff.; *Uhlenbruck*, § 157, Rn. 7 ff.

64 Vgl. MüKo/*Görg*, § 157 InsO, Rn. 6 ff.; *Uhlenbruck*, § 157, Rn. 6; Kübler/Prütting/Bork/*Onusseit*, § 157, Rn. 4.

65 Vgl. MüKo/*Görg*, § 157 InsO, Rn. 23; *Uhlenbruck*, § 157, Rn. 22; Kübler/Prütting/Bork/*Onusseit*, § 157 Rn. 24 f. Das Insolvenzgericht kann demgegenüber keinen Beschluss über das Verfahrensziel treffen, weil es nicht berechtigt ist, einen Beschluss, der in die Zuständigkeit der Gläubigerversammlung fällt, durch einen eigenen Beschluss zu ersetzen, vgl. *Ehricke*, NZI 2000, 57, 62.

66 Vgl. MüKo/*Wittig/Tetzlaff*, § 270 InsO, Rn. 8 ff.; *Uhlenbruck*, § 270, Rn. 16 ff.; Kübler/Prütting/Bork/*Pape*, § 270, Rn. 21.

zweier Voraussetzungen zulässig. Sie setzt zunächst einen entsprechenden Antrag der Gesellschaft voraus. Die Gesellschaft hat den Antrag auf Durchführung des Verfahrens der Eigenverwaltung zugleich mit ihrem Eigenantrag auf Eröffnung des Insolvenzverfahrens einzureichen. Hat ein Gläubiger der Gesellschaft den Insolvenzantrag gestellt, kann die Gesellschaft mit dessen Zustimmung nachträglich die Eigenverwaltung beantragen. Weiterhin muss zu erwarten sein, dass durch die Eigenverwaltung keine Verzögerung des Verfahrens oder sonstige Nachteile für die Gläubiger entstehen werden. Erfüllt die insolvente Gesellschaft diese Voraussetzungen, hat das Gericht die Eigenverwaltung anzuordnen.[67]

Die Inanspruchnahme des Geschäftsführers für ein schuldhaft pflichtwidriges Verhalten stellt allerdings bei der Eigenverwaltung einen selten vorkommenden Ausnahmefall dar. Zunächst ist die Anordnung der Eigenverwaltung in der Praxis die Ausnahme. Dies dürfte zunächst dadurch zu erklären sein, dass vielen Schuldnern diese Möglichkeit nicht bewusst ist und daher schon keine Antragstellung erfolgt. Des Weiteren sind die Insolvenzgerichte bislang bei der Anordnung der Eigenverwaltung restriktiv.[68] Zudem hat das Insolvenzgericht von Amts wegen zu prüfen, ob die Anordnung der Eigenverwaltung zu Nachteilen der Gläubiger führt.[69] Liegen Indizien vor, dass der Geschäftsführer der insolventen Gesellschaft sich gegenüber der Gläubigergesamtheit haftbar gemacht haben könnte, ist die Eigenverwaltung regelmäßig abzulehnen, obwohl dem Sachwalter die Befugnis zu der Inanspruchnahme des Geschäftsführers gemäß § 280 InsO zukommt.[70] Schließlich wird, sofern ein Gläubiger den Insolvenzantrag gestellt hat, dieser kaum die erforderliche Zustimmung zu der Eigenverwaltung erteilen, wenn er Anhaltspunkte hat, dass sich der Geschäftsführer haftbar gemacht hat. Damit ist die praktische Relevanz der Inanspruchnahme des Geschäftsführers im Insolvenzverfahren und dort im Zuge des gesetzlichen Liquidationsverfahrens ungleich größer als in dem Verfahren der Eigenverwaltung. Entsprechend der vorangegangen Ausführungen bezieht sich die folgende Darstellung zur Haftung der Geschäftsführung bei Insolvenzen in England und

67 Vgl. MüKo/*Wittig/Tetzlaff*, § 270 InsO, Rn. 8.

68 Vgl. MüKo/*Wittig/Tetzlaff*, Vor §§ 270 bis 285 InsO, Rn. 18 ff.; *Uhlenbruck*, § 270, Rn. 1; Kübler/Prütting/Bork/*Pape*, § 270, Rn. 28, 53.

69 Vgl. MüKo/*Wittig/Tetzlaff*, § 270 InsO, Rn. 33; *Uhlenbruck*, § 270, Rn. 22; Kübler/Prütting/Bork/*Pape*, § 270, Rn. 115; umstritten, a.A. AG Potsdam, DZWIR 2000, 343; AG Köln, ZIP 1999, 1646 f.

70 AG Köln, ZIP 1999, 1646 f.; AG Darmstadt, ZInsO 1999, 176, 177; vgl. auch Kübler/Prütting/Bork/*Pape*, § 270, Rn. 118; *Uhlenbruck*, § 270, Rn. 26; zurückhaltender MüKo/*Wittig/Tetzlaff*, § 270 InsO, Rn. 44 f.

Deutschland auf das englische Verfahren der *Liquidation* und das deutsche Liquidationsverfahren im Rahmen des Insolvenzverfahrens.

A. Rechtliche Grundlagen der Haftungssysteme

In den Rechtsordnungen bestehen eine Vielzahl von Rechtsgrundlagen, durch die es möglich ist, die Geschäftsführung bei vorwerfbaren Verfehlungen im (weiteren) Zusammenhang mit der Insolvenz der Gesellschaft haftbar zu machen. Im englischen Recht finden sich diese Rechtsgrundlagen vor allem im Insolvency Act 1986 und dem Companies Act 2006 sowie im *Common Law*, also dem von Richtern ent- und stetig fortentwickelten Fallrecht.[71] Im deutschen Recht existieren sie in der InsO, dem GmbHG sowie dem BGB.

I. Ähnliche Haftungsmechanismen in den Rechtsordnungen

Die Haftungsmechanismen lassen sich in vier verschiedene Kategorien einteilen, welche sowohl im englischen als auch im deutschen Recht eingrenzbar sind. Es handelt sich hierbei um die Haftung für Verzögerungen bei der Verfahrenseinleitung, die Haftung für die Insolvenzverursachung und -vertiefung, die Haftung zur Anreicherung der Insolvenzmasse und die Haftung zur Befriedigung einzelner Gläubiger.

Diese Haftungsmechanismen treffen nicht nur die Geschäftsführung selbst, sondern darüber hinausgehend ebenfalls solche Personen, die eine geschäftsführerähnliche Position einnehmen. Im englischen Recht ist dies zum einen der *de facto Director*.[72] Unter dem Begriff des *de facto Director* versteht man eine Person, die originäre Geschäftsführungsaufgaben wahrnimmt, ohne ordnungsgemäß zum *Director* der Gesellschaft ernannt zu sein.[73] Dabei kommt es nicht auf die Bezeichnung an, unter der die Person ihre Aufgaben wahrnimmt. Entscheidend ist vielmehr, dass die Person gegenüber Dritten weisungsbefugt ist, im Namen der Gesellschaft Verbindlichkeiten im großen Maße eingehen darf und auch sonst in die Entscheidungsprozesse gemeinsam mit den übrigen *Directors* ein-

---

71 Vgl. zur Rechtsquelle des *Common Law* und seinem Zusammenspiel mit den *Rules of Equity* die Ausführungen bei *Shears/Stephenson*, Introduction to English Law, S. 23 ff.

72 Vgl. zu der Rechtsfigur des *de facto Director* im Detail *Noonan/Watson*, [2008] J.B.L. 587 ff.

73 *Revenue and Customs Commissioners v Holland* [2011] B.C.C. 1, vgl. hierzu auch die Anmerkung von *Sealy* (2011) 287 Co. L.N. 1 ff.; *Mumtaz Properties Ltd., Re* [2011] EWCA Civ 610; *Ultraframe (UK) Ltd. v Fielding* [2005] EWHC 1638; *Hydrodan (Corby) Ltd. (In Liquidation), Re* [1994] B.C.C. 161; vgl. auch Mortimore/*Goodison*, Company Directors, S. 66; *Davies*, Principles of Company Law, S. 483; *Goode*, Principles of Corporate Insolvency Law, S. 641 f.

gebunden ist.[74] Die Haftungsmechanismen erstrecken sich zum anderen auf den *Shadow Director*.[75] Der Begriff des *ShadowDirector* ist in Section 251 Abs. 1 Companies Act 2006, Section 251 Insolvency Act 1986 und Section 22 Abs. 5 Company Directors Disqualification Act 1986 legal definiert. Danach ist eine Person, aufgrund deren Weisungen der *Director* der Gesellschaft gewöhnlich handelt, ein *Shadow Director* der Gesellschaft.[76] Nicht erfasst sind aber per gesetzlicher Definition Personen, die diese Weisungen in ihrer beruflichen Funktion erteilen, etwa als Rechtsanwälte, Unternehmens- oder Finanzberater.[77] Der unter die gesetzliche Definition fallende *Shadow Director* kann eine natürliche oder juristische Person sein.[78] Damit sind die Gesellschaft faktisch beherrschende Muttergesellschaften sowie Banken und andere Geldgeber in den Kreis der potenziellen Haftungsadressaten einbezogen.[79] Gerade in Bezug auf Banken und andere Geldgeber haben die Gerichte es allerdings bislang abgelehnt, diese als *Shadow Directors* zu qualifizieren, da es für die Annahme, eine Person sei *Shadow Director* der Gesellschaft, nicht ausreicht, wenn sie Bedingungen für die Kreditvergabe aufstellt und damit den Handlungsspielraum der Gesellschaft

---

74 Vgl. Mortimore/*Goodison*, a.a.O.; *Goode*, Principles of Corporate Insolvency Law, S. 642.

75 Siehe in Bezug auf die Haftung aus *Wrongful Trading* Section 214 Abs. 7 Insolvency Act 1986. Zudem kann ein *Shadow Director* Teilnehmer an einem *Fraudulent Trading* gemäß Section 213 Insolvency Act 1986 sein, vgl. Mortimore/*Goodison*, Company Directors, S. 69. Zuletzt kann der *Shadow Director* gemäß Section 170 Abs. 5 Companies Act 2006 für Verletzungen der Pflichten des *Director* nach dem Companies Act 2006 haftbar gemacht werden, sofern die Pflichten auf die Rechtsfigur des *Shadow Director* übertragbar sind, vgl. Mortimore/*Goodison*, Company Directors, S. 68; *Davies*, Principles of Company Law, S. 485; so schon nach dem alten Recht *Yukong Line Ltd. of Korea v Rendsburg Investments Corp of Liberia (The Rialto)*, [1998] 1 W.L.R. 294; a.A. aber *Ultraframe (UK) Ltd. v Fielding* [2005] EWHC 1638. Hingegen kann gegen einen *Shadow Director* kein *Misfeasance Proceeding* – siehe hierzu S. 80 ff. – geführt werden, *Revenue and Customs Commissioners v Holland* [2011] B.C.C. 1; vgl. auch Mortimore/*Goodison*, Company Directors, S. 69; *Steffek*, Gläubigerschutz in der Kapitalgesellschaft, S. 393; kritisch hierzu *Griffin*, (2011) 24 Insolv. Int. 44, 46 f.

76 Siehe auch die Entscheidungen *Secretary of State and Industry v Becker* [2003] 1 B.C.L.C. 565; *Secretary of State and Industry v Deverell* [2000] 2 B.C.L.C. 133, CA.

77 Allerdings weist das Gericht in *Tasbian Ltd. (No. 3), Re* [1991] B.C.L.C. 792 darauf hin, dass bei Finanzberatern die Grenze zwischen der Beratungstätigkeit und der Position des *Shadow Director* fließend sein kann.

78 Vgl. Mortimore/*Goodison*, Company Directors, S. 67; *Goode*, Principles of Corporate Insolvency Law, S. 645.

79 Vgl. *Davies*, Principles of Company Law, S. 219.

verkürzt. Denn im Ergebnis sichern Banken und andere Geldgeber auf diesem Wege lediglich ihre schützenswerten Gläubigerinteressen.[80]

Im deutschen Recht erstrecken sich die Haftungsmechanismen bei der Insolvenz der Gesellschaft auch auf den Geschäftsführer in fehlerhafter Organstellung sowie den faktischen Geschäftsführer.[81] Eine Person ist Geschäftsführer in fehlerhafter Organstellung, wenn ihr Bestellungsakt zum Geschäftsführer nichtig oder unwirksam ist und sie dennoch Geschäftsführertätigkeiten wahrnimmt.[82] Ihre Rechts- und Pflichtenstellung entspricht der eines ordnungsgemäß bestellten Geschäftsführers.[83] Daher hat der Geschäftsführer in fehlerhafter Organstellung für sämtliche schuldhaften Pflichtverletzungen, welche die Geschäftsführerhaftung nach sich ziehen und die er bis zur Geltendmachung der Nichtigkeit oder Unwirksamkeit der Bestellung begangen hat, wie ein ordnungsgemäß bestellter Geschäftsführer einzustehen.[84] Nach der höchstrichterlichen Rechtsprechung ist eine Person demgegenüber faktischer Geschäftsführer, wenn sie, ohne ordnungsgemäß als Geschäftsführer bestellt zu sein, mit dem Einverständnis der Gesellschafter maßgeblichen Einfluss auf die Geschäftsführung nimmt und in diesem Zusammenhang im Außenverhältnis gegenüber Dritten auftritt.[85] Rückschlüsse für den maßgeblichen Einfluss auf die Geschäftsführung und damit das Vorliegen einer faktischen Geschäftsführung lassen sich dabei anhand der Wahrnehmung typischer Aufgaben ziehen. Dies sind die Bestimmung der Unternehmenspolitik, die Gestaltung der Unternehmensorganisation, die Befugnis, personelle Maßnahmen zu treffen, die Befugnis, Verhandlungen mit Geschäfts-

---

80 *A Company (No. 005009 of 1987)* (1988) 4 B.C.C. 424; *MC Bacon Ltd., Re* [1990] B.C.L.C. 324; *PTZFM Ltd., Re* [1995] 2 B.C.L.C. 354; *Ultraframe (UK) Ltd. v Fielding* [2005] EWHC 1638.

81 Vgl. *Haas*, NZI 2006, 494, 495 f.; *Fleischer*, GmbHR 2011, 337, 338.

82 BGH, NJW 1964, 1367; BGH, NJW 1995, 1158, 1159; BGH, NJW 1998, 3567; vgl. auch Baumbach/Hueck/*Zöllner/Noack*, § 35, Rn. 8; Scholz/*U. Schneider*, § 43, Rn. 22; Michalski/*Haas/Ziemons*, § 43, Rn. 24; ähnlich Ulmer/*Casper*, § 64 (Ergänzungsband), Rn. 40.

83 BGH, NJW 1964, 1367, 1368; BGH, NJW 1995, 1158, 1159; BGH, NJW 1998, 3567.

84 Vgl. Baumbach/Hueck/*Zöllner/Noack*, § 43, Rn. 2; Scholz/*U. Schneider*, § 43, Rn. 22; a.A. Lutter/Hommelhoff/*Kleindiek*, Vor § 35, Rn. 8.

85 BGH, NJW 2002, 1803, 1805; BGH, ZIP 2005, 1550 f.; BGH, ZIP 2008, 1026, 1027; zurückhaltend OLG München, ZIP 2010, 2295, 2296; die Rechtsprechung des Bundesgerichtshofs ist in der Literatur umstritten, zustimmend Ulmer/*Paefgen*, § 43, Rn. 12; Lutter/Hommelhoff/*Kleindiek*, Vor § 35, Rn. 11; *Bitter*, ZInsO 2010, 1505, 1511; kritisch Baumbach/Hueck/*Zöllner/Noack*, § 43, Rn. 3; Baumbach/Hueck/*Haas*, § 64, Rn. 9 f.; Scholz/*U. Schneider*, § 43, Rn. 26; Michalski/*Haas/Ziemons*, § 43, Rn. 30; *Fleischer*, GmbHR 2011, 337, 342; *Haas*, NZI 2006, 494, 495; *Haas*, DStR 1998, 1359 f.; die Rechtsfigur wohl ablehnend Roth/*Altmeppen*, § 43, Rn. 101.

partnern und Kreditgebern zu führen, die Möglichkeit, Entscheidungen in Steuerangelegenheiten zu treffen, sowie die Steuerung der Buchhaltung.[86]

Während die Rechtsfiguren des *de facto Director* und *Schadow Director* in der englischen Rechtspraxis zu einer tatsächlichen Ausweitung des Anwendungsbereichs der Haftungsmechanismen geführt haben, findet gerade die Figur des faktischen Geschäftsführers im deutschen Recht im Vergleich nur restriktiv Anwendung und hat damit keinen überragenden Einfluss auf den Anwendungsbereich der Haftungsmechanismen.[87]

1. Haftung für Verzögerungen bei der Verfahrenseinleitung

Die Haftung für Verzögerungen bei der Verfahrenseinleitung ist im englischen Recht als *Wrongful Trading* im Insolvency Act 1986 angelegt. Im deutschen Recht folgt die Haftung für Verzögerungen bei der Verfahrenseinleitung als Insolvenzverschleppungshaftung aufgrund der Verletzung der gesetzlichen Pflicht des Geschäftsführers aus § 15a InsO, rechtzeitig die Eröffnung des Insolvenzverfahrens zu beantragen.

a) England – *Wrongful Trading*

Nach Section 214 Abs. 2 Insolvency Act 1986 setzt die Haftung des *Director* wegen *Wrongful Trading* bei dem Vorliegen von vier Voraussetzungen ein. Zunächst muss es zu der *Liquidation* der Gesellschaft aufgrund ihrer Insolvenz nach dem *Balance Sheet Insolvency Test* gekommen sein. Diese Situation muss sodann für die Gesellschaft unvermeidbar gewesen sein. Weiterhin muss dem *Director* diese Lage bewusst gewesen sein oder sie hätte ihm bewusst gewesen sein müssen. Schließlich muss der *Director* dieses Bewusstsein bereits einige Zeit vor der Einleitung des Verfahrens der *Liquidation* gehabt haben.

Gemäß Section 214 Abs. 6 Insolvency Act 1986 ist die Gesellschaft insolvent, sofern ihre Abwicklung im Verfahren der *Liquidation* zu einem Zeitpunkt erfolgt, in dem die Vermögenswerte der Gesellschaft nicht mehr ausreichen, um ihre Verbindlichkeiten sowie die Verfahrenskosten der *Liquidation* zu begleichen. Section 214 Abs. 6 Insolvency Act 1986 entspricht inhaltlich der Regelung in Section 123 Abs. 2 Insolvency Act 1986 und beschreibt den *Balance Sheet Insolvency Test*, anhand dessen im englischen Recht die Überschuldung der Gesellschaft festgestellt wird.[88] Die Überschuldung der Gesellschaft nach dem *Balance Sheet Insolvency Test* stellt neben der Zahlungsunfähigkeit nach

86 Bayerisches Oberstes Landesgericht, NJW 1997, 1936.

87 Vgl. *Haas*, NZI 2006, 494, 496 ff.

88 Vgl. *Keay/Walton*, Insolvency Law, S. 588; *Goode*, Principles of Corporate Insolvency Law, S. 129, 666; *Steffek*, NZI 2010, 589, 590.

dem *Cash Flow Insolvency Test*[89] einen der beiden Hauptgründe für die Abwicklung der Gesellschaft aufgrund ihrer Insolvenz dar.[90] Bei dem *Balance Sheet Insolvency Test* werden die Vermögenswerte der Gesellschaft im Verfahren der *Liquidation* in Relation zu ihren Verbindlichkeiten und den Kosten zur Abwicklung der Gesellschaft gesetzt. Maßgeblich sind dabei die Vermögenswerte der Gesellschaft, die in dem Zeitpunkt bestehen, in dem das Verfahren der *Liquidation* eingeleitet wird.[91] Im Gegensatz hierzu zählen *Contingent Assets* nicht zu den berücksichtigungsfähigen Vermögenswerten nach dem *Balance Sheet Insolvency Test. Contingent Assets* sind mögliche Vermögenswerte der Gesellschaft, die durch Ereignisse in der Vergangenheit entstanden sind, deren vollständige Realisierung aber von einem oder mehreren Faktoren abhängen, welche die Gesellschaft selbst nicht steuern kann.[92] Sind die Vermögenswerte der Gesellschaft festgestellt, die im Zeitpunkt der Einleitung der Abwicklung bestehen, ist im nächsten Schritt ihr Wert zu beziffern. Da mit der Einleitung der *Liquidation* die vollständige Abwicklung der Gesellschaft beschlossen ist und eine Unternehmensfortführung nicht mehr infrage kommt, sind die Liquidationswerte maßgeblich.[93] Den so errechneten Vermögenswerten der Gesellschaft stehen in erster Linie ihre Verbindlichkeiten gegenüber. Hierunter fallen auch zukünftige Verbindlichkeiten, sofern sie aus einer vertraglichen oder gesetzlichen Verpflichtung der Gesellschaft erwachsen können, die vor der Einleitung der *Liquidation* entstanden ist.[94] Hiervon umfasst sind einerseits die *Prospective Liabilities*; das sind auf einer vertraglichen oder gesetzlichen Verpflichtung der Gesellschaft beruhende Verbindlichkeiten, die zukünftig mit Sicherheit fällig werden.[95] Andererseits sind *Contingent Liabilities*, also Verbindlichkeiten, die auf einer vertraglichen oder gesetzlichen Verpflichtung der Gesellschaft beruhen, deren Realisierung zukünftig eintreten könnte, ebenfalls als Verbindlichkeiten der Gesellschaft zu berücksichtigen.[96] *Contingent Liabilities* können in die-

---

89 Siehe hierzu im Einzelnen S. 96 ff.

90 Vgl. *Goode*, Principles of Corporate Insolvency Law, S. 112.

91 Vgl. Section 247 Abs. 2 Insolvency Act 1986.

92 *Byblos Bank SAL v Al-Khudhairy* (1986) 2 B.C.C. 99; *BNY Corporate Trustee Ltd. v Eurosail-UK* [2011] EWCA Civ 227; vgl. auch *Goode*, Principles of Corporate Insolvency Law, S. 142.

93 Vgl. *Goode*, a.a.O.

94 Vgl. Rule 13.12 Abs. 1 b), 3, 4 Insolvency Rules 1986.

95 *Stonegate Securities Ltd. v Gregory* [1980] 1 Ch. 576; *British Equitable Bond and Mortgage Corp Ltd.* [1910] 1 Ch. 574; *A Company (No. 001573 of 1983), Re* (1983) 1 B.C.C. 98,937; *Dollar Land Holdings Ltd.* [1994] B.C.L.C. 404; vgl. auch *Goode*, Principles of Corporate Insolvency Law, S. 136.

96 *Winter v I.R.C.* [1961] 3 All E.R. 855; *William Hockley Ltd., Re* [1962] 2 All E.R. 111; *Stonegate Securities Ltd. v Gregory* [1980] 1 Ch. 576; *New Cap Reinsurance Ltd. v*

sem Zusammenhang sogar bestehen, wenn die Gesellschaft die Verpflichtung nicht eingegangen ist, aber ohne die *Liquidation* mit an Sicherheit grenzender Wahrscheinlichkeit eingegangen wäre.[97] Schließlich sind die zu erwartenden Kosten der *Liquidation* zu schätzen.[98] Diese sind zu den Verbindlichkeiten der Gesellschaft zu addieren. Übersteigt der so errechnete Betrag den bei der Ermittlung der Vermögenswerte anhand der Liquidationswerte ermittelten Betrag, war die Gesellschaft im Zeitpunkt der Einleitung der *Liquidation* insolvent im Sinne des *Balance Sheet Insolvency Test*.

Die *Liquidation* der Gesellschaft aufgrund ihrer Insolvenz nach dem *Balance Sheet Insolvency Test* muss für die Gesellschaft unvermeidbar gewesen sein. Auf die Unvermeidbarkeit der *Liquidation* können in dieser Situation eine Reihe von Faktoren hindeuten. So lässt sich die Abwicklung der insolventen Gesellschaft zumindest dann nicht mehr vermeiden, wenn die Gläubiger auf die Gesellschaft Druck ausüben, die Banken keinerlei Unterstützung mehr gewähren, die Gesellschaft bestehende Vertragsbeziehungen verliert und es ihr nicht mehr gelingt, neue Vertragsbeziehungen zu generieren.[99] Allerdings ist stets eine Einzelfallbetrachtung vorzunehmen. So war der *Director* in der Entscheidung in *Rubin v Gunner* nach Ansicht des Gerichts nicht gemäß Section 214 Insolvency Act 1986 haftbar, obwohl die zuvor genannten Faktoren eingetreten waren.[100] Der *Director* konnte in der Entscheidung glaubhaft darlegen, er sei davon ausgegangen, ein vermögender Investor wolle genügend Geld zu der Rettung der Gesellschaft aufbringen, sodass die *Liquidation* trotz ihres späteren Eintritts nicht unvermeidbar im Sinne von Section 214 Insolvency Act 1986 war.

War die *Liquidation* hingegen unvermeidbar, muss sich der *Director* dieser Lage bewusst gewesen sein oder sie hätte ihm bewusst gewesen sein müssen. Gemäß Section 214 Abs. 4 lit. b) Insolvency Act 1986 hätte der *Director* wissen müssen, dass die Abwicklung der insolventen Gesellschaft in Zukunft unvermeidbar sein würde, sofern eine gewissenhafte Person mit dem Wissensstand,

---

Grant (2008) 68 A.C.S.R. 176, vgl. auch *Goode*, Principles of Corporate Insolvency Law, S. 134 ff.; die Höhe der *Contingent Liabilities* ist dabei um die Höhe der *Contingent Assets* zu verringern, wodurch im Ergebnis *Contingent Assets* eine gewisse Berücksichtigung bei dem *Balance Sheet Insolvency Test* finden, vgl. *Goode*, Principles of Corporate Insolvency Law, S. 142.

97 *Sutherland deceased, Re* [1963] A.C. 235; vgl. auch *Goode*, Principles of Corporate Insolvency Law, S. 135 f.

98 Vgl. *Goode*, Principles of Corporate Insolvency Law, S. 146.

99 Vgl. *Keay/Walton*, Insolvency Law, S. 590; *Griffin*, Personal Liability, S. 66; *Hicks/Cooke*, [1993] J.B.L. 338, 339; *Hicks*, (1993) 14 Comp. Law. 16, 17; zahlreiche weitere Argumente für die Unvermeidbarkeit der *Liquidation* sind aufgelistet bei *Steffek*, Gläubigerschutz in der Kapitalgesellschaft, S. 374 ff.

100 *Rubin v Gunner* [2004] EWHC 316 (Ch).

den Fähigkeiten und der Erfahrung, welche vernünftigerweise von einer Person in der Position des betreffenden *Director* zu erwarten war, nach der Bewertung aller zuvor dargestellten Faktoren zu dem Ergebnis der Unvermeidbarkeit der Abwicklung der insolventen Gesellschaft gelangt wäre. Damit ist ein objektiver Minimalstandard in das Gesetz eingeführt, anhand dessen das Verhalten des *Director* gemessen wird.[101] Dieser Minimalstandard ist jeweils unterschiedlich hoch anzusetzen und orientiert sich maßgeblich an der Art des Geschäfts, welches die insolvente Gesellschaft vor ihrer Abwicklung betrieben hat.[102] Dementsprechend setzen die englischen Gerichte einen höheren Maßstab an, wenn der *Director* seine Position in einem großen und komplex errichteten Unternehmen innehat; umgekehrt ist der Maßstab niedriger, wenn er *Director* eines kleinen, einfach strukturierten Unternehmens ist.[103] Neben diesem objektiven Standard ist gemäß Section 214 Abs. 4 lit. a) Insolvency Act 1986 die Erfüllung eines subjektiven Standards vorgesehen. Selbst wenn eine Person mit dem objektiven Minimalstandard in der Position des *Director* nicht zu dem Ergebnis gekommen wäre, dass die Abwicklung der insolventen Gesellschaft in Zukunft unvermeidbar sein würde, wird es dem *Director* entgegengehalten, wenn er persönlich einen höheren Wissensstand, bessere Fähigkeiten oder eine größere Erfahrung als eine durchschnittliche Person in der Position des *Director* hatte und das Eintreten der Abwicklung der insolventen Gesellschaft aufgrund dieser Faktoren vorhersehen musste.[104] Im Ergebnis ist der *Director* potenziell haftbar, wenn er den objektiven, den subjektiven oder beide Standards nicht erfüllt hat.

Zuletzt muss der *Director* das Bewusstsein der Unvermeidbarkeit der *Liquidation* bereits einige Zeit vor der Einleitung des Verfahrens gehabt haben oder hätte es jedenfalls haben müssen. Hierfür ist der Zeitpunkt der Krise der Gesellschaft einzugrenzen, in dem der *Director* das Unvermeidbare hätte feststellen müssen. In der Praxis liegt dieser *Moment of Truth* zeitlich immer nach dem Eintritt der Insolvenzreife der Gesellschaft nach dem *Balance Sheet Insolvency Test*[105] und regelmäßig erst nach dem zusätzlichen Erreichen der In-

---

101 Vgl. *Keay/Walton*, Insolvency Law, S. 589; Mortimore/*Isaacs*, Company Directors, S. 988; *Loose/Griffiths/Impey*, The Company Director, S. 316; *Goode*, Principles of Corporate Insolvency Law, S. 672.

102 *Brian D. Pierson (Contractors) Ltd., Re* [1999] B.C.C. 26; *Sherborne Associates Ltd., Re* [1995] B.C.C. 40; *Produce Marketing Consortium (In Liquidation) Ltd., Re (No. 2)* (1989) 5 B.C.C. 569.

103 *Produce Marketing Consortium (In Liquidation) Ltd., Re (No. 2)* (1989) 5 B.C.C. 569.

104 Vgl. *Keay/Walton*, Insolvency Law, S. 589; Mortimore/*Isaacs*, Company Directors, S. 988.

105 Siehe S. 18 ff.

solvenzreife nach dem *Cash Flow Insolvency Test*,[106] also der Zahlungsunfähigkeit, vor.[107] Grundsätzlich obliegt es dem *Liquidator* als beweisbelasteter Partei, diesen Zeitpunkt zu spezifizieren.[108] Allerdings haben die englischen Gerichte bislang noch keine einheitliche Rechtsprechung bezüglich der Frage entwickelt, mit welcher Genauigkeit er den Zeitpunkt darlegen muss.[109] Einige verlangen die Benennung eines exakten Datums als Zeitpunkt während der Krise der Gesellschaft, in dem der *Director* das Unvermeidbare hätte feststellen müssen.[110] Andere erlauben es dem *Liquidator*, verschiedene Zeitpunkte zu benennen, an denen der *Director* jeweils das Unvermeidbare hätte erkennen können.[111] In anderen Entscheidungen haben die Gerichte eigenmächtig diesen Zeitpunkt bestimmt, ohne auf den Vortrag des *Liquidator* einzugehen.[112]

Sind die vorgenannten Voraussetzungen erfüllt, kann der *Director* nur auf die Verteidigungsmöglichkeit gemäß Section 214 Abs. 3 Insolvency Act 1986 zurückgreifen, um der Haftung für *Wrongful Trading* zu entgehen. Hierfür muss er aufzeigen, dass er nach dem Zeitpunkt der Krise der Gesellschaft jedes mögliche Mittel ausgeschöpft hat, um die potenziellen Verluste der Gläubiger der Gesellschaft zu mindern. Die nach Eintritt der Krise zu ergreifenden Mittel sind individuell an der sich in der Krise befindlichen Gesellschaft auszurichten. Je nach den Umständen der spezifischen Situation kann es demnach für den *Director* erforderlich sein, unverzüglich eine Gläubigerversammlung einzuberu-

---

106 Siehe hierzu im Einzelnen S. 96 ff.

107 *Phillip Roberts (as Liquidator of Onslow Ditchling Ltd.) v Peter Frohlich, Godfrey Spanner* [2011] EWHC 257 (Ch); *Bangla Television Ltd., Re* [2010] B.C.C.3 143; *The Rod Gunner Organisation Ltd., Re* [2004] 2 BCLC 110 (113, 122, 129); *Brian D. Pierson (Contractors) Ltd., Re* [1999] B.C.C. 26; *Official Receiver v Doshi* [2001] 2 B.C.L.C. 235; *Produce Marketing Consortium (In Liquidation) Ltd., Re (No. 2)* (1989) 5 B.C.C. 569; instruktiv *Steffek*, Gläubigerschutz in der Kapitalgesellschaft, S. 364 ff., 383; vgl. hierzu auch *Steffek*, NZI 2010, 589, 595; *Stöber* ZHR 176 (2012), 326, 354 f.

108 Ständige Rechtsprechung zuletzt in *Singla vs. Hedman* [2009] EWHC 3510, siehe auch die Entscheidungen *Sherborne Associates Ltd., Re* [1995] B.C.C. 40; *Brian D. Pierson (Contractors) Ltd., Re* [1999] B.C.C. 26; *Continental Assurance Co of London Plc (In Liquidation), Re* [2001] B.P.I.R. 733; vgl. hierzu auch *Steffek*, Gläubigerschutz in der Kapitalgesellschaft, S. 373 f.; *Steffek*, NZI 2010, 589, 594.

109 Vgl. *Keay*, (2006) 19 Insolv. Int. 132; *Arsalidou*, (2001) 22 Comp. Law. 19, 20.

110 *Continental Assurance Co of London Plc (In Liquidation), Re* [2001] B.P.I.R. 733; *Sherborne Associates Ltd., Re* [1995] B.C.C. 40; vgl. auch *Simmons* (2001) 14 Insolv. Int. 12, 13.

111 *Rubin v Gunner* [2004] EWHC 316 (Ch); *Brian D. Pierson (Contractors) Ltd., Re* [1999] B.C.C. 26.

112 *Phillip Roberts (as Liquidator of Onslow Ditchling Ltd.) v Peter Frohlich, Godfrey Spanner* [2011] EWHC 257 (Ch); *Official Receiver v Doshi* [2001] 2 B.C.L.C. 235; *Purpoint Ltd., Re* [1991] B.C.C. 121; *DKG Contractors Ltd., Re* [1990] B.C.C. 903.

fen, um die *Liquidation*, die *Administration* oder ein *Receivership* einzuleiten; gegebenenfalls genügt es aber auch, die Geschäfte der Gesellschaft weiterzuführen.[113] Maßgeblich ist allein, welche Reaktion des *Director* im besten Interesse der Gläubiger liegt. Bei der Bewertung der Frage, ob der *Director* jede Möglichkeit ergriffen hat, um die potenziellen Verluste der Gläubiger der Gesellschaft zu mindern, setzt das Gericht wiederum die dargestellten objektiven und subjektiven Maßstäbe gemäß Section 214 Abs. 4 Insolvency Act 1986 an. Damit ist der *Director* selbst dann haftbar, wenn er alle Maßnahmen zur Verlustminderung ergriffen hat, die eine vernünftige Person in der Position des *Director* ergriffen hätte, sofern es ihm möglich gewesen wäre, aufgrund seiner subjektiv größeren Fertigkeiten eine weiter gehende Verlustminderung zugunsten der Gläubiger der Gesellschaft zu erreichen. Die Verteidigungsmöglichkeit gemäß Section 214 Abs. 3 Insolvency Act 1986 stellt für den *Director* die einzige Option dar, der Haftung für *Wrongful Trading* entgegenzutreten. Er kann nicht darauf hinwirken, dass das Gericht ihn nachträglich von seiner Haftung entbindet, weil er jederzeit ehrlich und angemessen gehandelt hat. Diese Möglichkeit existiert grundsätzlich im englischen (Gesellschafts-)Recht mit Section 1157 Companies Act 2006. Danach kann ein Gericht den *Director* nach eigenem Ermessen von einer Haftung entbinden, die auf einer Verletzung seines gesetzlichen Pflichtenprogramms basiert.[114] Solch ein Verhalten des Gerichts wäre aber aufgrund des objektiven Maßstabs, den Section 214 Abs. 4 lit. b) Insolvency Act 1986 ansetzt, nicht mit dem Sinn und Zweck der Norm vereinbar und der Rückgriff auf Section 1157 Companies Act 2006 bleibt bei der Haftung aus *Wrongful Trading* damit verwehrt.[115]

Der *Liquidator* hat gemäß Section 214 Abs. 1 Insolvency Act 1986 die ausschließliche Klagebefugnis für ein Verfahren wegen *Wrongful Trading* gegen den *Director* der insolventen Gesellschaft. Er handelt bei der Geltendmachung von Ansprüchen aus Section 214 Abs. 2 Insolvency Act 1986 kraft seines Amtes

---

113 Vgl. *Goode*, Principles of Corporate Insolvency Law, S. 674; *Steffek*, Gläubigerschutz in der Kapitalgesellschaft, S. 387; *Stöber*, ZHR 176 (2012), 326, 339; a.A. *Loose/Griffiths/Impey*, The Company Director, S. 320, welche die Weiterführung der Gesellschaft nicht als probates Mittel zur Verlustminderung ansehen.

114 Ein *Shadow Director* kann sich hingegen unter keinen Umständen auf Section 1157 Companies Act 2006 berufen, *Ultraframe (UK) Ltd. v Fielding* [2005] EWHC 1638.

115 *Brian D. Pierson (Contractors) Ltd., Re* [1999] B.C.C. 26; *Produce Marketing Consortium (In Liquidation) Ltd., Re (No. 2)* (1989) 5 B.C.C. 569; vgl. auch *Keay/Walton*, Insolvency Law, S. 592; *Davies*, Principles of Company Law, S. 597; Mortimore/*Zacaroli*, Company Directors, S. 358; a.A. *Griffin*, Personal Liability, S. 77 f.; kritisch auch *French/Mayson/Ryan*, Company Law, S. 513.

für die Gläubigergesamtheit.[116] Durch diese Bündelung der Klagebefugnis wollte der englische Gesetzgeber die Geltendmachung von Ansprüchen der Gläubiger in einer Vielzahl einzelner Verfahren vermeiden.[117] Allerdings bedarf sein Tätigwerden der vorherigen Zustimmung des für das Verfahren der *Liquidation* zuständigen Gerichts oder des *Liquidation Committee*, also des Gläubigerausschusses.[118]

Die Verjährungsfrist für die Geltendmachung eines Anspruchs aus *Wrongful Trading* beträgt gemäß Section 9 Abs. 1 Limitation Act 1980 sechs Jahre. Die Frist wird durch die Gesellschafterentscheidung, die Gesellschaft durch eine *Creditors' Voluntary Liquidation* abzuwickeln, bzw. durch die gerichtliche Anordnung der Abwicklung durch die *Compulsory Liquidation* in Gang gesetzt.[119]

Bei der erfolgreichen Geltendmachung eines Anspruchs aus *Wrongful Trading* liegt es im Ermessen des Gerichts, welchen Betrag es als angemessen für den Ausgleich des entstandenen Schadens ansieht.[120] Auch ist das Gericht frei, die Grundlage für die Berechnung des Schadens selbst zu bestimmen; insbesondere muss es nicht die Verluste der Gläubiger als (alleinige) Grundlage der Schadensberechnung heranziehen.[121] So kann das Gericht ebenfalls das Maß der Entwertung der Vermögenswerte der Gesellschaft durch das *Wrongful Trading* als Berechnungsgrundlage für den entstandenen Schaden verwenden.[122] Des Weiteren kann das Gericht bei der Schadensberechnung das Verhalten des *Director* berücksichtigen. So wird das Gericht nach Ansicht von *Griffin* aller Wahrscheinlichkeit nach einen *Director*, der grob fahrlässig gehandelt hat, zu

---

116 *Oasis Merchandising Services Ltd. (In Liquidation), Re* [1998] Ch. 170; vgl. auch die Anmerkung zu der Entscheidung von *Cook*, (1999) 3 Insolv. L. 99, 100 ff.

117 Vgl. *Griffin*, Personal Liability, S. 55.

118 Vgl. Section 165 Abs. 2 b) Insolvency Act 1986 i.V.m. Schedule 4 Nr. 3A Insolvency Act 1986 im Hinblick auf die *Creditors' Voluntary Liquidation* (wobei, falls kein *Liquidation Committee* existieren sollte, auch die Gläubigerversammlung die Zustimmung erteilen kann) und Section 167 Abs. 1 a) Insolvency Act 1986 i.V.m. Schedule 4 Nr. 3A Insolvency Act 1986 im Hinblick auf die *Compulsory Liquidation*, vgl. auch *Goode*, Principles of Corporate Insolvency Law, S. 158 bei Fn. 82; *Steffek*, Gläubigerschutz in der Kapitalgesellschaft, S. 424; *Tolmie* [2003] 7 Insolv. L. 153 ff.; kritisch hierzu *Milman* [2004] J.B.L. 493; siehe zu den verschiedenen Verfahrensmöglichkeiten des englischen Rechts zur Einleitung der *Liquidation* im Einzelnen unten ab S. 96.

119 *Farmizer (Products) Ltd., Re* [1995] B.C.C. 926; vgl. auch *Fletcher*, The Law of Insolvency, S. 860; *Keay/Walton*, Insolvency Law, S. 594.

120 *Produce Marketing Consortium (In Liquidation) Ltd., Re (No. 2)* (1989) 5 B.C.C. 569.

121 *Produce Marketing Consortium (In Liquidation) Ltd., Re (No. 2)* (1989) 5 B.C.C. 569.

122 *Produce Marketing Consortium (In Liquidation) Ltd., Re (No. 2)* (1989) 5 B.C.C. 569; *Purpoint Ltd., Re* [1991] B.C.C. 121.

einem höheren Schadensersatz verurteilen, als den *Director*, der lediglich leicht fahrlässig gehandelt hat.[123] Auch das Maß der Kooperationsbereitschaft des *Director* im Verfahren soll nach teilweise vertretener Ansicht einen Einfluss auf die Höhe des von dem *Director* zu leistenden Betrags haben.[124] Einen über den tatsächlich entstandenen Schaden hinausgehenden Strafschadensersatz darf das Gericht dem *Director* jedoch nicht auferlegen.[125]

Der *Director* muss den aufgrund seines *Wrongful Trading* zu leistenden Betrag der Masse der Gesellschaft zuführen.[126] Dies ist wiederum damit zu begründen, dass der *Liquidator* bei der Geltendmachung von Ansprüchen aus Section 214 Abs. 2 Insolvency Act 1986 kraft seines Amtes für die Gläubigergesamtheit handelt.[127] Vereinzelt wird dieses Vorgehen in der Literatur kritisiert, da so auch solche Gläubiger der Gesellschaft, deren Ansprüche bereits vor dem Zeitpunkt des Einsetzens des *Wrongful Trading* entstanden sind, von der Anreicherung der Masse profitieren.[128]

b) Deutschland – Insolvenzverschleppungshaftung

Rechtsgrundlage für die Haftung des Geschäftsführers aus Insolvenzverschleppung sind § 823 Abs. 2 BGB i.V.m. § 15a InsO. Nach § 15a InsO greift die Haftung des Geschäftsführers für die Insolvenzverschleppung ein, wenn der Geschäftsführer nicht oder nicht rechtzeitig seiner Pflicht nachkommt, bei der Insolvenz der Gesellschaft den Antrag auf Eröffnung des Insolvenzverfahrens zu stellen. Gemäß § 15a Abs. 1 S. 1 InsO muss der Geschäftsführer sobald die Gesellschaft zahlungsunfähig oder überschuldet ist, den Antrag auf Eröffnung des Insolvenzverfahrens ohne schuldhaftes Zögern stellen, spätestens aber drei Wochen nach Eintritt der Zahlungsunfähigkeit oder Überschuldung. Der Gesetzgeber hat § 15a Abs. 1 S. 1 InsO im Zuge des MoMiG in die Insolvenzordnung integriert. Eine faktisch inhaltsgleiche Regelung sah vor der Reform des GmbH-Rechts durch das MoMiG bereits § 64 Abs. 1 GmbHG a.F. vor. Nach ganz herrschender Meinung in Rechtsprechung und Literatur schützt § 15a InsO, wie zuvor § 64 Abs. 1 GmbHG a.F., auch die Individualinteressen der Gesellschafts-

123 Vgl. *Griffin*, Personal Liability, S. 83.

124 Vgl. *Keay/Walton*, Insolvency Law, S. 593.

125 *Produce Marketing Consortium (In Liquidation) Ltd., Re (No. 2)* (1989) 5 B.C.C. 569; a.A. wohl *Sherborne Associates Ltd., Re* [1995] B.C.C. 40.

126 *Esal (Commodities) Ltd., Re* [1993] B.C.L.C. 872, bestätigt durch den Court of Appeal [1997] 1 B.C.L.C. 705.

127 *Oasis Merchandising Services Ltd. (In Liquidation)* [1998] Ch. 170.

128 Vgl. *Keay/Walton*, Insolvency Law, S. 594; *Hicks*, (1993) 14 Comp. Law. 16, 17.

gläubiger und kann damit Rechtsgrundlage für die Haftung aus § 823 Abs. 2 BGB sein.[129]

Maßgeblich für das Einsetzen der Pflicht des Geschäftsführers gemäß § 15a InsO ist das Vorliegen des Insolvenzgrundes der Zahlungsunfähigkeit und/oder der Überschuldung. Nach der Legaldefinition in § 17 Abs. 2 S. 1 InsO ist die Gesellschaft zahlungsunfähig, wenn sie nicht mehr in der Lage ist, die fälligen Zahlungspflichten zu erfüllen. Dies ist gemäß § 17 Abs. 2 S. 2 InsO anzunehmen, wenn sie ihre Zahlungen eingestellt hat. Nach der Rechtsprechung des Bundesgerichtshofs liegt Zahlungsunfähigkeit grundsätzlich dann vor, wenn die Gesellschaft innerhalb eines Zeitraums von drei Wochen nicht in der Lage ist, ihren fälligen Zahlungsverpflichtungen bis zu einer ihr zugestandenen Liquiditätslücke von zehn Prozent der fälligen Gesamtverbindlichkeiten nachzukommen.[130] Damit soll zum einen der Gesellschaft die Möglichkeit eröffnet werden, sich in einem angemessenen Zeitraum Kredit zur Schließung ihrer Liquiditätslücke beschaffen zu können. Zum anderen soll nicht bereits eine verhältnismäßig kleine Liquiditätslücke einen Insolvenzgrund darstellen. In Ausnahmefällen gilt der von dem Bundesgerichtshof aufgestellte Grundsatz nicht. Sofern die Gesellschaft zwar ihre fälligen Verbindlichkeiten bis zu der ihr zugestandenen Liquiditätslücke von zehn Prozent der fälligen Gesamtverbindlichkeiten innerhalb von drei Wochen nicht begleichen kann, jedoch mit an Sicherheit grenzender Wahrscheinlichkeit davon auszugehen ist, dass sie in naher Zukunft hierzu in der Lage sein wird und von den Gläubigern vernünftigerweise erwartet werden kann, bis dahin mit der Befriedigung ihrer Ansprüche zu warten, liegt keine Zahlungsunfähigkeit vor. Andererseits kann die Gesellschaft bereits zahlungsunfähig sein, wenn die Liquiditätslücke weniger als zehn Prozent der fälligen Gesamt-

129 BGH, NJW 1998, 2667, 2668; BGH, NJW 1994, 2220, 2222; BGH, NJW 1987, 2433; BGH, NJW 1979, 1823, 1825 f.; BGH, NJW 1959, 623; vgl. auch Ulmer/*Casper*, § 64 (Ergänzungsband), Rn. 125 ff.; Scholz/*K. Schmidt*, Anhang zu § 64, Rn. 42; *K. Schmidt*/Uhlenbruck, GmbH in Krise, Sanierung und Insolvenz, S. 974; Michalski/*Nerlich*, § 64, Rn. 55; Baumbach/Hueck/*Haas*, § 64 Rn. 109; Lutter/Hommelhoff/*Kleindiek*, Anhang zu § 64, Rn. 64; *Stöber*, ZHR 176 (2012), 326, 335; *Poertzgen*, GmbHR 2007, 1258, 1259; *Wälzholz*, DStR 2007, 1914 ff.; *K. Schmidt*, ZHR 168 (2004), 637, 640. *Altmeppen* und *Wilhelm* vertreten mit dem Verweis auf die Entscheidung des RG, RGZ 73, 30, die Ansicht, dass die gesetzliche Pflicht des Geschäftsführers zur Stellung des Insolvenzantrags keine Individualinteressen schütze und daher ein Rückgriff auf § 823 Abs. 2 BGB in diesen Fällen verwehrt sei, vgl. Roth/*Altmeppen*, § 64, Rn. 33 ff.; *Altmeppen*, ZIP 2001, 2201, 2208; *Altmeppen/Wilhelm*, NJW 1999, 673, 679; gegen die Schutzgesetzeigenschaft von § 15a InsO auch *Wübbelsmann*, GmbHR 2008, 1303, 1304.

130 BGH, NJW 2005, 3062, 3064 ff.

verbindlichkeiten der Gesellschaft ausmacht, aber absehbar ist, dass die Liquiditätslücke in naher Zukunft die Zehnprozentmarke übersteigen wird.[131]

Demgegenüber liegt gemäß § 19 Abs. 2 S. 1 InsO Überschuldung vor, wenn das Vermögen der Gesellschaft die bestehenden Verbindlichkeiten nicht mehr deckt, es sei denn, die Fortführung des Unternehmens ist nach den Umständen überwiegend wahrscheinlich. Das Gesellschaftsvermögen wird hierbei nach der Überschuldungsbilanz ermittelt, wonach grundsätzlich die Liquidationswerte des Gesellschaftsvermögens aufseiten der Aktivposten die Grundlage des Vergleichs mit den Verbindlichkeiten der Gesellschaft bilden, aber auch sämtliche stille Reserven bei der Ermittlung des Unternehmenswertes herangezogen werden.[132] Falls hingegen eine Fortführung der Gesellschaft sehr wahrscheinlich ist, was anhand eines detaillierten Finanzkonzepts darzulegen ist, und die Gesellschafter sie fortführen wollen, sind anstelle der Liquidationswerte die Fortführungswerte des Gesellschaftsvermögens anzusetzen.[133] Im letztgenannten Fall sind die Vermögenswerte der Gesellschaft regelmäßig höher anzusetzen, sodass die Grenze zur Überschuldung zwar nach den Liquidationswerten bereits erreicht sein kann, nach den maßgeblichen Fortführungswerten allerdings noch nicht erreicht ist.

Liegt einer der beiden oder liegen gar beide Insolvenzgründe vor, muss der Geschäftsführer ohne schuldhaftes Zögern, spätestens innerhalb von drei Wochen den Antrag auf Eröffnung des Insolvenzverfahrens stellen. Der Zeitraum von drei Wochen wird dem Geschäftsführer gewährt, um zu eruieren, ob vernünftigerweise die Möglichkeit besteht, die Gesellschaft ohne die Durchführung des Insolvenzverfahrens zu restrukturieren.[134] Der Fristlauf beginnt, sobald objektiv der Insolvenzgrund bzw. die Insolvenzgründe bestehen.[135] Jedoch stellt die dreiwöchige Frist aus § 15a Abs. 1 S. 1 InsO lediglich eine relative Höchstfrist dar, innerhalb welcher der Geschäftsführer Rettungsmöglichkeiten der Gesellschaft ausloten kann.[136] So muss der Geschäftsführer den Antrag auf Eröff-

131 BGH, NJW 2005, 3062, 3066; vgl. auch Ulmer/*Casper*, § 64 (Ergänzungsband), Rn. 46; MüKo/*Ellenberger*, § 17 InsO, Rn. 18.

132 BGH, NZG 2005, 482, 483; BGH, NJW-RR 2001, 1043 f.; BGH, NJW 2001, 1136.

133 BGH, NZI 2007, 44; BGH, NZG 2007, 347, 350; der Geschäftsführer ist nach ständiger Rechtsprechung für das Vorliegen einer positiven Fortführungsprognose beweispflichtig, siehe zuletzt BGH, ZIP 2011, 1007, 1009.

134 OLG Düsseldorf, NZG 1999, 1066, 1068.

135 BGH, NJW 2000, 668; vgl. auch insbesondere Scholz/*K. Schmidt*, Anhang zu § 64, Rn. 33, m.w.N.; a.A. noch BGH, NJW 2003, 3787, 3788; BGH, NJW 1979, 1823, 1827, aber mit Inkrafttreten des MoMiG überholt, vgl. Scholz/*K. Schmidt*, a.a.O.

136 Vgl. Ulmer/*Casper*, § 64 (Ergänzungsband), Rn. 69; *K. Schmidt*/Uhlenbruck, GmbH in Krise, Sanierung und Insolvenz, S. 972; Scholz/*K. Schmidt*, Anhang zu § 64, Rn. 32;

nung des Insolvenzverfahrens sofort stellen, ohne die Frist auszureizen, wenn klar ist, dass es keine Möglichkeit der Restrukturierung der Gesellschaft außerhalb der Insolvenz gibt.[137]

Hat der Geschäftsführer seine Pflicht aus § 15a Abs. 1 InsO verletzt, muss ihm bei der Haftung auf der Grundlage einer Insolvenzverschleppung ein Verschulden zu Last gelegt werden können. Hierfür muss der Geschäftsführer zumindest fahrlässig gehandelt haben.[138] Das Gericht vermutet dies bei einer verspäteten oder unterlassenen Stellung des Insolvenzantrags.[139] Der Geschäftsführer kann dem Schuldvorwurf der verspäteten bzw. unterlassenen Stellung des Insolvenzantrags entgegentreten, indem er darlegt, dass er qualifizierte externe Berater hinzugezogen, diese vollumfänglich über die Lage der Gesellschaft informiert und seine Entscheidung zur Verzögerung oder Unterlassung der Antragstellung aufgrund der so erhaltenen Ratschläge getroffen hat.[140] Um der Haftung nach § 823 Abs. 2 BGB i.V.m. § 15a InsO zu entgehen, nutzt es dem Geschäftsführer hingegen nichts, sein Amt niederzulegen, wenn die Gesellschaft bereits insolvent ist. Zwar kann er so vorgehen, um eine Entbindung von seiner konkreten Pflicht zur Stellung des Insolvenzantrags zu erreichen.[141] Dieses Vorgehen befreit ihn aber nicht von der Haftung für Insolvenzverschleppung für eine bereits in diesem Zeitpunkt bestehende Verzögerung bei der Antragstellung. Darüber hinaus trifft den Geschäftsführer die Pflicht, gegenüber den übrigen Geschäftsführern respektive den Gesellschaftern, falls die Gesellschaft durch die Amtsniederlegung führungslos geworden sein sollte, darauf hinzuwirken, dass diese den Antrag auf Verfahrensöffnung stellen.[142]

Bezüglich der Frage der Klagebefugnis ist bei der Haftung nach § 823 Abs. 2 BGB i.V.m. § 15a InsO zu unterscheiden. Der Insolvenzverwalter ist im Hinblick auf die Altgläubiger klagebefugt, also solche Gläubiger, die ihre Position bereits zu dem Zeitpunkt innehaben, in dem die Gesellschaft zahlungs-

---

Michalski/*Nerlich*, § 64, Rn. 34 f.; Lutter/Hommelhoff/*Kleindiek*, Anhang zu § 64, Rn. 50.

137 BGH, ZIP 2012, 723; BGH, NJW 2003, 3787, 3788; BGH, NJW 1979, 1823, 1827.

138 BGH, NJW 1994, 2220, 2224; BAG, NZA 1999, 39, 42; vgl. auch Ulmer/*Casper*, § 64 (Ergänzungsband), Rn. 130; Scholz/*K. Schmidt*, Anhang zu § 64, Rn. 48; Baumbach/Hueck/*Haas*, § 64, Rn. 126, jeweils m.w.N.; Michalski/*Nerlich*, § 64, Rn. 64; Lutter/Hommelhoff/*Kleindiek*, Anhang zu § 64, Rn. 69; kritisch *Canaris*, JZ 1993, 649, 651 f.

139 BGH, ZIP 2012, 723; OLG Celle, NZG 2002, 730, 732.

140 BGH, NJW 2007, 2118, 2120; a.A. OLG Hamburg, NJW-RR 2005, 137.

141 BGH, NJW 1993, 1198.

142 Vgl. Ulmer/*Casper*, § 64 (Ergänzungsband), Rn. 38; Michalski/*Nerlich*, § 64, Rn. 77; Baumbach/Hueck/*Haas*, § 64, Rn. 115.

unfähig und/oder überschuldet wird.[143] Dies ergibt sich bereits aus § 92 S. 1 InsO.[144] Demgegenüber sind Neugläubiger, die in dem Zeitraum ab dem Vorliegen eines oder beider Insolvenzgründe und der Antragstellung einen vertraglichen Anspruch gegen die Gesellschaft erlangt haben,[145] persönlich klagebefugt.[146] Der Bundesgerichtshof begründet die Unterscheidung zwischen Alt- und Neugläubigern mit dem Schutzzweck des § 15a InsO. Danach bezweckt die Norm nicht nur den Schutz der Masse der insolventen Gesellschaft, sondern soll zudem Neugläubiger davor bewahren, durch die Gewährung von Geld- oder Sachkredit an eine insolvente Gesellschaft einen Schaden zugefügt zu bekommen.[147] Denn in dieser Situation erleiden die Neugläubiger einen Vertrauensschaden, indem sie für ihre Leistung keinen entsprechend werthaltigen Gegenanspruch erlangen.[148] Dieser doppelte Schutzzweck der Norm macht die Unter-

---

143 BGH, NJW 1998, 2667 f.; BGH, ZIP 2007, 676, 678; BGH, NZI 2004, 496.

144 Vgl. Uhlenbruck/*Hirte*, § 92, Rn. 12; MüKo/*Brandes*, § 92 InsO, Rn. 1, 9; Kübler/Prütting/Bork/*Lüke*, § 92, Rn. 36; Ulmer/*Casper*, § 64 (Ergänzungsband), Rn. 147; Michalski/*Nerlich*, § 64, Rn. 78; Lutter/Hommelhoff/*Kleindiek*, Anhang zu § 64, Rn. 78; *Stöber*, ZHR 176 (2012), 326, 335 f.

145 Keine Neugläubiger sind hingegen solche Gläubiger, die in dem Zeitraum ab Vorliegen eines oder beider Insolvenzgründe und der Antragstellung einen gesetzlichen Anspruch gegen die Gesellschaft erlangt haben BGH, NJW 2005, 3137, 3140; OLG Jena, ZIP 2002, 631, 632; vgl. auch Ulmer/*Casper*, § 64 (Ergänzungsband), Rn. 145; Baumbach/Hueck/*Haas*, § 64, Rn. 129; Michalski/*Nerlich*, § 64, Rn. 74; kritisch Lutter/Hommelhoff/*Kleindiek*, Anhang zu § 64, Rn. 76. Umfasst hiervon sind alle Arten gesetzlicher Ansprüche, von deliktischen und bereicherungsrechtlichen Ansprüchen, über Ansprüche aus dem Steuerrecht und dem Sozialversicherungsrecht bis hin zu sonstigen gesetzlichen Ansprüchen, siehe die Entscheidungen BGH, ZIP 2009, 366; BGH, NJW 2005, 3137, 3140; BGH, NJW 1999, 2182, 2183; LG Bonn, ZIP 1998, 923; vgl. auch Baumbach/Hueck/*Haas*, a.a.O. Diese Gläubiger sind bei der Geltendmachung ihrer Ansprüche einzig auf die Quote verwiesen, ähnlich Ulmer/*Casper*, § 64 (Ergänzungsband), a.a.O.

146 Grundlegend BGH, NJW 1994, 2220, 2224 und BGH, NJW 1998, 2667; BGH, NJW 1995, 398, 399; BGH, ZIP 1995, 31; vgl. auch Ulmer/*Casper*, § 64 (Ergänzungsband), Rn. 148; Baumbach/Hueck/*Haas*, § 64, Rn. 141; Michalski/*Nerlich*, § 64, Rn. 78; Lutter/Hommelhoff/*Kleindiek*, Anhang zu § 64, Rn. 80; *Stöber*, ZHR 176 (2012), 326, 336; *Arends/Möller*, GmbHR 2008, 169, 173; *Haas*, DStR 2003, 423, 431; *Bork*, ZGR 1995, 505, 523; a.A. *Hasselbach*, DB 1996, 2213, 2215, *Uhlenbruck*, ZIP 1994, 1153, 1154 ff.; *Wilhelm*, ZIP 1993, 1833, 1836 ff.

147 BGH, ZIP 2009, 1220, 1222; BGH, ZIP 2009, 366; BGH, ZIP 2007, 676, 678; BGH, NJW 2005, 3137, 3140; BGH, NJW 1994, 2220, 2222; OLG Nürnberg, ZIP 2009, 751, 752.

148 BGH, ZIP 2007, 676, 678; BGH, NJW 2005, 3137, 3140.

scheidung von Alt- und Neugläubigern bei der Insolvenzverschleppung notwendig.

Im Einzelfall kann die Abgrenzung der Stellung der Gläubiger als Alt- oder Neugläubiger problematisch sein. Bei Dauerschuldverhältnissen, die Gläubiger vor der Insolvenzreife mit der Gesellschaft eingegangen sind, ist für die Kategorisierung der Gläubiger als Alt- oder Neugläubiger entscheidend, ob die Gläubiger ihnen nach Eintritt der Insolvenzreife obliegende Leistungen gegenüber der Gesellschaft zurückhalten können.[149] Dies kann etwa durch Kündigung oder die Geltendmachung von Zurückbehaltungsrechten geschehen. Ist den Gläubigern die Zurückbehaltung der Leistung nicht möglich, sind sie ausschließlich als Altgläubiger zu behandeln. Hätten sie jedoch die ihnen obliegenden Leistungen nach Eintritt der Insolvenzreife zurückhalten können, sind sie für den Zeitraum vor Insolvenzreife als Alt- und für den Zeitraum nach Insolvenzreife als Neugläubiger zu behandeln. So sind etwa die Arbeitnehmer hinsichtlich ihrer Lohnforderungen gegen die Gesellschaft ab der Insolvenzreife Neugläubiger.[150] Eine Bank, mit der die Gesellschaft ein Kontokorrentverhältnis unterhält, ist Neugläubigerin der Gesellschaft, wenn sie dieser nach Eintritt der Insolvenzreife einen neuen Kredit gewährt bzw. die Gesellschaft diesen in Anspruch nimmt.[151] Weiterhin ist zu beachten, dass Gläubiger als Altgläubiger zu behandeln sind, wenn sie ihren vertraglichen Anspruch in einer Phase erlangen, in der die Gesellschaft insolvenzreif ist, die Gesellschaft aber daraufhin die Krise überwindet, sodass kein Insolvenzgrund mehr vorliegt, und die Gesellschaft erst danach wiederum in die Insolvenzreife abgleitet.[152] Nur Gläubiger, die ab dem Zeitpunkt der zweiten Insolvenzreife einen vertraglichen Anspruch gegen die Gesellschaft erlangen, sind in dieser Situation Neugläubiger.[153]

Die Frist zur Geltendmachung des Anspruchs aus Insolvenzverschleppung beträgt drei Jahre.[154] Fristbeginn für die Geltendmachung des Anspruchs der Altgläubiger ist hierbei gemäß § 200 S. 1 BGB der Zeitpunkt der Schadensentstehung, also die Eröffnung des Insolvenzverfahrens.[155] Die Verjährungsfrist für

149 LAG Köln, NZG 2007, 199, 200.

150 LAG Köln, NZG 2007, 199, 200; a.A. OLG Hamburg, ZIP 2007, 2318, 2319.

151 BGH, ZIP 2007, 676, 678.

152 BGH, NJW 2007, 3130, 3131; BGH, ZIP 2007, 676, 678.

153 Vgl. Baumbach/Hueck/*Haas*, § 64, Rn. 130.

154 BGH, ZIP 2011, 1007, 1008 f.; OLG Saarbrücken, ZIP 2009, 565, 566; kritisch Ulmer/*Casper*, § 64 (Ergänzungsband), Rn. 154; a.A. und für eine fünfjährige Verjährungsfrist entsprechend § 43 Abs. 4 GmbHG Lutter/Hommelhoff/*Kleindiek*, Anhang zu § 64, Rn. 85.

155 Vgl. Ulmer/*Casper*, a.a.O.; Baumbach/Hueck/*Haas*, § 64, Rn. 146; Scholz/*K. Schmidt*, Anhang zu § 64, Rn. 77.

die Geltendmachung der jeweiligen Ansprüche der Neugläubiger beginnt gemäß § 199 Abs. 1 BGB mit dem Schluss des Jahres, in dem der Anspruch entstanden ist, und der jeweilige Neugläubiger von den Anspruch begründenden Umständen Kenntnis erlangt oder ohne grobe Fahrlässigkeit erlangen müsste.[156]

Der Insolvenzverwalter macht für die Altgläubiger den Quotenschaden geltend. Hierbei handelt es sich um den Betrag, um den die Insolvenzquote durch die verspätete Antragstellung im Vergleich zur nunmehr tatsächlich realisierten Insolvenzquote geschmälert ist.[157] Bei der Berechnung des Quotenschadens sind auf der Aktivseite Massebestandteile nicht zu berücksichtigen, an denen Aus- oder Absonderungsrechte bestehen.[158] Im Gegenzug sind die Forderungen der aus- und absonderungsberechtigten Gläubiger auf der Passivseite ebenfalls nicht einzubeziehen.[159] Der Insolvenzverwalter zieht den von dem Geschäftsführer aufgrund der Insolvenzverschleppung an die Altgläubiger zu leistenden Betrag ein und bildet zugleich einen von der Masse separaten Vermögenspool, aus dem er die geschädigten Gläubiger quotal befriedigt.[160] Die Neugläubiger machen demgegenüber persönlich ihren erlittenen Vertrauensschaden geltend, der seinerseits auf das negative Interesse begrenzt ist; sie sind so zu stellen, wie sie stehen würden, wenn sie mit der insolvenzreifen Gesellschaft nicht kontrahiert hätten.[161] Unter anderem können die Neugläubiger daher ihre Kosten für den Erwerb von Maschinen sowie für die Herstellung von Produkten geltend machen, die ihnen in Antizipation der Erfüllung des Vertrages angefallen sind.[162] Des Weiteren können sie entgangenen Gewinn geltend machen, der ihnen

---

156 OLG Saarbrücken, ZIP 2009, 565, 566; vgl. auch Baumbach/Hueck/*Haas*, a.a.O.; *K. Schmidt*/Uhlenbruck, GmbH in Krise, Sanierung und Insolvenz, S. 975.

157 BGH, NJW 1998, 2667, 2668; so schon BGH, NJW 1959, 623, 624; vgl. auch Ulmer/*Casper*, § 64 (Ergänzungsband), Rn. 132; Baumbach/Hueck/*Haas*, § 64, Rn. 133; Scholz/*K. Schmidt*, Anhang zu § 64, Rn. 49; *K. Schmidt*/Uhlenbruck, GmbH in Krise, Sanierung und Insolvenz, S. 974; Michalski/*Nerlich*, § 64, Rn. 67; Lutter/Hommelhoff/*Kleindiek*, Anhang zu § 64, Rn. 73; *Stöber*, ZHR 176 (2012), 326, 335; *Dauner-Lieb*, ZGR 1998, 617, 626; *K. Schmidt*, NZI 1998, 9, 13; kritisch zu der Berechnungsmethode *G. Müller*, GmbHR 1994, 209, 212.

158 BGH, NJW 1997, 3021, 3022; vgl. auch Baumbach/Hueck/*Haas*, a.a.O.

159 BGH, NJW 1998, 2667, 2670; vgl. auch Baumbach/Hueck/*Haas*, a.a.O.; *Dauner-Lieb*, ZGR 1998, 617, 626.

160 BGH, NJW 1998, 2667, 2668.

161 BGH, ZIP 2009, 1220, 1221 f.; BGH, ZIP 1995, 124, 125; BGH, NJW 1994, 2220, 2224; vgl. auch Ulmer/*Casper*, § 64 (Ergänzungsband), Rn. 143; Baumbach/Hueck/*Haas*, § 64, Rn. 137; Scholz/*K. Schmidt*, Anhang zu § 64, Rn. 49; *K. Schmidt*/Uhlenbruck, GmbH in Krise, Sanierung und Insolvenz, S. 974; Michalski/ *Nerlich*, § 64, Rn. 69; Lutter/Hommelhoff/*Kleindiek*, Anhang zu § 64, Rn. 75.

162 BGH, NJW 1999, 2182, 2183; OLG Naumburg, GmbHR 1998, 183.

dadurch entstanden ist, dass die Neugläubiger ihre Produktionsmittel oder Dienstleistungen im Zeitraum der Tätigkeit für die insolvenzreife Gesellschaft für andere Kunden hätten einsetzen können.[163] Schließlich können die Neugläubiger sämtliche Kosten, die für den Prozess gegen den Geschäftsführer anfallen, als Vertrauensschaden geltend machen.[164] Eine Beteiligung der Neugläubiger an dem durch die Insolvenzverschleppung entstandenen Quotenschaden ist hingegen nicht möglich.[165]

2. Haftung für Insolvenzverursachung und Insolvenzvertiefung

Neben der Haftung für Verzögerungen bei der Einleitung des Insolvenzverfahrens sehen die Rechtsordnungen in England und Deutschland eine Haftung für die Insolvenzverursachung sowie die Insolvenzvertiefung vor. In beiden Rechtsordnungen haben die Haftungssysteme in der jüngeren Vergangenheit jeweils verhältnismäßig tief greifende Veränderungen erfahren.

In England ist die Haftung für Insolvenzverursachung und -vertiefung aus dem Companies Act 2006 herzuleiten. Mit dem Companies Act 2006 hat der Gesetzgeber die dem *Director* obliegenden Pflichten, die bis dahin aufgrund der Rechtsprechung zu dem *Common Law* stetig weiter entwickelt worden waren, in den Sections 171 ff. Companies Act 2006 kodifiziert. Damit haben die gesetzlichen Regelungen des Companies Act 2006 das zuvor geltende *Common Law* abgelöst.[166] Dennoch ist es weiterhin gemäß Section 170 Abs. 3 Companies Act 2006 möglich, auf die unter dem *Common Law* für die jeweiligen Pflichten entwickelte Rechtsprechung zurückzugreifen. Darüber hinaus können die Gerichte bei der Interpretation der gesetzlichen Pflichten des *Director* unter dem Companies Act 2006 gemäß Section 170 Abs. 4 Companies Act 2006 auch die zukünftige Interpretation der Gerichte zu den treuhänderischen Pflichten unter dem *Common Law* heranziehen. Hintergrund ist, dass sich historisch die Pflichten des *Director* aus dem *Common Law* zu dem Treuhandrecht entwickelt haben, da die Position des *Director* gegenüber der Gesellschaft als vergleichbar mit derjenigen

---

163 OLG Celle, NZG 2002, 730, 733; OLG Koblenz, NZI 2000, 27, 28.

164 OLG Celle, NZG 2002, 730, 733; OLG Koblenz, NZI 2000, 27, 28.

165 BGH, NJW 1998, 2667, 2668; BGH, ZIP 2007, 676, 678; BGH ZIP 2008, 361, 363; dies ist in der Literatur umstritten. Zu einer Übersicht des Meinungsstandes in der Literatur, insbesondere der vertretenen Gegenansicht, vgl. Ulmer/*Casper*, § 64 (Ergänzungsband), Rn. 134 ff.; Scholz/*K. Schmidt*, Anhang zu § 64, Rn. 56 ff.; insbesondere kritisch mit eigenem Lösungsansatz *K. Schmidt*/Uhlenbruck, GmbH in Krise, Sanierung und Insolvenz, S. 981 ff.

166 Vgl. *Davies*, Principles of Company Law, S. 478; Mortimore/*Arnold*, Company Directors, S. 220 f.; *Omar*, (2009) 20 I.C.C.L.R. 44. 47.

des Treuhänders gegenüber dem Treugeber angesehen wurde.[167] Dieser Vorgang stellt eine Neuerung im englischen Recht dar, da das englische Recht ein entsprechendes Verfahren bislang nicht vorsah.[168] Es ist allerdings festzuhalten, dass ausschließlich die Pflichten des *Director* zwischenzeitlich im Companies Act 2006 kodifiziert sind. Die Rechtsfolgen bei einer Verletzung dieser Pflichten hat das Gericht weiterhin gemäß Section 178 Abs. 1 Companies Act 2006 aus dem *Common Law* herzuleiten.

Demgegenüber folgt die Haftung des Geschäftsführers für die Insolvenzverursachung und -vertiefung in Deutschland zum einen aus dem GmbHG. Dabei ist es durch das MoMiG zu einer Neuausrichtung des Rechts der Haftung für die Insolvenzverursachung und -vertiefung gekommen. Der auf die Insolvenzvertiefung gerichtete § 64 Abs. 2 S. 1 GmbHG a.F. ist inhaltsgleich in § 64 S. 1 GmbHG aufgegangen. Daneben ist die Haftung gemäß § 64 S. 3 GmbHG getreten. Damit hat der Gesetzgeber eine auf den Geschäftsführer zugeschnittene Insolvenzverursachungshaftung geschaffen.[169] Zum anderen kann im Falle der einer Insolvenzverursachung oder -vertiefung nunmehr auch auf die durch Richterrecht entwickelte Rechtsfigur der Existenzvernichtungshaftung zur Inanspruchnahme des Geschäftsführers zurückgegriffen werden. Der Bundesgerichtshof hat zwischenzeitlich die Haftung der Gesellschafter für die Existenzvernichtung der Gesellschaft auf § 826 BGB gestützt, wodurch mittelbar ebenfalls ein Anwendungsbereich bei der Geschäftsführerhaftung eröffnet ist.[170]

a) England: Allgemeine Haftung nach dem Companies Act 2006

Gemäß Section 172 Companies Act 2006 gehört es zu dem Pflichtenkreis des *Director*, durch sein Handeln den Erfolg der Gesellschaft zu fördern. Damit hat der Gesetzgeber die allgemeine, bereits seit langem unter dem *Common Law* anerkannte, Loyalitätspflicht des *Director* kodifiziert.[171] Diese Loyalitätspflicht stellt die zentrale Pflicht des *Director* dar.[172]

---

167 *Imperial Mercantile Credit Association v Coleman* (1873) LR 6 HL 189.

168 Vgl. *French/Mayson/Ryan*, Company Law, S. 468; *Davies*, Principles of Company Law, S. 478.

169 Vgl. Ulmer/*Casper*, § 64 (Ergänzungsband), Rn. 110; Scholz/*K. Schmidt*, § 64, Rn. 65; *Stöber*, ZHR 176 (2012), 326, 334 f.; *Bitter*, ZInsO 2010, 1505, 1519; *K. Schmidt*, GmbHR 2007, 1072, 1079; *Greulich/Bunnemann*, NZG 2006, 681, 684; a.A. wohl *Haas*, GmbHR 2010, 1, wonach § 64 S. 3 GmbHG vornehmlich zur Anreicherung der Masse zugunsten der Gläubiger genutzt werden soll.

170 BGH, NJW 2007, 2689, 2694 – TRIHOTEL; siehe S. 47 ff.

171 Siehe schon die Entscheidung *Percival v Wright* [1902] 2 Ch. 421; siehe ebenfalls die neuere Entscheidung *Stein v Blake (No. 2)* [1998] 1 All E.R. 724; dies ist auch allgemeine Literaturansicht, vgl. *French/Mayson/Ryan*, Company Law, S. 476; *Davies*,

Die Loyalitätspflicht des *Director* unter dem Companies Act 2006 basiert nach dem Willen des Gesetzgebers auf dem *Enlightened Shareholder Value*. Gemäß Section 172 Abs. 1 Companies Act 2006 soll der *Director* sein Handeln in erster Linie anhand der Interessen der Gesellschafter und damit der Personen ausrichten, die für die Interessen der Gesellschaft selbst stehen.[173] Daneben soll er aber, im Rang allerdings untergeordnet, unter anderem ebenfalls die langfristigen Konsequenzen seines Handelns in Betracht ziehen. Ferner soll er bei seinem Handeln die Interessen der Mitarbeiter der Gesellschaft beachten, sich der Notwendigkeit, die Beziehungen der Gesellschaft zu Lieferanten, Kunden und anderen positiv zu gestalten, bewusst sein und die Auswirkung der Tätigkeit der Gesellschaft auf die Allgemeinheit und die Umwelt würdigen. Auch das erwünschte Geschäftsziel der Einhaltung eines hohen Standards im geschäftlichen Verkehr und der Schaffung eines fairen Ausgleichs der Interessen der einzelnen Gesellschafter sollen sein Handeln lenken.[174] Im Ergebnis bewegt sich der *Director*, solange sich die Gesellschaft im regelmäßigen Geschäftsverkehr befindet, innerhalb des Pflichtenprogramms von Section 172 Companies Act 2006, wenn er die soeben dargestellten Interessen ausreichend achtet und sein Handeln in angemessener Weise an ihnen ausrichtet. Während des gewöhnlichen Geschäftslaufs ist der *Director* deswegen unmittelbar ausschließlich der Gesellschaft und nicht einzelnen Gesellschaftern, Gläubigern oder den Mitarbeitern der Gesellschaft verpflichtet.[175]

Befindet sich die Gesellschaft hingegen in einer Situation außerhalb des gewöhnlichen Geschäftsverkehrs, muss der *Director* bei seinem Handeln die Interessen der Gläubiger der Gesellschaft zugrunde legen. Die Gerichte haben bislang noch nicht abschließend geklärt, wann eine Situation außerhalb des ge-

---

Principles of Company Law, S. 479; *Loose/Griffiths/Impey*, The Company Director, S. 238; *Sealy/Worthington*, Company Law, S. 299.

172 Vgl. *French/Mayson/Ryan*, Company Law, S. 476; *Davies*, Principles of Company Law, S. 506; *Perry/Gregory*, (2009) 20 I.C.C.L.R. 25, 27; *Craig*, (2008) 29 Comp. Law. 360, 362; zurückhaltend *Sealy/Worthington*, Company Law, S. 319 („one of the more important [...] provisions").

173 Vgl. *Davies*, Principles of Company Law, S. 507; Mortimore/*Haywood*, Company Directors, S. 254.

174 Vgl. *Davies*, Principles of Company Law, S. 508 f.; Mortimore/*Haywood*, Company Directors, S. 260 ff.

175 Siehe schon die Entscheidung *Percival v Wright* [1902] 2 Ch. 421; siehe ebenfalls die Entscheidungen *Stein v Blake (No. 2)* [1998] 1 All E.R. 724 und *Elgindata (No. 1), Re* [1991] B.C.L.C. 959; dies ist auch allgemeine Literaturansicht, vgl. *French/Mayson/Ryan*, Company Law, S. 482; *Davies*, Principles of Company Law, S. 479; Mortimore/*Haywood*, Company Directors, S. 259; *Loose/Griffiths/Impey*, The Company Director, S. 238; *Sealy/Worthington*, Company Law, S. 301 ff.

wöhnlichen Geschäftsverkehrs vorliegt.[176] Zumindest ab dem Zeitpunkt, in dem die Gesellschaft bereits insolvent ist, muss der *Director* jedenfalls seine Entscheidungen anhand der Interessen der Gläubiger ausrichten.[177] Handelt er in dieser Situation entgegen der Interessen der Gläubiger der Gesellschaft, verletzt der *Director* seine Loyalitätspflicht gemäß Section 172 Companies Act 2006.[178] Sodann kann er für die Insolvenzvertiefung der Gesellschaft belangt werden. Noch uneinheitlich beurteilen die Gerichte, inwieweit es einen früheren Zeitpunkt als die Insolvenz der Gesellschaft geben kann, zu dem der *Director* bereits die Interessen der Gläubiger beachten muss.[179] So haben verschiedene Gerichte dies bereits zu einem Zeitpunkt angenommen, als die Gesellschaft kurz vor der Insolvenz stand, die Insolvenz selbst aber noch nicht eingetreten war,[180] das Risiko der Insolvenz bestand,[181] die Solvenz der Gesellschaft fragwürdig war[182] oder die Gesellschaft finanziell angeschlagen war.[183] Sogar in der Situation, in der die Gesellschaft solvent war und kein Anzeichen dafür bestand, dass bei einem weiteren gewöhnlichen Betriebsablauf die Insolvenz der Gesellschaft drohte, waren nach Ansicht des Gerichts in *Brady v Brady* der *Director* dennoch die Interessen der Gläubiger zu beachten, weil die geplante Entscheidung die Solvenz der Gesellschaft zukünftig massiv beeinträchtigen konnte.[184] Es besteht damit im englischen Recht durchaus die Tendenz, dass der *Director* über

---

176 Vgl. hierzu die ausführliche Darstellungen bei *Finch*, Corporate Insolvency Law, S. 681 ff.; Mortimore/*Arnold*, Company Directors, S. 271 ff.; *Steffek*, Gläubigerschutz in der Kapitalgesellschaft, S. 267 ff.; *Stöber*, ZHR 176 (2012), 326, 341.

177 *Liquidator of West Mercia Safetywear Ltd. v Dodd* (1988) 4 B.C.C. 30; *Cityspan Ltd., Re* [2007] EWHC 751 (Ch); *GHLM Trading Ltd. v Maroo* [2012] EWHC 61 (Ch); *Eastford Ltd. v Gillespie* [2011] CSIH 12; *Colin Gwyer & Associates Ltd. v London Wharf (Limehouse) Ltd.* [2003] B.C.C. 885; *Miller v Bain* [2002] 1 B.C.L.C. 266; *Yukong Line Ltd. of Korea v Rendsburg Investments Corp of Liberia (The Rialto)*, [1998] 1 W.L.R. 294.

178 Vgl. *Finch*, Corporate Insolvency Law, S. 681 ff.; *Keay/Walton*, Insolvency Law, S. 613 ff.

179 Vgl. *Finch*, Corporate Insolvency Law, S. 688 ff.; kritisch *Bachner*, Creditor Protection, S. 238 f.

180 *Earp and Anor v Stevenson and Anor* [2011] EWHC 1436 (Ch); *Brady v Brady* (1987) 3 B.C.C. 535, Entscheidung später aus anderen Gründen aufgehoben vom House of Lords [1989] A.C. 755; *Colin Gwyer & Associates Ltd. v London Wharf (Limehouse) Ltd.* [2003] B.C.C. 885; *GHLM Trading Ltd. v Maroo* [2012] EWHC 61 (Ch).

181 *Liquidator of West Mercia Safetywear Ltd. v Dodd* (1988) 4 B.C.C. 30.

182 *Brady v Brady* (1987) 3 B.C.C. 535.

183 *Facia Footwear Ltd. (In Administration) v Hinchcliffe* [1998] 1 B.C.L.C. 218.

184 *Brady v Brady* (1987) 3 B.C.C. 535.

Section 172 Companies Act 2006 auch für Handlungen, welche die Insolvenzverursachung nach sich ziehen, haftbar gemacht werden kann.

Obwohl grundsätzlich für die Gesellschafter die Möglichkeit besteht, eine Verletzung der Loyalitätspflicht des *Director* gemäß Section 239 Abs. 1, 2 Companies Act 2006 zu ratifizieren, ist eine Ratifizierung der Pflichtverletzung zu einem Zeitpunkt nichtig, in dem die Gesellschaft bereits insolvent ist. Eine solche Ratifizierung würde den Interessen der Gläubiger widersprechen, die in diesem Zeitpunkt maßgeblich sind. Die Gesellschafter können nicht eigenmächtig über die Interessen der Gläubiger disponieren.[185] Die Gerichte haben bislang noch nicht entschieden, ob eine Ratifizierung nichtig ist, die zu einem früheren Zeitpunkt als der Insolvenz der Gesellschaft erfolgte, sofern zu diesem Zeitpunkt bereits die Interessen der Gläubiger maßgeblich waren. Legt man aber die bisherige Rechtsprechung zugrunde, wonach entscheidend ist, dass im Zeitpunkt der Insolvenz keine Ratifizierung seitens der Gesellschafter möglich ist, weil die Interessen der Gläubiger maßgeblich sind, darf es den Gesellschaftern auch zu einem früheren Zeitpunkt nicht mehr möglich sein, Handlungen des *Director* bei dieser Interessenlage zu ratifizieren.[186]

Anders als bei dem *Wrongful Trading* kann das Gericht den *Director* bei einer Verletzung der Pflicht aus Section 172 Companies Act 2006 nachträglich von seiner Haftung entbinden. Hierzu muss das Gericht gemäß Section 1157 Companies Act 2006 überzeugt sein, dass der *Director* ehrlich und der Situation angemessen gehandelt hat. Eine Haftungsentbindung gemäß Section 1157 Companies Act 2006 erfolgt nur in Ausnahmefällen.[187]

Der *Liquidator* hat während des Verfahrens der *Liquidation* die Klagebefugnis zur Geltendmachung von Ansprüchen der Gesellschaft gegen den *Director* und kann dementsprechend Ansprüche gegen diesen für die Insolvenzverursachung oder -vertiefung geltend machen.[188] Die Verjährungsfrist für die

---

185 *Liquidator of West Mercia Safetywear Ltd. v Dodd* (1988) 4 B.C.C. 30; *Rolled Steel Products (Holdings) Ltd. v British Steel Corp* [1986] Ch. 246; *DKG Contractors Ltd., Re* [1990] B.C.C. 903; vgl. auch *Goode*, Principles of Corporate Insolvency Law, S. 656; *Griffin*, Personal Liability, S. 30; a.A. Mortimore/*Leahy*, Company Directors, S. 470 f.

186 Im Ergebnis auch *Goode*, a.a.O.; a.A. wohl *Steffek*, Gläubigerschutz in der Kapitalgesellschaft, S. 299.

187 *PNC Telecom Plc v Thomas* [2007] EWHC 2157 (Ch.); *In a Flap Envelope Co Ltd., Re* [2003] EWHC 3047 (Ch.); *D'Jan of London Ltd., Re* [1993] B.C.C. 646.

188 Vgl. Mortimore/*Isaacs*, Company Directors, S. 971 f.; *Keay/Walton*, Insolvency Law, S. 605; *Goode*, Principles of Corporate Insolvency Law, S. 652; *Stöber* ZHR 176 (2012), 326, 342.

Geltendmachung dieser Ansprüche beträgt gemäß Section 9 Abs. 1 Limitation Act 1980 sechs Jahre ab Begehung der Pflichtverletzung.

Auf der Rechtsfolgenseite sieht das *Common Law* eine Reihe potenzieller Rechtsfolgen für die Pflichtverletzung des *Director* vor. Allen voran kann dies die Zahlung von Schadensersatz sein. Daneben besteht für das Gericht die Möglichkeit zu verfügen, dass Eigentum an Sachen der Gesellschaft wiederherzustellen ist, durch den *Director* abgeschlossene Verträge rückgängig zu machen sind sowie ein etwaiger Gewinn einzuziehen ist, den der *Director* durch den Abschluss von Verträgen mit der Gesellschaft oder Dritten erlangt hat.[189] Bei einer Insolvenzverursachung oder -vertiefung des *Director* ist die Zahlung von Schadensersatz allerdings das geeignete Mittel, um einen adäquaten Ausgleich zu erreichen.[190] Der *Director* hat den zu leistenden Betrag sodann der Insolvenzmasse zuzuführen.

b) Deutschland

Im Gegensatz zum englischen Recht basiert die Haftung des Geschäftsführers für die Insolvenzverursachung und -vertiefung im deutschen Recht auf mehreren Rechtsgrundlagen. Dabei existiert neben den auf den Geschäftsführer zugeschnittenen Tatbeständen des § 64 S. 1, 3 GmbHG die Möglichkeit, über die gegen die Gesellschafter gerichtete Haftung für die Existenzvernichtung auch den Geschäftsführer in die Haftung zu nehmen. Dabei ist die Frage, in welchem Verhältnis die Tatbestände zueinander stehen, bislang gerichtlich nicht geklärt. Es ist aber von einer Anspruchskonkurrenz auszugehen.[191] Auf diesem Wege wird eine bestmögliche Verwertung der Vermögenswerte der insolventen Gesellschaft zugunsten der Gläubigergesamtheit durch die Inanspruchnahme des Geschäftsführers erreicht.

aa) Haftung nach § 64 S. 1 GmbHG

Einen Ersatzanspruch eigener Art begründet nach ständiger Rechtsprechung des Bundesgerichtshofs § 64 S. 1 GmbHG.[192] Hiernach ist der Geschäftsführer der

189 Vgl. *Davies*, Principles of Company Law, S. 577 ff.; Mortimore/*Zacaroli*, Company Directors, S. 333 ff.; *Sealy/Worthington*, Company Law, S. 390.

190 Vgl. *Keay/Walton*, Insolvency Law, S. 606; *Davies*, Principles of Company Law, S. 495; *Steffek*, Gläubigerschutz in der Kapitalgesellschaft, S. 285.

191 Vgl. Baumbach/Hueck/*Haas*, § 64, Rn. 176; *Bitter*, ZInsO 2010, 1505, 1524; *Knof*, DStR 2007, 1580, 1585.

192 BGH, NJW 2001, 1280, 1283; zuletzt ausdrücklich festgestellt in BGH, ZIP 2011, 1007; vgl. für eine Darstellung der in der Literatur vertretenen Gegenansichten sowie die Kritik an der dogmatischen Ausrichtung des § 64 S. 1 GmbHG durch den Bundesge-

Gesellschaft zum Ersatz von Zahlungen verpflichtet, die er nach Eintritt der Zahlungsunfähigkeit oder Feststellung der Überschuldung leistet.[193] Dabei ist es unerheblich, ob der Geschäftsführer selbst oder ein Dritter innerhalb der Gesellschaft die Zahlung leistet. Maßgeblich ist, ob die Zahlung dem Geschäftsführer zurechenbar ist, er also selbst die Zahlung veranlasst hat, sie wissentlich und willentlich geduldet hat oder sie hätte verhindern können.[194]

Der im Zusammenhang mit § 64 S. 1 GmbHG verwendete Rechtsbegriff der Zahlung ist weit auszulegen und umfasst jede Minderung des Aktivvermögens der Gesellschaft im Wege eines Transfers.[195] Hierunter fallen unter anderem die Begleichung von Verbindlichkeiten gegenüber privaten Gläubigern der Gesellschaft[196] oder dem Fiskus.[197] Des Weiteren sind die Erteilung einer Abbuchungs- oder Einzugsermächtigung,[198] die Bewirkung einer Überweisung[199] oder der Einzug eines Kundenschecks auf ein debitorisches Bankkonto aufgrund einer Veranlassung des Geschäftsführers[200] als Zahlung im Sinne von § 64 S. 1 GmbHG einzuordnen. Auch sonstige Leistungen, die das Aktivvermögen mindern, wie Warenlieferungen, Dienstleistungen oder die Übertragung von

---

richtshof *K. Schmidt*/Uhlenbruck, GmbH in Krise, Sanierung und Insolvenz, S. 989 ff.; vgl. auch Scholz/*K. Schmidt*, § 64, Rn. 14 ff.

193 Zu der Definition der Begriffe der Zahlungsunfähigkeit und Überschuldung siehe S. 26 f.

194 BGH, NJW 2009, 1598, 1599; vgl. auch Scholz/*K. Schmidt*, § 64, Rn. 43; Baumbach/Hueck/*Haas*, § 64, Rn. 63; wohl auch Ulmer/*Casper*, § 64 (Ergänzungsband), Rn. 101; Lutter/Hommelhoff/*Kleindiek*, § 64, Rn. 6.

195 BGH, NJW 2000, 668; OLG Düsseldorf, NJW-RR 1996, 1443, 1445; OLG Oldenburg, ZIP 2004, 1315, 1316; vgl. auch Ulmer/*Casper*, § 64 (Ergänzungsband), Rn. 87 ff.; Scholz/*K. Schmidt*, § 64, Rn. 19 ff.; Baumbach/Hueck/*Haas*, § 64, Rn. 65; Michalski/*Nerlich*, § 64, Rn. 42; Lutter/Hommelhoff/*Kleindiek*, § 64, Rn. 7; Roth/*Altmeppen*, § 64, Rn. 9; a.A. noch RG, RGZ 159, 211, in Bezug auf den Zahlungsbegriff des § 241 Abs. 3 Nr. 6 HGB a.F., heute § 93 Abs. 3 Nr. 6 AktG, wonach hiervon nur Geldzahlungen erfasst sein sollten.

196 BGH, NJW 2001, 1280, 1283.

197 BGH, NJW 2003, 2316; keine Zahlung im Sinne von § 64 S. 1 GmbHG liegt hingegen vor, wenn diese ohne Wissen und Wollen des Geschäftsführers an den Fiskus aufgrund eines Pfändungs- und Überweisungsbeschlusses erfolgt ist, siehe OLG München, ZIP 2011, 277, 278.

198 BGH, NJW 2008, 63, 64.

199 OLG Celle, ZIP 2007, 2210 f.

200 BGH, ZIP 2007, 1006, 1007; BGH, NJW 2001, 304; BGH, NJW 2000, 668; a.A. OLG Celle, NZG 1999, 77, 78; kritisch insbesondere Scholz/*K. Schmidt*, § 64, Rn. 27 ff.; *K. Schmidt*/Uhlenbruck, GmbH in Krise, Sanierung und Insolvenz, S. 994 ff.

Rechten, gelten als Zahlung im Sinne der Norm.[201] Nicht als Zahlung zu klassifizieren ist hingegen die bloße Eingehung einer Verbindlichkeit, die das Gesellschaftsvermögen belastet.[202] Ferner sind insbesondere Zahlungen an einzelne Gläubiger von einem debitorischen Konto der Gesellschaft keine Zahlungen im Sinne von § 64 S. 1 GmbHG, sofern die Bank über keine die Zahlung deckenden Gesellschaftssicherheiten verfügt, da in diesem Fall lediglich ein masseneutraler Gläubigertausch eintritt.[203]

Die dem Geschäftsführer zurechenbare Zahlung muss zu einem Zeitpunkt getätigt worden sein, in dem die Gesellschaft insolvenzreif war.[204] Dieser Zeitpunkt kann über den Zeitpunkt der Stellung des Antrags auf Eröffnung des Insolvenzverfahrens hinaus in den Zeitraum bis zur tatsächlichen Eröffnung des Verfahrens durch das Insolvenzgericht fallen.[205]

Die Haftung des Geschäftsführers entfällt gemäß § 64 S. 2 GmbHG bei solchen Zahlungen, die auch nach dem Zeitpunkt der Insolvenzreife mit der Sorgfalt eines ordentlichen Geschäftsmanns vereinbar sind. Gemeint sind betriebsnotwendige Zahlungen, also Zahlungen, die zur Sicherung der Gesellschaft benötigt werden und die der Gläubigergesamtheit mehr Vor- als Nachteile versprechen.[206] Solche betriebsnotwendigen Zahlungen sind jedenfalls die Begleichung laufender Wasser-, Strom-, Heiz-, Lohn-, Miet- sowie (bereits rückständiger[207]) Steuerschulden.[208] Zahlungen, die den sofortigen Zusammenbruch der Gesell-

---

201 BGH, NJW 2000, 668, ; OLG Düsseldorf, NJW-RR 1996, 1443, 1445; vgl. für weitere Beispiele Baumbach/Hueck/*Haas*, § 64, Rn. 65; Roth/*Altmeppen*, § 64, Rn. 11; *Bachner*, Creditor Protection, S. 194 f.; a.A. in Bezug auf Dienstleistungen Scholz/*K. Schmidt*, § 64, Rn. 22.

202 BGH, ZIP 2007, 1006 1007; OLG Hamburg, ZIP 2005, 1968, 1971; vgl. auch Scholz/*K. Schmidt*, § 64, Rn. 23; Baumbach/Hueck/*Haas*, § 64, Rn. 66; *K. Schmidt*/Uhlenbruck, GmbH in Krise, Sanierung und Insolvenz, S. 999 f.; Lutter/Hommelhoff/*Kleindiek*, § 64, Rn. 10.

203 BGH, ZIP 2010, 470, 471; BGH, ZIP 2007, 1006; BGH, NJW 2000, 668 f.

204 BGH, NJW 2009, 2454, 2455; BGH, NJW 2000, 668.

205 OLG Brandenburg, ZIP 2007, 724.

206 BGH, ZIP 2008, 72, 73; BGH, NJW 2001, 1280, 1282; OLG Celle, ZIP 2007, 2210 f.; vgl. auch Baumbach/Hueck/*Haas*, § 64, Rn. 72 f.; ähnlich Scholz/*K. Schmidt*, § 64, Rn. 41; *K. Schmidt*/Uhlenbruck, GmbH in Krise, Sanierung und Insolvenz, S. 996; Michalski/*Nerlich*, § 64, Rn. 46; im Ergebnis auch Lutter/Hommelhoff/*Kleindiek*, § 64, Rn. 12.

207 BGH, NZI 2011, 196, 197.

208 Vgl. Ulmer/*Casper*, § 64 (Ergänzungsband), Rn. 93; Scholz/*K. Schmidt*, a.a.O.; Baumbach/Hueck/*Haas*, § 64, Rn. 73; Michalski/*Nerlich*, a.a.O.

schaft verhindern, sind ebenfalls mit der Sorgfalt eines ordentlichen Geschäftsmanns vereinbar.[209]

Die Haftung gemäß § 64 S. 1 GmbHG ist verschuldensabhängig und setzt ein zumindest fahrlässiges Verhalten des Geschäftsführers voraus.[210] Ausreichend für einen Verschuldensvorwurf gegen den Geschäftsführer ist, wenn er fahrlässig in Unkenntnis einer oder mehrerer anspruchsbegründender Tatsachen gehandelt hat.[211] Der Verschuldensvorwurf kann entfallen, wenn der Geschäftsführer im Vorfeld der Zahlung einen externen Berater konsultiert, diesen vollumfänglich über die Situation der Gesellschaft aufgeklärt und schließlich auf dessen – nach einer Plausibilitätskontrolle vernünftiges – Anraten gehandelt hat.[212]

Nach der Eröffnung des Insolvenzverfahrens liegt die Befugnis zur Geltendmachung des Anspruchs aus § 64 S. 1 GmbHG bei dem Insolvenzverwalter.[213] Der Geschäftsführer hat die Zahlung in dieser Situation vollumfänglich der Masse zu erstatten.[214] Dieses Vorgehen bewirkt allerdings zugleich, dass der Geschäftsführer einen Betrag zu leisten hat, der über die durch die Zahlung eingetretene Masseschmälerung hinausgeht. Da der Geschäftsführer durch die Zahlung einen Gesellschaftsgläubiger (teilweise) befriedigt, partizipiert dieser (insoweit) nicht mehr an der Verteilung der Insolvenzmasse. Die Rückerstattung der Zahlung hat damit einen höheren Anstieg der Quote der übrigen Gläubiger zur Folge als die Quote, die zu erzielen wäre, wenn der nunmehr (teilweise) befriedigte Gläubiger an dem Verfahren teilgenommen hätte. Um eine Bereicherung der Masse zulasten des Geschäftsführers zu verhindern, ist dem Geschäftsführer daher vorzubehalten, die Differenz zwischen den beiden Quoten von dem Insolvenzverwalter nach dem Abschluss des Verfahrens herausfordern zu können.[215] Die Verjährungsfrist, innerhalb welcher der Insolvenzverwalter den An-

---

209 OLG Dresden, GmbHR 2005, 173, 174; OLG Düsseldorf, NZG 1999, 884, 885.

210 BGH, NJW 2000, 668; BGH, NJW 1994, 2220, 2224.

211 BGH, NJW 2000, 668; BGH, NJW 1994, 2220, 2224; a.A. OLG Düsseldorf, ZIP 1985, 876; *Schulze-Osterloh*, AG 1984, 141, 143 ff., nach deren Ansicht positive Kenntnis des Geschäftsführers von dem Vorliegen des Insolvenzgrundes erforderlich ist.

212 BGH, NJW 2007, 2118, 2120.

213 BGH, NJW 2001, 304, 305; vgl. auch MüKo/*Brandes*, § 92 InsO, Rn. 27; Uhlenbruck/*Hirte*, § 92, Rn. 6.

214 BGH, NJW 2001, 1280, 1283; OLG Celle, ZIP 2007, 2210, 2211; OLG Jena, ZIP 2002, 986, 987; a.A. Michalski/*Nerlich*, § 64, Rn. 50.

215 BGH, NJW 2001, 1280, 1283; OLG Celle, ZIP 2007, 2210, 2211; OLG Jena, ZIP 2002, 986, 987; vgl. auch Ulmer/*Casper*, § 64 (Ergänzungsband), Rn. 104; Baumbach/Hueck/*Haas*, § 64, Rn. 88; Lutter/Hommelhoff/*Kleindiek*, § 64, Rn. 19; im Ergebnis ebenfalls *K. Schmidt*/Uhlenbruck, GmbH in Krise, Sanierung und Insolvenz, S. 992.

spruch geltend machen muss, beträgt gemäß § 64 S. 4 GmbHG i.V.m. § 43 Abs. 4 GmbHG fünf Jahre ab dem Zeitpunkt der Zahlung.[216]

bb) Haftung nach § 64 S. 3 GmbHG

Flankierend zu dem Ersatzanspruch nach § 64 S. 1 GmbHG hat der Gesetzgeber im Zuge des MoMiG § 64 S. 3 GmbHG geschaffen. Der Ersatzanspruch nach § 64 S. 3 GmbHG dient dem Gläubigerschutz im Vorfeld der Insolvenz.[217] Danach ist der Geschäftsführer der Gesellschaft zum Ersatz von Zahlungen an die Gesellschafter verpflichtet, soweit sie zur Zahlungsunfähigkeit der Gesellschaft führen mussten. Mit der Regelung ist die andauernde Pflicht des Geschäftsführers verbunden, vor der Durchführung einer Zahlung an einen Gesellschafter die Solvenz der Gesellschaft zu prüfen und eine Prognose über die Liquiditätslage nach der Zahlung anzustellen.[218] Dementsprechend hat der Geschäftsführer von der Zahlung an einen Gesellschafter abzusehen, welche die Zahlungsunfähigkeit auslösen würde; ihm steht für die Gesellschaft ein Leistungsverweigerungsrecht zu.[219] Führt der Geschäftsführer die Zahlung dennoch durch, erfüllt er den Tatbestand des § 64 S. 3 GmbHG.

Wie bei der Haftung nach § 64 S. 1 GmbHG muss die Zahlung dem Geschäftsführer zurechenbar sein.[220] Auch der in § 64 S. 3 GmbHG verwendete Zahlungsbegriff ist an den Begriff in § 64 S. 1 GmbHG angelehnt.[221] Allerdings ist der Zahlungsbegriff in seinem Anwendungsbereich insofern enger als bei

216 BGH, NJW 2009, 1598, 1599 f.; LG Waldshut-Tiengen, NJW-RR 1996, 105.

217 Vgl. Ulmer/*Casper*, § 64 (Ergänzungsband), Rn. 110; Scholz/*K. Schmidt*, § 64, Rn. 66; *Steffek*, Gläubigerschutz in der Kapitalgesellschaft, S. 305; kritisch zum Ganzen *Poertzgen*, NZI 2007, 15 f.

218 Vgl. Ulmer/*Casper*, § 64 (Ergänzungsband), Rn. 111; Scholz/*K. Schmidt*, § 64, Rn. 71; Baumbach/Hueck/*Haas*, § 64, Rn. 95; *Steffek*, Gläubigerschutz in der Kapitalgesellschaft, S. 307; *Knof*, DStR 2007, 1536, 1540; *Greulich/Bunnemann*, NZG 2006, 681, 683.

219 LG Berlin, GmbHR 2010, 201, 202; vgl. auch Ulmer/*Casper*, § 64 (Ergänzungsband), Rn. 114; Scholz/*K. Schmidt*, § 64, Rn. 91; *Poertzgen/Meyer*, ZInsO 2012, 249, 253, umstritten, a.A. OLG München, ZIP 2010, 1236, 1237; vgl. auch Baumbach/Hueck/*Haas*, § 64, Rn. 107; Roth/*Altmeppen*, § 64, Rn. 68; *Haas*, DStR 2010, 1991 f.; differenzierend *Desch*, BB 2010, 2586, 2589 f.

220 Siehe S. 39; vgl. Baumbach/Hueck/*Haas*, § 64 Rn. 96; Scholz/*K. Schmidt*, § 64, Rn. 74; *Knof*, DStR 2007, 1536, 1538; *Greulich/Bunnemann*, NZG 2006, 681, 684; einschränkend Ulmer/*Casper*, § 64 (Ergänzungsband), Rn. 113.

221 Siehe S. 38 f.; vgl. Ulmer/*Casper*, a.a.O.; Scholz/*K. Schmidt*, § 64, Rn. 75; Baumbach/Hueck/*Haas*, § 64, Rn. 97; Lutter/Hommelhoff/*Kleindiek*, § 64, Rn. 24; *Niesert/Hohler*, NZI 2009, 345, 349; *Knof*, DStR 2007, 1536, 1537 f.; *Greulich/Bunnemann*, NZG 2006, 681, 684.

§ 64 S. 1 GmbHG, weil § 64 S. 3 GmbHG auf solche Zahlungen bezogen ist, die zur Zahlungsunfähigkeit der Gesellschaft und damit ihrer Geldilliquidität führen. Somit sind solche Leistungen, welche die Fähigkeit der Gesellschaft nicht beeinträchtigen, fällige Zahlungspflichten zu begleichen, etwa Warenlieferungen oder Dienstleistungen an den Gesellschafter, keine Zahlungen im Sinne von § 64 S. 3 GmbHG.[222] Die bloße Begründung einer Verbindlichkeit ist ebenfalls, wie im Anwendungsbereich von § 64 S. 1 GmbHG, keine Zahlung im Sinne von § 64 S. 3 GmbHG.[223]

Empfänger der Zahlung muss ein Gesellschafter sein, wobei die Höhe seines Gesellschaftsanteils unerheblich ist.[224] Maßgeblich ist die Gesellschafterstellung im Zeitpunkt des Abschlusses des der Zahlung zugrunde liegenden Kausalgeschäftes. Eine nachträgliche Übertragung des Gesellschaftsanteils lässt damit die Haftung des Geschäftsführers nicht entfallen, selbst wenn es erst zu einem späteren Zeitpunkt zu der Auszahlung kommt.[225] Zudem steht eine Zahlung, die der Geschäftsführer an eine Person bewirkt, die mit dem Gesellschafter eine wirtschaftliche oder familienrechtliche Einheit bildet, einer Zahlung an den Gesellschafter selbst gleich.[226] Ferner begründet eine zur Insolvenzreife der Gesellschaft führende Zahlung des Geschäftsführers ebenfalls die Haftung nach § 64 S. 3 GmbHG, wenn die Zahlung an einen Dritten, etwa zur Erfüllung von Verbindlichkeiten des Gesellschafters erfolgt, sie aber auf diesem Wege mittelbar dem Gesellschafter zugutekommt.[227]

Die Zahlung muss die Zahlungsunfähigkeit der Gesellschaft im Sinne von § 17 InsO herbeigeführt haben.[228] Erforderlich ist demnach ein Kausalzusam-

222 Vgl. Baumbach/Hueck/*Haas*, § 64, Rn. 98; ähnlich *Knof*, DStR 2007, 1536, 1538.

223 Siehe S. 38 f.; vgl. Scholz/*K. Schmidt*, § 64, Rn. 75; Lutter/Hommelhoff/*Kleindiek*, § 64, Rn. 24; *Poertzgen/Meyer*, ZInsO 2012, 249, 252; *Niesert/Hohler*, NZI 2009, 345, 349; *Knof*, DStR 2007, 1536, 1538; einschränkend Ulmer/*Casper*, § 64 (Ergänzungsband), Rn. 114.

224 Vgl. Ulmer/*Casper*, § 64 (Ergänzungsband), Rn. 116; Scholz/*K. Schmidt*, § 64, Rn. 77.

225 Vgl. Ulmer/*Casper*, a.a.O.; Baumbach/Hueck/*Haas*, § 64, Rn. 101; kritisch, aber im Ergebnis ebenfalls Scholz/*K. Schmidt*, § 64, Rn. 78.

226 Vgl. Ulmer/*Casper*, a.a.O.; Scholz/*K. Schmidt*, a.a.O.; Baumbach/Hueck/*Haas*, a.a.O; Lutter/Hommelhoff/*Kleindiek*, § 64, Rn. 26; *Poertzgen/Meyer*, ZInsO 2012, 249, 255; *Knof*, DStR 2007, 1536, 1538; *Greulich/Bunnemann*, NZG 2006, 681, 685.

227 Vgl. Ulmer/*Casper*, a.a.O.; Scholz/*K. Schmidt*, a.a.O.; Baumbach/Hueck/ *Haas*, a.a.O; *Poertzgen/Meyer*, ZInsO 2012, 249, 255; *Knof*, DStR 2007, 1536, 1538; *Greulich/Bunnemann*, NZG 2006, 681, 685.

228 Die Zahlung an einen Gesellschafter, welche allein zur Überschuldung der Gesellschaft im Sinne von § 19 InsO führt, fällt dementsprechend nicht unter den Tatbestand des § 64 S. 3 GmbHG, vgl. Scholz/*K. Schmidt*, § 64, Rn. 81; Baumbach/Hueck/*Haas*, § 64, Rn. 102; Lutter/Hommelhoff/*Kleindiek*, § 64, Rn. 27; *Greulich/Bunnemann*, NZG 2006,

menhang zwischen Zahlung und Zahlungsunfähigkeit, wobei Einvernehmen darüber besteht, dass die bloße Kausalität im Sinne der Äquivalenztheorie nicht ausreichend ist, um diesen Zusammenhang zu begründen.[229] Vielmehr muss ein unmittelbarer Zusammenhang zwischen der Zahlung und dem Eintritt der Zahlungsunfähigkeit vorliegen.[230] Hierbei muss die Zahlungsunfähigkeit nicht sofort bei der Durchführung der Zahlung eintreten; zwischen beiden Ereignissen kann eine gewisse Zeitspanne liegen.[231] Umstritten ist im Einzelnen, wie der unmittelbare Zusammenhang zwischen der Zahlung und dem Eintritt der Zahlungsunfähigkeit zu ermitteln ist. So wird vertreten, die Kausalität sei nur zu bejahen, wenn es für einen objektiven Dritten offensichtlich sein musste, dass die Zahlung sich außerordentlich auf die Liquidität der Gesellschaft auswirken werde und die Insolvenz zur Folge haben könnte.[232] Nach einem anderen Ansatz soll anhand einer Zahlungsfähigkeitsprognose im Sinne einer Fortbestehensprognose zu ermitteln sein, ob durch die Zahlung die Zahlungsunfähigkeit eintreten musste.[233]

Beide Ansätze führen ein subjektives Element in die im objektiven Tatbestand verankerte Kausalität ein und verlagern die Beweislast, die bezüglich der Kausalität bei dem Insolvenzverwalter liegt, in unzulässiger Weise.[234] Maßgeblich sollte daher bei der Ermittlung des unmittelbaren Zusammenhangs zwischen der Zahlung und dem Eintritt der Zahlungsunfähigkeit sein, ob ein objektiver Beobachter, welcher mit der finanziellen Situation der Gesellschaft vertraut ist, bei der Zahlung davon ausgehen musste, dass diese zukünftig die Zahlungsunfähigkeit der Gesellschaft verursachen werde.[235] Ein naher zeitlicher Zusammenhang zwischen den beiden Ereignissen hat dabei lediglich Indizwirkung.[236]

681, 684; a.A. Ulmer/*Casper*, § 64 (Ergänzungsband), Rn. 117; *Knof*, DStR 2007, 1536, 1538 f.

229 RegE MoMiG, BT-Drucks. 16/6140, 46; OLG Stuttgart, ZIP 2009, 1864; vgl. auch Ulmer/*Casper*, § 64 (Ergänzungsband), Rn. 118; Scholz/*K. Schmidt*, § 64, Rn. 84; Baumbach/Hueck/*Haas*, § 64, Rn. 104; *Niesert/Hohler*, NZI 2009, 345, 350; *Knof*, DStR 2007, 1536, 1539 f.; *Greulich/Bunnemann*, NZG 2006, 681, 685.

230 Vgl. Lutter/Hommelhoff/*Kleindiek*, § 64, Rn. 27; Ulmer/*Casper*, a.a.O.; Scholz/*K. Schmidt*, a.a.O.; *Niesert/Hohler*, NZI 2009, 345, 350.

231 RegE MoMiG, BT-Drucks. 16/6140, 46 f.

232 Vgl. *Greulich/Bunnemann*, NZG 2006, 681, 685.

233 Vgl. *Knof*, DStR 2007, 1536, 1541 f.; *Knof*, DStR 2007, 1580 ff.

234 Vgl. im Einzelnen Ulmer/*Casper*, § 64 (Ergänzungsband), Rn. 119.

235 Vgl. Ulmer/*Casper*, a.a.O.; Lutter/Hommelhoff/*Kleindiek*, § 64, Rn. 28; *Poertzgen/Meyer*, ZInsO 2012, 249, 256; *Kleindiek*, GWR 2010, 75, 76.

236 Vgl. Scholz/*K. Schmidt*, § 64, Rn. 84; a.A. Ulmer/*Casper*, a.a.O.; Baumbach/Hueck/*Haas*, § 64, Rn. 108.

Der Ersatzanspruch nach § 64 S. 3 GmbHG besteht nur, wenn dem Geschäftsführer ein schuldhaftes Verhalten vorwerfbar ist. Einfache Fahrlässigkeit ist ausreichend.[237] Der schuldhaft handelnde Geschäftsführer kann sich entlasten, indem er gemäß § 64 S. 3 2. HS GmbHG darlegt, dass der Eintritt der Zahlungsunfähigkeit auch bei Anwendung der Sorgfalt eines ordentlichen Kaufmanns nicht erkennbar war.[238] Dem Geschäftsführer gelingt der Entlastungsbeweis nur, wenn er aufzeigen kann, dass ein ordentlicher Kaufmann im Zuge einer Prognoseentscheidung unter Zugrundelegung der Daten der Finanzplanung der Gesellschaft und unter Beachtung der bisherigen Umsatzentwicklung und Ausfallwahrscheinlichkeit von Forderungen den Eintritt der Zahlungsunfähigkeit ebenfalls nicht hätte absehen können.[239]

Wie bei dem Ersatzanspruch nach § 64 S. 1 GmbHG steht die Befugnis zur Geltendmachung des Anspruchs aus § 64 S. 3 GmbHG im Insolvenzverfahren dem Insolvenzverwalter zu.[240] Es gilt wiederum die fünfjährige Verjährungsfrist gemäß § 64 S. 4 GmbHG i.V.m. § 43 Abs. 4 GmbHG. Der Verjährungsbeginn setzt mit der Entstehung des Anspruchs und damit dem Eintritt der Zahlungsunfähigkeit ein.[241] Der Geschäftsführer hat bei der Haftung aus § 64 S. 3 GmbHG, wie bei der Haftung aus § 64 S. 1 GmbHG auch, den Betrag in Höhe der zur Zahlungsunfähigkeit führenden Zahlung der Insolvenzmasse zurückzuerstatten.[242]

---

237 Siehe S. 39 f.; vgl. Ulmer/*Casper*, § 64 (Ergänzungsband), Rn. 121; Baumbach/Hueck/*Haas*, § 64, Rn. 106; Lutter/Hommelhoff/*Kleindiek*, § 64, Rn. 28; *Kleindiek*, GWR 2010, 75, 77.

238 Vgl. Ulmer/*Casper*, a.a.O.; Scholz/*K. Schmidt*, § 64, Rn. 87; Lutter/Hommelhoff/*Kleindiek*, § 64, Rn. 30; *Knof*, DStR 2007, 1580, 1585; a.A. *Poertzgen/Meyer*, ZInsO 2012, 249, 256 f.

239 Vgl. Ulmer/*Casper*, § 64 (Ergänzungsband), Rn. 122; *Knof*, DStR 2007, 1580 ff. Bei der Prognoseentscheidung ist auf die Umstände des Einzelfalles, nicht auf einen festen Prognosezeitraum abzustellen, vgl. Scholz/*K. Schmidt*, a.a.O.; a.A. Ulmer/*Casper*, § 64 (Ergänzungsband), Rn. 121; Baumbach/Hueck/*Haas*, § 64, Rn. 108; *Knof*, DStR 2007, 1580, 1582. Eine Entlastung des Geschäftsführers über § 64 S. 2 GmbHG ist aufgrund der systematischen Stellung bei der Haftung nach § 64 S. 3 GmbHG von vornherein ausgeschlossen, vgl. Ulmer/*Casper*, a.a.O. bei Fn. 423; a.A. Scholz/*K. Schmidt*, § 64, Rn. 88; Baumbach/Hueck/*Haas*, § 64, Rn. 106; wohl auch *Kleindiek*, GWR 2010, 75, 77.

240 Vgl. Ulmer/*Casper*, § 64 (Ergänzungsband), Rn. 124; Scholz/*K. Schmidt*, § 64, Rn. 58; Baumbach/Hueck/*Haas*, § 64, Rn. 108; Lutter/Hommelhoff/*Kleindiek*, § 64, Rn. 32; *Poertzgen/Meyer*, ZInsO 2012, 249, 257.

241 Vgl. Ulmer/*Casper*, a.a.O.; Lutter/Hommelhoff/*Kleindiek*, § 64, Rn. 33.

242 Vgl. Baumbach/Hueck/*Haas*, § 64, Rn. 107; im Ergebnis ebenfalls Scholz/*K. Schmidt*, § 64, Rn. 93 f.

cc) Existenzvernichtungshaftung

Ursprünglich hat der Bundesgerichtshof die Existenzvernichtungshaftung beginnend mit der *Bremer Vulkan* Entscheidung, einem von *Röhricht* entwickeltem Konzept folgend,[243] als persönliche Haftung der Gesellschafter im Wege der Durchgriffshaftung entwickelt.[244] Mit der *TRIHOTEL* Entscheidung hat der Bundesgerichtshof diese Rechtsprechung aufgegeben; seither bildet § 826 BGB die rechtliche Grundlage für die Geltendmachung eines Schadens aus dem Gesichtspunkt der Existenzvernichtungshaftung.[245] Daher kann nun auch der Geschäftsführer, sofern er nicht ohnehin bereits Gesellschafter und damit direkt gemäß § 826 BGB haftbar ist, als Anstifter oder Gehilfe im Sinne von § 830 Abs. 2 BGB gesamtschuldnerisch mit den Gesellschaftern schadensersatzpflichtig für die Verwirklichung des Tatbestandes der Existenzvernichtung sein.[246]

Bei der Existenzvernichtungshaftung sind die Gesellschafter gegenüber der Gesellschaft für missbräuchliche, zur Insolvenz der Gesellschaft führende oder diese vertiefende kompensationslose Eingriffe in das zweckgebundene, zur vorrangigen Befriedigung der Gesellschaftsgläubiger dienende Gesellschaftsvermögen zur Leistung von Schadensersatz verpflichtet.[247] Voraussetzung für die Haftung des Geschäftsführers ist damit zunächst der kompensationslose Eingriff in das zweckgebundene Gesellschaftsvermögen durch Gesellschafter. Das der

---

243 Vgl. *Röhricht* in FS 50 Jahre BGH, S. 83 ff.

244 BGH, NJW 2001, 3622, 3623 – Bremer Vulkan; vgl. auch die Anmerkungen von *Lutter/Banerjea*, ZGR 2003, 402 ff.; *Wilhelmi*, DZWIR 2003, 45 ff.; ausdrückliche Einstufung der Existenzvernichtungshaftung als Durchgriffshaftung in der Entscheidung BGH, NJW 2002, 3024 – KBV.

245 BGH, NJW 2007, 2689, 2691, bestätigt durch BGH, NJW 2008, 2437, 2438 – GAMMA; vgl. auch die Anmerkungen zur TRIHOTEL Entscheidung von *Dauner-Lieb*, ZGR 2008, 34 ff.; *Habersack*, ZGR 2008, 533 ff.; *Altmeppen*, NJW 2007, 2657 ff. Diese Rechtsgrundlage ist umstritten, vgl. zu den in der Literatur im Hinblick auf die Rechtsgrundlage der Existenzvernichtungshaftung entwickelten Haftungsmodellen Ulmer/*Casper*, Anhang zu § 77, Rn. 104 ff.

246 BGH, NJW 2007, 2689, 2694 – TRIHOTEL; siehe zudem den unveröffentlichten Beschluss des Bundesgerichtshofs vom 11.10.2010 in der Rechtssache II ZR 136/09; vgl. auch Baumbach/*Hueck/Fastrich*, § 13, Rn. 65; *Michalski/Funke*, § 13, Rn. 435; *Lutter*/Hommelhoff, § 13, Rn. 46; Roth/*Altmeppen*, § 13, Rn. 102; *Fleischer*, NJW 2009, 2337, 2341; a.A. Ulmer/*Casper*, Anhang zu § 77, Rn. 123, § 64 (Ergänzungsband), Rn. 109, wonach die auf § 826 gestützte Existenzvernichtungshaftung nur die Gesellschafter treffen soll.

247 BGH, NJW 2007, 2689, 2690 – TRIHOTEL; BGH, NJW 2008, 2437, 2438 – GAMMA; BGH, BB 2012, 1628, 1629, mit Anmerkung von *Kleindiek*, BB 2012, 1628, 1632.

zur vorrangigen Befriedigung der Gesellschaftsgläubiger dienende Gesellschaftsvermögen ist bei der Existenzvernichtungshaftung nicht auf das Stammkapital der Gesellschaft begrenzt.[248] Das Gesellschaftsvermögen geht sogar über das bilanzielle Vermögen der Gesellschaft hinaus und erfasst alles, was es der Gesellschaft ermöglicht, im Rahmen ihrer planmäßigen wirtschaftlichen Ausrichtung Umsatzerlöse zu erzielen.[249] Demnach liegen kompensationslose Eingriffe in das zweckgebundene Gesellschaftsvermögen unter anderem vor, wenn Gesellschafter Forderungen der Gesellschaft ohne Gegenleistung vereinnahmen,[250] persönliche Verbindlichkeiten aus dem Vermögen der Gesellschaft begleichen,[251] in Geschäftschancen der Gesellschaft eingreifen[252] oder persönliche Verbindlichkeiten mit dem Gesellschaftsvermögen sichern.[253] Kein Eingriff im Sinne der Existenzvernichtungshaftung erfolgt bei einer Unterkapitalisierung der Gesellschaft.[254] Auch die anfängliche Ausgestaltung der Gesellschaftssatzung sowie der sonstigen Vertragsbeziehungen der Gesellschaft dahin gehend, dass Nachteile aus der Geschäftstätigkeit notwendig Gesellschaftsgläubiger treffen müssen (Aschenputtel-Gesellschaft), stellt keinen Eingriff dar.[255] Zuletzt bedeutet der Einzug von Forderungen der Gesellschaft durch den Gesellschafter ohne direkte Gegenleistung keinen Eingriff, wenn dieser daraufhin anderweitige Verbindlichkeiten der Gesellschaft in der Höhe der eingezogenen Forderungen begleicht.[256] Erforderlich ist weiterhin, dass die Gesellschafter in der Gesamtheit, also entweder als Alleingesellschafter oder einvernehmlich handelnde Gesell-

248 BGH, NJW 2007, 2689, 2691 – TRIHOTEL.

249 Vgl. Roth/*Altmeppen*, § 13, Rn. 81; Ulmer/*Casper*, Anhang zu § 77, Rn. 124, 130; Scholz/*Emmerich*, § 13, Rn. 113; *Lutter*/Hommelhoff, § 13, Rn. 34; *Strohn*, ZInsO 2008, 706, 708; ähnlich *Michalski/Funke*, § 13, Rn. 413 ff.

250 BGH, ZIP 2008, 308, 310.

251 BGH, NJW 2002, 1803.

252 BGH, ZIP 2005, 117, 119; BGH, ZIP 2005, 250, 252; BGH, NJW 2007, 2689, 2694 – TRIHOTEL; vgl. auch *Dauner-Lieb*, DStR 2006, 2034, 2037 f.

253 Vgl. Roth/*Altmeppen*, § 13, Rn. 81; weitere Beispiele für kompensationslose Eingriffe in das zweckgebundene Gesellschaftsvermögen a.a.O. und zudem bei Baumbach/*Hueck/Fastrich*, § 13, Rn. 72; Ulmer/*Casper*, Anhang zu § 77, Rn. 127 ff.; *Michalski/Funke*, § 64, Rn. 418 ff.; *Lutter*/Hommelhoff, § 13, Rn. 36.

254 BGH, NJW 2008, 2437, 2438 ff. – GAMMA; a.A. OLG Düsseldorf, ZIP 2007, 227, 228 f.

255 BGH, NJW 2008, 2437, 2438 – GAMMA; a.A. Ulmer/*Casper*, Anhang zu § 77, Rn. 130.

256 BGH, ZIP 2008, 1329 f.; vgl. auch zum Ganzen Baumbach/*Hueck/Fastrich*, § 13, Rn. 64; Roth/*Altmeppen*, § 13 Rn. 85; Scholz/*Emmerich*, § 13, Rn. 113; *Lutter*/Hommelhoff, § 13, Rn. 38.

schafter, den Eingriff vorgenommen haben.[257] Ausreichend ist ein mittelbarer Eingriff durch Weisung an den Geschäftsführer als ausführendes Organ, eine den Tatbestand der Existenzvernichtung erfüllende Handlung vorzunehmen.[258] Darüber hinaus muss der Eingriff zur Insolvenz der Gesellschaft oder der Vertiefung einer bereits bestehenden Insolvenz geführt haben.[259] Gerade hierin liegt der Vorwurf der Sittenwidrigkeit der Handlung der Gesellschafter.[260] Somit ist zugleich Kausalität zwischen dem Eingriff des Gesellschafters und dem Eintritt oder der Vertiefung der Insolvenz der Gesellschaft erforderlich.[261] Mitursächlichkeit ist ausreichend.[262] Treten allerdings zwischenzeitlich neue Umstände ein, welche die Kausalität des Eingriffs unterbrechen, entfällt der Kausalzusammenhang.[263] Schließlich müssen die Gesellschafter zumindest bedingt vorsätzlich gehandelt haben. Sie müssen die Schädigung der Gesellschaft durch den planmäßigen Eingriff in das Gesellschaftsvermögen und den daraus folgenden Eintritt oder die daraus folgende Vertiefung der Insolvenz billigend in Kauf genommen haben.[264] Die Gesellschafter müssen hierbei nicht in dem Bewusstsein der Sittenwidrigkeit ihres Eingriffs gehandelt haben. Ausreichend ist, dass ihnen die Tatsachen bewusst sind, die den Eingriff sittenwidrig machen.[265]

Sind die Voraussetzungen für eine Existenzvernichtungshaftung erfüllt, kann der Geschäftsführer aufgrund einer Anstiftung oder Beihilfe zu der die Haftung begründenden Handlung der Gesellschafter gemäß § 830 Abs. 2 BGB gleichfalls schadensersatzpflichtig sein. Anstiftung im Sinne von § 830 Abs. 2 BGB ist, in Anlehnung an die strafrechtliche Begriffsbildung, die

---

257 BGH, NJW 2005, 145, 146 – Rheumaklinik.

258 Vgl. Baumbach/ *Hueck/Fastrich*, § 13, Rn. 65; Scholz/*Emmerich*, § 13, Rn. 114a.

259 BGH, NJW 2007, 2689, 2690 – TRIHOTEL.

260 BGH, NJW 2007, 2689, 2692 – TRIHOTEL mit Verweis auf BGH, NJW 2002, 3024 – KBV.

261 BGH, NJW 2007, 2689, 2695 – TRIHOTEL.

262 Vgl. Baumbach/*Hueck/Fastrich*, § 13, Rn. 69; Roth/*Altmeppen*, § 13, Rn. 86; Ulmer/*Casper*, Anhang zu § 77, Rn. 132.

263 Vgl. Roth/*Altmeppen*, a.a.O; Ulmer/*Casper*, a.a.O.

264 BGH, NJW 2007, 2689, 2692 – TRIHOTEL; zustimmend *Michalski/Funke*, § 13, Rn. 434; *Lutter*/Hommelhoff, § 13, Rn. 42; *Steffek*, JZ 2009, 77, 80 ff.; kritisch Ulmer/*Casper*, Anhang zu § 77, Rn. 133 ff.; *Röhricht* in FS 50 Jahre BGH, S. 83, 116; *Dauner-Lieb*, ZGR 2008, 34, 43; *Schwab*, ZIP 2008, 341, 343 f.; *Altmeppen*, NJW 2007, 2657, 2659 f.; *Wilhelm*, EWiR 2007, 557, 558; a.A. wohl Scholz/*Emmerich*, § 13, Rn. 120.

265 BGH, NJW 2007, 2689, 2692 – TRIHOTEL; BGH, ZIP 2008, 455, 456; vgl. auch Baumbach/*Hueck/Fastrich*, § 13, Rn. 70; Roth/*Altmeppen*, § 13, Rn. 89; *Michalski/Funke*, a.a.O.; Ulmer/*Casper*, Anhang zu § 77, Rn. 133.

vorsätzliche Bestimmung zur vorsätzlich begangenen unerlaubten Handlung.[266] Der Anstifter muss hierfür bei dem Täter den konkreten Handlungsentschluss wecken.[267] Im Zivilrecht wird dieses Hervorrufen des Handlungsentschlusses eng verstanden und kann nur über die Beeinflussung durch einen Kommunikationsakt des Anstifters gegenüber dem Handelnden erfolgen.[268] Zudem muss die Anstiftung kausal für die Verwirklichung der unerlaubten Handlung sein.[269] Überträgt man diese Grundsätze auf den Tatbestand der Existenzvernichtungshaftung, ist der Geschäftsführer wegen Anstiftung zur Existenzvernichtung gemäß §§ 826, 830 Abs. 2 BGB schadensersatzpflichtig, wenn er kommunikativ auf die Gesellschafter einwirkt. Hierbei muss er zumindest billigend in Kauf nehmen, dass die Gesellschafter den Entschluss zu einem existenzvernichtenden Eingriff in das zweckgebundene Gesellschaftsvermögen fassen und es sodann aufgrund seiner Einwirkung zu dem Eingriff kommt, der zu der Insolvenz der Gesellschaft oder deren Vertiefung führt.

Bei der Beihilfe im Sinne von § 830 Abs. 2 BGB leistet der Gehilfe, wiederum in Anlehnung an die strafrechtliche Begriffsbildung, vorsätzlich der Person Hilfe, welche die unerlaubte Handlung ausführt.[270] Maßgeblich ist die bewusste faktische Förderung einer unerlaubten Handlung seitens des Gehilfen, ohne dass der Gehilfe schließlich den Erfolg der Handlung mitverursacht.[271] Bereits die psychische Unterstützung durch den Gehilfen im Vorbereitungsstadium der un-

266 So schon BGH, NJW 1953, 499, 500; zuletzt BGH, ZIP 2010, 786, 789; BGH, NJW 2005, 3137, 3139; vgl. auch Palandt/*Sprau*, § 830, Rn. 4; MüKo/*Wagner*, § 830 BGB, Rn. 14; Prütting/Wegen/Weinreich/*Schaub*, § 830, Rn. 5; Staudinger/*Eberl-Borges*, § 830, Rn. 28; im Hinblick auf die Existenzvernichtungshaftung auch Baumbach/*Hueck/Fastrich*, § 13, Rn. 65; a.A. *K. Schmidt*, ZIP 1980, 328, 329.

267 So im Strafrecht schon BGH, NJW 1957, 29, 32; vgl. auch Palandt/*Sprau*, a.a.O.; MüKo/*Wagner*, a.a.O.; Staudinger/*Eberl-Borges*, § 830, Rn. 29.

268 Vgl. MüKo/*Wagner*, § 830 BGB, Rn. 14; Prütting/Wegen/Weinreich/*Schaub*, § 830, Rn. 4 f.; offen gelassen bei Staudinger/*Eberl-Borges*, a.a.O.

269 Vgl. Palandt/*Sprau*, § 830 Rn. 4; MüKo/*Wagner*, § 830 BGB, Rn. 17; Staudinger/*Eberl-Borges*, § 830, Rn. 36.

270 BGH, NJW 2005, 3137, 3139; BGH, NJW 1998, 377, 381 f.; BGH, NJW 1988, 2794, 2797; BGH, NJW 1978, 816, 819; BGH, NJW 1975, 49 f.; BAG, NJW 1964, 887; vgl. auch Palandt/*Sprau*, a.a.O.; MüKo/*Wagner*, § 830 BGB, Rn. 15; Prütting/Wegen/Weinreich/*Schaub*, § 830, Rn. 5; Staudinger/*Eberl-Borges*, § 830, Rn. 38.

271 BGH, ZIP 2011, 475, 479; BGH, ZIP 2005, 158, 159; BGH, NJW 2005, 3137, 3139; BGH, NJW 1998, 377, 382; BGH, NJW 1975, 49, 51; umstritten, vgl. zum Meinungsstand MüKo/*Wagner*, § 830 BGB, Rn. 17 f.; vgl. auch Palandt/*Sprau*, a.a.O.; a.A. Staudinger/*Eberl-Borges*, § 830, Rn. 40 ff.

erlaubten Handlung ist hierbei ausreichend.[272] Auf den Tatbestand der Existenzvernichtungshaftung übertragen, bedeutet dies, dass der Geschäftsführer bewusst das Verhalten der Gesellschafter, sei es auch nur psychisch und im Vorfeld der Handlung, bei der Existenzvernichtung der Gesellschaft gefördert haben muss. Im Hinblick auf die bislang aufgetretenen Fälle, in denen die Gerichte eine Haftung aufgrund des Existenzvernichtungskonzepts bejaht haben, dürfte die Beihilfehandlung des Geschäftsführers regelmäßig in der Ausführung von Weisungen der Gesellschafter liegen.[273] Bislang existieren noch keine veröffentlichten Urteile, in denen sich der Fremdgeschäftsführer einer Gesellschaft aufgrund der Anstiftung oder Beihilfe zur Existenzvernichtung haftbar gemacht hat. Es erscheint aber realistisch anzunehmen, dass die Inanspruchnahme von Geschäftsführern aufgrund von Beihilfehandlungen in der Mehrzahl zukünftiger Fälle erfolgen wird.

Die Klagebefugnis liegt bei der Geltendmachung des Schadensersatzes aufgrund der Existenzvernichtung der Gesellschaft bei dem Insolvenzverwalter.[274] Dieser kann als Schaden zunächst die durch den Eingriff in das zweckgerichtete Gesellschaftsvermögen verlorenen Vermögenswerte geltend machen.[275] Hinzu kommen sogenannte Kollateralschäden, also weitere insolvenzbedingte Schäden, wie die Entwertung der Vermögenswerte der Gesellschaft durch die Insolvenz, etwaig entgangener Gewinn und die anfallenden Kosten des Insolvenzverfahrens.[276] Die Geltendmachung des Anspruchs muss gemäß § 195 BGB innerhalb von drei Jahren erfolgen; die Frist beginnt gemäß § 199 Abs. 1 BGB mit dem Schluss des Jahres, in dem der Anspruch entstanden ist und der Insolvenzverwalter von den den Anspruch begründenden Umständen Kenntnis erlangt

---

272 BGH, NJW 1975, 49, 52; OLG Oldenburg, VersR 2008, 1115; OLG Oldenburg, NJW-RR 2004, 1671, 1672; vgl. auch Palandt/*Sprau*, a.a.O.; MüKo/*Wagner*, § 830 BGB, Rn. 15; Prütting/Wegen/Weinreich/*Schaub*, § 830, Rn. 5; Staudinger/*Eberl-Borges*, § 830, Rn. 39.

273 Siehe S. 47.

274 BGH, NJW 2007, 2689, 2693 – TRIHOTEL; BGH, NJW 2008, 2437, 2438 – GAMMA; so auch Baumbach/*Hueck/Fastrich*, § 13, Rn. 71; Roth/*Altmeppen*, § 13, Rn. 104; Ulmer/*Casper*, Anhang zu § 77, Rn. 148; *Michalski/Funke*, § 13, Rn. 440; Scholz/*Emmerich*, § 13, Rn. 125; *Smid*, DZWIR 2008, 265 ff.

275 BGH, NJW 2007, 2689, 2693 – TRIHOTEL; so auch Roth/*Altmeppen*, § 13, Rn. 91; Baumbach/*Hueck/Fastrich*, § 13, Rn. 68; *Michalski/Funke*, § 13, Rn. 433; Ulmer/*Casper*, Anhang zu § 77, Rn. 145; *Lutter*/Hommelhoff, § 13, Rn. 32.

276 BGH, NJW 2007, 2689, 2693 – TRIHOTEL; vgl. auch Baumbach/*Hueck/Fastrich*, a.a.O.; Roth/*Altmeppen*, a.a.O.; Ulmer/*Casper*, Anhang zu § 77, Rn. 147; *Michalski/Funke*, a.a.O.; *Lutter*/Hommelhoff, a.a.O.; *Röhricht* in FS 50 Jahre BGH, S. 83, 93 f.; *Weller*, ZIP 2007, 1681, 1686.

oder ohne grobe Fahrlässigkeit erlangen musste.[277] Der im Zuge der Existenzvernichtungshaftung geltend gemachte Betrag ist wiederum der Masse der insolventen Gesellschaft zuzuführen.

3. Haftung zur Anreicherung der Insolvenzmasse

Dem Ziel des Insolvenzverfahrens entsprechend muss der *Liquidator* in England bzw. der Insolvenzverwalter in Deutschland dafür Sorge tragen, dass die Insolvenzmasse im Rahmen des Möglichen angereichert wird.[278] Hierzu kann er die Geschäftsführung für schuldhaft pflichtwidriges Verhalten in Anspruch nehmen.

a) England

Zur Anreicherung der Masse ist im englischen Recht außer der lediglich im Verfahren der *Liquidation* anwendbaren Haftung aus *Fraudulent Trading* insbesondere an die Haftung des *Director* für Verletzungen seiner Pflichten unter dem Companies Act 2006 zu denken.

aa) *Fraudulent Trading*

Nach Section 213 Abs. 1 Insolvency Act 1986 ist der *Director* haftbar, wenn sich während der *Liquidation* herausstellt, dass die Gesellschaft mit der Absicht betrieben wurde, Gläubiger zu betrügen oder sonstige betrügerische Zwecke verfolgt wurden und der *Director* von diesen Umständen Kenntnis hatte.[279] Damit ist der Anwendungsbereich des Tatbestandes des *Fraudulent Trading* weiter als der Tatbestand bei der Haftung für *Wrongful Trading*. Denn Voraussetzung der Haftung für *Fraudulent Trading* ist, anders als bei der Haftung für *Wrongful Trading*, nicht, dass die Gesellschaft aufgrund ihrer Insolvenz abgewickelt wird.[280]

Obwohl das entscheidende Tatbestandsmerkmal der Haftung für *Fraudulent Trading* die Absicht ist, Gläubiger durch den Betrieb der Gesellschaft zu betrügen, haben die englischen Gerichte bislang kein einheitliches Vorgehen in Bezug auf die Frage entwickelt, wie diese Absicht zu ermitteln ist.[281] Zumindest muss sich der *Director* selbst unredlich verhalten haben, damit Rückschlüsse auf

---

277 Vgl. Roth/*Altmeppen*, § 13, Rn. 108; Ulmer/*Casper*, Anhang zu § 77, Rn. 153; allgemein zur Verjährung von Ansprüchen aus § 826 BGB nach § 199 BGB n.F. OLG Frankfurt, NJOZ 2006, 3343, 3347.

278 Siehe S. 12.

279 *Bank of Credit and Commerce International SA (In Liquidation) (No. 14), Re* [2003] EWHC 1868; vgl. auch *Keay/Walton*, Insolvency Law, S. 598; *Goode*, Principles of Corporate Insolvency Law, S. 658.

280 Siehe S. 18 ff.; vgl. auch *Loose/Griffiths/Impey*, The Company Director, S. 325.

281 Vgl. *Keay/Walton*, Insolvency Law, S. 599 ff.

diese Absicht gezogen werden können.[282] Weil die Frage der Unredlichkeit im Kern aber subjektiver Natur ist, müssen die Gerichte objektive Anhaltspunkte heranziehen, die auf ein unredliches Verhalten des *Director* hindeuten und anhand derer sie die Absicht, die Gläubiger der Gesellschaft mit deren Betreibung zu betrügen, feststellen können.[283] Jedenfalls nehmen die Gerichte an, dass der *Director* in Kenntnis dieser Absicht gehandelt hat, wenn er für die Gesellschaft Verbindlichkeiten eingegangen ist, obwohl es der Gesellschaft faktisch unmöglich war, diese Verbindlichkeiten zu begleichen, oder zumindest das Risiko bestand, dass sie diese Verbindlichkeiten zukünftig nicht wieder begleichen könnte.[284] Der Umstand, dass der *Director* im Zeitpunkt der Eingehung der Verbindlichkeit selbst annimmt, die Gesellschaft könne die Verbindlichkeiten zukünftig begleichen, ist hingegen für die Bewertung unerheblich. Diesen unter dem Begriff *„Silver Lining Test"* bekannten Ansatz vertrat Justice Buckley noch in der Entscheidung *White & Osmond (Parkstone), Ltd., Re.*[285] Nach diesem Ansatz sollte der *Director* nicht mit der Absicht handeln, die Gläubiger der Gesellschaft zu betrügen, wenn ihm zwar bei der Eingehung der Verbindlichkeit für die Gesellschaft bewusst war, dass er bei Fälligkeit nicht würde befriedigen können, aber dennoch die berechtigte Chance für die Gesellschaft bestand, sich in der Zukunft wieder wirtschaftlich zu erholen und dann in der Lage zu sein, die Verbindlichkeit zu begleichen. Dieser Ansatz hatte zur Konsequenz, dass die Gerichte die Betrugsabsicht nur dann annehmen konnten, wenn es im Zeitpunkt der Eingehung der Verbindlichkeit keinerlei Anzeichen dafür gab, dass die Gesellschaft diese jemals werde begleichen können.[286] Mit der Entscheidung *R v Grantham (Paul Reginald)* missbilligte der Court of Appeal den Ansatz aus der Entscheidung *White & Osmond (Parkstone) Ltd., Re.*[287] Zur Begründung führte das Gericht an, dass die Betrugsabsicht stets anhand einer objektiven Analyse der Situation zu ermitteln ist. Wenn danach eindeutig ist, dass die Handlung des *Director* zu einem potenziellen oder gar unausweichlichen Scha-

282 *Bank of Credit and Commerce International SA (In Liquidation) (No. 15), Re* [2004] EWHC 528 (Ch); *Augustus Barnett & Son Ltd., Re* [1986] P.C.C. 167; *Patrick and Lyon Ltd., Re [1933] Ch. 786.*

283 *R. v Grantham (Paul Reginald)* [1984] Q.B. 675; *Augustus Barnett & Son Ltd., Re* [1986] P.C.C. 167; *Gerald Cooper Chemicals Ltd., Re* [1978] Ch. 262; *White & Osmond (Parkstone) Ltd., Re* (Entscheidung von Justice Buckley aus dem Jahre 1960, unveröffentlicht aber Hinweis auf diese Entscheidung in *R v Grantham (Paul Reginald)*, a.a.O.).

284 Vgl. *Keay/Walton*, Insolvency Law, S. 601.

285 Vgl. *Goode*, Principles of Corporate Insolvency Law, S. 661.

286 Vgl. *Goode*, a.a.O.

287 *R. v Grantham (Paul Reginald)* [1984] Q.B. 675; vgl. auch *Goode*, a.a.O.; *Fletcher*, The Law of Insolvency, S. 852 f.

den bei einem Dritten führen musste, ist damit auch die Betrugsabsicht des *Director* offenbart.[288] Unter diesen Gegebenheiten ist es irrelevant, ob im Zeitpunkt der Eingehung der Verbindlichkeit eine (vage) Chance der Gesellschaft bestand, diese zukünftig begleichen zu können; dies lässt die ursprüngliche Betrugsabsicht nicht entfallen.[289]

Gleichwertig zu der Absicht, Gläubiger mit dem Betrieb der Gesellschaft zu betrügen, ist die Absicht der Führung der Gesellschaft zu sonstigen betrügerischen Zwecken. Dies führt zu einer gesetzlichen Erweiterung des Haftungstatbestandes des *Fraudulent Trading*, da der Begriff des betrügerischen Zwecks jedwede Art des Betrugs erfasst, der gegenüber den bestehenden und potenziellen Gläubigern oder Kunden der Gesellschaft begangen wurde.[290] Schon ein einmaliger Betrug kann ausreichen, um die Haftung für *Fraudulent Trading* auszulösen, sofern der *Director* den Betrug im laufenden Geschäftsbetrieb mit Betrugsabsicht gegenüber den Gläubigern oder Kunden der Gesellschaft begangen hat.[291]

Die Gerichte rechnen dem *Director* eine betrügerische Handlung im Sinne des *Fraudulent Trading* immer dann zu, wenn der *Director* die Handlung während des laufenden Geschäftsbetriebs im Namen der Gesellschaft vornimmt.[292] Er kann sich in diesem Fall nicht dem Vorwurf der Unredlichkeit mit der Begründung entziehen, er habe persönlich angenommen, sein Verhalten sei redlich, sofern das Verhalten von einem vernünftig handelnden und redlichen Dritten als unredlich empfunden werden würde.[293] Der *Director* muss sich allerdings während der Handlung bewusst gewesen sein, dass ein vernünftig handelnder und redlicher Dritter sein Verhalten als unredlich empfinden würde.[294]

---

288 Mit Verweis auf *Welham v Director of Public Prosecutions* [1961] A.C. 103; *Sinclair* (1968) 52 Cr. App. R 618; *Allsop* (1977) 64 Cr. App. R. 29.

289 Vgl. Mortimore/*Isaacs*, Company Directors, S. 983; *Loose/Griffiths/Impey*, The Company Director, S. 326; *Griffin*, Personal Liability, S. 51 f.; a.A. wohl *Schmidt-Ehemann*, Haftung bei Insolvenz einer EU-Auslandsgesellschaft, S. 213.

290 *R. v Smith (Wallace Duncan) (No. 1)* [1996] 2 B.C.L.C. 109; *R. v Kemp (David Glanville)* [1988] Q.B. 645; *Cyona Distributors Ltd., Re* [1967] Ch. 889; *Sarflax Ltd., Re* [1979] Ch. 592; vgl. auch Mortimore/*Isaacs*, a.a.O.; *Keay/Walton*, Insolvency Law, S. 602; a.A. *Griffin*, Personal Liability, S. 43.

291 *Morphitis v Bernasconi* [2003] EWCA Civ 289; vgl. auch *Davies*, Principles of Company Law, S. 215 f.; *Fletcher*, The Law of Insolvency, S. 854; *Loose/Griffiths/Impey*, The Company Director, S. 326; *Goode*, Principles of Corporate Insolvency Law, S. 662.

292 *Sarflax Ltd., Re* [1979] Ch. 592.

293 *Twinsecta Ltd. v Yardley* [2002] UKHL 12; *Aktieselskabet Dansk Skibsfinansiering v Brothers* [2001] 2 B.C.L.C. 324; *Royal Brunei Airlines Snd v Tan* [1995] 2 A.C. 378.

294 *Twinsecta Ltd. v Yardley* [2002] UKHL 12.

Weiterhin muss der *Director* wissentlich gehandelt haben. Das Tatbestandsmerkmal des wissentlichen Handelns ist dann relevant, wenn der *Director* die betrügerische Handlung nicht allein ausgeführt hat, ihm aber ein Teilnahmevorwurf zu machen ist. Der *Director* handelt wissentlich, wenn er selbst einen tatsächlichen Beitrag zu der betrügerischen Handlung geleistet hat.[295] Hierbei muss er kein detailliertes Wissen über die betrügerische Handlung als Ganzes gehabt haben, muss sich aber bewusst gewesen sein, dass er mit seinem Verhalten zu einer betrügerischen Handlung beigetragen hat.[296] Der *Director* ist sich eines solchen Verhaltens schon dann bewusst, wenn er eine Handlung vorgenommen hat, bei der es für ihn offensichtlich gewesen sein musste, dass sie zu einem Betrug gegenüber Dritten, etwa Gläubigern oder Kunden der Gesellschaft, führen musste, er sich diesem Umstand aber verschlossen hat.[297] Keine dem *Director* im Sinne des *Fraudulent Trading* zurechenbare Teilnahmehandlung liegt hingegen vor, wenn der *Director* nicht gegenüber Dritten eingreift, die ihrerseits eine betrügerische Handlung gegenüber den Gläubigern oder Kunden der Gesellschaft vornehmen, obwohl er aus seiner rechtlichen Stellung heraus die Möglichkeit zur Einflussnahme hätte.[298]

Der *Liquidator* hat gemäß Section 213 Abs. 2 Insolvency Act 1986 die ausschließliche Klagebefugnis für ein Verfahren wegen *Fraudulent Trading* gegen den *Director* der insolventen Gesellschaft. Er handelt – wie auch im Falle des *Wrongful Trading* – bei der Geltendmachung der Ansprüche kraft seines Amtes für die Gläubigergesamtheit.[299] Wie im Falle des *Wrongful Trading* bedarf das Tätigwerden des *Liquidator* im Zuge eines *Fraudulent Trading* der vorherigen Zustimmung des für das Verfahren der *Liquidation* zuständigen Gerichts oder des *Liquidation Committee*.[300] Die Verjährungsfrist für die Geltendmachung eines Anspruchs aus *Fraudulent Trading* beträgt gemäß Section 9 Abs. 1 Limitation Act 1980 sechs Jahre. Die Frist beginnt mit der Gesellschafterentscheidung, die Gesellschaft durch eine *Creditors' Voluntary Liquidation* abzu-

295 *Maidstone Building Provisions, Re* [1971] 1 W.L.R. 1085; vgl. auch *Griffin*, Personal Liability, S. 46.

296 *Bank of Credit and Commerce International SA (In Liquidation) (No. 15), Re* [2004] EWHC 528 (Ch); vgl. auch die Anmerkung von *Cloherty*, (2006) 122 L.Q.R. 25 ff.

297 Sogenannte „Blind-eye knowledge", siehe die Entscheidungen *Bank of Credit and Commerce International SA (In Liquidation) (No. 14), Re* [2003] EWHC 1868 und *Morris v Banque Arabe Internationale d'Investissement SA (No. 2)* [2002] B.C.C. 407.

298 Vgl. *Keay/Walton*, Insolvency Law, S. 602.

299 Vgl. *Fletcher*, The Law of Insolvency, S. 853.

300 Siehe oben bei Fn. 118.

wickeln bzw. mit der gerichtlichen Anordnung der Abwicklung durch die *Compulsory Liquidation*.[301]

Wie bei der Haftung für *Wrongful Trading* liegt es gemäß Section 213 Abs. 2 Insolvency Act 1986 im Ermessen des Gerichts, welchen Betrag es als angemessen für den Ausgleich des entstandenen Schadens ansieht. Allerdings darf der von dem Gericht zugesprochene Betrag nicht den Betrag überschreiten, den die Gesellschaft durch das *Fraudulent Trading* erlangt hat.[302] Die Haftung des *Director* für *Fraudulent Trading* beinhaltet kein pönalisierendes Element.[303] Dadurch ist heute in England die frühere Rechtsprechung aufgegeben, wonach das Gericht den *Director* zu Bestrafungszwecken verurteilen konnte, bei *Fraudulent Trading* einen höheren Betrag als den Betrag des tatsächlich entstandenen Schadens zu leisten.[304] Der *Director* muss den Betrag, wie bei einer Haftung für *Wrongful Trading*, der Masse der Gesellschaft zuführen.[305] Noch unter Section 332 Companies Act 1948, der Vorgängerin der heute geltenden Section 213 Insolvency Act 1986, war es dem Gericht möglich, die durch ein Verfahren bei *Fraudulent Trading* erzielten Beträge direkt den von den betrügerischen Handlungen des *Director* betroffenen Gläubigern der Gesellschaft zuzusprechen.[306]

bb) Allgemeine Haftung nach dem Companies Act 2006

Die Haftung des *Director* kann zudem aus Verletzungen seiner generellen Pflichten nach dem Companies Act 2006 erwachsen, wobei der *Director* gemäß Section 179 Companies Act 2006 auch mehrere Pflichtverletzungen durch eine einzige Handlung begangen haben kann. Verletzungen seiner Pflichten nach dem Companies Act 2006 kann der *Director* nicht nur vor der Einleitung der

---

301 *Overnight Ltd., Re* [2009] EWHC 601 (Ch); *Farmizer (Products) Ltd., Re* [1995] B.C.C. 926; vgl. auch *Keay/Walton*, Insolvency Law, S. 603; *Milman*, (2009) 260 Co. L.N. 1, 3; siehe im Einzelnen zu den Verfahren der *Compulsory Liquidation* und der *Creditors' Voluntary Liquidation* unten ab S. 96.

302 *L Todd (Swanscombe) Ltd., Re* [1990] B.C.L.C. 454; *Cyona Distributors Ltd., Re* [1967] Ch. 889.

303 *Morphitis v Bernasconi* [2003] EWCA Civ 289; vgl. auch die Anmerkung von *Jones*, (2003) 16 Insolv. Int. 69, 70; bestätigt in *Goldfarb v Higgins and Ors* [2010] B.C.C. 796; a.A. *Loose/Griffiths/Impey*, The Company Director, S. 326 f.; *Griffin*, Personal Liability, S. 54.

304 *Produce Marketing Consortium (In Liquidation) Ltd., Re (No. 2)* (1989) 5 B.C.C. 569.

305 *Esal (Commodities) Ltd., Re* [1993] B.C.L.C. 872, bestätigt durch den Court of Appeal [1997] 1 B.C.L.C. 705.

306 *Cyona Distributors Ltd., Re* [1967] Ch. 889; *Gerald Cooper Chemicals Ltd., Re* [1978] Ch. 262; vgl. auch *Davies*, Principles of Company Law, S. 215 bei Fn. 21; *Griffin*, Personal Liability, S. 54 f.

Abwicklung der Gesellschaft begehen, sondern auch noch während der Phase der *Liquidation*.[307]

Im laufenden Geschäftsbetrieb treffen den *Director* die Pflichten nach dem Companies Act 2006 noch vollumfänglich. Die Pflichten des *Director* sind in Sections 171 ff. Companies Act 2006 geregelt: Gemäß Section 171 Companies Act 2006 muss sich der *Director* stets innerhalb der ihm zugebilligten Kompetenzen bewegen. Maßgeblich ist dabei gemäß Section 171 lit. a) Companies Act 2006 zunächst, welchen Handlungsrahmen der Gesellschaftsvertrag vorsieht. Um die Pflicht, seine ihm gewährten Kompetenzen nicht zu überschreiten, zu erfüllen, muss der *Director* aber nicht nur die Vorgaben des Gesellschaftsvertrages selbst einhalten. Er hat darüber hinaus Vorgaben aus außerordentlichen Gesellschafterbeschlüssen zu beachten, die ordnungsgemäß dem *Companies House* angezeigt und dem Gesellschaftsvertrag beigefügt wurden. Zudem muss er Vorgaben aus ordentlichen Gesellschafterbeschlüssen und sonstige Entscheidungen der Gesellschafter einhalten, die in der ordentlichen Gesellschafterversammlung mit der notwendigen Mehrheit verabschiedet wurden.[308] Ausreichend für die Verletzung der Pflicht gemäß Section 171 lit. a) Companies Act 2006 ist es, wenn der *Director* faktisch eine der im Gesellschaftsvertrag oder in den sonstigen Quellen vorgesehene Pflicht missachtet. Der Maßstab von Section 171 lit. a) Companies Act 2006 ist rein objektiv und beinhaltet kein subjektives Element.[309]

Darüber hinaus darf der *Director* die ihm zugestandenen Kompetenzen gemäß Section 171 lit. b) Companies Act 2006 nur für solche Zwecke nutzen, zu denen die Gesellschaft sie ihm gewährt hat.[310] Auch hier erfolgt die Beurteilung auf einer rein objektiven Basis.[311] Hierzu nutzen die Gerichte die im englischen *Common Law* entwickelte *Proper Purpose Doctrine*.[312] Zunächst ermittelt das

---

307 Vgl. *Keay/Walton*, Insolvency Law, S. 605; *Goode*, Principles of Corporate Insolvency Law, S. 652, zu Pflichtverletzungen vor Einleitung der Abwicklung der Gesellschaft und *Davies*, Principles of Company Law, S. 488, zu Pflichtverletzungen nach Einleitung der Abwicklung der Gesellschaft.

308 *Lands Allotment Co, Re* [1894] 1 Ch. 616; *Leeds Estate, Building and Investment Co v Shepherd* (1887) L.R. 36 Ch. D. 787; *Oxford Benefit Building & Investment Society, Re* (1887) L.R. 35 Ch. D. 502; vgl. auch *Davies*, Principles of Company Law, S. 498; Mortimore/*Haywood*, Company Directors, S. 242 f.

309 Vgl. *Davies*, a.a.O.

310 Bei Mortimore/*Haywood*, Company Directors, S. 247 ff., findet sich eine Auflistung von Beispielen für Verstöße gegen Section 171 lit. b) Companies Act 2006.

311 Vgl. *Davies*, Principles of Company Law, S. 500; *Loose/Griffiths/Impey*, The Company Director, S. 246.

312 Siehe die Entscheidungen *Smith & Fawcett, Re* [1942] Ch. 304, *Howard Smith Ltd. v Ampol Ltd.* [1974] A.C. 821, *Fraser v Whalley* (1864) H.C.M. & M. 10; *Punt v Symons*

Gericht danach, welche Kompetenz der *Director* im Einzelfall wahrgenommen hat. Sodann bestimmt das Gericht die Grenzen, in denen die Kompetenz angewandt werden kann. Im folgenden Schritt ermittelt das Gericht den Zweck, den der *Director* mit seinem Handeln verfolgte. Im letzten Schritt wägt das Gericht ab, ob der *Director* bei der Wahrnehmung seiner Kompetenz in den Grenzen des Anwendungsbereichs handelte und dabei einen rechtmäßigen Zweck verfolgte. Hat der *Director* nicht in den Grenzen des Anwendungsbereichs seiner Kompetenz gehandelt oder keinen rechtmäßigen Zweck verfolgt, hat er seine Pflicht aus Section 171 lit. b) Companies Act 2006 verletzt.[313] Oftmals verfolgt der *Director* mit seinem Handeln mehrere, auch eigenmächtige Zwecke. Entscheidend ist in diesem Fall, ob sein Handeln in erster Linie der Gesellschaft nutzt und die eigenmächtigen Zwecke des *Director* untergeordnet sind. Nur dann erfüllt der *Director* seine Pflicht aus Section 171 lit. b) Companies Act 2006.[314]

Des Weiteren muss der Geschäftsführer im laufenden Geschäftsbetrieb seiner bereits dargestellten Pflicht gemäß Section 172 Companies Act 2006 nachkommen, durch sein Handeln den Erfolg der Gesellschaft zu fördern.[315]

Zudem muss der *Director* zu jedem Zeitpunkt gemäß Section 173 Abs. 1 Companies Act 2006 seine Entscheidungsfreiheit in Angelegenheiten der Gesellschaft wahren. So darf er grundsätzlich seine Entscheidungsfreiheit in Fragen, welche die Gesellschaft betreffen, nicht (vertraglich) auf Dritte übertragen, indem er diesen das Recht zur Entscheidung einräumt.[316] Ein solches Vorgehen ist gemäß Section 173 Abs. 2 Companies Act 2006 nur möglich, sofern der Gesellschaftsvertrag dies vorsieht.[317] Unbenommen bleibt es dem *Director* auch, vor der Entscheidung professionellen Rat einzuholen oder die Entscheidung an

---

& Co Ltd. [1903] 2 Ch. 506, *Piercy v S. Mills & Co Ltd.* [1920] 1 Ch. 77 und *Hogg v Cramphorn* [1967] Ch. 254; kritisch hierzu *Omar*, (2009) 20 I.C.C.L.R. 44, 48.

313 Vorgehen des Privy Council in *Howard Smith Ltd. v Ampol Ltd.* [1974] A.C. 821.

314 *Hindle v John Cotton Ltd.* (1919) 56 SLR 625; *Hirsche v Sims* [1894] A.C. 654; *Richard Brady Franks Ltd. v Price* (1937) 58 C.L.R. 112; *Mills v Mills* (1938) 60 C.L.R. 150; *Whitehouse v Carlton Hotel Pty Ltd.* (1987) 162 C.L.R. 285.

315 Siehe S. 33 f.

316 *Fulham Football Club Ltd. v Cabra Estates Plc* [1994] 1 B.C.L.C. 363; *Kregor v Hollins* (1913) 109 LT 225; *Thorby v Goldberg* (1964) 112 CLR 597; vgl. auch Mortimore/*Haywood*, Company Directors, S. 285; *French/Mayson/Ryan*, Company Law, S. 487; *Davies*, Principles of Company Law, S. 525; *Sealy/Worthington*, Company Law, S. 328 f.; *Perry/Gregory*, (2009) 20 I.C.C.L.R. 25, 28; *Craig*, (2008) 29 Comp. Law. 360, 363.

317 *Fulham Football Club Ltd. v Cabra Estates Plc* [1994] 1 B.C.L.C. 363.

Mitarbeiter der Gesellschaft zu delegieren, wenn der Gesellschaftsvertrag die letztere Möglichkeit vorsieht.[318]

Gemäß Section 174 Abs. 1 Companies Act 2006 muss der *Director* bei der Geschäftsführung die notwendige Sorgfalt und das erforderliche Geschick einsetzen. Diese unbestimmte Formulierung hat zur Folge, dass den *Director* unter Section 174 Companies Act 2006 eine Vielzahl von Pflichten treffen.[319] Zu den praktisch wichtigsten Pflichten dürften zählen, dass sich der *Director* unablässig Wissen und Sachverständnis aneignen muss, um die Gesellschaft in ihrem Geschäftsfeld wirtschaftlich erfolgreich führen zu können.[320] Er hat darüber hinaus den laufenden Geschäftsbetrieb zu überwachen[321] und darf auch sonstige maßgebliche Belange der Gesellschaft nicht vernachlässigen.[322] Um zu ermitteln, ob der *Director* seine Pflichten gemäß Section 174 Companies Act 2006 ordnungsgemäß erfüllt hat, wenden die Gerichte den *Objective/Subjective Test* an. Im objektiven Teil des Tests prüft das Gericht, ob der *Director* in seinen Handlungen die notwendige Sorgfalt und das erforderliche Geschick eingesetzt hat, das von einer sorgfältigen Person in seiner Position mit demselben Wissen, denselben Kenntnissen und demselben Erfahrungsschatz des *Director* erwartet werden konnte.[323] Im subjektiven Teil des Tests hinterfragt das Gericht, ob der *Director* besondere Kenntnisse in Bezug auf den Geschäftsbetrieb hat, die er in seine Handlungen hätte einfließen lassen müssen.[324] Die Pflichtverletzung liegt vor, wenn der Test ergibt, dass der *Director* schon nicht nach objektiven Kriterien mit der notwendigen Sorgfalt oder dem erforderlichen Geschick handelte oder er zwar diese objektiven Kriterien erfüllte, es aufgrund seiner Kenntnisse aber hätte besser machen müssen.

Ferner muss der *Director* gemäß Section 175 Abs. 1 Companies Act 2006 vermeiden, dass es durch sein Handeln zu Situationen kommt, in denen ein di-

---

318 Vgl. *Davies*, Principles of Company Law, S. 525 f.; Mortimore/*Haywood*, Company Directors, S. 281 f.; *Sealy/Worthington*, Company Law, S. 328; *Perry/Gregory*, (2009) 20 I.C.C.L.R. 25, 28; *Craig*, (2008) 29 Comp. Law. 360, 363.

319 *Loose/Griffiths/Impey*, The Company Director, S. 278 ff., führen die einzelnen Aspekte der Pflicht nach Section 174 Companies Act 2006 auf.

320 *Barings Plc (No. 6), Re* [2000] 1 B.C.L.C. 523.

321 *Barings Plc (No. 6), Re* [2000] 1 B.C.L.C. 523; *Barings Plc (No. 1), Re* [1998] B.C.C. 583; *Equitable Life Assurance Society v Bowley* [2003] B.C.C. 829; *Queens Moat House Plc, Re* [2004] EWHC 1730; *Bradcrown Ltd., Re* [2001] B.C.L.C. 547; *Norman v Theodore Goddard* [1992] B.C.C. 14.

322 *Westmid Packing Services Ltd. (No. 2), Re* [1998] 2 All E.R. 124; *Continental Assurance Co of London Plc (In Liquidation), Re* [2001] B.P.I.R. 733; *Park House Properties Ltd., Re* [1998] B.C.C. 847.

323 Vgl. Mortimore/*Haywood*, Company Directors, S. 293 f.

324 *Brazilian Rubber Plantations & Estates Ltd., Re* [1911] 1 Ch. 452.

rekter oder indirekter Interessenkonflikt zwischen seinen persönlichen Interessen und den Interessen der Gesellschaft besteht.[325] Gemäß Section 175 Abs. 2 Companies Act 2006 hat diese Pflicht des *Director* einen weiten Anwendungsbereich und erfasst Interessenskonflikte, die dadurch entstehen, dass der *Director* zu seinen Gunsten Eigentum, Informationen oder Geschäftsmöglichkeiten der Gesellschaft nutzt.[326] Führt der *Director* hingegen Transaktionen oder Absprachen direkt mit der Gesellschaft durch, liegt hierin gemäß Section 175 Abs. 3 Companies Act 2006 kein Interessenkonflikt. Darüber hinaus ist der *Director* von der Pflicht zur Vermeidung von Interessenkonflikten gemäß Section 175 Abs. 4 lit. a) Companies Act 2006 entbunden, sofern seine Einschätzung der Situation ergibt, dass er vernünftigerweise nicht davon auszugehen braucht, aus der Situation werde ein Interessenkonflikt entstehen.[327] Die übrigen *Director*s können den *Director*, der sich durch eine Handlung in einen Interessenkonflikt gegenüber der Gesellschaft begeben würde, zudem im Vorhinein zu der Durchführung der Handlung gemäß Section 175 Abs. 4 lit. b) Companies Act 2006 autorisieren, was eine spätere Pflichtverletzung entschuldigt.

Gemäß Section 176 Abs. 1 Companies Act 2006 darf der *Director* von dritter Seite, also von jeder natürlichen oder juristischen Person, die nicht zu der Gesellschaft oder einer mit ihr verbundenen Gesellschaft gehört,[328] keine Begünstigungen entgegennehmen.[329] Der Begriff der Begünstigung bedeutet in diesem Zusammenhang jeden für den *Director* günstigen oder hilfreichen Faktor, Umstand, Vorteil oder Profit, der finanzieller oder anderweitig materieller oder immaterieller Natur sein kann.[330] Ausgenommen sind gemäß Section 176 Abs. 4

---

325 Siehe schon die Entscheidung *Aberdeen Railway Co v Blaikie Bros* (1854) 1 Macq 461; vgl. für einen Überblick zu der Rechtsprechung der Gerichte bezüglich Interessenkonflikten des *Director Kershaw*, (2005) 25 O.J.L.S. 603 ff.

326 *O'Donnell v Shanahan*, [2009] EWCA Civ 751; damit ist auch unter dem Companies Act 2006 die bereits unter dem *Common Law* vertretene Position der Gerichte bestätigt, siehe schon die Entscheidung *Keech v Sandford* (1726) Sel. Cas. Ch. 61; siehe auch *Regal (Hastings) Ltd. v Gulliver* [1942] 1 All E.R. 378; *Bhullar v Bhullar* [2003] EWCA Civ 424, mit Anmerkung von *Clark*, (2006) 17 I.C.C.L.R. 231 ff.; *Cook v Deeks* [1916] 1 A.C. 554; *Ultraframe (UK) Ltd. v Fielding* [2005] EWHC 1638.

327 So schon die Rechtslage unter dem *Common Law*, siehe die Entscheidungen *Boardman v Phipps* [1967] 2 A.C. 46; *Bhullar v Bhullar* [2003] EWCA Civ 424; *Queensland Mines Ltd. v Hudson* (1978) 18 ALR 1.

328 Vgl. Section 176 Abs. 2 Companies Act 2006.

329 So schon die Entscheidung des Privy Council in *Attorney-General for Hong Kong v Reid* [1994] 1 AC 324; a.A. *Perry/Gregory*, (2009) 20 I.C.C.L.R. 25, 28, die das Vorliegen einer solchen Pflicht im *Common Law* nicht erkennen können wollen.

330 Vgl. Mortimore/*Haywood*, Company Directors, S. 315; *Sealy/Worthington*, Company Law, S. 385 f.

Companies Act 2006 wiederum Begünstigungen, bei deren Annahme der *Director* vernünftigerweise nicht annehmen kann, er verletzte damit die ihm gemäß Section 176 Abs. 1 Companies Act 2006 obliegende Pflicht. Zudem soll auch nach teilweise in der Literatur vertretener Ansicht der Gesellschaftsvertrag Umstände vorsehen können, in denen die Annahme einer Begünstigung keine Pflichtverletzung des *Director* bedeutet.[331]

Schließlich trifft den *Director* gemäß Section 177 Abs. 1 Companies Act 2006 eine Offenlegungspflicht. Er muss jegliche persönlichen Interessen an einer Transaktion oder Vereinbarung zwischen ihm und der Gesellschaft vor dem Abschluss gegenüber den übrigen *Directors* der Gesellschaft anzeigen.[332] Hat die Gesellschaft nur einen *Director*, kann die Pflicht gemäß Section 177 Companies Act 2006 schon nicht bestehen.[333] Die Pflicht existiert ebenfalls ausnahmsweise nicht, wenn die Transaktion oder Vereinbarung, die der *Director* eingehen will, vernünftigerweise keinen Interessenskonflikt auslösen kann. Ferner, wenn den übrigen *Director*s der Gesellschaft der mit der Transaktion oder Vereinbarung einhergehende Interessenskonflikt bereits bewusst ist oder bewusst sein sollte.[334]

Verletzt der *Director* eine oder mehrere Pflichten des Companies Act 2006 noch während des laufenden Geschäftsbetriebs, kann der *Liquidator* nach Einleitung des Verfahrens der *Liquidation* den *Director* im Namen der Gesellschaft haftbar machen.[335] Darüber hinaus kann der *Liquidator* den *Director* auch für Pflichtverletzungen im laufenden Verfahren haftbar machen. Obwohl der *Liquidator* mit Einleitung des Verfahrens die Geschäftsführung der Gesellschaft übernimmt, treffen den *Director* noch Pflichten aus dem Companies Act 2006, bis die Gesellschaft schließlich liquidiert ist.[336] Diese Pflichten sind zum einen die allgemeine Loyalitätspflicht gemäß Section 172 Companies Act 2006, zum anderen die *No Profit* Pflichten gemäß Sections 175, 176 Companies Act 2006.[337] Damit macht sich der *Director* noch im Verfahren der *Liquidation* haft-

---

331 Vgl. *Sealy/Worthington*, Company Law, S. 386.

332 So schon die Rechtslage unter dem *Common Law*, siehe *Bentinck v Fenn* (1887) L.R. 12 App. Cas. 652; *JJ Harrison (Properties) Ltd. v Harrison* [2001] EWCA Civ 1467; *Gwembe Valley Development Co Ltd. v Koshy (No. 3)* [2003] EWCA Civ 1478.

333 Vgl. *Sealy/Worthington*, Company Law, S. 387.

334 Die Ausnahmen entstammen der Rechtsprechung unter dem *Common Law*, siehe die Entscheidungen *Cowan de Groot Properties Ltd. v Harrison* [1991] B.C.L.C. 1045 und *Runciman v Walker Runciman Plc* [1992] B.C.L.C. 1084.

335 Siehe S. 36.

336 Vgl. *Davies*, Principles of Company Law, S. 488.

337 So schon die Rechtslage unter dem *Common Law*, siehe die Entscheidung *Ultraframe (UK) Ltd. v Fielding* [2005] EWHC 1638; vgl. auch *French/Mayson/Ryan*, Company Law, S. 491 ff.; *Davies*, Principles of Company Law, S. 506.

bar, sofern er nicht weiter versucht, im besten Interesse der Gesellschaft zu handeln oder sich in Interessenskonflikte gegenüber der Gesellschaft begibt.

Pflichtverletzungen nach dem Companies Act 2006, die der *Director* vor der Einleitung der *Liquidation* der Gesellschaft begangen hat, können die Gesellschafter grundsätzlich ratifizieren. Damit die Ratifizierung wirksam ist, müssen die Gesellschafter im Zeitpunkt der Ratifizierung sämtliche Umstände des zu bewilligenden Sachverhalts kennen.[338] Enthält der *Director* den Gesellschaftern Informationen vor, die ihre Entscheidung beeinflussen können, kann das Gericht die Ratifizierung im Nachhinein für unwirksam erklären.[339] Zu keinem Zeitpunkt ist es zudem möglich, dass die Gesellschafter eine Pflichtverletzung des *Director* ratifizieren, die faktisch ein betrügerisches Verhalten gegenüber den Gläubigern der Gesellschaft darstellt.[340] Des Weiteren ist die Ratifizierung einer Pflichtverletzung des *Director* nicht mehr möglich, wenn die Gesellschaft bereits insolvent oder Nahe der Insolvenz ist.[341] Neben der Ratifizierung der Pflichtverletzung durch die Gesellschafter hat das Gericht zuletzt stets die Möglichkeit, den *Director* nachträglich gemäß Section 1157 Companies Act 2006 von seiner Haftung zu entbinden.[342]

Die Verjährungsfrist für die Geltendmachung von Ansprüchen aus Pflichtverletzungen des *Director* aus seinem Pflichtenkatalog in den Sections 171 ff. Companies Act 2006 beträgt gemäß Section 9 Abs. 1 Limitation Act 1980 sechs Jahre ab Begehung der Pflichtverletzung. In Ausnahmefällen gibt es gemäß Section 21 Abs. 1 Limitation Act 1980 keine Frist für die Geltendmachung dieser Ansprüche. Für die Haftung des *Director* gemäß Sections 171 ff. Companies Act 2006 ist in diesem Zusammenhang der Ausnahmefall unter Section 21 Abs. 1 lit. a) Limitation Act 1980 zu beachten, wonach keine Verjährungsfrist besteht, wenn der *Director* sich gegenüber der Gesellschaft betrügerisch verhalten hat.[343] Macht der *Liquidator* den Anspruch innerhalb der Verjährungsfrist geltend und liegt weder eine wirksame Ratifizierung der Pflichtverletzung noch eine gerichtliche Entbindung des *Director* von seiner Haftung vor, muss der

---

338 *Phosphate of Lime Co v Green* (1871-72) L.R. 7 C.P. 43.

339 *Knight v Frost* [1999] B.C.C. 819; *Newgate Stud Co v Penfold* [2004] EWHC 2993 (Ch); vgl. auch *French/Mayson/Ryan*, Company Law, S. 510.

340 *Franbar Holdings Ltd. v Patel* [2008] EWHC 1534 (Ch); *Averling Barford Ltd. v Perion Ltd.* (1989) 5 B.C.C. 677; *Halt Garage (1964) Ltd., Re* [1982] 3 All E.R. 1016; vgl. auch *Mortimore/Leahy*, Company Directors, S. 467; *Goode*, Principles of Corporate Insolvency Law, S. 656 bei Fn. 109.

341 Siehe S. 36.

342 Siehe a.a.O.

343 Vgl. auch *Davies*, Principles of Company Law, S. 601; Mortimore/*Zacaroli*, Company Directors, S. 363.

Director einen im Ermessen des Gerichts liegenden Betrag der Masse der Gesellschaft zuführen.[344]

b) Deutschland

Im deutschen Recht ist zur Anreicherung der Insolvenzmasse zunächst an die allgemeine gesellschaftsrechtliche Haftung des Geschäftsführers aus § 43 Abs. 2, 3 GmbHG zu denken. Darüber hinaus kann im Insolvenzszenario die deliktische Haftung des Geschäftsführers Bedeutung erlangen.

aa) Haftung nach § 43 Abs. 2 GmbHG

Zur Anreicherung der Insolvenzmasse ist es möglich, den Geschäftsführer für vor Eröffnung des Insolvenzverfahrens begangene Pflichtverletzungen gemäß § 43 Abs. 2 GmbHG haftbar zu machen.

Für die Haftung nach § 43 Abs. 2 GmbHG ist es erforderlich, dass der Geschäftsführer eine Obliegenheit verletzt hat. Das Gesetz trifft aber keine Aussage darüber, welche Pflichten dem Geschäftsführer im Zusammenhang mit § 43 Abs. 2 GmbHG obliegen. Die Gerichte haben die Pflichten vielmehr im Wege der Rechtsfortbildung aus den §§ 35, 43 GmbHG hergeleitet. Mit der Pflicht zur ordnungsgemäßen Unternehmensleitung sowie der allgemeinen Loyalitätspflicht lassen sich zwei maßgebliche Pflichtenkreise des Geschäftsführers aus seinem Treuverhältnis zu der Gesellschaft abgrenzen.[345] Die aus diesen Pflichtenkreisen entspringenden Pflichten schuldet der Geschäftsführer im Rahmen von § 43 Abs. 2 GmbHG der Gesellschaft.[346] Ein großer Teil der Pflichten des Geschäftsführers entfalten auch über das Bestehen des Organverhältnisses mit der Gesellschaft hinaus Wirkung.[347]

Die ordnungsgemäße Unternehmensleitung als Hauptpflicht des Geschäftsführers lässt sich schon aus dem Begriff „Geschäftsführer" ableiten.[348] Im Zuge der ordnungsgemäßen Unternehmensleitung muss der Geschäftsführer die notwendigen unternehmerischen Entscheidungen zum Wohle der Gesellschaft treffen.[349] Hierbei hat sich der Geschäftsführer in erster Linie am Unternehmensge-

---

344 Siehe S. 37.

345 BGH, NJW 1989, 26, 27; vgl. auch Baumbach/Hueck/*Zöllner/Noack*, § 35 Rn. 28, 39.

346 BGH, NJW 1989, 26, 27; Pflichten bestehen zudem gegenüber den Gesellschaftern, vgl. z.B. § 51a GmbHG und gegenüber Behörden, vgl. §§ 7, 54, 57, 58 GmbHG.

347 So z.B. die Verschwiegenheitspflicht des Geschäftsführers, siehe BGH, WM 1955, 25, 26; OLG Hamm, GmbHR 1985, 157, 158.

348 Vgl. Baumbach/Hueck/*Zöllner/Noack*, § 35, Rn. 28.

349 Vgl. Scholz/*U. Schneider*, § 43, Rn. 46; Baumbach/Hueck/*Zöllner/Noack*, § 35, Rn. 29 f.; Michalski/*Haas/Ziemons*, § 43, Rn. 42; Ulmer/*Paefgen*, § 43, Rn. 53; Lutter/Hommelhoff/*Kleindiek*, § 43, Rn. 8; *Lutter*, GmbHR 2000, 301, 303.

genstand zu orientieren, muss aber auch die durch Gesetz und Satzung aufgestellten Schranken achten.[350] Die Pflicht zur Unternehmensleitung beginnt mit der Bestellung des Geschäftsführers und endet mit der Beendigung seiner Geschäftsführerstellung.[351] In diesem Zeitraum muss der Geschäftsführer seine gesamte Arbeitskraft für das Unternehmen aufwenden; dies ist häufig ebenfalls im Anstellungsvertrag des Geschäftsführers niedergelegt.[352] Grundsätzlich umfasst die Pflicht zur Unternehmensführung, dass der Geschäftsführer den organisatorischen Rahmen und das Tagesgeschäft der Gesellschaft verantwortet, also für das rechtmäßige Verhalten der Gesellschaft im Geschäftsverkehr Sorge trägt.[353] Darüber hinaus hat er die Unternehmensstrategie zu planen und mit den Gesellschaftern zu beraten, die Unternehmensstrategie umzusetzen, Einzelweisungen der Gesellschafter umzusetzen, alle erforderlichen unternehmerischen Entscheidungen zu treffen und die interne Organisation der Gesellschaft in Einklang mit Gesetz und Satzung zu bringen.[354] Die Pflicht zur Unternehmensführung verdichtet sich unter anderem zu der Pflicht des Geschäftsführers, mit den übrigen Geschäftsführern der Gesellschaft zu kooperieren.[355] Zudem muss er die Gesellschaft derart organisieren, dass er sich jederzeit einen angemessenen Überblick über die wirtschaftliche Situation der Gesellschaft verschaffen kann.[356] Schließlich muss der Geschäftsführer ein System etablieren und durchsetzen, mit dem er die unternehmerische Leistung der Gesellschaft überwachen und steuern kann. Die letztgenannte Pflicht stammt ursprünglich aus dem Aktienrecht. Gemäß § 91 Abs. 2 AktG hat der Vorstand einer Aktiengesellschaft geeignete Maßnahmen zu treffen, insbesondere ein Überwachungssystem einzurichten, damit den Fortbestand der Gesellschaft gefährdende Entwicklungen früh erkannt werden.[357] Der hinter der Norm stehende Gedanke, durch die Auferlegung der Überwachungspflicht den zukünftigen Bestandsschutz der Gesellschaft so weit wie möglich zu sichern, ist aber gleichermaßen auf das GmbH-Recht übertragbar.[358] Der Geschäftsführer kann seine Pflicht zur Unternehmensführung in ge-

---

350 Vgl. Baumbach/Hueck/*Zöllner/Noack*, § 35, Rn. 28, 32; Scholz/*U. Schneider*, § 43, Rn. 74 ff.; Ulmer/*Paefgen*, § 43, Rn. 23 ff.; Michalski/*Haas/Ziemons*, Rn. 42 ff.; Lutter/Hommelhoff/*Kleindiek*, § 43, Rn. 8 ff.

351 Vgl. Baumbach/Hueck/*Zöllner/Noack*, § 35, Rn. 37.

352 Vgl. Baumbach/Hueck/*Zöllner/Noack*, a.a.O.

353 Vgl. Scholz/*U. Schneider*, § 43, Rn. 46.

354 Vgl. Scholz/*U. Schneider*, a.a.O.

355 BGH, GmbHR 1966, 277; vgl. auch Ulmer/*Paefgen*, § 43, Rn. 26.

356 BGH, ZIP 1995, 560, 561.

357 Vgl. zur aktienrechtlichen Organisationspflicht *Pahlke*, NJW 2002, 1680 ff.; *Preußner/Becker*, NZG 2002, 846 ff.; *Henze*, BB 2000, 209 ff.

358 Vgl. Baumbach/Hueck/*Zöllner/Noack*, § 35 Rn. 33; Scholz/*U. Schneider*, § 43, Rn. 96; Ulmer/*Paefgen*, § 43, Rn. 67.

wissen Bereichen, etwa dem Bereich der Buchführung, an Dritte delegieren.[359] In diesem Fall muss er allerdings seine Auswahl sorgsam treffen und hat die Pflicht, die Personen zu überwachen, an die er Aufgaben aus seinem Pflichtenbereich delegiert hat.[360]

Eine Haftung des Geschäftsführers kommt in Betracht, wenn er seine Pflicht zur ordnungsgemäßen Unternehmensführung schuldhaft, also vorsätzlich oder fahrlässig, verletzt hat.[361] Der Sorgfaltsmaßstab, der von dem Geschäftsführer bei der Erfüllung seiner Pflicht zur Unternehmensführung erwartet wird, ergibt sich dabei aus § 43 Abs. 1 GmbHG. Danach hat der Geschäftsführer in den Angelegenheiten der Gesellschaft die Sorgfalt eines ordentlichen Geschäftsmannes anzuwenden.[362] Er hat sich so zu verhalten, wie ein vernünftiger Geschäftsmann in einer Führungsposition, der unabhängig und einzig im Interesse der Gesellschaft handelt.[363] Sofern die Interessen des Geschäftsführers nicht mit den Interessen der Gesellschaft übereinstimmen, muss der Geschäftsführer den Interessen der Gesellschaft Vorrang gewähren und die Entscheidung treffen, die der Gesellschaft zugutekommt.[364] Bei der Beurteilung der Frage, ob der Geschäftsführer in den Angelegenheiten der Gesellschaft die Sorgfalt eines ordentlichen Geschäftsmannes angewandt hat, berücksichtigen die Gerichte verschiedene Faktoren, wie die Art des Unternehmens, die Größe und den Unternehmenszweck, um den einzuhaltenden Sorgfaltsmaßstab näher definieren zu können.[365] Keine Grundlage für die gerichtliche Beurteilung sind hingegen die persönlichen Eigenschaften des Geschäftsführers, wie sein Alter oder seine Erfahrung.[366]

---

359 Vgl. Roth/*Altmeppen*, § 41, Rn. 5; Michalski/*Haas/Ziemons*, § 43, Rn. 55; Scholz/*U. Schneider*, § 43, Rn. 41; Ulmer/*Paefgen*, a.a.O.

360 BGH, NJW 1986, 54, 55; BGH, NJW 1995, 2850, 2851; BFH, ZIP 1984, 1345, 1347; OLG Koblenz, NZG 1998, 953, 954.

361 Vgl. Scholz/*U. Schneider*, § 43, Rn. 231; Ulmer/*Paefgen*, § 43, Rn. 86.

362 Beispiele für konkrete Konstellationen der Verletzung der nach § 43 Abs. 1 erforderlichen Sorgfalt finden sich bei Baumbach/Hueck/*Zöllner/Noack*, § 43, Rn. 24; Scholz/*U. Schneider*, § 43, Rn. 97 ff.; vgl. auch *K. Schmidt*/Uhlenbruck, GmbH in Krise, Sanierung und Insolvenz, S. 1024.

363 OLG Rostock, GmbHR 2006, 1334; OLG Brandenburg, NZG 2001, 756; OLG Celle, NZG 2000, 1178, 1179; OLG Zweibrücken, NZG 1999, 506, 507; OLG Düsseldorf, GmbHR 1995, 227.

364 OLG Koblenz, NJW-RR 2000, 483, 484; vgl. auch die Anmerkung von *Haas*, DStR 2000, 1447 ff.

365 OLG Zweibrücken, NZG 1999, 506, 507; OLG Hamm, NStZ 1986, 119; LG Köln, NJW-RR 2000, 1056; vgl. auch Scholz/*U. Schneider*, § 43, Rn. 91 ff.; Ulmer/*Paefgen*, § 43, Rn. 19.

366 BGH, NJW 1995, 1290, 1291; BGH, WM 1981, 440, 442; OLG Celle, NZG 2000, 1178, 1179; OLG Koblenz, ZIP 1991, 870, 871; LG Köln, NJW-RR 2000, 1056.

Verletzt der Geschäftsführer die ihm obliegende Pflicht zur Unternehmensführung, überprüfen die Gerichte jedoch nur eingeschränkt, ob er sich innerhalb der soeben dargestellten Grenzen verhalten hat, sofern die Pflichtverletzung das Ergebnis einer unternehmerischen Entscheidung des Geschäftsführers ist. Die deutschen Gerichte haben nach dem Vorbild US-amerikanischer Gerichte, die im dortigen Gesellschaftsrecht die *Business Judgment Rule* anerkennen, Grundsätze aufgestellt, die bei der gerichtlichen Überprüfung der Frage zum Tragen kommen, ob eine unternehmerische Entscheidung des Geschäftsführers den Sorgfaltsmaßstab des § 43 Abs. 1 GmbHG verletzt.[367] Grundlegend hierfür war das Urteil des Bundesgerichtshofs in der Sache *ARAG/Garmenbeck* im Hinblick auf die Haftung des Vorstandes einer Aktiengesellschaft.[368] Der Bundesgerichtshof hat die Grundsätze zur unternehmerischen Entscheidung später auf die GmbH übertragen und in ständiger Rechtsprechung bestätigt.[369] Nach diesen Grundsätzen hat ein Gericht bei der Überprüfung einer unternehmerischen Entscheidung des Geschäftsführers lediglich die Möglichkeit einer eingeschränkten Überprüfung hinsichtlich der Frage, ob der Geschäftsführer durch sein Handeln die Grenzen des § 43 Abs. 1 GmbHG überschritten hat. Argument hierfür ist, dass dem Geschäftsführer bei der Führung der Gesellschaft ein weiter haftungsfreier Handlungsspielraum eingeräumt sein muss, ohne den eine unternehmerische Tätigkeit schlechterdings nicht denkbar ist.[370] Der Bundesgerichtshof räumt dem Geschäftsführer deshalb einen weiten Ermessensspielraum im Hinblick auf seine unternehmerischen Entscheidungen ein, sodass der Geschäftsführer bewusst wirtschaftliche Risiken eingehen darf und solche Entscheidungen auch die Gefahr von Fehlbeurteilungen und Fehleinschätzungen bergen dürfen.[371] Der Geschäftsführer verhält sich hingegen sorgfaltswidrig, sobald seine Entscheidung die Grenzen verantwortungsbewussten unternehmerischen Handelns deut-

---

367 Vgl. Roth/*Altmeppen*, § 43, Rn. 8; Michalski/*Haas/Ziemons*, § 43, Rn. 68; Ulmer/*Paefgen*, § 43, Rn. 52; Lutter/Hommelhoff/*Kleindiek*, § 43, Rn. 16; *S. Schneider*, DB 2005, 707 ff.; *Lutter*, GmbHR 2000, 301, 308.

368 BGH, NJW 1997, 1926 – ARAG/Garmenbeck.

369 Grundlegend BGH, NJW 2003, 358, 359, vgl. auch die Anmerkungen von *Lelley*, GmbHR 2003, 116 ff. und *Schimmer*, EWiR 2003, 225 ff.; ständige Rechtsprechung zuletzt BGH, NJW 2008, 3361, 3362.

370 BGH, NJW 1997, 1926, 1927 – ARAG/Garmenbeck.

371 BGH, NJW 1997, 1926, 1927 – ARAG/Garmenbeck; im Vergleich zur Aktiengesellschaft ist dieser Ermessensspielraum allerdings dadurch verengt, dass den Geschäftsführer die Pflicht trifft, wichtige Grundentscheidungen vor der Ausführung den Gesellschaftern vorzulegen, vgl. *K. Schmidt*/Uhlenbruck, GmbH in Krise, Sanierung und Insolvenz, S. 1025, mit Verweis auf BGH, NJW 2008, 3361; vgl. auch *K. Schmidt*, JuS 2008, 1128, 1129.

lich überschreitet.[372] Im Ergebnis überprüft ein Gericht nach den Vorgaben des Bundesgerichtshofs unter Zugrundelegung der *Business Judgment Rule* also nur, ob sich der Geschäftsführer bei seiner unternehmerischen Entscheidung innerhalb der Grenzen des verantwortungsbewussten unternehmerischen Handelns bewegt hat, und nicht, ob die Entscheidung selbst zweckmäßig für das verfolgte Ziel war. Der Geschäftsführer bewegt sich innerhalb der Grenzen verantwortungsbewussten unternehmerischen Handelns, sofern er nach sorgfältiger Vorbereitung eine nachvollziehbare Entscheidung nach Abwägung aller Entscheidungsalternativen samt ihrer Auswirkungen getroffen hat.[373]

Als Folge der Rechtsprechung des Bundesgerichtshofs hat der Gesetzgeber im Aktienrecht durch das UMAG[374] § 93 Abs. 1 AktG um einen zweiten Satz erweitert. Gemäß § 93 Abs. 1 S. 2 AktG liegt eine Pflichtverletzung nicht vor, wenn das Vorstandsmitglied einer Aktiengesellschaft bei einer unternehmerischen Entscheidung auf der Grundlage angemessener Information vernünftigerweise annehmen durfte, zum Wohle der Gesellschaft zu handeln. Demnach erfolgt die Haftungsprivilegierung des Vorstandes, sobald dieser eine unternehmerische Entscheidung zum Wohle der Gesellschaft auf Grundlage angemessener Informationen ohne die Verfolgung von Sonderinteressen und ohne sachfremde Einflüsse und im guten Glauben trifft.[375] Teile der Literatur wollen diese gesetzlich festgehaltenen Voraussetzungen nunmehr ebenfalls als Maßstab für eine Haftungsprivilegierung des Geschäftsführers auf das GmbH-Recht anwenden.[376] Die Rechtsprechung ist dieser Ansicht bislang nicht gefolgt und nimmt weiterhin die Bewertung im Einzelfall vor, ob der Geschäftsführer sich innerhalb der Grenzen verantwortungsbewussten unternehmerischen Handelns bewegt hat.[377]

Sofern die Pflichtverletzung des Geschäftsführers nicht das Ergebnis einer unternehmerischen Entscheidung ist, also wenn der Geschäftsführer eine gebundene Entscheidung trifft, ist diese hingegen im vollen Umfang gerichtlich überprüfbar.[378] Eine gebundene Entscheidung liegt vor, wenn das Handeln des Geschäftsführers auf einer rechtlichen Verpflichtung kraft Gesetzes, Satzung, An-

---

372 BGH, NJW 1997, 1926, 1928 – ARAG/Garmenbeck.

373 BGH, NJW 2008, 3361, 3362; BGH, NJW 1997, 1926, 1928 – ARAG/Garmenbeck.

374 Gesetz zur Unternehmensintegration und Modernisierung des Anfechtungsrechts vom 22.09.2005, BGBl I, 2082.

375 Vgl. Scholz/*U. Schneider*, § 43, Rn. 55.

376 Vgl. Baumbach/Hueck/*Zöllner/Noack*, § 43, Rn. 22 ff.; Scholz/*U. Schneider*, § 43, Rn. 54 ff.; Roth/*Altmeppen*, § 43, Rn. 9; Ulmer/*Paefgen*, § 43, Rn. 63; *Fleischer*, NZG 2011, 521, 524.

377 BGH, NJW 2008, 3361, 3362; kritisch hierzu *Fleischer*, NZG 2011, 521, 524.

378 Vgl. Baumbach/Hueck/*Zöllner/Noack*, § 43, Rn. 22b; Ulmer/*Paefgen*, § 43, Rn. 24a; *S. Schneider*, DB 2005, 707, 710.

stellungsvertrag, Geschäftsordnung oder Weisung beruht.[379] In diesem Fall besteht ein unternehmerisches Ermessen seitens des Geschäftsführers lediglich bezüglich der Art und Weise der Pflichterfüllung, sofern dem Geschäftsführer bei der Durchführung mehrere Handlungsalternativen zur Verfügung standen.[380]

Die Schadensersatzpflicht des Geschäftsführers aus § 43 Abs. 2 GmbHG für eine sorgfaltswidrige Unternehmensführung kann insbesondere in Krisensituationen kurz vor Stellung des Antrags auf Eröffnung des Insolvenzverfahrens zum Tragen kommen. In dieser Situation kann der Geschäftsführer schadensersatzpflichtig sein, wenn es ihm nicht gelingt, rechtzeitig angemessene Maßnahmen zur Restrukturierung der Gesellschaft zu ergreifen, gegebenenfalls sogar schon frühzeitig die Gesellschaft in das Insolvenzverfahren überzuleiten.[381] Umgekehrt kann der Geschäftsführer gemäß § 43 Abs. 2 GmbHG schadensersatzpflichtig sein, wenn er den Antrag auf Eröffnung des Insolvenzverfahrens zu früh stellt.[382] Auch das Unterlassen der Insolvenzantragsstellung kann die Schadensersatzpflicht des Geschäftsführers auslösen, sofern sich die Krise der Gesellschaft zu ihrer Insolvenz entwickelt hat.[383]

Neben der Haftung des Geschäftsführers bei sorgfaltswidriger Unternehmensführung kommt eine Haftung des Geschäftsführers aus § 43 Abs. 2 GmbHG ebenfalls in Betracht, wenn er sich schuldhaft[384] illoyal gegenüber der Gesellschaft verhält. Eine solche Situation liegt unter anderem vor, wenn der Geschäftsführer bestechlich ist oder Begünstigungen erhält, die ihm nicht zustehen.[385] Von größter praktischer Relevanz dürfte die Loyalitätspflicht allerdings deshalb sein, weil sie dem Geschäftsführer grundsätzlich ein striktes Wettbewerbsverbot auferlegt.[386] Er darf daher neben seiner Tätigkeit für die Gesellschaft nicht an einer anderen Gesellschaft beteiligt sein, die mit der Gesellschaft des Geschäftsführers im Wettbewerb steht, und auch nicht persönlich Ge-

---

379 Vgl. Baumbach/Hueck/*Zöllner/Noack*, a.a.O.; Scholz/*U. Schneider*, § 43, Rn. 56, 74; *S. Schneider*, DB 2005, 707, 710.

380 Vgl. Baumbach/Hueck/*Zöllner/Noack*, a.a.O.; Scholz/*U. Schneider*, a.a.O.; *S. Schneider*, DB 2005, 707, 710.

381 Vgl. *Kleindiek* in FS U. Schneider, S. 617, 619; *Ehlers*, ZInsO 2008, 524, 527 f.

382 Vgl. Baumbach/Hueck/*Haas*, § 64, Rn. 161; Michalski/*Nerlich*, § 64, Rn. 99; Scholz/*K. Schmidt*, Anhang zu § 64, Rn. 88; *K. Schmidt*, ZIP 1988, 1497, 1504.

383 Vgl. Baumbach/Hueck/*Haas*, § 64 Rn. 160; *Ehlers*, ZInsO 2008, 524, 527.

384 Siehe S. 63.

385 BGH, ZIP 2008, 117; OLG Düsseldorf, GmbHR 2000, 666, 669.

386 OLG Oldenburg, NZG 2000, 1038, 1039; vgl. auch Scholz/*U. Schneider*, § 43, Rn. 152 f.; Baumbach/Hueck/*Zöllner/Noack*, § 35, Rn. 41; Michalski/*Haas/Ziemons*, § 43, Rn. 97 ff.; Roth/*Altmeppen*, § 43, Rn. 29; Ulmer/*Paefgen*, § 43, Rn. 38.

schäfte innerhalb der Sparte der Gesellschaft betreiben.[387] Darüber hinaus darf er keine Geschäftschancen der Gesellschaft zu seinen Gunsten oder zugunsten Dritter ausnutzen.[388] Es gilt der Grundsatz, dass der Geschäftsführer zunächst immer im Interesse der Gesellschaft handeln muss und nicht vornehmlich zu seinen Gunsten oder den Gunsten Dritter handeln darf.[389] Allerdings kann bereits die Satzung der Gesellschaft vorsehen, dass der Geschäftsführer in Wettbewerb zur Gesellschaft treten oder ihre Geschäftschancen für seine Zwecke wahrnehmen darf.[390] Weiterhin können die Gesellschafter den Geschäftsführer im Einzelfall durch Dispens, entweder ausdrücklich oder durch konkludentes Verhalten, von seiner Loyalitätspflicht entbinden.[391] Ohne eine gegenteilige Absprache endet die Pflicht des Geschäftsführers, Interessenkonflikte zu vermeiden, mit seiner Abberufung, sogar wenn er diese provoziert hat.[392]

Schließlich kann der Geschäftsführer bei einem schuldhaften[393] Verstoß gegen seine Verschwiegenheits- oder Auskunftspflichten gemäß § 43 Abs. 2 GmbHG haftbar sein, wobei die Verschwiegenheitspflicht auch nach dem Ausscheiden des Geschäftsführers fortbesteht.[394] Die Verschwiegenheitspflicht umfasst, dass der Geschäftsführer gesellschaftsinterne Informationen vertraulich behandeln muss. Hiermit sind Informationen gemeint, die bei der Weitergabe an Dritte Schäden bei der Gesellschaft verursachen könnten, mithin ein objektives Interesse der Gesellschaft an der Verschwiegenheit begründen.[395] Des Weiteren sind auch solche Informationen von der Verschwiegenheitspflicht erfasst, die

---

387 BGH, NJW 1981, 1512, 1513; vgl. auch Baumbach/Hueck/*Zöllner/Noack*, a.a.O.; Michalski/*Haas/Ziemons*, § 43, Rn. 102; Scholz/*U. Schneider*, § 43, Rn. 162 ff.; Ulmer/*Paefgen*, § 43, Rn. 41; *Fleischer*, WM 2003, 1045, 1054; *Timm*, GmbHR 1981, 177 ff.

388 Vgl. Baumbach/Hueck/*Zöllner/Noack*, a.a.O.; Scholz/*U. Schneider*, § 43, Rn. 201; Michalski/*Haas/Ziemons*, § 43, Rn. 116; Ulmer/*Paefgen*, § 43, Rn. 45; *Fleischer*, DStR 1999, 1249 ff.; *Timm*, GmbHR 1981, 177 ff.

389 BGH, ZIP 1989, 1390, 1394.

390 Vgl. Baumbach/Hueck/*Zöllner/Noack*, § 35, Rn. 43; Ulmer/*Paefgen*, § 43, Rn. 47; Michalski/*Haas/Ziemons*, § 43, Rn. 108; Scholz/*U. Schneider*, § 43, Rn. 185 (in Bezug auf das Wettbewerbsverbot).

391 BFH, NJW 1999, 3070, 3071; vgl. auch Baumbach/Hueck/*Zöllner/Noack*, a.a.O.; Roth/*Altmeppen*, § 43, Rn. 31; *Schedhelm*, DStR 1993, 245, 247; *Knobbe-Keuk*, GmbHR 1992, 333, 335; a.A. Ulmer/*Paefgen*, a.a.O.

392 OLG Frankfurt, GmbHR 1998, 376, 378.

393 Siehe S. 63.

394 BGH, WM 1955, 25, 26; OLG Hamm, GmbHR 1985, 157, 158; vgl. auch Ulmer/*Paefgen*, § 43, Rn. 81.

395 Vgl. Roth/*Altmeppen*, § 43, Rn. 25; Baumbach/Hueck/*Zöllner/Noack*, § 35, Rn. 40; Michalski/*Haas/Ziemons*, § 43, Rn. 128; Ulmer/*Paefgen*, § 43, Rn. 77,

zwar nicht unmittelbar vom objektiven Interesse der Gesellschaft an der Verschwiegenheit umfasst sind, bei denen die Gesellschaft aber auf ihre Vertraulichkeit ausdrücklich besteht, mithin das subjektive Interesse der Gesellschaft an der Verschwiegenheit begründen.[396] In Situationen, in denen die Weitergabe der vertraulichen Informationen notwendig ist, um Schäden von der Gesellschaft abzuwehren, ist der Geschäftsführer hingegen von seiner Verschwiegenheitspflicht entbunden.[397] Neben der Verschwiegenheitspflicht existieren des Weiteren generelle Auskunftspflichten des Geschäftsführers gegenüber der Gesellschaft. Der Geschäftsführer muss sämtliche Informationen über den Geschäftsgang und die Erfüllung seiner unternehmerischen Pflichten gegenüber der Gesellschaft offenlegen.[398] Auch diese Pflicht bleibt im Zeitraum nach der Abberufung des Geschäftsführers bestehen, solange es ihm möglich ist, die Informationen bereitzustellen.[399]

Die Inanspruchnahme des Geschäftsführers für die Verletzung einer seiner Pflichten unter § 43 Abs. 2 GmbHG entfällt, wenn die Pflichtverletzung Folge der Ausführung von Weisungen der Gesellschafter war.[400] Dies gilt allerdings nur, sofern die Weisung der Gesellschafter wirksam war. Bei einer unwirksamen Weisung der Gesellschafter bleibt es bei der Haftung des Geschäftsführers, es sei denn, der Geschäftsführer konnte nicht erkennen, dass die Weisung unwirksam war; in dieser Situation kann es gegebenenfalls an einem Verschulden des Geschäftsführers fehlen.[401] Die Haftung entfällt ebenfalls, wenn die Gesellschafter in die Pflichtverletzung des Geschäftsführers eingewilligt haben.[402] Diese Einwilligung kann sich konkludent aus dem Verhalten der Gesellschafter ergeben.[403] Die nachträgliche Genehmigung des pflichtverletzenden Verhaltens durch die Gesellschafter ist ebenfalls möglich.[404] Schließlich können die Gesell-

---

396 Vgl. Baumbach/Hueck/*Zöllner/Noack*, a.a.O.; Roth/*Altmeppen*, a.a.O.; Ulmer/*Paefgen*, a.a.O.; *Erker/Freund*, GmbHR 2001, 463; a.A. Michalski/*Haas/Ziemons*, § 43, Rn. 131a.

397 BGH, NJW 1975, 1412; vgl. auch Baumbach/Hueck/*Zöllner/Noack*, a.a.O.; Michalski/*Haas/Ziemons*, § 43, Rn. 132; Ulmer/*Paefgen*, § 43, Rn. 80; *Rozijn*, NZG 2001, 494, 499 f.

398 BGH, DStR 1993, 1752, 1753: vgl. auch Baumbach/Hueck/*Zöllner/Noack*, § 35, Rn. 52; *Roth*/Altmeppen, § 51a, Rn. 5; Scholz/*U. Schneider*, § 43, Rn. 149.

399 BGH. DStR 1993, 1752.

400 BGH, NJW 2000, 1571; BGH, NJW 1999, 2817, 2818; BGH, NJW 1993, 1922; BGH, NJW 1993, 193, 194.

401 Vgl. Baumbach/Hueck/*Zöllner/Noack*, § 43, Rn. 35; Ulmer/*Paefgen*, § 43, Rn. 129; Lutter/Hommelhoff/*Kleindiek*, § 43, Rn. 36.

402 BGH, ZIP 2003, 945, 946; BGH, NJW 2000, 1571; BFH, GmbHR 1995, 234, 235.

403 BGH, ZIP 2003, 945, 946.

404 BGH, ZIP 2003, 945, 946.

schafter den Verzicht auf die Geltendmachung von Ansprüchen aus § 43 Abs. 2 GmbHG erklären.[405] Dies gilt auch für Ansprüche, die in einem späteren Insolvenzverfahren zur Befriedigung der Gläubigergesamtheit genutzt werden könnten.[406]

Im Insolvenzverfahren hat der Insolvenzverwalter die Befugnis, den Geschäftsführer für vor der Antragstellung begangene Pflichtverletzungen nach § 43 Abs. 2 GmbHG haftbar zu machen.[407] Der Geschäftsführer hat sodann die durch die Pflichtverletzung entstandene Vermögensminderung zu ersetzen.[408] Ansprüche gegen den Geschäftsführer aus § 43 Abs. 2 GmbHG verjähren gemäß § 43 Abs. 4 GmbHG innerhalb von fünf Jahren. Fristbeginn ist der Zeitpunkt der Entstehung des Schadens.[409] Dies gilt sogar, wenn der Geschäftsführer die Pflichtverletzung vor der Gesellschaft verborgen hat.[410] Der aus der Haftung des Geschäftsführers erlangte Erlös fließt der Insolvenzmasse zu.

bb) Haftung nach § 43 Abs. 3 GmbHG

Eine besondere Schadensersatzpflicht des Geschäftsführers konstituiert § 43 Abs. 3 GmbHG.[411] Die Norm bezweckt den Schutz des Stammkapitals der Gesellschaft. Danach kann sich der Geschäftsführer bei der Erfüllung zweier Tatbestände haftbar machen.

Zunächst verletzt der Geschäftsführer seine Pflicht gemäß § 43 Abs. 3 S. 1 Alt. 1 GmbHG, wenn er Zahlungen aus dem zur Erhaltung des Stammkapitals erforderlichen Vermögen der Gesellschaft an die Gesellschafter vornimmt. Gleiches gilt, wenn ein Mitgeschäftsführer oder eine sonstige vertretungsberechtigte Person die Zahlung vornimmt und der Geschäftsführer nicht angemessen Sorge

---

405 BGH, ZIP 2003, 945, 946; BGH, ZIP 2002, 2128, 2129.

406 BGH, ZIP 2002, 2128 f.; vgl. auch Baumbach/Hueck/*Zöllner/Noack*, § 43, Rn. 47; *Steffek*, Gläubigerschutz in der Kapitalgesellschaft, S. 304, 310 f.; *Pelz*, RNotZ 2003, 415, 423; a.A. *Joussen*, GmbHR 2005, 441, 446; *Lutter*, GmbHR 2000, 301, 311; kritisch zum Ganzen Roth/*Altmeppen*, § 43, Rn. 119 ff.

407 BGH, NJW 2009, 68; BGH, NJW 2002, 3777; einer vorherigen Beschlussfassung durch die Gesellschafterversammlung gemäß § 46 Nr. 8 GmbHG Bedarf es hierbei nicht, siehe BGH, ZIP 2004, 1708, 1710 f.

408 BGH, NJW 2003, 358, 359; OLG Naumburg, NZG 2001, 136, 137; vgl. auch Baumbach/Hueck/*Zöllner/Noack*, § 43, Rn. 15, die möglicher Schadenspositionen auflisten.

409 BGH, NJW 2009, 68, 70; BGH, ZIP 2005, 852, 853.

410 BGH, ZIP 2005, 852, 853.

411 BGH, NJW 2009, 68, 70; BGH, NJW 1992, 1166; vgl. auch Baumbach/Hueck/*Zöllner/Noack*, § 43, Rn. 48; Michalski/*Haas/Ziemons*, § 43, Rn. 216; Scholz/*U. Schneider*, § 43, Rn. 268; Ulmer/*Paefgen*, § 43, Rn. 141; Lutter/Hommelhoff/*Kleindiek*, § 43, Rn. 47; a.A. *Habersack/Schürnbrand*, WM 2005, 957 ff.

getragen hat, dies zu verhindern.[412] Allerdings ist eine Zahlung ausnahmsweise zulässig, wenn sie gemäß § 30 Abs. 1 S. 2 GmbHG aufgrund eines bestehenden Beherrschungs- oder Gewinnabführungsvertrags erfolgt. Gleiches gilt gemäß § 30 Abs. 1 S. 2 GmbHG, wenn die Zahlung durch einen vollwertigen Gegenleistungs- oder Rückgewähranspruch gegen den Gesellschafter gedeckt ist. Zulässig ist die Zahlung schließlich gemäß § 30 Abs. 1 S. 3 GmbHG, sofern sie als Rückgewähr eines Gesellschafterdarlehens, respektive als Leistung auf Forderungen aus Rechtshandlungen, die einem Gesellschafterdarlehen wirtschaftlich entsprechen, erfolgt.

Zudem liegt eine Pflichtverletzung des Geschäftsführers gemäß § 43 Abs. 3 S. 1 Alt. 2 GmbHG vor, wenn er die Gesellschaft entgegen § 33 GmbHG eigene Geschäftsanteile erwerben lässt. Der Erwerb von Geschäftsanteilen verstößt gegen § 33 GmbHG, wenn die Gesellschaft Geschäftsanteile erwirbt, die nicht voll eingezahlt sind, sie Geschäftsanteile erwirbt, die zwar voll eingezahlt sind, deren Erwerb jedoch zulasten des Stammkapitals erfolgt oder wenn eine Rücklagenbildung gemäß § 272 Abs. 4 HGB für die eigenen Anteile aus den freien Mitteln nicht möglich ist.[413]

Sowohl die Haftung aus § 43 Abs. 3 S. 1 Alt. 1 GmbHG als auch die Haftung aus § 43 Abs. 3 S. 1 Alt. 2 GmbHG setzt nach ständiger Rechtsprechung ein schuldhaftes Verhalten des Geschäftsführers im Sinne von § 43 Abs. 1 GmbHG voraus.[414] Anders als bei der Haftung nach § 43 Abs. 2 GmbHG ist jedoch gemäß § 43 Abs. 3 S. 2 GmbHG kein Verzicht der Gesellschafter auf den Anspruch möglich, soweit der Ersatz zur Befriedigung der Gläubiger der Gesellschaft erforderlich ist. Ebenfalls ist es gemäß § 43 Abs. 3 S. 3 GmbHG nicht möglich, dass die Ersatzpflicht des Geschäftsführers entfällt, weil er eine Weisung der Gesellschafter befolgt hat.

Bei der Haftung aus § 43 Abs. 3 GmbHG liegt die Klagebefugnis im Insolvenzfall bei dem Insolvenzverwalter.[415] Als Schaden kann dieser bei der Haftung nach § 43 Abs. 3 S. 1 Alt. 1 GmbHG die gesamte an die Gesellschafter geleistete Zahlung geltend machen.[416] Auch die Geltendmachung von Folgeschäden ist möglich, sofern die Auszahlung kausal für den eingetretenen Schaden

---

412 BGH, NJW 2004, 1111, 1112; BGH, NJW 2001, 3123; BGH, ZIP 1987, 1050, 1051.

413 Vgl. Baumbach/Hueck/*Zöllner/Noack*, § 43, Rn. 50; Ulmer/*Paefgen*, § 43, Rn. 143 ff.

414 BGH, NJW 1993, 1922, 1923; BGH, NJW 2001, 3123, 3124; BGH, NJW 2003, 3629, 3632; BGH, NJW 2009, 68, 70; OLG Hamburg, ZIP 2005, 1968, 1970; OLG Hamburg, NZG 2000, 839, 840.

415 BGH, NJW 2009, 68; BGH, ZIP 2006, 805 f.

416 BGH, NJW 2004, 1111, 1112; OLG Hamburg, ZIP 2005, 1968, 1970 f.

ist.[417] Bei der Haftung nach § 43 Abs. 3 S. 1 Alt. 2 GmbHG haftet der Geschäftsführer für den typisierten Schaden, der dem unzulässig gezahlten Erwerbspreis abzüglich etwaiger Rückzahlungen entspricht.[418] Ansprüche gegen den Geschäftsführer aus § 43 Abs. 3 GmbHG verjähren gemäß § 43 Abs. 4 GmbHG innerhalb von fünf Jahren, wobei der Fristbeginn wiederum, wie bei der Haftung nach § 43 Abs. 2 GmbHG, im Zeitpunkt der Entstehung des Schadens liegt.[419] Mit dem aus der Geschäftsführerhaftung gemäß § 43 Abs. 3 GmbHG erlangten Betrag wird dann die Masse angereichert.[420]

cc) Haftung nach § 823 Abs. 2 BGB i.V.m. § 266 oder § 283 StGB

Neben der speziellen Haftung zur Anreicherung der Insolvenzmasse aus § 43 GmbHG ist ein Rückgriff auf deliktische Haftungstatbestände eröffnet. Hierbei können der Gesellschaft insbesondere Schadensersatzansprüche für strafrechtlich bewehrte Handlungen des Geschäftsführers zulasten der Gesellschaft zustehen.

Denkbar ist zunächst eine Haftung des Geschäftsführers aus § 823 Abs. 2 BGB i.V.m. § 266 Abs. 1 StGB wegen Veruntreuungen des Gesellschaftsvermögens. Diese Situation kann etwa entstehen, wenn der Geschäftsführer Vermögensverschiebungen aus eigennützigen[421] oder gesellschaftsfremden[422] Zwecken vornimmt oder Gesellschaftsvermögen durch nicht geschuldete Leistungen verschwendet, die der Gesellschaft offensichtlich keinen zukunftsbezogenen Nutzen bringen.[423] Allerdings verwirklicht der Geschäftsführer den Tatbestand der Untreue nicht, wenn er aufgrund einer Weisung der Gesellschafter oder mit ihrem Einverständnis gehandelt hat, bei der Handlung das Stammkapital der Gesellschaft erhalten bleibt und auch sonst keine die Existenz der Gesellschaft gefährdende Situation eintritt.[424]

Darüber hinaus kann sich die Haftung des Geschäftsführers aus § 823 Abs. 2 BGB i.V.m. § 283 Abs. 1, 2 StGB für die Verwirklichung des Insolvenzstraftat-

---

417 BGH, ZIP 1987, 1050, 1051; vgl. auch Baumbach/Hueck/*Zöllner/Noack*, § 43, Rn. 49; Scholz/*U. Schneider*, § 43, Rn. 275.

418 Vgl. Baumbach/Hueck/*Zöllner/Noack*, § 43, Rn. 50.

419 BGH, NJW 2009, 68, 70, vgl. auch die Anmerkungen von *Kort*, EWiR 2009, 23 ff. und *Paefgen*, DZWIR 2009, 177 ff.

420 OLG Hamburg, ZIP 2005, 1968, 1971.

421 BGH, NJW 1988, 1397, 1399.

422 BGH, NJW 2002, 1585, 1587, zuletzt BGH, ZIP 2010, 1892, 1894 – Trienekens.

423 BGH, NJW 2006, 453, 454 f. – Kinowelt.

424 BGH, NJW 2009, 3666, 3667 f.; BGH, NJW 2004, 2248, 2252 f. – Bremer Vulkan (Strafverfahren); BGH, NJW 2003, 2996, 2998; BGH, NJW 1989, 112 f.; vgl. auch Ulmer/*Paefgen*, § 43, Rn. 213; *Bitter*, ZInsO 2010, 1561, 1569.

bestandes des Bankrotts ergeben. Die Täterschaft des Geschäftsführers kommt bei der Haftung nach § 823 Abs. 2 BGB i.V.m. § 283 Abs. 1, 2 StGB gemäß § 14 Abs. 1 Nr. 1 StGB in Betracht. Bis vor Kurzem begründete der Bundesgerichtshof die Täterschaft des Geschäftsführers hierbei nach der sogenannten Interessentheorie, wonach der Geschäftsführer bei Begehung der Tat zumindest ebenfalls im Interesse der Gesellschaft gehandelt haben musste.[425] Da dies regelmäßig nicht der Fall war, hatten die strafrechtlichen Insolvenzdelikte und folglich auch die zivilrechtliche Haftung aus der Erfüllung dieser Delikte einen nur geringen Anwendungsbereich.[426] Zwischenzeitlich hat der Bundesgerichtshof angedeutet, von dieser Rechtsprechung Abstand nehmen zu wollen. Eine Erfüllung des Straftatbestandes des Bankrotts durch den Geschäftsführer kommt nach neuer Rechtsprechung des Bundesgerichtshofs danach schon in Betracht, wenn er im Geschäftskreis der insolvenzreifen Gesellschaft tätig wird oder durch sein Tätigwerden im Geschäftskreis der Gesellschaft die Insolvenzreife der Gesellschaft herbeigeführt wird.[427] Damit ist es nicht mehr erforderlich, dass der Geschäftsführer im Interesse der Gesellschaft gehandelt haben muss. So könnte die Relevanz der Insolvenzdelikte und die daraus folgende zivilrechtliche Haftung in Zukunft größer werden.[428]

Der Insolvenzverwalter ist nach § 92 InsO befugt, Ansprüche gegen den Geschäftsführer aus § 823 Abs. 2 BGB i.V.m. § 266 Abs. 1 StGB wegen Veruntreuungen des Gesellschaftsvermögens sowie aus § 823 Abs. 2 BGB i.V.m. § 283 Abs. 1, 2 StGB für eine der dort aufgeführten, den Tatbestand des Bankrotts erfüllenden Handlungen geltend zu machen. Es gilt die dreijährige Verjährungsfrist gemäß § 195 BGB. Hinsichtlich des Fristbeginns ist zu unterscheiden: Gibt es neben dem in die Haftung genommenen Geschäftsführer weitere Geschäftsführer der Gesellschaft, ist gemäß § 199 Abs. 1 BGB ihre Kenntnis respektive grob fahrlässige Unkenntnis von den, den Anspruch begründenden Umständen maßgeblich.[429] Hat die Gesellschaft nur einen Geschäftsführer, tritt der Fristbeginn ein, wenn die Gesamtheit der Gesellschafter als das Organ der Gesellschaft,[430] das die Inanspruchnahme des Geschäftsführers durch Gesellschaf-

425 BGH, NJW 1981, 1793 f., BGH, NJW 1987, 1710.

426 BGH, NJW 2009, 2225, 2227; vgl. auch *Bitter*, ZInsO 2010, 1561, 1569.

427 BGH, NJW 2009, 2225, 2226 ff.; BGH, NStZ-RR 2009, 373; vgl. auch *Bitter*, ZInsO 2010, 1561, 1569; *Leipold/Schaefer*, NZG 2009, 937 ff.; siehe nunmehr auch BGH, Beschluss vom 15.05.2012 – 3 StR 118/11, bei Drucklegung noch nicht veröffentlicht.

428 Vgl. *Bitter*, ZInsO 2010, 1561, 1569

429 BGH, NJW-RR 1989, 1255, 1259; vgl. auch MüKo/*Grothe*, § 199 BGB, Rn. 33a; wohl ebenfalls Staudinger/*Peters/Jacoby*, § 199, Rn. 58, 61.

430 Ob der Gesamtheit der Gesellschafter die Organstellung zukommt ist umstritten; dies bejahend Scholz/*K. Schmidt*, § 45, Rn. 5; Michalski/*Römermann*, § 45, Rn. 12; *Roth*/

terbeschluss gemäß § 46 Nr. 8 GmbHG einleitet, Kenntnis von der Möglichkeit der Inanspruchnahme erlangt hat oder hätte erlangen müssen.[431] Der Geschäftsführer muss den durch die Veruntreuung oder den Bankrott bei der Gesellschaft entstandenen Vermögensschaden begleichen, indem er den entsprechenden Betrag der Masse zuführt.

dd) Haftung nach § 826 BGB

Zuletzt kommt zur Anreicherung der Insolvenzmasse eine Haftung des Geschäftsführers aus § 826 BGB in Betracht. Sowohl vor der Eröffnung des Insolvenzverfahrens als auch nach Eröffnung des Verfahrens kann es – unabhängig von der Haftung für die Existenzvernichtung – zu (Beteiligungs-)Handlungen des Geschäftsführers kommen, die als sittenwidrige vorsätzliche Schädigung der Gläubigergesamtheit einzustufen sind.

Vor der Eröffnung des Insolvenzverfahrens sind solche die Haftung des Geschäftsführers nach §§ 826, 830 Abs. 2 BGB[432] begründenden Beteiligungshandlungen etwa denkbar, wenn der Geschäftsführer gemeinsam mit eingeweihten Helfern Vermögensverschiebungen vornimmt, um das Gesellschaftsvermögen vor dem Zugriff der Gläubiger zu retten.[433] Seine Haftung ist weiterhin bei einem Verschleudern des Gesellschaftsvermögens zulasten der Gläubiger denkbar.[434] Aber auch nach der Eröffnung des Insolvenzverfahrens kann den Geschäftsführer die Haftung nach § 826 BGB treffen. Zwar geht gemäß § 80 Abs. 1 InsO durch die Eröffnung des Insolvenzverfahrens die Verwaltungs- und Verfügungsbefugnis über das Gesellschaftsvermögen auf den Insolvenzverwalter über. Damit tritt der Insolvenzverwalter insoweit an die Stelle des Geschäftsführers.[435] Den Geschäftsführer treffen allerdings weiterhin ihm nach der Insolvenzordnung obliegende Pflichten.[436] Dies sind gemäß §§ 97, 101 Abs. 1 InsO weitgehende Auskunfts- und Mitwirkungspflichten[437] gegenüber dem Insol-

---

Altmeppen, § 45, Rn. 2; die Organstellung der Gesamtheit der Gesellschafter verneinend und stattdessen die Organstellung der Gesellschafterversammlung bejahend Baumbach/Hueck/*Zöllner*, § 45, Rn. 4; Ulmer/*Hüffer*, § 45, Rn. 6, 15.

431 Vgl. MüKo/*Grothe*, § 199 BGB, Rn. 33a.

432 Siehe zu den Voraussetzungen des § 830 Abs. 2 BGB S. 47 ff.

433 BGH, NJW 1995, 2846, 2850.

434 BGH, NJW 1996, 1283.

435 Bayerisches Oberstes Landesgericht, ZIP 2004, 1426; OLG Köln, ZIP 2001, 1553, 1554; vgl. auch MüKo/*Ott/Vuia*, § 80 InsO, Rn. 112.

436 Vgl. MüKo/*Ott/Vuia*, § 80 InsO, Rn. 112a.

437 Auch den *Director* treffen gemäß Section 235 Insolvency Act 1986 solche Auskunfts- und Mitwirkungspflichten gegenüber dem *Liquidator*. Kommt der *Director* diesen Pflichten nicht nach, kann der *Liquidator* zur Durchsetzung den *Director* im Rahmen einer *Private Examination* gemäß Section 236 Insolvency Act 1986 vorführen lassen

venzverwalter.[438] In dieser Situation ist eine Haftung des Geschäftsführers gemäß § 826 BGB möglich, wenn er seinen Auskunfts- und Mitwirkungspflichten zum Nachteil der Gläubiger nicht nachkommt.[439]

Die Ansprüche aus sittenwidrigen vorsätzlichen Schädigungen des Geschäftsführers, welche die Gläubigergesamtheit betreffen, sind vom Insolvenzverwalter geltend zu machen.[440] Innerhalb der dreijährigen Verjährungsfrist gemäß § 195 BGB[441] kann der Insolvenzverwalter die der Gläubigergesamtheit entstandenen Vermögensschäden, einschließlich entgangenem Gewinn,[442] zur Masse ziehen.

4. Haftung zur Befriedigung einzelner Gläubiger

Schließlich existieren in den Rechtsordnungen in Ergänzung zur Haftung der Geschäftsführung bei Gesellschaftsinsolvenzen zugunsten der Gläubigergesamtheit allgemeine Haftungstatbestände, die zur Befriedigung einzelner Gläubiger nutzbar gemacht werden können.

a) England – Haftung nach dem *Common Law on Torts*

Im englischen Recht entstammen diese Haftungstatbestände zur Befriedigung einzelner Gläubiger dem *Common Law*. Dabei folgen die auf Schadensersatz gerichteten Haftungstatbestände gegen den *Director* aus dem Recht der unerlaubten Handlung, dem *Common Law on Torts*.[443]

---

oder die sonst erforderlichen Maßnahmen über eine gerichtliche Anordnung gemäß Rule 7.20 Abs. 1 lit. c) Insolvency Rules 1986 ergreifen. Zudem hat der *Director* in dieser Situation eine Geldbuße zu zahlen, vgl. zum Ganzen Mortimore/*Isaacs*, Company Directors, S. 964 ff.; *Keay/Walton*, Insolvency Law, S. 427 ff.

438 Diese Pflichten bestehen bereits im Eröffnungsverfahren gegenüber dem Insolvenzgericht gemäß §§ 20 Abs. 1, 101 Abs. 1 InsO und im vorläufigen Insolvenzverfahren gegenüber dem vorläufigen Insolvenzverwalter gemäß §§ 22 Abs. 3 S. 3, 101 Abs. 1 InsO.

439 OLG Köln, ZIP 1998, 113, 114.

440 Siehe OLG Köln, ZIP 1998, 113, zur Klagebefugnis bei der Verletzung der Auskunfts- und Mitwirkungspflichten gemäß §§ 97, 101 Abs. 1 InsO.

441 Siehe zu dem Fristbeginn gemäß § 199 Abs. 1 BGB S. 49 f.

442 Vgl. MüKo/*Wagner*, § 826 BGB, Rn. 37; *Bitter*, ZInsO 2010, 1561, 1568.

443 Zudem kann der geschädigte Gläubiger nach dem *Common Law on Contracts* auf Grundlage der *Misrepresentation* auch gegenüber der Gesellschaft als Vertragspartner die Rückabwicklung des Vertrags, die *Rescission*, sowie in einigen Fällen die Zahlung von Schadensersatz geltend machen, vgl. zum Ganzen *Peel*, Law of Contract, S. 390 ff., 791. Die Geltendmachung von Schadensersatz gegenüber dem *Director* nach dem *Common Law on Torts* ist allerdings nicht bei gleichzeitiger Rückabwicklung des Vertrags gegenüber der Gesellschaft nach dem *Common Law on Contracts* möglich, wenn

Nach dem *Common Law on Torts* kann der *Director* gesamtschuldnerisch mit der Gesellschaft für unerlaubte Handlungen gegenüber Gläubigern haftbar sein. Die gesamtschuldnerische Haftung ergibt sich in diesem Zusammenhang aus dem *Agency Approach*. Auch im englischen Recht wird der *Director* im Außenverhältnis als Vertreter der Gesellschaft angesehen. Unerlaubte Handlungen, welche die Gesellschaft gegen ihre Gläubiger vorgenommen hat, können ihm zugerechnet werden, sofern er einen Tatbeitrag geleistet hat.[444] Diese unerlaubten Handlungen sind in erster Linie das *Negligent Misstatement* und der *Deceit*. Bei einem *Negligent Misstatement* trifft der *Director* fahrlässig gegenüber Gläubigern eine falsche Feststellung über die Gesellschaft, etwa über ihre Solvenz, worauf die Gläubiger einen Vertrag mit der Gesellschaft abschließen, der bei ihnen zu einem wirtschaftlichen Verlust führt.[445] Sofern der *Director* in dieser Situation zugleich eine persönliche Verantwortung für die Durchführung des Vertrags übernommen hat, erfüllt er die unerlaubte Handlung des *Negligent Misstatement*.[446] Die unerlaubte Handlung des *Deceit* unterscheidet sich von der des *Negligent Misstatement* insofern, als der *Director* bei einem *Deceit* vorsätzlich als schriftliche und unterschriebene Angabe[447] die falsche Feststellung gegenüber einzelnen Gläubigern der Gesellschaft trifft.[448]

---

dadurch eine doppelte Kompensation des Schadens des Gläubigers eintreten würde, siehe *Archer v Brown* [1985] Q.B. 401.

444 *Standard Chartered Bank v Pakistan National Shipping Corp (No. 2)* [2002] UKHL 43; *Williams v Natural Life Health Foods Ltd.* [1998] B.C.C. 428, vgl. ebenfalls die Anmerkungen von *Rickett/Grantham*, (1999) 62 M.L.R. 133 ff. und *Grantham*, [1997] C.L.J. 259 ff.; *Meridian Global Funds Management Asia Ltd. v Securities Commission* [1995] B.C.C. 942; vgl. auch insbesondere *Lo*, [2009] J.B.L. 109 ff. und *Noonan/Watson*, [2004] J.B.L. 539 ff.; vgl. zudem *Davies*, Principles of Company Law, S. 178 f.; Mortimore/*Hilliard*, Company Directors, S. 831 f.; *Loose/Griffiths/Impey*, The Company Director, S. 330; *Griffin*, Personal Liability, S. 17 f.; *Peel*, The Law of Contract, S. 596; *Perry/Gregory*, (2009) 20 I.C.C.L.R. 25, 30; *Jones*, (2003) 16 Insolv. Int. 69, 70.

445 *Hedley Byrne & Co Ltd. v Heller & Partners Ltd.* [1964] A.C. 465.

446 *Williams v Natural Life Health Foods Ltd.* [1998] B.C.C. 428; vgl. auch *Deakin/Johnston/Markesinis*, Tort Law, S. 160 ff.; *Griffin*, Personal Liability, S. 18 f.

447 Vgl. Section 6 Statute of Frauds (Amendment) Act 1828; siehe auch die Entscheidung *Contex Drouzhba Ltd. v Wiseman and Anor* [2007] EWCA Civ 1201; vgl. zudem *Deakin/Johnston/Markesinis*, Tort Law, S. 566 f.; *Steffek*, Gläubigerschutz in der Kapitalgesellschaft, S. 568. Das Übermitteln einer Email, die eindeutig den Absender ausgibt, kann für die Erfüllung dieses Erfordernisses ausreichend sein, *Lindsay v O'Loughnane* [2010] EWHC 529 (QB).

448 *Derry v Peek* (1889) L.R. 14 App. Cas. 337; *Deakin/Johnston/Markesinis*, Tort Law, S. 566 ff.; *Dugdale/Jones*, Torts, S. 1193 ff.

Die von einem *Negligent Misstatment* oder *Deceit* persönlich betroffenen Gläubiger bringen ihre Ansprüche selbst gegen den *Director* und erhalten den vollen Ausgleich ihres jeweiligen Schadens.[449] Ansprüche einzelner Gläubiger aus unerlaubter Handlung verjähren gemäß Section 2 Limitation Act 1980 innerhalb von sechs Jahren seit Entstehung des Anspruchs. Das Ereignis, das schließlich zur Anspruchsentstehung führt, ist der Eintritt des Schadens.[450] Dieses Ereignis ist daher bei der Haftung des *Director* aufgrund eines *Negligent Misstatement* für den Beginn des Fristlaufs maßgeblich. Etwas anderes gilt hingegen bei der Haftung des *Director* aufgrund eines *Deceit*. Da der *Deceit* Elemente eines betrügerischen Verhaltens aufweist, gilt Section 32 Abs. 1 lit. a) Limitation Act 1980 mit der Folge, dass der Beginn des Fristlaufs erst im Zeitpunkt der Aufdeckung des betrügerischen Verhaltens des *Director* durch die Gläubiger einsetzt.[451]

b) Deutschland

Im deutschen Recht können einzelne Gläubiger die Haftung des Geschäftsführers bei der Insolvenz der Gesellschaft aus der quasi-vertraglichen Anspruchsgrundlage der §§ 280 Abs. 1, 311 Abs. 3 BGB herleiten oder es kann eine Inanspruchnahme des Geschäftsführers über das Deliktsrecht, dort über §§ 823, 826 BGB, erfolgen.

aa) Haftung nach §§ 280 Abs. 1, 311 Abs. 3 BGB

In Rechtsprechung und Lehre werden drei Fallgruppen diskutiert, in denen die Möglichkeit der direkten Haftung des Geschäftsführers gegenüber Gläubigern unter dem Aspekt der culpa in contrahendo denkbar ist: Die Repräsentantenhaftung, die Haftung aus Verhandlungsverschulden bei unmittelbarem wirtschaftlichen Eigeninteresse sowie die Haftung bei der Inanspruchnahme besonderen persönlichen Vertrauens.[452]

Eine Repräsentantenhaftung des Geschäftsführers auf der Grundlage, dass er fahrlässige Falschangaben zur Kreditwürdigkeit der Gesellschaft macht, ohne zugleich besonderes Vertrauen in Anspruch zu nehmen, wird in der Rechtsprechung und weiten Teilen der Lehre zu Recht abgelehnt.[453] Andernfalls käme es

---

449 Vgl. *Jones*, (2003) 16 Insolv. Int. 69, 70.

450 Vgl. *Deakin/Johnston/Markesinis*, Tort Law, S. 929.

451 *Peragon Finance Plc v Thakerar & Co* [1999] 1 All E.R. 400.

452 Vgl. Baumbach/Hueck/*Zöllner/Noack*, § 43, Rn. 71 ff.; Scholz/*U. Schneider*, § 43, Rn. 313 ff.; Ulmer/*Paefgen*, § 43, Rn. 198 ff., jeweils m.w.N.

453 Grundlegend BGH, NJW 1994, 2220, 2222; vgl. auch Palandt/*Grüneberg*, § 311, Rn. 65; Baumbach/Hueck/*Zöllner/Noack*, § 43, Rn. 73; MüKo/*Emmerich*, § 311 BGB, Rn. 188; Scholz/*U. Schneider*, § 43, Rn. 314; Ulmer/*Paefgen*, § 43, Rn. 201, jeweils

zu einer Aushöhlung des Tatbestandes der Insolvenzverschleppung.[454] Ferner wäre eine Repräsentantenhaftung nicht mit dem Prinzip der Haftungskonzentration auf die Gesellschaft und dem aus diesem Konzept folgenden Nutzen der Gläubigergesamtheit vereinbar, wenn die einzelnen Gläubigern zugutekommende Außenhaftung den Regelfall darstellen würde.[455]

Weiterhin wird zwar in der Rechtsprechung die Haftung des Geschäftsführers für dessen Verhandlungsverschulden bei einem unmittelbaren wirtschaftlichen Eigeninteresse grundsätzlich anerkannt.[456] Sie erlangt aber nur in äußerst engen Ausnahmefällen Bedeutung.[457] Dies ist damit zu begründen, dass den Geschäftsführer keine Durchgriffshaftung für Verbindlichkeiten der Gesellschaft treffen soll, da andernfalls die Haftungsbeschränkung des § 13 Abs. 2 GmbHG leer laufen würde.[458] Nur wenn der Geschäftsführer gleichsam in eigener Sache handelt, also in der Absicht, sich die Leistung des Gläubigers einzuverleiben und zu seinem Vorteil zu nutzen, ist der Anwendungsbereich dieser Fallgruppe eröffnet.[459]

Zuletzt kommt die Haftung des Geschäftsführers in Betracht, wenn er gegenüber Gläubigern ein besonderes persönliches Vertrauen in Anspruch nimmt und daraus resultierende Aufklärungspflichten verletzt.[460] Ein besonderes per-

---

m.w.N.; a.A. etwa *K. Schmidt*, NJW 1993, 2931, 2935; *Flume*, ZIP 1994, 337, 338; *K. Schmidt*, ZIP 1988, 1497, 1503.

454 BGH, NJW 1994, 2220, 2222.

455 Vgl. Ulmer/*Paefgen*, § 43, Rn. 166, 201.

456 So etwa in der Entscheidung BGH, ZIP 2002, 1771, 1772; vgl. auch die zahlreichen w.N. bei Baumbach/Hueck/*Zöllner/Noack*, § 43, Rn. 72.

457 Vgl. Palandt/*Grüneberg*, § 311, Rn. 61; Baumbach/Hueck/*Zöllner/Noack*, a.a.O.; Prütting/Wegen/Weinreich/*Medicus/Stürner*, § 311a, Rn. 68; Ulmer/*Paefgen*, § 43, Rn. 200; *Bitter*, ZInsO 2010, 1560, 1564; eine gänzliche Aufgabe der Fallgruppe fordernd Scholz/*U. Schneider*, § 43, Rn. 320; *Geißler*, ZIP 1997, 2184, 2185 ff.; *Lutter*, GmbHR 1997, 329, 330.

458 BGH, NJW 1994, 2220.

459 BGH, ZIP 2002, 1771, 1772; BGH, NJW 1994, 2220; vgl. auch Ulmer/*Paefgen*, § 43, Rn. 320; Scholz/*U. Schneider*, § 43, Rn. 317 f., jeweils m.w.N. Nicht ausreichend für diese Annahme ist, dass der Geschäftsführer zugleich Mehrheits- oder Alleingesellschafter ist oder zur Absicherung von Verbindlichkeiten der Gesellschaft Bürgschaften oder dingliche Sicherheiten zur Verfügung stellt, vgl. Baumbach/Hueck/*Zöllner/Noack*, § 43, Rn. 72; Ulmer/*Paefgen*, a.a.O.; Scholz/*U. Schneider*, § 43, Rn. 317 ff.; *Bitter*, ZInsO 2010, 1560, 1564, jeweils m.w.N.

460 BGH, NJW 1994, 2220, 2222; vgl. auch Palandt/*Grüneberg*, § 311, Rn. 63; Prütting/Wegen/Weinreich/*Medicus/Stürner*, § 311a, Rn. 64; MüKo/*Emmerich*, § 311 BGB, Rn. 188; Staudinger/*Löwisch*, § 311, Rn. 153 f.; Baumbach/Hueck/*Zöllner/Noack*, § 43, Rn. 71; Michalski/*Nerlich*, § 64, Rn. 92; Ulmer/*Paefgen*, § 43, Rn. 198; Scholz/*U. Schneider*, § 43, Rn. 315, jeweils m.w.N.

sönliches Vertrauen ist erst anzunehmen, wenn der Geschäftsführer eine garantieähnliche Erklärung abgibt, aus der ersichtlich wird, dass er bereit wäre, das Geschäft nötigenfalls auch als persönlich haftender Einzelkaufmann einzugehen.[461]

Die Geltendmachung von Ansprüchen aus §§ 280 Abs. 1, 311 Abs. 3 BGB obliegt den jeweils geschädigten Gläubigern. Sie können in diesem Fall den entstandenen Vertrauensschaden einfordern.[462] Der Anspruch der Gläubiger aus culpa in contrahendo unterliegt den allgemeinen Verjährungsvorschriften und beträgt damit drei Jahre ab dem Ende des Jahres, in dem die Gläubiger jeweils Kenntnis von den Anspruch begründenden Tatsachen erlangt haben.[463]

bb) Haftung nach § 823 Abs. 2 BGB i.V.m. § 263 oder § 266 StGB

Einzelne Gläubiger können zudem die Haftung des Geschäftsführers über § 823 Abs. 2 BGB in Verbindung mit strafrechtlichen Handlungen begründen, die der Geschäftsführer gegen diese Gläubiger begangen hat. Hierbei stehen die Vermögensdelikte des Betrugs gemäß § 263 StGB und der Untreue gemäß § 266 StGB im Mittelpunkt.

Ein betrügerisches Verhalten des Geschäftsführers liegt insbesondere vor, wenn der Geschäftsführer in der Krise oder gar nach Eintritt der Insolvenzreife der Gesellschaft neue Verträge mit Gläubigern abschließt, ohne diese auf die besondere Situation hinzuweisen,[464] oder die Gläubiger bei Vertragsschluss über die Fähigkeit sowie Bereitschaft der Gesellschaft zur Vertragserfüllung täuscht.[465] Der letztgenannte Fall ist etwa gerade bei der insolvenzreifen Gesellschaft relevant, wenn der Geschäftsführer in Kenntnis dieser Situation Verträge abschließt, in denen die Gläubiger zur Vorleistung verpflichtet sind.[466] Denn durch den Vertragsschluss gibt der Geschäftsführer stillschweigend zu erkennen,

---

461 BGH, NJW 1994, 2220, 2222; OLG Zweibrücken, NZG 2002, 423; vgl. auch MüKo/*Emmerich*, a.a.O.; Prütting/Wegen/Weinreich/*Medicus/Stürner*, § 311a, Rn. 65; Baumbach/Hueck/*Zöllner/Noack*, a.a.O.; Michalski/*Nerlich*, a.a.O.; Ulmer/*Paefgen*, a.a.O.; Scholz/*U. Schneider*, a.a.O., jeweils m.w.N.; kritisch hierzu *Bitter*, ZInsO 2010, 1560, 1565.

462 Vgl. *Bitter*, ZInsO 2010, 1560, 1565.

463 Vgl. Palandt/*Grüneberg*, § 311, Rn. 59; MüKo/*Emmerich*, § 311 BGB, Rn. 213; Prütting/Wegen/Weinreich/*Medicus/Stürner*, § 311a, Rn. 71; Staudinger/*Peters/Jacoby*, § 199, Rn. 53 f.

464 BGH, NJW 1989, 292, 293; vgl. auch Baumbach/Hueck/*Zöllner/Noack*, § 43, Rn. 81; Ulmer/*Paefgen*, § 43, Rn. 217; *Ulrich*, DZWIR 2000, 177, 182; *Wimmer*, NJW 1996, 2546, 2548; a.A. wohl Michalski/*Nerlich*, § 64, Rn. 80.

465 Vgl. Scholz/*K. Schmidt*, Anhang zu § 64, Rn. 89; *Bitter*, ZInsO 2010, 1561, 1568.

466 BGH, ZIP 1995, 31, 32; BGH, ZIP 1984, 439, 441; vgl. auch *Bitter*, ZInsO 2010, 1561, 1568.

dass die Gesellschaft zur Erfüllung der sich ergebenden Verbindlichkeiten bereit ist und ihm kann aufgrund seines Kenntnisstandes erleichtert der Betrugsvorwurf gemacht werden.[467] Eine Haftung des Geschäftsführers für Veruntreuungen von Vermögen der Gläubiger ist einschlägig, wenn es zu einer ordnungswidrigen Verwendung oder Verwaltung des Vermögens einzelner Gläubiger kommt, das diese der Gesellschaft zur Betreuung überlassen haben.[468] Die Strafbarkeit des Geschäftsführers ergibt sich hier aus § 14 Abs. 1 Nr. 1 StGB.[469]

In diesen Betrugs- und Untreuefällen liegt ein persönlicher Schaden der Gläubiger – kein Schaden zulasten der Masse – vor, sodass die jeweils Betroffenen klagebefugt sind. Die Gläubiger können den durch die Straftat entstandenen Vermögensschaden innerhalb von drei Jahren ab Ende des Jahres der Kenntniserlangung der Umstände der Anspruchsbegründung gemäß §§ 195, 199 Abs. 1 BGB geltend machen. Der Schadensausgleich erfolgt sodann gegenüber den persönlich betroffenen Gläubigern.

cc) Haftung nach § 826 BGB

Zuletzt kommt die Haftung des Geschäftsführers gegenüber einzelnen Gläubigern aus § 826 BGB in Betracht.[470] Im Insolvenzszenario kann eine vorsätzliche, sittenwidrige Schädigung einzelner Gläubiger einerseits vorliegen, wenn der Geschäftsführer in sozialwidriger Art und Weise Risiken der Gesellschaft auf diese Gläubiger abwälzt.[471] Dies ist der Fall, wenn der Geschäftsführer die Gesellschaft derart strukturiert, dass Nachteile bei der Gesellschaft selbst anfallen, sich aber gleichzeitig dadurch Vorteile in seinem Vermögen realisieren und eine planmäßige, vorhersehbare Schädigung der Gläubiger eintritt.[472] Andererseits kommt es zur Haftung aus § 826 BGB, wenn der Geschäftsführer es unterlässt, die bereits eingetretene Vermögenslosigkeit der Gesellschaft bei der Eingehung neuer Verbindlichkeiten den Gläubigern zu offenbaren und damit das Verlustrisiko einseitig auf diese Gläubiger verlagert.[473]

467 BGH, ZIP 1995, 31, 32; BGH, ZIP 1984, 439, 441; vgl. auch *Bitter*, ZInsO 2010, 1561, 1568.

468 BGH, NJW 1996, 65; BGH, NJW-RR 1995, 1369, 1370; LG München I, NStZ 1991, 134; vgl. auch Ulmer/*Paefgen*, § 43, Rn. 215; *Bitter*, ZInsO 2010, 1561, 1569.

469 Vgl. Ulmer/*Paefgen*, a.a.O.; *Bitter*, ZInsO 2010, 1561, 1569.

470 Siehe zu der Haftung des Geschäftsführers aus § 826 BGB gegenüber der Gläubigergesamtheit oben ab S. 73.

471 BGH, NJW 1979, 2104; BGH, NJW-RR 1988, 1181, 1182.

472 Vgl. Michalski/*Nerlich*, § 64, Rn. 85; Scholz/*K. Schmidt*, Anhang zu § 64, Rn. 93, m.w.N.; *Bitter*, ZInsO 2010, 1561, 1566.

473 BGH, ZIP 1992, 694 f.; BGH, ZIP 1991, 1140, 1144, m.w.N.; OLG Hamburg, NZG 2000, 606, 608; OLG Celle, NJW-RR 1994, 615; vgl. auch Palandt/*Sprau*, § 826, Rn. 36; Prütting/Wegen/Weinreich/*Schaub*, § 826, Rn. 14; Scholz/*K. Schmidt*, a.a.O.;

Die so geschädigten Gläubiger machen den Anspruch gegen den Geschäftsführer aus § 826 BGB individuell geltend. Maßgeblich ist wiederum die dreijährige Verjährungsfrist des § 195 BGB. Der Fristlauf beginnt gemäß § 199 Abs. 1 BGB ab Ende des Jahres, in dem Kenntnis der Umstände der Anspruchsbegründung eingesetzt hat. Auch hier erfolgt der Schadensausgleich gegenüber den einzelnen Gläubigern.[474]

II. Zentrale Rolle des Verwalters in den Rechtsordnungen

Die Darstellung der Haftungstatbestände des englischen und deutschen Rechts verdeutlicht, dass dem *Liquidator* in England sowie dem Insolvenzverwalter in Deutschland jeweils eine zentrale Rolle bei der Durchsetzung von Haftungsansprüchen gegen die Geschäftsführung in der Insolvenz der Gesellschaft zukommt. Beide Systeme sehen vor, dass im Fall der Verfahrenseröffnung die Verwaltungs- und Verfügungsbefugnis über die Gesellschaft auf diese Personen übergeht. Im englischen Recht ist diese Folge der *Liquidation* der Gesellschaft in Sections 165 ff. i.V.m. Schedule 4 Insolvency Act 1986 vorgesehen.[475] Im deutschen Recht ergibt sich dies aus § 80 InsO.

Daher kann im englischen Recht der *Liquidator* den *Director* bei der *Liquidation* der Gesellschaft für dessen Pflichtverletzungen, welche die Gläubigergesamtheit betreffen, in Anspruch nehmen. Diese Ansprüche sind im englischen Recht solche aus *Wrongful Trading*, der Haftung des *Director* für eine Verletzung seiner allgemeinen Pflichten nach dem Companies Act 2006, insbesondere nach Section 172 Companies Act 2006, sowie *Fraudulent Trading*. Grundsätzlich steht nur dem *Liquidator* bezüglich dieser Ansprüche immer die Klagebefugnis zu. Allerdings sieht Section 212 Insolvency Act 1986 eine Erweiterung der Klagebefugnis auf Dritte in bestimmten Konstellationen vor. Danach können neben dem *Liquidator* auch Gläubiger der Gesellschaft in dem unter Section 212 Insolvency Act 1986 beschriebenen, abgekürzten Verfahren, dem *Misfeasance Proceeding*, Ansprüche gegen den *Director* geltend machen. Bei einem *Misfeasance Proceeding* handelt es sich um ein rein prozessuales Verfahren; Section 212 Insolvency Act 1986 ist keine eigenständige Anspruchsgrundlage gegen den *Director*.[476] Vielmehr kann der *Liquidator* oder eben auch der

---

Baumbach/Hueck/*Zöllner/Noack*, § 43, Rn. 86; Michalski/*Nerlich*, a.a.O.; Lutter/Hommelhoff/*Kleindiek*, § 43, Rn. 72; *Bitter*, ZInsO 2010, 1561, 1566; *Kiethe*, NZG 2005, 333, 334 f.

474 Vgl. *Bitter*, ZInsO 2010, 1561, 1568.

475 Vgl. auch *Keay/Walton*, Insolvency Law, S. 306 ff.

476 *Simmon Box (Diamonds) Ltd., Re* [2002] B.C.C. 82; *Continental Assurance Co of London Plc (In Liquidation), Re* [2001] B.P.I.R. 733; *Eurocruit Europe Ltd. (In*

Gläubiger im Namen der sich in der Phase der *Liquidation* befindlichen Gesellschaft einen der Gesellschaft aufgrund von Pflichtverletzungen des *Director* zustehenden Anspruch gemäß Section 212 Abs. 1, 3 Insolvency Act 1986 geltend machen.[477] Ein solcher Anspruch kann sich insbesondere aus der Haftung des *Director* aufgrund einer Verletzung seiner allgemeinen Pflichten nach dem Companies Act 2006 ergeben.[478] Umfasst sind zudem solche Pflichtverletzungen nach dem Companies Act 2006, die der *Director* nach der Verfahrenseröffnung begangen hat.[479] Der *Liquidator* oder Gläubiger kann hingegen nicht das *Misfeasance Proceeding* nutzen, um den *Director* für *Wrongful* oder *Fraudulent Trading* in Anspruch zu nehmen, da der *Liquidator* diese Ansprüche nicht für die Gesellschaft, sondern in seiner Eigenschaft kraft seines Amtes zugunsten der Gläubigergesamtheit geltend macht.[480] Auch im Rahmen eines *Misfeasance Proceeding* hat der Antragsteller das Vorliegen der Pflichtverletzung zu beweisen und muss sich eine rechtmäßige Ratifizierung durch die Gesellschafter oder eine nachträgliche gerichtliche Haftungsentbindung des *Director* gemäß Section 1157 Companies Act 2006 entgegenhalten lassen.[481] Ferner ist die Verjährungsfrist des über das *Misfeasance Proceeding* geltend gemachten Haftungsbestandes maßgeblich, da das *Misfeasance Proceeding* keiner eigenständigen Verjährungsfrist unterliegt.[482] Ist das *Misfeasance Proceeding* erfolgreich, hat der *Director* den zu leistenden Betrag gemäß Section 212 Abs. 3 lit. b) Insolvency Act 1986 wieder der Gesellschaft und damit der Masse zuzuführen, selbst wenn

---

Liquidation), Re [2007] EWHC 1433 (Ch); vgl. auch *Fletcher*, The Law of Insolvency, S. 850; *Keay/Walton*, Insolvency Law, S. 623; Mortimore/*Isaacs*, Company Directors, S. 977; *Goode*, Principles of Corporate Insolvency Law, S. 654; *Doyle*, (1994) 7 Insolv. Int. 25, 26; *Oditah*, [1992] L.M.C.L.Q. 207, 208.

477 Vgl. *Griffin*, Personal Liability, S. 24; *Oditah*, [1992] L.M.C.L.Q. 207, 208.

478 So schon die Entscheidungen *Simmon Box (Diamonds) Ltd., Re* [2002] B.C.C. 82 und *D'Jan of London Ltd., Re* [1993] B.C.C. 646 zu den allgemeinen Pflichten des *Director* unter dem *Common Law*; vgl. auch *Goode*, Principles of Corporate Insolvency Law, S. 652 ff.; *Doyle*, (1994) 7 Insolv. Int. 35, 36 f.

479 So schon die Entscheidungen *National Funds Assurance Co, Re* (1878) Ch. D. 118 und *Flitcroft's Case* (1882) 21 Ch. D. 519 unter dem *Common Law*; vgl. auch Mortimore/*Isaacs*, Company Directors, S. 977 f.; siehe zu den Pflichten des *Director* während der *Liquidation* S. 59 f.

480 *Oasis Merchandising Services Ltd. (In Liquidation)* [1998] Ch. 170; vgl. auch *Griffin*, Personal Liability, S. 37.

481 Siehe S. 60; vgl. auch Mortimore/*Isaacs*, Company Directors, S. 979; *Keay/Walton*, Insolvency Law, S. 627; *Goode*, Principles of Corporate Insolvency Law, S. 655.

482 *Eurocruit Europe Ltd. (In Liquidation), Re* [2007] EWHC 1433 (Ch); *Cohen v Selby [2001] B.C.L.C. 176*; *Lands Allotment Company, Re* [1894] 1 Ch 616; *Canadian Land Reclaiming and Colonizing Company* (1880) 14 Ch. D. 660.

ein Gläubiger das prozessuale Verfahren eingeleitet hat. Das Gericht darf nicht verfügen, dass der klagende Gläubiger diesen Betrag erlangt.[483] Dementsprechend bleibt festzustellen, dass die Rolle des *Liquidator* im englischen Insolvenzrecht durch die Möglichkeit der Durchführung eines *Misfeasance Proceeding* nicht geschwächt ist. Der *Liquidator* behält vollumfänglich seine Klagebefugnis, wohingegen die Möglichkeit der Durchführung eines *Misfeasance Proceeding* lediglich eine Erweiterung von Rechten zugunsten der Gläubiger der Gesellschaft bedeutet.

Im deutschen Insolvenzrecht gibt es kein mit dem *Misfeasance Proceeding* vergleichbares Rechtsinstitut. Daher kann einzig der Insolvenzverwalter während des Verfahrens die der Gläubigergesamtheit zustehenden Haftungsansprüche aufgrund von Pflichtverletzungen des Geschäftsführers geltend machen. Namentlich sind dies die Ansprüche aus Insolvenzverschleppung, sofern der Insolvenzverwalter Ansprüche der Altgläubiger geltend macht, § 64 S. 1 und S. 3 GmbHG, Existenzvernichtung, § 43 Abs. 2 und 3 GmbHG sowie aus § 823 Abs. 2 BGB i.V.m. § 266 oder § 283 StGB und § 826 BGB, wenn es sich um ein deliktisches Verhalten des Geschäftsführers gegenüber der Gesellschaft oder der Gläubigergesamtheit handelt.

Zwar sieht darüber hinaus sowohl das englische als auch das deutsche Recht eine zusätzliche Haftung des *Director* bzw. Geschäftsführers zur Befriedigung einzelner Gläubiger vor, die bezüglich dieser Haftungstatbestände ebenfalls die Klagebefugnis besitzen. Die Haftungstatbestände dienen allerdings, wie an anderer Stelle noch näher zu erläutern sein wird, eher der Verwirklichung von Einzelfallgerechtigkeit und finden dementsprechend seltener Anwendung.[484]

III. Ähnliche Verteilung des Erlöses in den Rechtsordnungen

Im englischen und deutschen Recht fließt der aus der Geschäftsführerhaftung erlangte Erlös in die Masse der insolventen Gesellschaft, sofern es sich nicht um einen Haftungstatbestand zur Befriedigung einzelner Gläubiger handelt.

Bezüglich der Insolvenzmasse ist festzuhalten, dass im englischen Recht Gegenstände grundsätzlich nicht zur Masse gehören, an denen Sicherheiten[485] oder dingliche Rechte der Gläubiger – z. B. aufgrund von Eigentumsvorbehalten (*Rompala* oder *Title Retention Clauses*) – bestehen.[486] Im Sicherungsfall können

483 *Kyrris v Oldham* [2003] EWCA Civ 1506; a.A. noch *Doyle*, (1994) 7 Insolv. Int. 35, 37.

484 Siehe S. 91 f. und S. 94 f.

485 Vgl. hierzu *Davies*, Principles of Company Law, S. 1156 ff.

486 Vgl. *Keay/Walton*, Insolvency Law, S. 457; *Goode*, Principles of Corporate Insolvency Law, S. 215 f.

die so gesicherten Gläubiger das Sicherungsgut selbst in Besitz nehmen und verwerten; möglich ist ebenfalls die Inbesitznahme und Verwertung durch einen auf Antrag der Gläubiger vom Gericht eingesetzten *Administrator* als Treuhänder.[487] Die einzige Ausnahme zu diesen Grundsätzen bildet gemäß Section 175 Abs. 2 lit. b) Insolvency Act 1986 die Sicherheit der *Floating Charge*, die im Sicherungsfall aus der Masse der Gesellschaft zu befriedigen ist.[488]

Im deutschen Recht sind solche Gegenstände kein Bestandteil der Masse, an denen aufgrund dinglicher oder persönlicher Rechte der Gläubiger ein Aussonderungsrecht gemäß § 47 S. 1 InsO besteht.[489] Gegenstände, an denen aufgrund einer Sicherungsübereignung, einer Sicherungsabtretung, aufgrund von Grundpfandrechten oder wegen der Verpfändung von Sachen oder Rechten ein Absonderungsrecht besteht,[490] gehören hingegen zur Masse; diesbezüglich wird den so gesicherten Gläubigern lediglich ein Vorzugsrecht in Form des Absonderungsrechts eingeräumt.[491] Im Regelfall nimmt der Insolvenzverwalter selbst die Verwertung des Sicherungsguts vor und kehrt den Verwertungserlös nach Abzug der angefallenen Verwertungskosten gemäß §§ 166 Abs. 1, 170 Abs. 1, 171 InsO an die besicherten Gläubiger aus.[492] Ein weitergehender Zugriff auf die Masse ist den absonderungsberechtigten Gläubigern allerdings nicht möglich. Hier existiert ein Unterschied zum englischen Recht, wo dieser weitergehende Zugriff möglich ist, wenn Gläubiger durch *Floating Charges* besichert sind, da die *Floating Charge* als Sicherungsmittel dem Sicherungsnehmer unter Umständen ein pfandloses Besitzrecht an sämtlichen Vermögenswerten der Gesellschaft gewähren kann.[493]

Die Verteilung der so jeweils in den Rechtsordnungen definierten Masse und damit mittelbar des aus der Geschäftsführerhaftung erlangten Erlöses ähnelt sich im englischen und deutschen Recht. Beide Rechtsordnungen erkennen an, dass im Insolvenzverfahren eine gleichmäßige und anteilige Befriedigung der Gläubiger erfolgen muss, wobei im englischen und im deutschen Recht Ausnahmen zu diesem Grundsatz bestehen. In England ist dieser Grundsatz als *Pari Passu Principle* bei der *Liquidation* in Section 107 Insolvency Act 1986

---

487 Vgl. *Keay/Walton*, Insolvency Law, S. 485 f.

488 Siehe im Einzelnen unten ab S. 127.

489 Vgl. zu den aussonderungsfähigen Gegenständen MüKo/*Ganter*, § 47 InsO, Rn. 15 ff.

490 Vgl. zu den absonderungsfähigen Gegenständen MüKo/*Ganter*, Vor §§ 49 bis 52 InsO, Rn. 16.

491 Vgl. MüKo/*Ganter*, § 47 InsO, Rn. 12.

492 Vgl. MüKo/*Lwowski/Tetzlaff*, Vor §§ 166 bis 173 InsO, Rn. 29; *Uhlenbruck*, § 159, Rn. 3.

493 Vgl. *Davies*, Principles of Company Law, S. 1162; *French/Mayson/Ryan*, Company Law, S. 318; *Schall*, IPRax 2009, 209; siehe S. 127 f.

(*Voluntary Liquidation*) sowie in Rule 4.181 Insolvency Rules 1986 (*Compulsory Liquidation*) niedergelegt.[494] In Deutschland ergibt sich dieser Grundsatz aus § 1 S. 1 InsO, wonach das Insolvenzverfahren dazu dient, die Gläubiger gemeinschaftlich zu befriedigen.[495]

In der Rangfolge sind als Erstes die Massegläubiger zu befriedigen. In England bestimmt dies Section 115 Insolvency Act 1986, in Deutschland die §§ 53 ff. InsO. Damit sind in erster Linie die Kosten des Verfahrens gemäß § 54 InsO gemeint, aber auch Verbindlichkeiten gemäß § 53 InsO, die durch Handlungen des Verwalters oder in anderer Weise durch die Verwaltung, Verwertung und Verteilung der Insolvenzmasse begründet werden. Gemäß § 55 Abs. 1 Nr. 2 InsO gelten Verbindlichkeiten aus gegenseitigen Verträgen, soweit der Insolvenzverwalter deren Erfüllung zur Insolvenzmasse verlangt oder sie für die Zeit nach der Verfahrenseröffnung erfolgen muss, ebenfalls als Masseverbindlichkeiten. Letztgenannter Aspekt gilt ebenso im Verfahren der *Liquidation*, da das englische Recht Verbindlichkeiten aus Verträgen, die der *Liquidator* eingehen muss, um seine Aufgabe angemessen erfüllen zu können, ebenfalls als Masseverbindlichkeiten ansicht.[496]

Im englischen Recht erfolgt sodann die Befriedigung sogenannter *Preferential Debts* gemäß Section 175 Abs. 1 Insolvency Act 1986. Bevorzugt werden danach aus der Masse Verbindlichkeiten der Gesellschaft für die betriebliche Altersversorgung,[497] für die Entlohnung von Arbeitnehmern für einen Zeitraum von bis zu vier Monaten im Vorfeld der *Liquidation* (allerdings begrenzt auf insgesamt £ 800,00 pro Arbeitnehmer),[498] für Urlaubsgeld der Arbeitnehmer,[499] für Darlehen, welche die Gesellschaft zur Entlohnung der Arbeitnehmer aufgenommen hat,[500] sowie für Abgaben auf die Produktion von Kohle und Stahl befriedigt.[501] Die noch bis vor Kurzem existierende bevorzugte Befriedigung bestimmter Verbindlichkeiten gegenüber dem Fiskus, die *Crown Preference*, hat der englische Gesetzgeber hingegen mit der Einführung des

---

494 Vgl. auch *Keay/Walton*, Insolvency Law, S. 455; *Goode*, Principles of Corporate Insolvency Law, S. 178; siehe zu den verschiedenen Verfahrensarten der *Liquidation* unten ab S. 96.

495 Vgl. MüKo/*Ganter*, § 1 InsO, Rn. 51 f.; Uhlenbruck/*Pape*, § 1, Rn. 12; Kübler/*Prütting*/Bork, § 1, Rn. 13.

496 Vgl. *Keay/Walton*, Insolvency Law, S. 461.

497 Vgl. Schedule 6 Nr. 8 Insolvency Act 1986.

498 Vgl. Schedule 6 Nr. 9 Insolvency Act 1986, Art. 4 Insolvency Proceedings (Monetary Limits) Order 1986, SI 1986/1996.

499 Vgl. Schedule 6 Nr. 10 Insolvency Act 1986.

500 Vgl. Schedule 6 Nr. 11 Insolvency Act 1986.

501 Vgl. Schedule 6 Nr. 15A Insolvency Act 1986.

Enterprise Act 2002 aufgehoben.[502] Das deutsche Recht sieht hingegen grundsätzlich seit Einführung der Insolvenzordnung, anders noch als unter dem System der bevorrechtigten Konkursforderung im Rahmen der Konkursordnung, keine bevorzugte Befriedigung der (ungesicherten) Gläubiger mehr vor.[503] Zu beachten ist allerdings, dass der deutsche Gesetzgeber mit der Einführung des § 55 Abs. 4 InsO durch das HBeglG 2011[504] indirekt eine Privilegierung des Fiskus im Hinblick auf die im Insolvenzeröffnungsverfahren anfallende Umsatzsteuer geschaffen hat.[505]

Im nächsten Schritt befriedigt der *Liquidator* im englischen Recht gemäß Section 175 Abs. 2 lit. b) Insolvency Act 1986 die mit einer *Floating Charge* besicherten Gläubiger. Ist im Sicherungsfall die *Floating Charge* jedoch nicht (vollständig) aus der Masse durch die Verwertung realisierbar, fallen die so besicherten Gläubiger (insoweit) in den Rang der ungesicherten Gläubiger zurück.[506] Gleiches gilt für die anderweitig besicherten Gläubiger, deren besicherte Gegenstände nicht Bestandteil der Masse sind.[507] Strukturell vergleichbar mit der *Floating Charge* sind im deutschen Recht allenfalls die Absonderungsrechte, die den gesicherten Gläubigern eine bevorzugte Befriedigung ermöglichen und bei denen die Verwertung im Regelfall durch den Insolvenzverwalter für die so gesicherten Gläubiger erfolgt.[508] Auch bei den Absonderungsrechten gilt, dass der Gläubiger gemäß § 52 InsO, soweit seine abgesonderte Befriedigung ausgefallen ist, den Anspruch in der verbleibenden Höhe zur Insolvenztabelle anmelden kann und in Bezug auf diese Forderung wie ein Insolvenzgläubiger zu behandeln ist.[509]

Erst dann kommt es zu der Befriedigung der ungesicherten Gläubiger aus der verbleibenden Masse.[510] Im englischen Recht ist dies gemäß Rule 4.181 Insolvency Rules 1986, im deutschen Recht gemäß §§ 38, 53 InsO vorgesehen. Sollte nach einer vollständigen Befriedigung aller ungesicherten Gläubiger noch Masse verblieben sein, kommt es zu der Befriedigung der nachrangigen Gläubi-

---

502 Vgl. auch *Keay/Walton*, Insolvency Law, S. 467.

503 Vgl. MüKo/*Reinhart*, § 335 InsO, Rn. 56; Uhlenbruck/*Sinz*, § 38, Rn. 95, vgl. zu der einzigen Ausnahme von diesem Grundsatz gemäß § 32 Abs. 1 DepotG Uhlenbruck/*Sinz* a.a.O.; vgl. zu der besonderen Behandlung von Ansprüchen aus vor Verfahrenseröffnung aufgestellten Sozialplänen MüKo/*Ehricke*, § 38 InsO, Rn. 58.

504 Haushaltsbegleitgesetz 2011 vom 14.12.2010, BGBl I 2010, 1885.

505 Vgl. *Nawroth*, ZInsO 2011, 107 ff.

506 Vgl. *Davies*, Principles of Company Law, S. 1177 bei Fn. 132.

507 Vgl. *Keay/Walton*, Insolvency Law, S. 486 f.

508 Siehe S. 83.

509 Vgl. im Einzelnen MüKo/*Ganter*, § 52 InsO, Rn. 5 ff.; Uhlenbruck/*Brinkmann*, § 52, Rn. 2 ff.; Kübler/*Prütting*/Bork, § 52, Rn. 7.

510 Vgl. zu dem Ablauf der Verteilung auch *Finch*, Corporate Insolvency Law, S. 124.

ger. Im englischen Recht ist diese Gläubigergruppe nicht zentral gesetzlich geregelt. So sind nachrangige Gläubiger etwa gemäß Section 74 Abs. 2 lit. f) Insolvency Act 1986 Gesellschafter im Hinblick auf ihre gesellschaftsrechtlichen Ansprüche oder gemäß Section 215 Abs. 4 Insolvency Act 1986 Personen, die für *Wrongful* oder *Fraudulent Trading* haften und einen anderweitigen Anspruch gegen die Gesellschaft haben. Des Weiteren sind gemäß Section 189 Abs. 2 Insolvency Act 1986 auch Zinsen nachrangig zu befriedigen, die während der *Liquidation* auf Forderungen gegen die Gesellschaft anfallen. Im deutschen Recht ist demgegenüber in § 39 InsO definiert, wer nachrangiger Gläubiger ist.

Damit liegt beiden Rechtsordnungen nicht nur grundsätzlich dasselbe Prinzip der gleichmäßigen und anteiligen Befriedigung der Gläubiger bei der Verteilung des aus der Geschäftsführerhaftung erhaltenen Erlöses, sondern ebenfalls ein vergleichbares System der Ausnahmen zu diesem Prinzip zugrunde. Zwei Unterschiede sind allerdings hervorzuheben. Zum einen sieht die deutsche Rechtsordnung, anders als die englische Rechtsordnung, seit Inkrafttreten der Insolvenzordnung keine bevorzugte Befriedigung einzelner ungesicherter Gläubiger mehr vor.[511] Zum anderen können durch Absonderungsrechte gesicherte Gläubiger in Deutschland nur insoweit auf die Masse zugreifen, als ihr Absonderungsrecht reicht. In England kann der Gläubiger hingegen bei einer Absicherung durch eine *Floating Charge* bevorzugt auf die Masse und damit auch auf den durch die Geschäftsführerhaftung erhaltenen Erlös zugreifen. Gerade dieser letztgenannte Aspekt hat, wie im weiteren Gang der Untersuchung noch zu sehen sein wird, eine beträchtliche Auswirkung auf die Effizienz der Haftung des *Director* bei der *Liquidation* der Gesellschaft.[512]

B. Vergleich der praktischen Ausgestaltung und Effizienz der Haftungssysteme

In beiden Rechtsordnungen ähneln sich die Systeme zur Geschäftsführerhaftung bei Gesellschaftsinsolvenzen in ihrer Zielsetzung und der Umsetzung. Sowohl in England als auch in Deutschland sind Tatbestände vorgesehen, aufgrund derer vornehmlich der Verwalter für die Gläubigergesamtheit wegen der Verzögerung der Einleitung des Insolvenzverfahrens, bei der Insolvenzverursachung oder -vertiefung sowie zur Anreicherung der Masse vorgehen kann. In bestimmten Fällen können einzelne Gläubiger direkt Ansprüche gegen die Geschäftsführung geltend machen.

---

511 Zu der mittelbaren Ausnahme von diesem Grundsatz wegen § 55 Abs. 4 InsO siehe S. 84 f.

512 Siehe S. 132.

Die Systeme der Geschäftsführerhaftung bei Gesellschaftsinsolvenzen basieren dabei jeweils nicht nur auf Tatbeständen, die auf die Situation der Insolvenz der Gesellschaft zugeschnitten sind. Es kommt vielmehr zu einem Zusammenwirken einer Vielzahl von Tatbeständen aus der insolvenzrechtlichen Sphäre sowie aus der gesellschaftsrechtlichen, deliktischen und in Deutschland zudem der quasi-vertraglichen Sphäre. Zu erörtern ist aber, ob es in der Praxis ebenfalls zu einem kohärenten Zusammenwirken der einzelnen Tatbestände kommt. Ferner gilt es aufgrund der Einbindung der Auslandsgesellschaft in das inländische Insolvenzsystem zu ermitteln, welches System der Geschäftsführerhaftung bei Gesellschaftsinsolvenzen den effizienteren Gläubigerschutz bietet.

I. Vergleich der Praxis in den Rechtsordnungen

Einen Vergleich über die in den Rechtsordnungen in der Praxis herangezogenen Tatbestände bei der Haftung der Geschäftsführung bei Gesellschaftsinsolvenzen durchzuführen, ist mit Unwägbarkeiten verbunden. Zunächst gibt es weder in England noch in Deutschland offizielle Statistiken, etwa durch die flächendeckende Befragung von Verwaltern, zu diesem Themenkomplex. Ein Herangehen an das Thema kann daher nur anhand von Indizien erfolgen und allenfalls Tendenzen in den Rechtsordnungen ausmachen.

Wichtigster Anhaltspunkt ist dabei die Anzahl der auf die jeweiligen Haftungstatbestände gestützten, veröffentlichten Entscheidungen. Hieraus lässt sich eine Tendenz ableiten, welche Tatbestände praktisch relevant oder irrelevant sind. Dies ist damit zu begründen, dass erkennbar die Tendenz bei den Anspruchsberechtigten besteht, von dem Haftungstatbestand Gebrauch zu machen und diesen im Streitfall gerichtlich durchzusetzen, sofern eine Vielzahl von Entscheidungen zu einem Haftungstatbestand veröffentlicht ist. In der umgekehrten Situation, dass nur wenige Entscheidungen zu einem Haftungstatbestand veröffentlicht sind, lässt sich hingegen als Rückschluss ziehen, dass dieser Tatbestand tendenziell eher seltener gebräuchlich und damit weniger praxisrelevant ist.[513]

Als weiteres Indiz für die Praktikabilität eines Haftungstatbestandes sind die Anforderungen an die Beweislast, insbesondere die subjektiven Tatbestandsmerkmale zu nennen. Sind Verwaltern (oder im Einzelfall den Gläubigern) da-

513 Dieser Ansatz ist allerdings erst gangbar, wenn der zu bewertende Haftungstatbestand längere Zeit existiert. So wäre es derzeit verfrüht, über den am 01.11.2008 in Kraft getretenen § 64 S. 3 GmbHG die Wertung zu treffen, die Regelung sei praktisch irrelevant, da sich Gerichte – soweit ersichtlich – erst in zwei veröffentlichten zivilrechtlichen Entscheidungen (OLG München, ZIP 2010, 1236; LG Berlin, GmbHR 2010, 815) mit der Norm befasst haben. *Steffek*, Gläubigerschutz in der Kapitalgesellschaft, S. 306 und *Strohn*, NZG 2011, 1161, 1168, prognostizieren allerdings bereits jetzt einen eng beschränkten Anwendungsbereich der Haftung aus § 64 S. 3 GmbHG in der Praxis.

bei hohe Hürden auferlegt, sinkt die Wahrscheinlichkeit, dass sie in der Praxis bereit sein werden, einen Haftungsprozess durchzufechten, sobald Zweifel an der Beweisbarkeit bestehen. Umgekehrt bietet eine geringere Anforderung an die Beweisführung oder gar eine Beweislastumkehr bezüglich einzelner Tatbestandsmerkmale einen höheren Anreiz, den Haftungsprozess anzustrengen, wenn sich die übrigen Tatbestandsmerkmale beweisen lassen.

Schließlich ist in die Überlegungen einzubeziehen, inwieweit die Gesellschafter die Geschäftsführung von der Haftung entbinden können. Ist der *Director* oder Geschäftsführer zugleich einziger Gesellschafter, wird er sich in aller Regel, wenn möglich, von seiner Haftung für seine eigenen schuldhaften Pflichtverletzungen gegenüber der Gesellschaft entbinden.[514] Aber auch in größeren Gesellschaften dürften die Gesellschafter, sofern hierzu die Möglichkeit besteht, die Geschäftsführung regelmäßig von der Haftung entbinden, wenn es sich um nicht gravierende Pflichtverletzungen handelt. Dementsprechend hat ein Tatbestand für Verwalter eine geringere praktische Relevanz, wenn sich die Geschäftsführung durch eine nachträgliche Entbindung von der Haftung der Inanspruchnahme entziehen kann.

Dem vorliegend verfolgten Ansatz mit dem Fokus auf die Anzahl der veröffentlichten Entscheidungen zu den jeweiligen Tatbeständen mag entgegenzuhalten sein, dass es immer eine „Dunkelziffer" nicht veröffentlichter Entscheidungen gibt, welche die praktisch existierenden Tendenzen potenziell in eine andere Richtung beeinflussen könnten.[515] Zudem wird es ebenfalls zu Situationen kommen, in denen der Verwalter allein dadurch, dass er der Geschäftsführung die Inanspruchnahme in Aussicht stellt, Druck entwickelt und auf diesem Wege bereits eine außergerichtliche Einigung zugunsten der Gläubigergesamtheit erzielen kann. Zieht man jedoch neben der Anzahl der veröffentlichten Entscheidungen die Indizien der Beweisbarkeit eines Tatbestandes und die potenziellen Optionen der Entbindung der Geschäftsführung heran, ermöglicht dieses Vorgehen die Herausarbeitung von Tendenzen, welche die existierende Praxis mit einer gewissen Wahrscheinlichkeit widerspiegeln.

---

514 Sowohl im englischen Recht als auch im deutschen Recht ist das Betreiben einer *One-Man Company* bzw. einer Einmann-GmbH möglich; siehe zum englischen Recht: Section 38 Companies Act 2006, vgl. auch Mortimore/*Brown/Worthington*, Company Directors, S. 197; zum deutschen Recht: § 1 GmbHG, der in seiner jetzigen Form seit der GmbH-Novelle aus dem Jahr 1980 durch das Gesetz zur Änderung des Gesetzes betreffend die Gesellschaften mit beschränkter Haftung und anderer handelsrechtlicher Vorschriften vom 04.07.1980, BGBl I, 836 besteht.

515 Vgl. *Steffek*, NZI 2010, 589, 595.

1. England

Unter Zugrundelegung dieses Herangehens ist festzustellen, dass im englischen Recht die insolvenzrechtlich-geprägten Haftungstatbestände – gemeint sind Tatbestände, die aufgrund ihrer gesetzlichen Stellung oder Anknüpfung an typische insolvenzrechtliche Merkmale einen engen Bezug zum Insolvenzrecht aufweisen – tendenziell eine geringe praktische Relevanz haben. Hierbei handelt es sich um die Haftung für *Wrongful* und *Fraudulent Trading* nach dem Insolvency Act 1986. Zu beiden Haftungstatbeständen gibt es nur relativ wenige veröffentlichte Entscheidungen.[516] Insbesondere der seit 25 Jahren bestehende Haftungstatbestand des *Wrongful Trading* fristet ein Schattendasein. Bis zum Jahr 2010 kam es zur Veröffentlichung von lediglich neun Entscheidungen, in denen eine auf Section 214 Insolvency Act 1986 gestützte Klage erfolgreich war.[517] Im Jahr 2011 sind drei weitere Entscheidungen hinzugekommen.[518] Damit hat sich der Haftungstatbestand des *Wrongful Trading*, der im Rahmen des Insolvency Act 1986 eingeführt und euphorisch begrüßt wurde,[519] bislang nicht als effektiv erwiesen, wobei in Anbetracht der jüngsten Entwicklungen abzuwarten bleibt, ob eine nachhaltige Wendung hin zu einer intensiveren Nutzung des Tatbestandes eintritt.[520] Für eine in der Praxis tendenziell geringe Bedeutung der Haftungstatbestände des *Wrongful* und *Fraudulent Trading* sprechen ebenfalls die Beweishürden, die an den *Liquidator* bei der Darlegung des Vorliegens der Tatbestandsvoraussetzungen gestellt werden. In einem den Tatbestand des *Wrongful Trading* berührenden Sachverhalt dürfte es dem *Liquidator* regelmäßig Schwierigkeiten bereiten, den *Moment of Truth*, ab dem der *Director* hätte wissen müssen, dass die *Liquidation* unvermeidbar ist, zu spezifizieren.[521] Bei einem *Fraudulent Trading* trifft den *Liquidator* die Beweislast dafür, dass der *Director* in betrügerischer Absicht gehandelt hat. Die den *Liquidator* hier hinsichtlich des Beweises der Betrugsabsicht treffenden Anforderungen sind höher

---

516 Vgl. die Darstellung bei *Steffek*, Gläubigerschutz in der Kapitalgesellschaft, S. 534 ff.

517 Vgl. *Steffek*, NZI 2010, 589.

518 *Phillip Roberts (as Liquidator of Onslow Ditchling Ltd.) v Peter Frohlich, Godfrey Spanner* [2011] EWHC 257 (Ch); *Idessa (UK) Ltd., Re* [2011] EWHC 804 (Ch); *Earp and Anor v Stevenson and Anor* [2011] EWHC 1436 (Ch).

519 So äußerte sich Professor Daniel Prentice bei der Einführung des Haftungstatbestandes dahin gehend, dass dies „one of the most important developments in company law" des 20. Jahrhunderts sei, *Prentice*, (1990) 10 O.J.L.S. 265, 277.

520 *Milman*, (2011) 292 Co. L.N. 1, 4, spricht von einem „relative boom" des Haftungstatbestandes in jüngster Zeit.

521 Vgl. *Finch*, Corporate Insolvency Law, S. 700; *Griffin*, Personal Liability, S. 92 f.; *Steffek*, Gläubigerschutz in der Kapitalgesellschaft, S. 421; *Keay*, (2006) 19 Insolv. Int. 132, 134.

als die Anforderungen, die im englischen Recht bezüglich des Beweises eines strafrechtlichen Betrugs angesetzt werden.[522] Im englischen Strafrecht genügt es für den Beweis der Betrugsabsicht des *Director*, dass dieser mit Betrugsabsicht handelt, wenn er den Eintritt des Schadens durch sein Tätigwerden als nahezu sicher voraussehen muss. Ob er den Schadenseintritt in der tatsächlichen Art und Weise beabsichtigte oder ob der *Director* sonstige Motive mit seinem Tätigwerden verfolgt, ist unbeachtlich.[523] Im Fall des *Fraudulent Trading* hat der *Liquidator* dagegen exakt darzulegen, dass sich die Absicht des *Director* einzig auf den Betrug der Gläubiger richtet.[524] In der Regel kann dies ein außenstehender Dritter mit zeitlichem Abstand zu der haftungsbegründenden Handlung nicht mehr leisten.[525]

Demgegenüber haben bei der *Liquidation* der Gesellschaft die gesellschaftsrechtlich-geprägten Haftungstatbestände eine tendenziell größere praktische Relevanz.[526] Gemeint ist die Haftung des *Director* für schuldhafte Verletzungen seiner allgemeinen Pflichten nach dem Companies Act 2006. Dies ist schon aus der Anzahl der Verfahren erkennbar, in denen *Liquidators Directors* im Verfahren der *Liquidation* für entsprechende Pflichtverletzungen unter dem *Common Law* haftbar gemacht haben.[527] Hinzu kommt die Zahl der *Misfeasance Proceedings* unter dem *Common Law*, die *Liquidators* oder Gläubiger gegen

522 Vgl. *Finch*, Corporate Insolvency Law, S. 697: *Didcote*, (2008) 19 I.C.C.L.R. 373; *Jones*, (2003) 16 Insolv. Int. 69, 70. A.A. *Steffek*, Gläubigerschutz in der Kapitalgesellschaft, S. 314, der lediglich eine „Annäherung an strafverfahrensrechtliche Standards“ anerkennt.

523 *R. v Wollin* [1998] 3 W.L.R. 382.

524 *Morphitis v Bernasconi* [2003] EWCA Civ 289; *Paul Atkinson (as Liquidator of Fleetlite Ltd.) v Ethne Corcoran* [2011] EWHC 3484 (Ch).

525 Vgl. *Finch*, Corporate Insolvency Law, S. 698.

526 Vgl. auch *Bachner*, Creditor Protection, S. 245.

527 Vgl. die bei *Finch*, Corporate Insolvency Law, S. 681 ff. und *Keay/Walton*, Insolvency Law, S. 614 f., zum *Common Law* angeführten Entscheidungen, wobei *Keay/Walton*, Insolvency Law, S. 615 annehmen, dass die gesellschaftsrechtlich-spezifische Haftung im Verfahren der *Liquidation* eine untergeordnete Rolle gegenüber dem englischen Insolvenzanfechtungsrecht einnimmt, was *Steffek*, Gläubigerschutz in der Kapitalgesellschaft, S. 286 ff. ebenfalls vertritt. Die jüngeren Entscheidungen *Phillip Roberts (as Liquidator of Onslow Ditchling Ltd.) v Peter Frohlich, Godfrey Spanner* [2011] EWHC 257 (Ch), *Oxford Pharmaceuticals Ltd., Re* [2010] B.C.C. 834 und *Moore Stephens v Stone & Rolls Ltd. (In Liquidation)* [2009] UKHL 39 sind auch noch aufgrund des *Common Law* ergangen, da sich die Pflichtverletzungen vor Inkrafttreten des Companies Act 2006 ereignet haben. In diesem Zusammenhang ist zu berücksichtigen, dass der Pflichtenkatalog nach dem Companies Act 2006 erst zum 01.10.2007 (Sections 171-174) bzw. zum 01.10.2008 (Sections 175-177) in Kraft getreten ist.

Directors auf dieser Grundlage geführt haben.[528] Zukünftig dürfte dabei die Haftung des *Director* für Verletzungen seiner Pflicht aus Section 172 Companies Act 2006 in der Krise und Insolvenz der Gesellschaft in der Praxis eine exponierte Stellung einnehmen.[529] Zunächst sind hinsichtlich der Darlegung des Vorliegens einer Verletzung dieser Pflicht keine übermäßig hohen Anforderungen gestellt. Das Gericht überprüft nach der Darstellung des *Liquidator* vollumfänglich, ob der *Director* durch seine unternehmerischen Entscheidungen den Erfolg der Gesellschaft gefördert hat. Eine Einschränkung des Prüfungsmaßstabes, wie sie etwa im deutschen Recht bei der Haftung des Geschäftsführers gemäß § 43 Abs. 2 GmbHG aufgrund der *Business Judgment Rule* erfolgt, ist im englischen Recht nicht vorgesehen. Ferner existiert in der Krise und Insolvenz der Gesellschaft nicht mehr die Möglichkeit, dass die Gesellschafter den *Director* von der Haftung für die Pflichtverletzung entbinden können.[530] Dies macht die Inanspruchnahme des *Director* für Verletzungen seiner Pflicht aus Section 172 Companies Act 2006 in der Krise und Insolvenz der Gesellschaft, gegebenenfalls im Rahmen eines *Misfeasance Proceeding*, für den *Liquidator* (oder Gläubiger) attraktiv. Es ist allerdings anzumerken, dass zurzeit praktisch noch eine deutliche Verunsicherung hinsichtlich der Reichweite der Pflicht herrscht, da die Gerichte bislang keine abschließende Spruchpraxis zu diesem Aspekt entwickelt haben.[531] Die Entwicklung der praktischen Relevanz des Tatbestandes bei der Geschäftsführerhaftung bei der Insolvenz von Gesellschaften wird damit maßgeblich von der Herausarbeitung einer gefestigten Spruchpraxis englischer Gerichte abhängen. Eine Inanspruchnahme des *Director* durch den *Liquidator* für Verletzung allgemeiner Pflichten aus dem Companies Act 2006, welche der *Director* während des ordnungsgemäßen Geschäftsganges verwirklicht hat, kommt hingegen tendenziell eher seltener vor. In dieser Situation besteht nach wie vor die Möglichkeit der Haftungsentbindung, welche die Gesellschafter jedenfalls bei nicht allzu gravierenden Pflichtverletzungen vornehmen dürften.

Deliktisch-geprägte Haftungstatbestände nehmen schließlich in der englischen Praxis eine tendenziell untergeordnete Rolle ein.[532] Sie finden sich bei der Haftung des *Director* bei der Insolvenz der Gesellschaft nach dem *Common Law on Torts*. Bisher sind nur Einzelfälle veröffentlicht, in denen Gläubiger *Directors* bei der Insolvenz der Gesellschaft auf dieser Grundlage persönlich haftbar

---

528 Vgl. die bei Mortimore/*Isaacs*, Company Directors, S. 977 ff., *Finch*, Corporate Insolvency Law, S. 705 ff. sowie *Keay/Walton*, Insolvency Law, S. 623 ff. angeführten Entscheidungen.

529 Vgl. *Finch*, Corporate Insolvency Law, S. 695; *Keay*, (2007) 28 Comp. Law. 106 ff.

530 Siehe S. 36.

531 Siehe S. 34 f.

532 So auch *Steffek*, Gläubigerschutz in der Kapitalgesellschaft, S. 573, 578.

gemacht haben.[533] Dies ist schon dadurch zu erklären, dass die Tatbestände des *Negligent Misstatement* und des *Deceit* nur unter engen Voraussetzungen auf den *Director* einer Gesellschaft anwendbar sind. In der Regel dürfte es den Gläubigern schwerfallen darzulegen, dass der *Director* eine persönliche Verantwortung für die Durchführung des Vertrages bei Vertragsschluss übernehmen wollte.[534]

2. Deutschland

Im deutschen Recht ist in der Praxis eine entgegengesetzte Tendenz erkennbar. Die insolvenzrechtlich-geprägten Haftungstatbestände entfalten bei der Inanspruchnahme der Geschäftsführung bei Gesellschaftsinsolvenzen eine signifikante praktische Bedeutung. Dies sind die Insolvenzverschleppungshaftung, die Haftung nach § 64 S. 1 GmbHG sowie die Existenzvernichtungshaftung.[535]

So existiert eine Vielzahl veröffentlichter Entscheidung zur Insolvenzverschleppungshaftung.[536] Gleiches gilt für die Haftung nach § 64 S. 1 GmbHG.[537] Auch zu der Existenzvernichtungshaftung sind nach der Neuausrichtung der Haftung durch den Bundesgerichtshof 2007 bereits einige Entscheidungen veröffentlicht.[538] Bei der Inanspruchnahme des Geschäftsführers profitiert der Insolvenzverwalter dabei von Erleichterungen bei der Beweisführung. So muss der Insolvenzverwalter bezüglich der Insolvenzverschleppungshaftung sowie der Haftung aus § 64 S. 1 GmbHG zwar zu den Insolvenzgründen der Zahlungsunfähigkeit und Überschuldung vortragen. Der Insolvenzverwalter hat für die Haf-

533 So etwa die Entscheidungen *Contex Drouzhba Ltd. v Wiseman and Anor* [2007] EWCA Civ 1201 und *Lindsay v O'Loughnane* [2010] EWHC 529 (QB).

534 Siehe S. 75.

535 So auch im Hinblick auf die Haftung aus § 823 Abs. 2 BGB i.V.m. § 15a InsO (allerdings beschränkt auf die Haftung des Geschäftsführers gegenüber den Neugläubigern), hinsichtlich der Haftung aus § 64 S. 1 GmbHG sowie der Existenzvernichtungshaftung *Steffek*, Gläubigerschutz in der Kapitalgesellschaft, S. 533 f., 538 ff., 837. Siehe zu der Haftung aus § 64 S. 3 GmbHG bei Fn. 513.

536 Siehe nur die Entscheidungen BGH, NJW 1994, 2220; BGH, NJW 2005, 3062; BGH, ZIP 2008, 361; BGH, ZIP 2010, 2400 – Fleischgroßhandel, jeweils mit Verweisen zu weiteren Entscheidungen.

537 Siehe nur die Entscheidungen BGH, NJW 2000, 668; BGH, NJW 2001, 1280; BGH, NJW 2003, 2316; BGH, NJW 2007, 2118, jeweils mit Verweisen zu weiteren Entscheidungen.

538 Höchstrichterliche Entscheidungen zur Existenzvernichtungshaftung seit BGH, NJW 2007, 2689 – TRIHOTEL: BGH, ZIP 2008, 455; BGH, ZIP 2008, 308; BGH, NJW 2008, 2437 – GAMMA; BGH, ZIP 2008, 1329; BGH, NJW 2009, 2127 – SANITARY; BGH, Beschluss vom 11.10.2010 – II ZR 136/09, unveröffentlicht; BGH, BB 2012, 1628.

tung aus § 823 Abs. 2 BGB i.V.m. § 15a InsO darzulegen, dass der Geschäftsführer die Insolvenz verschleppt hat, weil er trotz Vorliegen eines Insolvenzgrundes nicht unverzüglich das Insolvenzverfahren eingeleitet hat. Für die Haftung nach § 64 S. 1 GmbHG ist der Insolvenzverwalter hinsichtlich des Umstandes beweispflichtig, dass der Geschäftsführer eine Zahlung im Zeitpunkt der Insolvenzreife der Gesellschaft vorgenommen hat. In Bezug auf die Zahlungsunfähigkeit kann sich der Insolvenzverwalter jedoch die gesetzliche Vermutung des § 17 Abs. 2 S. 2 InsO zunutze machen, nach der die Zahlungsunfähigkeit vermutet wird, sofern die Gesellschaft ihre Zahlungen eingestellt hat, indem der Insolvenzverwalter die Zahlungseinstellung anhand von Indizien belegt.[539] Im Hinblick auf die Überschuldung der Gesellschaft genügt er den Beweisanforderungen, sobald er die Überschuldung rechnerisch darstellt, da in dieser Situation auf eine rechtliche Überschuldung der Gesellschaft zu schließen ist.[540] Weiterhin wird das Verschulden des Geschäftsführers vermutet, wenn der objektive Tatbestand der Insolvenzverschleppung bzw. des § 64 S. 1 GmbHG vorliegt, sodass der Geschäftsführer den Entlastungsbeweis führen muss.[541] Bei der Existenzvernichtungshaftung trägt der Insolvenzverwalter hingegen die volle Darlegungs- und Beweislast bezüglich aller objektiven und subjektiven Tatbestandsmerkmale.[542] Allerdings mag es als Vorteil anzusehen sein, dass bei der Haftung aufgrund der Existenzvernichtung zwar ein zumindest bedingt vorsätzliches Handeln vorliegen, die konkrete Gläubigerbenachteiligung aber nicht beabsichtigt sein und dies damit nicht im Einzelnen dargelegt werden muss.[543] Damit deuten zumindest die Beweiserleichterungen bei der Haftung aus Insolvenzverschleppung und § 64 S. 1 GmbHG als Indiz auf eine tendenziell höhere Praxisrelevanz dieser Tatbestände hin.[544] Ferner kommt als Indiz für die tendenziell höhere

539 BGH, NZI 2011, 589, 590 f. Diese Indizien sind etwa die unterbliebene Zahlung von Löhnen und Lohnnebenkosten, Versicherungen, Steuern, Betriebskosten, das Zurückbuchen von Wechseln, die Durchführung von Pfändungen bei der Gesellschaft oder schon die nur teilweise oder stark verspätete Zahlung fälliger Rechnungen, vgl. MüKo/*Ellenberger*, § 17 InsO, Rn. 29 f.

540 BGH, ZIP 2010, 2400, 2401 – Fleischgroßhandel.

541 Siehe etwa die Entscheidungen des Bundesgerichtshofs zur Insolvenzverschleppungshaftung BGH, ZIP 2012, 723; BGH, ZIP 2007, 676, 677; BGH, NJW 1994, 2220, 2224, und zur Haftung aus § 64 S. 1 GmbHG BGH, NJW 2008, 2504, 2505; BGH, NJW 2001, 1280, 1282; BGH, NJW 2000, 668.

542 BGH, NJW 2007, 2689, 2693 – TRIHOTEL.

543 BGH, NJW 2007, 2689, 2692 – TRIHOTEL; kritisch allerdings *Röhricht* in FS 50 Jahre BGH, S. 83, 116.

544 Kritisch aber *K. Schmidt*, ZHR 168 (2004), 637, 641 ff. der aufgrund der Darlegungslast der Neugläubiger bezüglich der Höhe der von diesen Gläubigern erlittenen Quotenschä-

praktische Relevanz hinzu, dass eine Entbindung des Geschäftsführers von der Haftung für Insolvenzverschleppung, für die Haftung nach § 64 S. 1 GmbHG und für die Haftung für die Existenzvernichtung nicht möglich ist.

Im Gegensatz hierzu hat die gesellschaftsrechtlich-geprägte Haftung des Geschäftsführers bei der Insolvenz der Gesellschaft aus § 43 Abs. 2, 3 GmbHG eine geringe praktische Bedeutung. Es existieren nur wenige veröffentliche Entscheidungen zu der Inanspruchnahme des Geschäftsführers aus § 43 Abs. 2 oder § 43 Abs. 3 GmbHG durch den Insolvenzverwalter in der Gesellschaftsinsolvenz.[545] Für die Annahme einer tendenziell geringen praktischen Relevanz der gesellschaftsrechtlich-geprägten Haftung des Geschäftsführers spricht zudem die strikte Anwendung der *Business Judgment Rule*. Hierdurch sind Handlungen, die potenziell die Haftung nach § 43 Abs. 2 GmbHG begründen könnten, aufgrund des unternehmerischen Ermessensspielraums des Geschäftsführers einer gerichtlichen Bewertung weitgehend entzogen.[546] Allein damit ist die Zahl der Pflichtverletzungen erheblich verkürzt, die der Haftung gemäß § 43 Abs. 2 GmbHG zugänglich sind. Hinzu kommt, dass den Insolvenzverwalter, oft mit einem erheblichen zeitlichen Abstand zu dem infrage stehenden Sachverhalt, bei der Haftung aus § 43 Abs. 2, 3 GmbHG die Beweislast bezüglich der Pflichtverletzung des Geschäftsführers, des eingetretenen Schadens sowie des Kausalzusammenhangs zwischen Pflichtverletzung und Schaden trifft.[547] Zudem lassen auch die vielfältigen Möglichkeiten, den Geschäftsführer von seiner Haftung nach § 43 Abs. 2 GmbHG zu entbinden, den Schluss zu, dass die Inanspruchnahme des Geschäftsführers in der Insolvenz auf dieser Grundlage eine tendenziell praktisch geringere Bedeutung hat.[548]

Zuletzt kommt der deliktisch-geprägten Haftung des Geschäftsführers (einschließlich der Haftung aus culpa in contrahendo) wie im englischen Recht auch im deutschen Recht eine in der Tendenz geringere praktische Relevanz zu.[549] Hinsichtlich der Inanspruchnahme des Geschäftsführers zugunsten der Gläubi-

---

den keine praktische Relevanz des Tatbestandes der Insolvenzverschleppung für Neugläubiger erkennt.

545 Siehe etwa die Entscheidungen BGH, DStR 2007, 1641; BGH, ZIP 2006, 858; BGH, NJW 2002, 3777; OLG Brandenburg, 7 U 193/08 (unveröffentlicht); OLG Koblenz, GmbHR 2007, 827; OLG Hamburg, ZIP 2005, 1968; OLG Rostock, GmbHR 2006, 1334; OLG Saarbrücken, ZIP 2002, 130.

546 Siehe S. 64 f.

547 Vgl. im Einzelnen Baumbach/Hueck/*Zöllner/Noack*, § 43, Rn. 36 ff.; zur teilweisen erleichterten Darlegungs- und Beweislast bei § 43 Abs. 3 GmbHG Baumbach/Hueck/*Zöllner/Noack*, § 43, Rn. 49.

548 Siehe S. 68 f.

549 So auch *Steffek*, Gläubigerschutz in der Kapitalgesellschaft, S. 573, 581.

gergesamtheit sind dies die Haftungstatbestände des § 823 Abs. 2 BGB i.V.m. § 266 oder § 283 StGB sowie § 826 BGB, zugunsten der einzelnen Gläubiger die Haftungstatbestände der §§ 280 Abs. 1, 311 Abs. 3 BGB, § 823 Abs. 2 BGB i.V.m. § 263 oder § 266 StGB und § 826 BGB. Hier sind wie im englischen Recht ebenfalls nur wenige Entscheidungen veröffentlicht, bei denen es zu einer Inanspruchnahme der Geschäftsführung gekommen ist.[550] Dies dürfte schon durch den Umstand zu erklären sein, dass diese Tatbestände wiederum nur unter engen Voraussetzungen auf den Geschäftsführer anwendbar sind.

II. Vergleich der Effizienz der Haftungssysteme

Der bisherige Gang der Untersuchung hat gezeigt, dass die Geschäftsführerhaftung bei Insolvenzen in England und Deutschland auf ähnlichen Haftungsmechanismen basiert. Die Praxis in den Rechtsordnungen hat sich allerdings mit dem Fokus auf die Haftung des *Director* nach gesellschaftsrechtlich geprägten Tatbeständen in England und die Haftung des Geschäftsführers nach insolvenzrechtlich geprägten Tatbeständen in Deutschland entgegengesetzt entwickelt. Damit sind die Rechtsordnungen auf ihre jeweils eigene Art und Weise effektiv, das Ziel des Gläubigerschutzes bei der Geschäftsführerhaftung in der Insolvenz der Gesellschaft zu erreichen. Für das englische Recht gilt diese Feststellung allerdings nur eingeschränkt, da die Reichweite der gesellschaftsrechtlich-geprägten Haftungstatbestände im Vorfeld der Insolvenz bislang nicht abschließend von den Gerichten geklärt ist.[551]

Im zweiten Schritt ist nun im Hinblick auf die eingangs erläuterte Problemstellung des Gläubigerschutzes bei Auslandsgesellschaften zu erörtern, welche der Rechtsordnungen den effizienteren Gläubigerschutz bei der Geschäftsführerhaftung in der Insolvenz der Gesellschaft gewährt. Dieses Vorgehen ist damit zu begründen, dass gerade der Aspekt der Effizienz eines Haftungssystems auch bei inländischen Auslandsgesellschaften eine zentrale Rolle einnimmt. So ist die Haftung des *Director* einer Ltd. mit Sitz in Deutschland bei der Insolvenz der Gesellschaft in die Strukturen des deutschen (Insolvenz-)Rechts, die Haftung des Geschäftsführers einer insolventen GmbH mit Sitz in England in die Strukturen des englischen (Insolvenz-)Rechts eingebettet. Die Rechtsordnung mit der effizienteren Struktur des Haftungssystems bietet folglich zugleich ein höheres Schutzniveau für die Gläubiger der Auslandsgesellschaft.

---

550 Siehe S. 71 ff. und S. 76 ff.

551 Siehe S. 34 ff.

1. Einleitung des Verfahrens bei der Insolvenz der Gesellschaft als Grundlage der Haftung

Eine Inanspruchnahme der Geschäftsführung durch den *Liquidator* oder Insolvenzverwalter kommt zunächst nur in Betracht, sofern ein Verfahren tatsächlich eingeleitet wird. Die rechtlichen Grundlagen zur Einleitung eines solchen Verfahrens unterscheiden sich merklich in den Rechtsordnungen.

a) England

Das englische Recht kennt zwei Verfahren zur Einleitung der *Liquidation* im Stadium der Insolvenz der Gesellschaft. Die *Liquidation* kann entweder durch eine *Compulsory Liquidation* oder durch eine *Creditors' Voluntary Liquidation* eingeleitet werden.[552]

Die Gründe für die Einleitung einer *Compulsory Liquidation* sind abschließend in Section 122 Abs. 1 Insolvency Act 1986 benannt. Im Insolvenzszenario stellt die Unfähigkeit der Gesellschaft, ihre Verbindlichkeiten zu bedienen, gemäß Section 122 Abs. 1 lit. f) Insolvency Act 1986 den maßgeblichen Grund für die Einleitung der *Liquidation* dar.[553] Section 123 Insolvency Act 1986 konkretisiert die Umstände, wann eine Gesellschaft unfähig ist, ihre Verbindlichkeiten zu bedienen. Gemäß Section 123 Abs. 1 lit. a) Insolvency Act 1986 ist dies der Fall, wenn die Gesellschaft nicht innerhalb von drei Wochen ab der Aufforderung durch einen Gläubiger, dessen fällige Forderung den Betrag von £ 750,00 überschreitet, diese Forderung begleicht. Des Weiteren gilt die Gesellschaft gemäß Section 123 Abs. 1 lit. b) Insolvency Act 1986 als unfähig, ihre Schulden zu begleichen, wenn eine Zwangsvollstreckungsmaßnahme aus dem Titel eines Gläubigers vollständig oder teilweise erfolglos war. Zudem liegt gemäß Section 123 Abs. 2 Insolvency Act 1986 ein Grund zur Einleitung der *Liquidation* nach Section 122 Abs. 1 lit. f) Insolvency Act 1986 vor, wenn die Gesellschaft nach dem *Balance Sheet Insolvency Test*[554] nicht mehr in der Lage ist, mit ihren Vermögenswerten ihre Verbindlichkeiten zu begleichen. Schließlich ist die Gesellschaft unfähig, ihre Verbindlichkeiten zu bedienen, sofern sie gemäß Section 123 Abs. 1 lit. e) Insolvency Act 1986 nach dem *Cash Flow Insolvency Test* ihre fälligen Verbindlichkeiten nicht mehr befriedigen kann.

---

552 Zwar ist es zudem grundsätzlich möglich, die Gesellschaft aufgrund einer *Members' Voluntary Liquidation* gemäß Sections 91 ff. Insolvency Act 1986 abzuwickeln; ein solches Verfahren ist allerdings lediglich durchführbar, sofern die Gesellschaft solvent ist, vgl. *Keay/Walton*, Insolvency Law, S. 229.

553 Vgl. *Keay/Walton*, Insolvency Law, S. 240.

554 Siehe im Einzelnen bereits S. 18 ff.

Bei dem *Cash Flow Insolvency Test* ist zu prüfen, ob die Gesellschaft ein nachhaltiges Liquiditätsproblem hat oder ob lediglich ein temporärer Liquiditätsengpass besteht und die Gesellschaft ihn in einem angemessenen Zeitraum beseitigen kann.[555] Dazu ist zu ermitteln, ob die Gesellschaft fortdauernd fällige Verbindlichkeiten nicht mehr befriedigen kann.[556] Der Begriff der Verbindlichkeit ist bei dem *Cash Flow Insolvency Test* enger auszulegen als im Zusammenhang mit dem *Balance Sheet Insolvency Test.*[557] Verbindlichkeiten im Sinne des *Cash Flow Insolvency Test* umfassen nur *Liquidated Claims*, also Verbindlichkeiten aus Forderungen, die bereits festgestellt oder einfach feststellbar sind, z. B. durch Kalkulation oder Rechnungslegung.[558] Diese Verbindlichkeiten müssen fällig sein. Dabei kommt es zwar auf die fälligen Verbindlichkeiten am Tag der Einleitung der *Compulsory Liquidation* an, sodass zukünftig fällig werdende Verbindlichkeiten, *Prospective Liabilities* und *Contingent Liabilities* grundsätzlich keine Beachtung finden.[559] Allerdings sind Forderungen, die in naher Zukunft fällig werden, in die Bewertung der Frage einzubeziehen, ob die Gesellschaft zahlungsunfähig ist, wenn dies Rückschlüsse bei der Ermittlung eines nachhaltigen Liquiditätsproblems der Gesellschaft erlaubt.[560] Damit ist ein eher wirtschaftlich als rechtlich geprägter Begriff der Fälligkeit bei dem *Cash Flow Insolvency Test* maßgeblich.[561] Dieses Herangehen bewirkt auch, dass eine rechtlich fällige Forderung nicht zwingend fällig im Sinne des *Cash Flow Insolvency Test* sein muss. Selbst wenn die Gesellschaft daher nicht in der Lage ist, zum Fälligkeitszeitpunkt eine offene Verbindlichkeit zu begleichen, kann demnach nicht von Fälligkeit im Sinne des *Cash Flow Insolvency Test* ausgegangen werden, sofern der Gläubiger die Zahlung nicht fordert oder eine verspä-

---

555 Vgl. *Goode*, Principles of Corporate Insolvency Law, S. 123.

556 *Sandell v Porter* (1966) 115 C.L.R. 666; *Iso Lilodw' Aliphumeleli Pty Ltd. v Commissioner of Taxation* (2002) 42 A.C.S.R. 561.

557 Siehe zum Letzteren S. 18 ff.; vgl. auch *Goode*, Principles of Corporate Insolvency Law, S. 124 bei Fn. 92.

558 *Stooke v Taylor* (1880) 5 Q.B.D. 565; *O'Driscoll v Manchester Insurance Committee* [1915] 3 K.B. 499; demgegenüber sind *Unliquidated Claims*, also Verbindlichkeiten, die nicht einfach feststellbar sind, weil zuvor Vorfragen etwa der Schuld zu klären sind, wie es bei Schadensersatzansprüchen der Fall ist, keine Verbindlichkeiten im Sinne des *Cash Flow Insolvency Test*, vgl. *Goode*, Principles of Corporate Insolvency Law, S. 124 f.

559 *Bryant Investment Co Ltd., Re* [1974] 2 All E.R. 683; vgl. auch *Goode*, a.a.O.; siehe zu den *Prospective* und *Contingent Liabilities* S. 19 f.

560 *Expo International Ltd. v Chant* [1979] 2 N.S.W.L.R. 820; *Lewis v Doran* (2004) 208 A.L.R. 385.

561 Vgl. *Goode*, Principles of Corporate Insolvency Law, S. 123.

tete Zahlung akzeptiert.[562] Letzterer Fall ist anzunehmen, wenn der Gläubiger bislang gewohnheitsmäßig die Zahlung erst nach Fälligkeit der Forderung (konkludent) gestattet hat.[563] Diese wirtschaftliche Betrachtung bewirkt weiterhin, dass eine Gesellschaft nicht zwingend insolvent nach dem *Cash Flow Insolvency Test* ist, wenn sie ihre fälligen Verbindlichkeiten nicht erfüllen kann, sofern sie die Möglichkeit hat, kurzfristig die liquiden Mittel zu besorgen, die notwendig sind, um den Engpass zu überbrücken.[564] Umgekehrt liegt die Insolvenz nach dem *Cash Flow Insolvency Test* vor, wenn die Gesellschaft auch nur eine Verbindlichkeit eines Gläubigers nach Aufforderung nicht erfüllt, selbst wenn sie im übrigen Zusammenhang solvent wirkt.[565] Im Ergebnis ist bei der Ermittlung des nachhaltigen Liquiditätsproblems der Gesellschaft daher immer eine konkrete Einzelfallprüfung vorzunehmen, die zweckmäßig ebenfalls die Prognose zukünftiger Entwicklungen sowie die Bewertung des Verhaltens der Gläubiger bezüglich der Zahlungsmoral der Gesellschaft beinhaltet.

Das Gericht leitet bei dem Vorliegen eines Grundes für eine *Compulsory Liquidation* gemäß Section 122 Abs. 1 Insolvency Act 1986 die *Liquidation* der Gesellschaft nur auf Antrag ein. Die Einleitung einer *Compulsory Liquidation* können gemäß Section 124 Abs. 1 Insolvency Act 1986 die Gesellschaft selbst, ihre *Directors* oder Gläubiger der Gesellschaft beantragen.[566] Ein Gläubigerantrag kann bereits erfolgen, wenn die Gesellschaft ihre Verbindlichkeiten gegenüber dem Gläubiger nicht erfüllt, ohne dass der Gläubiger zuvor auf dem Klageweg versuchen muss, einen Titel gegen die Gesellschaft auf Zahlung der Verbindlichkeit zu erwirken.[567] In der Praxis ist es allerdings üblich, dass der Gläubiger den Antrag auf Einleitung einer *Compulsory Liquidation* erst stellt, wenn er bei der Zwangsvollstreckung aus einem zuvor erstrittenen Titel gegen die Gesellschaft keine (vollständige) Befriedigung erlangen kann.[568] Ist die

562 *Capital Annuities Ltd., Re* [1978] 3 All. E.R. 704; vgl auch *Goode*, Principles of Corporate Insolvency Law, S. 126 f.

563 Vgl. *Goode*, Principles of Corporate Insolvency Law, S. 126.

564 *A Company (No.006794 of 1983), Re* [1986] B.C.L.C. 261; *MacPlant Services Ltd. v Contract Lifting Services (Scotland) Ltd.* [2009] S.C. 125; vgl. auch *Goode*, Principles of Corporate Insolvency Law, S. 127.

565 *Globe New Patent Iron & Steel Co, Re* (1875) L.R. 20 Eq. 337; *Mann v Goldstein* [1968] 2 All E.R. 769; *Cornhill Insurance Plc v Improvement Services Ltd.* [1986] 1 W.L.R. 114; vgl. auch *Goode*, Principles of Corporate Insolvency Law, S. 128.

566 Vgl. zum Kreis der übrigen antragsberechtigten Personen gemäß Section 124 Abs. 1 Insolvency Act 1986 sowie anderer Spezialgesetze *Keay/Walton*, Insolvency Law, S. 241.

567 *Borough of Portsmouth Tramways Co, Re* [1892] 2 Ch. 263; *St Thomas' Dock Co, Re* (1876) 2 Ch. D. 116.

568 So auch *Keay/Walton*, Insolvency Law, S. 246.

Compulsory Liquidation eingeleitet, setzt das Gericht zunächst einen *Official Receiver* als amtlichen Verwalter der insolventen Gesellschaft ein.[569] Dieser macht die Eröffnung des Verfahrens der *Liquidation* bekannt. Sodann soll der *Official Receiver* gemäß Section 136 Abs. 5 lit. a) Insolvency Act 1986 innerhalb von zwölf Wochen nach der Verfahrenseröffnung die Gläubigerversammlung einberufen, damit diese einen *Liquidator* wählen kann. Für diesen Schritt wird sich der amtliche Verwalter allerdings nur entscheiden, wenn die Gesellschaft nicht an Massearmut leidet. Dies ist damit zu erklären, dass sich im Fall der Massearmut und der damit einhergehenden Gefahr der Unterdeckung der Verfahrenskosten (einschließlich des Honorars des *Liquidator*), kein *Liquidator* bereit erklären wird, dieses Amt zu übernehmen. Bestellt die Gläubigerversammlung nach ihrer Einberufung keinen *Liquidator*, ist der *Official Receiver* gemäß Section 136 Abs. 3 Insolvency Act 1986 kraft seines Amtes der *Liquidator* der insolventen Gesellschaft und nimmt alle notwendigen Maßnahmen im Rahmen der *Compulsory Liquidation* vor.

Anders als es der Begriff vermuten lässt, leiten die Gesellschafter – nicht die Gläubiger der Gesellschaft – die *Creditors' Voluntary Liquidation* ein. Dies geschieht grundsätzlich gemäß Section 84 Abs. 1 lit. b) Insolvency Act 1986 i.V.m. Section 283 Companies Act 2006 per außerordentlichem Gesellschafterbeschluss, sofern die Gesellschaft auf unbegrenzte Zeit angelegt ist.[570] Der Gesellschafterbeschluss erfolgt auf Grundlage des Ergebnisses der *Declaration of Solvency* seitens des *Director*. Mit der *Declaration of Solcency* erklärt sich der *Director* gemäß Section 89 Abs. 1 Insolvency Act 1986 über die Frage, ob die Gesellschaft innerhalb eines Zeitraums von zwölf Monaten ab Einleitung der *Liquidation* in der Lage wäre, ihre Verbindlichkeiten vollständig samt Zinsen zu erfüllen. Kann die Gesellschaft dieses Ziel nicht erreichen, kann sie lediglich gemäß Section 90 Insolvency Act 1986 durch die *Creditors' Voluntary Liquidation* abgewickelt werden. Mit dem (außerordentlichen) Gesellschafterbeschluss zu der *Creditors' Voluntary Liquidation* können die Gesellschafter zugleich einen *Liquidator* bestellen. Dieser *Liquidator* hat allerdings gemäß Section 166 Insolvency Act 2006 lediglich eingeschränkte Befugnisse. Er kann das Eigentum der Gesellschaft in Besitz nehmen, verderbliche Waren oder sonstige Waren, deren Wert durch weiteres Zuwarten sinken würde, veräußern und sonstige notwendige Maßnahmen ergreifen, um das Vermögen der Gesellschaft zu

---

569 Vgl. *Keay/Walton*, Insolvency Law, S. 296 f.

570 Gemäß Section 84 Abs. 1 lit. a) Insolvency Act 1986 ist ein einfacher Gesellschafterbeschluss ausreichend, wenn die Satzung der Gesellschaft vorsieht, dass diese für einen bestimmten Zeitraum existieren soll und dieser Zeitraum abläuft oder ein in der Satzung vorgesehener Umstand eintritt, bei dessen Eintritt die Gesellschaft liquidiert werden soll.

schützen. Für alle Maßnahmen, die außerhalb dieses Katalogs liegen, bedarf es einer gerichtlichen Genehmigung, die der *Director* zuvor einholen muss.[571] Setzen die Gesellschafter keinen *Liquidator* ein, verbleibt die Verfügungsbefugnis bei dem *Director*, der aber seinerseits für jegliche Geschäfte außer der Erstellung des Lageberichts der Gesellschaft, der Einberufung der Gläubigerversammlung sowie wiederum der Veräußerung verderblicher Ware und sonstiger Waren, deren Wert durch weiteres Zuwarten sinken würde, die Zustimmung des Gerichts einholen muss.[572]

Gemäß Section 98 Abs. 1 Insolvency Act 1986 ist innerhalb von 14 Tagen, beginnend mit dem Tag, nachdem die Gesellschafter den Beschluss zu der *Creditors' Voluntary Liquidation* gefasst haben, die Gläubigerversammlung einzuberufen. Gemäß Section 99 Abs. 1 Insolvency Act 1986 muss der *Director* in diesem Zeitraum einen Lagebericht der Gesellschaft, das *Statement of Affairs*, bestehend aus einer Auflistung der Vermögenswerte und Verbindlichkeiten der Gesellschaft, den Namen und Anschriften der Gläubiger sowie den Sicherheiten der Gläubiger samt Datum, an welchem die Gesellschaft die jeweilige Sicherheit gewährt hat, vorbereiten. Die Gläubiger bekommen dieses *Statement of Affairs* sodann in der Gläubigerversammlung zu ihrer Information vorgelegt. Das zentrale Recht der Gläubigerversammlung ist es sodann, gemäß Section 100 Abs. 1 Insolvency Act 1986 eine Person als *Liquidator* zu bestimmen.[573] Dies erfolgt durch Vorschlag und Abstimmung, wobei bei dieser Abstimmung eine einfache Mehrheit der abgegebenen Stimmen der Gläubiger, deren Gewichtung anhand der Höhe ihrer jeweiligen Forderung bemessen ist, zur Einsetzung des *Liquidator* ausreichend ist.[574] Sollte die Gläubigerversammlung keinen anderen als den bereits durch die Gesellschafterversammlung eingesetzten *Liquidator* bestimmen wollen, bedarf es dennoch einer abschließenden Bestätigung des *Liquidator* durch die Gläubigerversammlung.[575] Kommt es zu keiner Einsetzung eines *Liquidator*, hat das Gericht gemäß Section 108 Abs. 1 Insolvency Act 1986 die Befugnis, einen *Liquidator* seiner Wahl zu bestimmen.

Festzuhalten ist demnach, dass eine *Creditors' Voluntary Liquidation* immer zunächst die Ergreifung der Initiative durch den *Director* voraussetzt, indem dieser sich der Erstellung der *Declaration of Solvency* annimmt. Eine direkte Pflicht des *Director*, die *Declaration of Solvency* zu erstellen, besteht aber nicht. Vielmehr kommt allenfalls eine Haftung des *Director* aus *Wrongful Trading* in

---

571 Vgl. *Keay/Walton*, Insolvency Law, S. 230, 232.

572 Vgl. *Keay/Walton*, Insolvency Law, S. 232.

573 Vgl. zu den sonstigen Rechten der Gläubigerversammlung *Keay/Walton*, Insolvency Law, S. 234 f.

574 Vgl. Rule 4.63 Abs. 1 Insolvency Rules 1986.

575 Vgl. *Keay/Walton*, Insolvency Law, S. 234.

Betracht, wenn er die Anzeichen für die Notwendigkeit der Erstellung der *Declaration of Solvency* missachtet und weitere Verbindlichkeiten im Namen der Gesellschaft eingeht.[576] Die Annahme, dass ein *Director*, der bereits einen oder mehrere Haftungstatbestände erfüllt hat, dieses eher geringe Risiko in Kauf nimmt und schlichtweg untätig bleibt, ist in diesem Fall naheliegend.[577] Den Gläubigern bleibt in dieser Situation nur die Möglichkeit, eine *Liquidation* der Gesellschaft durch eine *Compulsory Liquidation* zu beantragen.

Die Ausführungen zur *Compulsory Liquidation* und zur *Creditors' Voluntary Liquidation* lassen zwei Rückschlüsse zu. Zum einen ist der Rückschluss zu ziehen, dass dem englischen Recht eine Pflicht des *Director* fremd ist, die *Liquidation* ab dem Zeitpunkt der Insolvenzreife der Gesellschaft einleiten zu müssen.[578] Zwar sieht das englische Recht bei der Verzögerung respektive Unterlassung der Stellung des Insolvenzantrags Sanktionen gegen den Geschäftsführer vor. So kommt in dieser Situation eine Haftung des *Director* für *Wrongful Trading* in Betracht. Zudem ist es möglich, den *Director* durch ein zeitlich begrenztes Verbot im Zuge einer *Disqualification* nach dem Company Directors Disqualification Act 1986 zu sanktionieren. Kommt es zur *Disqualification* des *Director*, darf dieser für einen von dem Gericht festzulegenden Zeitraum in keiner Gesellschaft auf der Geschäftsführungsebene involviert sein. Jedoch hat sich der *Wrongful Trading* Tatbestand bislang als nicht effektiv erwiesen.[579] Die *Disqualification* hat sich hingegen in der Praxis als probates Mittel der Druckausübung auf den *Director* heraus kristallisiert.[580] Die *Disqualification* des *Director* wegen der Verzögerung der Verfahrungseinleitung kommt dabei gemäß Section 6 Company Directors Disqualification Act 1986 in Betracht. Eine Anwendung von Section 6 Company Directors Disqualification Act 1986 kann aber wiederum nur erfolgen, wenn zuvor das Verfahren der *Liquidation* durchgeführt und die Gesellschaft dabei insolvent im Sinne des *Balance Sheet Insolvency Test* war.[581] Wieder ist hierbei die Überlegung anzustellen, dass der *Director* aus freien Stücken ein solches Verfahren nicht einleiten wird. Zum anderen lässt sich der zweite Rückschluss ziehen, dass gerade aufgrund der fehlenden gesetzlichen Verpflichtung des *Director* zur Ein-

---

576 Vgl. *Keay/Walton*, Insolvency Law, S. 231.

577 Siehe S. 89.

578 So auch *Steffek*, Gläubigerschutz in der Kapitalgesellschaft, S. 139; *Stöber*, ZHR 176 (2012), 326, 338.

579 Siehe S. 89 f.

580 Vgl. *Davies*, Principles of Company Law, S. 239, 254 ff.; *Steffek*, Gläubigerschutz in der Kapitalgesellschaft, S. 723 ff.; kritische Evaluierung des Company Directors Disqualification Act 1986 bei *Finch*, Corporate Insolvency Law, S. 716 ff.

581 Siehe S. 18 ff.

leitung des Insolvenzverfahrens den Gläubigern bei der Verfahrenseinleitung eine größere Rolle zukommt. Rechtlich besteht hier die Möglichkeit der Einflussnahme durch das in Bezug auf die *Compulsory Liquidation* in Section 124 Abs. 1 Insolvency Act 1986 existierende Antragsrecht. Faktisch machen die Gläubiger aber nur selten von ihrem Antragsrecht Gebrauch, vor allem wenn feststeht, dass die Gesellschaft nur ein geringes Vermögen zur Tilgung ihrer Verbindlichkeiten aufweist.[582] Dies dürfte wohl auch mit der mangelnden Effektivität der insolvenzrechtlich-geprägten englischen Haftungstatbestände[583] und der Verteilung des Erlöses aus einer Inanspruchnahme des *Director*[584] zusammenhängen. Im Ergebnis schließen die Gläubiger jedenfalls trotz ihres Antragsrechts die durch die mangelnde gesetzliche Verpflichtung zur Einleitung des Verfahrens seitens des *Director* entstandene Schutzlücke nicht.[585] Bereits die tatsächliche Einleitung des Insolvenzverfahrens stellt damit eine massive Hürde auf dem Weg zu der Inanspruchnahme des *Director* dar.

b) Deutschland

Vergleicht man diese im englischen Recht bestehende Situation mit dem deutschen Recht, werden große Unterschiede deutlich. Im Fall der Zahlungsunfähigkeit oder Überschuldung der Gesellschaft hat der Geschäftsführer gemäß § 15a Abs. 1 S. 1 InsO die Pflicht, den Antrag auf Eröffnung des Insolvenzverfahrens zu stellen. Stellt der Geschäftsführer vorsätzlich oder fahrlässig den Antrag auf Eröffnung des Insolvenzverfahrens nicht, nicht ordnungsgemäß oder nicht rechtzeitig, macht er sich gemäß § 15 Abs. 4, 5 InsO strafbar. Eine Verurteilung des Geschäftsführers für die vorsätzliche Begehung dieser Straftat führt zudem gemäß § 6 Abs. 2 S. 1 Nr. 3 lit. a) GmbHG dazu, dass diese Person für einen Zeitraum von fünf Jahren ab Rechtskraft des Urteils keine Geschäftsführungsposition in einer GmbH innehaben kann. Schließlich kann die Schadensersatzpflicht des Geschäftsführers aus § 823 Abs. 2 BGB i.V.m. § 15a InsO erwachsen.[586] Damit bestehen gegenüber dem Geschäftsführer in Deutschland im Vergleich zum *Director* in England mehrere durchsetzungsfähige Sanktionen, die diesem drohen, falls er seiner gesetzlichen Verpflichtung zur Stellung des Insolvenzantrags aus § 15a Abs. 1 S. 1 InsO nicht nachkommt.

Hinzu kommt, dass der deutsche Gesetzgeber im Zuge des MoMiG § 15a Abs. 3 InsO geschaffen hat. Danach muss im Fall der Führungslosigkeit der Ge-

582 Vgl. *Finch*, Corporate Insolvency Law, S. 707; in diese Richtung auch *Steffek*, Gläubigerschutz in der Kapitalgesellschaft, S. 145.

583 Siehe S. 89 f.

584 Siehe grundsätzlich S. 82 ff. und im Einzelnen noch ab S. 127.

585 Vgl. *Finch*, Corporate Insolvency Law, S. 707.

586 Siehe S. 25 ff.

sellschaft, also bei dem Fehlen eines Geschäftsführers, jeder Gesellschafter bei Insolvenzreife den Antrag auf Eröffnung des Verfahrens stellen. Versäumt der Gesellschafter dies, kann er sich nur entlasten, indem er darlegt, dass er von dem Vorliegen der Insolvenzreife oder der Führungslosigkeit der Gesellschaft keine Kenntnis hatte.[587] Mit der Antragspflicht der Gesellschafter bei Führungslosigkeit ist der Gesetzgeber einem Aspekt des Phänomens der Firmenbestattungen entgegengetreten. Bei der Firmenbestattung kam es nach dem früheren Recht zur Umgehung der Insolvenzantragspflicht, indem der alte Geschäftsführer sich aus seiner Organstellung abberufen ließ, die Gesellschafter keinen neuen Geschäftsführer bestellten und damit ein Insolvenzverfahren faktisch vereitelt wurde, da gemäß § 64 Abs. 1 GmbHG a.F. nur der Geschäftsführer den Insolvenzantrag stellen konnte.[588] Durch die Erweiterung der Antragspflicht auf die Gesellschafter soll dieses Problem nunmehr entschärft werden.[589] Des Weiteren steigen durch die Konstituierung dieser Pflicht auch die Chancen, dass ein Verfahren tatsächlich eingeleitet wird. Insbesondere müssen die Gesellschafter bei einer schuldhaften Unterlassung der Stellung des Antrags auf Verfahrenseröffnung bei Führungslosigkeit der Gesellschaft befürchten, dass sie ihrerseits in die Haftung gemäß § 823 Abs. 2 BGB i.V.m. § 15a InsO genommen werden.[590] Im englischen Recht ist hingegen auch für die Gesellschafter keine gesetzliche Pflicht zur Stellung des Antrags auf Einleitung des Verfahrens der *Liquidation* vorgesehen. Weiterhin ist das Haftungsrisiko der Gesellschafter gering. Das englische Recht vollzieht dogmatisch anhand der *Doctrine of Corporate Personality* eine strenge Abgrenzung zwischen dem Gesellschaftsvermögen und dem Vermögen der Gesellschafter.[591] Danach müssen die Gesellschafter grundsätzlich nicht für Verbindlichkeiten der Gesellschaft einstehen. Dementsprechend kommt eine Durchgriffshaftung der Gesellschafter, das sogenannte *Piercing the Corporate Veil*, nur in wenigen Ausnahmefällen in Betracht.[592] Insbesondere bietet dabei zwar die Haftung für *Wrongful Trading* der Gesellschafter in ihrer Eigenschaft als *Shadow Directors* der Gesellschaft eine gesetzlich vorgesehene

587 Vgl. Uhlenbruck/*Hirte*, § 15a, Rn. 63; Kübler/Prütting/Bork/*Preuß*, § 15a, Rn. 40.

588 Vgl. *Uhlenbruck*, § 101, Rn. 1; MüKo/*Schmahl*, § 15a InsO, Rn. 61; Kübler/Prütting/Bork/*Preuß*, § 15a, Rn. 30; *Römermann*, NZI 2008, 641.

589 Vgl. MüKo/*Schmahl*, § 15a InsO, Rn. 61; *Schwab*, DStR 2010, 333; *Römermann*, NZI 2010, 241, 243; *Römermann*, NZI 2008, 641, 645 ff.; *Kindler*, NJW 2008, 3249, 3254 f.; *Wälzholz*, DStR 2007, 1914, 1921.

590 Vgl. Baumbach/Hueck/*Haas*, § 64, Rn. 165 ff.; *Steffek*, Gläubigerschutz in der Kapitalgesellschaft, S. 231.

591 Grundlegend hierzu die Entscheidung *Salomon v Salomon & Co Ltd.* [1897] A.C. 22.

592 Vgl. zum Ganzen *Davies*, Principles of Company Law, S. 200 ff.

Möglichkeit der Durchgriffshaftung gegenüber den Gesellschaftern.[593] Wie bei der Haftung des *Director* aus *Wrongful Trading* stehen einer tatsächlichen Inanspruchnahme der Gesellschafter auf dieser Grundlage jedoch erhebliche Hindernisse entgegen.[594] Eine *Disqualification* von Gesellschaftern ist im englischen Recht ebenfalls nicht vorgesehen.

Schließlich besteht seitens der Gläubiger in Deutschland offenbar eine größere Bereitschaft, den Antrag auf Eröffnung des Insolvenzverfahrens zu stellen als bei englischen Gläubigern; gesetzliche Grundlage für die Antragstellung durch die Gesellschaftsgläubiger sind im deutschen Recht die §§ 13 Abs. 1, 14 Abs. 1 InsO. Zwar unterscheidet das für die Führung der Insolvenzstatistiken zuständige Statistische Bundesamt nach eigenen Angaben nicht, wer – also Gläubiger oder Schuldner – den Insolvenzantrag stellt, sodass von offizieller Seite keine Statistiken zur Belegung dieser These existieren. Allerdings wurde im Jahr 2002 am Amtsgericht Duisburg eine derartige empirische Erhebung durchgeführt, die diese These stützt.[595] Danach stellten im Jahr 1999 in 449 Fällen Gläubiger und in 375 Fällen Schuldner den Insolvenzantrag. Im Jahr 2002 stellten in 469 Fällen Gläubiger und in 456 Fällen Schuldner den Insolvenzantrag. Der Anteil der Gläubigeranträge lag damit bei jeweils circa 50 Prozent. Auf den ersten Blick ist dieser Umstand verwunderlich, da im deutschen Recht die Anforderungen an einen seitens eines Gläubigers eingereichten Insolvenzantrag hoch sind. So muss der Gläubiger neben der Glaubhaftmachung eines rechtlichen Interesses an der Verfahrenseröffnung[596] und dem Vorliegen eines Eröffnungsgrundes, also der Zahlungsunfähigkeit oder Überschuldung, insbesondere seine Forderung glaubhaft machen.[597] Für die Glaubhaftmachung reicht grundsätzlich die Darlegung einer rechtlich ungeklärten Forderung durch den Gläubiger aus.[598] Allerdings ist in der Praxis die bloße Darlegung einer rechtlich ungeklärten Forderung für die Glaubhaftmachung regelmäßig ungeeignet, weil ihre Beweiskraft gering ist.[599] Es ist daher ganz regelmäßig allein praktikabel, dass

---

593 Vgl. *Davies*, Principles of Company Law, S. 217 f.; differenzierend *Steffek*, Gläubigerschutz in der Kapitalgesellschaft, S. 413 f., 511 f.

594 Siehe S. 89 f.

595 Vgl. *Schmahl*, NZI 2002, 177, 178.

596 Das rechtliche Interesse an der Verfahrenseröffnung fehlt, wenn der Gläubiger mit der Antragstellung lediglich insolvenzfremde Zwecke verfolgt, etwa ausschließlich die Beseitigung eines Wettbewerbers, BGH, ZIP 2011, 1161; vgl. auch *Vallender*, NJW 2012, 1633.

597 Vgl. MüKo/*Schmahl*, § 14 InsO, Rn. 9 ff.; Kübler/Prütting/Bork/*Pape*, § 14, Rn. 71.

598 Kübler/Prütting/Bork/*Pape*, § 14, Rn. 72.

599 BGH, ZIP 2005, 91, 92; BGH, ZIP 1992, 947.

der Gläubiger eine titulierte Forderung zur Glaubhaftmachung vorweist.[600] Der Gläubiger muss hierfür den Rechtsweg beschreiten, der zeitaufwendig und zu einem gewissen Grad risikobehaftet ist. Die Motivation des Gläubigers, sich eine Forderung in einem langwierigen und mit Risiken behafteten Prozess allein im Hinblick auf die Stellung eines Insolvenzantrags mit der Aussicht titulieren zu lassen, bei Verfahrenseröffnung lediglich einen Bruchteil der Forderung realisieren zu können, dürfte gering sein. Zudem muss der Gläubiger für die Glaubhaftmachung des Vorliegens eines Insolvenzgrundes Indizien darlegen, die den hinreichend sicheren Schluss zulassen, dass ein Eröffnungsgrund tatsächlich existiert.[601] Durch diese Schwelle will der Gesetzgeber verhindern, dass der Gläubiger die Stellung des Insolvenzantrags leichtfertig als Druckmittel gegen die Gesellschaft als Schuldnerin einsetzt.[602] Gerade eine Überschuldung wird der Gläubiger aber regelmäßig nicht darlegen können, da ihm hierzu die erforderlichen Unterlagen fehlen.

In dieser Situation kommt aber öffentlich-rechtlichen Gläubigern, das heißt dem Fiskus sowie den Sozialversicherungsträgern, eine besondere Rolle zu. Wie privatrechtliche Gläubiger muss der öffentlich-rechtliche Gläubiger zwar die Glaubhaftmachung im vollen Umfang erbringen.[603] Eine früher vertretene Auffassung, wonach es zur Glaubhaftmachung bereits genügte, dass ein öffentlich-rechtlicher Gläubiger den Antrag auf Eröffnung des Insolvenzverfahrens überhaupt stellte,[604] besitzt heute keine Gültigkeit mehr. Dem öffentlich-rechtlichen Gläubiger kommt jedoch bei der Glaubhaftmachung im Vergleich zum privatrechtlichen Gläubiger ein entscheidender Vorteil zugute. Der öffentlich-rechtliche Gläubiger kann sich seine Forderung durch den Erlass eines Verwaltungsakts selbst titulieren[605] und ist hierzu – anders als der privatrechtliche Gläubiger – nicht auf die Beschreitung des Rechtswegs verwiesen.[606] Damit ist die Glaubhaftmachung für den öffentlich-rechtlichen Gläubiger erleichtert und die Antragstellung zügiger durchführbar. Im Ergebnis stellen daher auch deut-

600 Vgl. *Uhlenbruck*, § 14, Rn. 65 ff.

601 OLG Köln, ZIP 1988, 664 f.

602 Vgl. MüKo/*Schmahl*, § 14 InsO, Rn. 2.

603 Vgl. *Uhlenbruck*, § 14, Rn. 71; MüKo/*Schmahl*, § 14 InsO, Rn. 82 ff.; Kübler/Prütting/Bork/*Pape*, § 14, Rn. 77.

604 OLG Köln, ZIP 2000, 504, 506; OLG Dresden, NZI 2001, 261; OLG Zweibrücken, ZIP 2000, 2260, 2262.

605 Vgl. *Stelkens*/Bonk/Sachs, § 35, Rn. 38; Kopp/*Ramsauer*, § 35, Rn. 11 f.

606 BSG, BB 1971, 1008; BSG, ZIP 1981, 39, 40; Bayerisches LSG, ZIP 1998, 1931, 1933.

lich mehr öffentlich-rechtliche Gläubiger als privatrechtliche Gläubiger in Deutschland den Antrag auf Eröffnung des Insolvenzverfahrens.[607]

Durch die Kombination der gesetzlichen Verpflichtung des Geschäftsführers und der Gesellschafter im Fall der Führungslosigkeit, den Antrag auf Eröffnung des Insolvenzverfahrens bei Insolvenzreife zu stellen, mit der exponierten Stellung öffentlich-rechtlicher Gläubiger im Hinblick auf ihr gesetzliches Antragsrecht ist die Schlussfolgerung zulässig, dass in Deutschland eine hohe Wahrscheinlichkeit besteht, dass über das Vermögen einer insolvenzreifen Gesellschaft tatsächlich das Insolvenzverfahren eröffnet wird. Zusammenfassend zeigt der Vergleich zum deutschen Insolvenzrecht auf, dass durch das Fehlen einer gesetzlichen Pflicht des *Director* und der Gesellschafter zur Einleitung der *Liquidation* die Effizienz des englischen Rechtssystems im Hinblick auf die Haftung des *Director* bei Insolvenz der Gesellschaft vermindert ist.[608] Ferner gelingt es englischen Gläubigern praktisch nicht, über ihr Antragsrecht dieses Defizit auszugleichen.

2. Werthaltigkeit der Ansprüche

Ist das Verfahren eingeleitet, stellt sich für den Verwalter, sofern er die Erfüllung eines Haftungstatbestandes darlegen kann, die Frage nach der Werthaltigkeit des geltend zu machenden Anspruchs. Diese Abwägung müssen ebenfalls die Gläubiger treffen, die den *Director* oder Geschäftsführer individuell in die Haftung nehmen wollen. Eine Inanspruchnahme der Geschäftsführung ist nicht zweckmäßig, wenn es zwar aussichtsreich ist, einen Titel zu erwirken, die Vollstreckung jedoch keinerlei Aussicht auf Erfolg hat.

a) England

In England stellt sich häufig das Problem, dass im Fall der *Liquidation* der Gesellschaft nicht nur die Gesellschaft selbst keine Vermögenswerte mehr besitzt, sondern auch der *Director* vermögenslos ist.[609]

Dieses Problem erfährt eine Relativierung, wenn die Gesellschaft zu einem früheren Zeitpunkt eine *Directors & Officers Liability (D & O) Insurance* abgeschlossen hat. Die Möglichkeit des Abschlusses einer *D & O Insurance* besteht

---

607 Dies stützt die im Jahr 2002 am Amtsgericht Duisburg durchgeführte Erhebung, wonach öffentlich-rechtliche Gläubiger in circa 80 Prozent der Fälle, in denen Gläubiger den Insolvenzantrag gestellt hatten, ihrerseits den Antrag stellten, vgl. *Schmahl*, NZI 2002, 177, 179.

608 A.A. *Steffek*, Gläubigerschutz in der Kapitalgesellschaft, S. 255 ff.

609 Vgl. *Keay*, (2010) 23 Insolv. Int. 129; *Carter*, (2006) 19 Insolv. Int. 38, 40; *Hicks*, (1993) 14 Comp. Law. 16, 20

in England seit dem Jahre 1989.[610] Heute bildet Section 233 Companies Act 2006 die rechtliche Grundlage für den Abschluss einer *D & O Insurance*. Bei einer *D & O Insurance* handelt es sich um eine Versicherung, welche die Gesellschaft für den *Director* abschließt. Im Haftungsfall gewährt der Versicherer dem *Director* sodann Versicherungsschutz, indem er – je nach Umfang der Police – den entstandenen Schaden sowie die entstandenen Verfahrenskosten trägt.[611] Die *D & O Insurance* bietet damit die Möglichkeit einer gesetzlich vorgesehenen Freistellung des *Director*, jedenfalls soweit der Versicherungsschutz reicht.[612] Regelmäßig endet der Versicherungsschutz aber bei einem betrügerischen Verhalten des *Director*.[613] Das *Institute of Chartered Secretaries and Administrators*, das sich auf die unabhängige Beratung von Mandanten aus der Wirtschaft in Fragen der Geschäftsführung und Compliance spezialisiert hat, empfiehlt in seinen Leitlinien zu *Directors and Officers Insurance* ebenfalls einen dahin gehend beschränkten Versicherungsschutz bei der *D & O Insurance*.[614] Es ist der Gesellschaft aber unbenommen, einen weitergehenden (teureren) Versicherungsschutz bei der *D & O Insurance* zu vereinbaren.[615]

Damit ist es auch bei der Vermögenslosigkeit des *Director* für den *Liquidator* (oder einen Gläubiger selbst) durchaus sinnvoll, den *Director* in die Haftung zu nehmen, sofern es hinreichend wahrscheinlich ist, dass die *D & O Insurance* in diesem Fall einsteht.

b) Deutschland

Auch in Deutschland existiert gleichermaßen das Problem, dass bei der Insolvenz einer Gesellschaft ein Rückgriff auf den Geschäftsführer häufig nicht sinnvoll ist, weil dieser keine ausreichende Bonität aufweist. Wie in England besteht aber in Deutschland ebenfalls die Möglichkeit, diesem Problem bei dem Vorliegen eines entsprechenden Versicherungsschutzes entgegenzutreten.

Diese Versicherungen werden im deutschen Recht offiziell unter dem Begriff Vermögensschaden-Haftpflichtversicherung für Organmitglieder juristi-

---

610 Vgl. *Davies*, Principles of Company Law, S. 592.

611 Vgl. für einen Überblick bezüglich *D & O Insurances* in England Mortimore/*Hill/Kochberg*, Company Directors, S. 473 ff.; *Baxter*, (1995) 15 O.J.L.S. 537 ff.

612 Vgl. Mortimore/*Hill/Kochberg*, Company Directors, S. 475.

613 Vgl. Mortimore/*Hill/Kochberg*, a.a.O.; *French/Mayson/Ryan*, Company Law, S. 512; *Davies*, Principles of Company Law, S. 593; *Perry/Gregory*, (2009) 20 I.C.C.L.R. 25, 34.

614 Guidance Note des Institute of Chartered Secretaries and Administrators, Reference No. 030925.

615 Vgl. *Davies*, Principles of Company Law, S. 593.

scher Personen geführt, in der Praxis hat sich allerdings der Begriff der D & O Versicherung etabliert.[616] Die erste D & O Versicherung wurde im Jahr 1986 auf dem deutschen Markt angeboten; eine flächendeckende Nachfrage ist aber erst im Laufe der letzten Jahre entstanden.[617] Dies ist vor allem mit dem gestiegenen Bedürfnis eines entsprechenden Schutzes wegen der Erleichterung der Durchsetzung von Schadensersatzansprüchen gegen Unternehmensleiter aufgrund von Gesetzen wie dem KonTraG[618] oder dem TransPuG[619] sowie der Erweiterung des Pflichtenkreises der Geschäftsführung durch richterliche Rechtsfortbildung[620] und einer damit einhergehenden Mehrung potenzieller Haftungsrisiken zu begründen.[621] Die D & O Versicherung ist, wie der offizielle deutsche Begriff schon besagt, eine (freiwillige) Haftpflichtversicherung. Spezialgesetzliche Regelungen zu D & O Versicherungen existieren momentan nicht, sodass die Vorschriften über die Haftpflichtversicherung gemäß §§ 100 ff. VVG maßgeblich sind.[622] Die D & O Versicherung ist eine Versicherung für fremde Rechnung nach §§ 43 ff. VVG.[623] Dabei ist die Gesellschaft als Vertragspartnerin des Versicherers Versicherungsnehmerin und der Geschäftsführer der Versicherte.

Wie im englischen Recht ist die Ausgestaltung des Versicherungsvertrags im deutschen Recht maßgeblich für die Frage, inwieweit der Versicherer für Vermögensschäden einsteht, die aufgrund schuldhafter Pflichtverletzungen des Geschäftsführers entstanden sind.[624] Wissentliche und vorsätzliche Pflichtverletzungen des Geschäftsführers sind ganz regelmäßig vom Versicherungsschutz

616 Vgl. Ulmer/*Paefgen*, § 43, Rn. 256.

617 Vgl. *Beckmann*/Matusche-Beckmann, § 28, Rn. 4 ff.

618 Gesetz zur Kontrolle und Transparenz im Unternehmensbereich vom 27.04.1998, BGBl I, 786.

619 Gesetz zur weiteren Reform des Aktien- und Bilanzrechts, zu Transparenz und Publizität vom 19.07.2002, BGBl I, 2681.

620 Siehe unter anderem die Entscheidungen BGH, NJW 1997, 1926 – ARAG/Garmenbeck sowie BGH, NJW 1990, 976 – Baustoff; zur Kritik an der letztgenannten Entscheidung Ulmer/*Paefgen*, § 43, Rn. 203 ff.

621 Vgl. *Beckmann*/Matusche-Beckmann, § 28, Rn. 4.

622 OLG München, ZIP 2005, 1556; vgl. auch Prölls/Martin/*Voit*, AVB-AVG 1, Rn. 6; *Beckmann*/Matusche-Beckmann, § 28, Rn. 18.

623 OLG München, ZIP 2005, 1556; vgl. auch Prölls/Martin/*Voit*, a.a.O.; *Beckmann*/Matusche-Beckmann, § 28, Rn. 48; Scholz/*U. Schneider*, § 43, Rn. 436.

624 Vgl. *Beckmann*/Matusche-Beckmann, § 28, Rn. 117; ein obligatorischer Selbstbehalt, den § 93 Abs. 2 S. 3 AktG in Höhe von mindestens 10 % des Schadens bis mindestens zur Höhe des Eineinhalbfachen der festen jährlichen Vergütung des Vorstandsmitglieds vorsieht, existiert bei der D & O Versicherung für den Geschäftsführer einer GmbH nicht, vgl. *Thüsing/Traut*, NZA 2010, 140, 144; *Olbrich/Kassing*, BB 2009, 1659.

ausgenommen.[625] Zudem ist die Ausgestaltung des Versicherungsvertrags bedeutend bei der Frage, ob lediglich eine reine Außenhaftung, also die Haftung des Geschäftsführers gegenüber Dritten, im Insolvenzfall insbesondere wegen Insolvenzverschleppung,[626] oder darüber hinaus die Innenhaftung, also die Haftung des Geschäftsführers gegenüber der Gesellschaft, vom Versicherungsschutz erfasst ist.[627]

Existiert eine entsprechende D & O Versicherung stellt sich die Frage, wie der Insolvenzverwalter auf sie zurückgreifen kann. Grundsätzlich kann der Insolvenzverwalter (oder ein Gläubiger) in diesem Fall weder einen Innenhaftungsanspruch der Gesellschaft noch einen Außenhaftungsanspruch direkt gegen den Versicherer geltend machen. Ein solcher Direktanspruch ist gesetzlich nicht vorgesehen.[628] Folglich ist regelmäßig zunächst ein Haftungsprozess gegen den Geschäftsführer zu führen.[629] Erst bei der erfolgreichen gerichtlichen Geltendmachung des Anspruchs kann der Geschäftsführer sodann, gegebenenfalls im Rahmen eines Deckungsprozesses, gegen den Versicherer einen Anspruch auf Freistellung geltend machen.[630] Eine Erleichterung bei der Inanspruchnahme der D & O Versicherung hat allerdings die Änderung des VVG durch das VersVertrRefG[631] zum 01.01.2008 gebracht. Seither kann der Versicherer gemäß § 108 Abs. 2 VVG die Abtretung des Freistellungsanspruchs des Geschäftsführers an Dritte nicht mehr durch allgemeine Versicherungsbedingungen ausschließen. Es besteht damit die Möglichkeit, dass der in Anspruch genommene Geschäftsführer mit dem Insolvenzverwalter (oder Gläubiger) kooperiert und seinen Freistellungsanspruch gegen den Versicherer vorab abtritt.[632] Der Verwalter (oder Gläubiger) kann dann den Schadensausgleich direkt gegenüber dem Versicherer betreiben, ohne den Umweg über die vorherige Inanspruchnahme des (mittellosen) Geschäftsführers nehmen zu müssen. Zwar setzt die Abtretung des Freistellungsanspruchs in jedem Fall eine (formfreie und sogar stillschweigend mögli-

---

625 Vgl. Prölls/Martin/*Voit*, AVB-AVG 5, Rn. 1 ff.; *Beckmann*/Matusche-Beckmann, a.a.O.; Scholz/*Schneider*, § 43, Rn. 445; *Ehlers*, ZInsO 2008, 524, 530.

626 Vgl. Ulmer/*Paefgen*, § 43, Rn. 259.

627 Vgl. Prölls/Martin/*Voit*, AVB-AVG 1, Rn. 25; *Beckmann*/Matusche-Beckmann, § 28, Rn. 92; Ulmer/*Paefgen*, a.a.O.

628 OLG München, ZIP 2005, 1556 1557; LG München I, VersR 2005, 543, 544; LG Marburg, DB 2005, 437 f.

629 Vgl. Prölls/Martin/*Voit*, AVB-AVG 1, Rn. 25.

630 Vgl. *Ehlers*, ZInsO 2008, 524, 530.

631 Gesetz zur Reform des Versicherungsvertragsrechts vom 23.11.2007, BGBl I, 2631.

632 Vgl. Prölls/Martin/*Voit*, AVB-AVG 1, Rn. 9; *Ehlers*, ZInsO 2008, 524, 530.

che) Abtretungserklärung des Geschäftsführers voraus.[633] Es dürfte jedoch regelmäßig im Interesse des Geschäftsführers liegen, diese Erklärung abzugeben. Mithin existiert auch im deutschen Recht die Option für den Insolvenzverwalter (oder Gläubiger), Haftungsansprüche gegen den Geschäftsführer trotz dessen Vermögenslosigkeit geltend zu machen, wenn hierfür die D & O Versicherung einstehen muss. Die Möglichkeit der Abtretung des Freistellungsanspruchs gegen den Versicherer durch den Geschäftsführer sollte dabei den Anreiz zur Geltendmachung des Anspruchs noch erhöhen. Dies gilt jedenfalls, solange der Geschäftsführer greifbar ist, also wenn kein Fall der Firmenbestattung vorliegt.[634]

Im Ergebnis bestehen daher unter dem Aspekt der Effizienz der Haftungssysteme in England und Deutschland keine gravierenden Unterschiede bei der Frage nach dem wirtschaftlichen Sinn der Geltendmachung von Haftungsansprüchen gegen die Geschäftsführung, insbesondere aufgrund der Eindämmung des Problems in den Rechtsordnungen durch den vermehrten Abschluss von *D & O Insurances* bzw. D & O Versicherungen. Hieran ist trotz vereinzelter Stimmen in England und Deutschland festzuhalten, die das deutsche System in Bezug auf D & O Versicherungen kritisieren und im Vergleich zum englischen System als rückständig betrachten.[635]

3. Einwirkungsmöglichkeiten auf den Verwalter

Der *Liquidator* in England und der Insolvenzverwalter in Deutschland halten bei der Durchsetzung der Geschäftsführerhaftung in der Insolvenz der Gesellschaft die zentrale Rolle inne.[636] Beiden obliegt durch die ihnen gesetzlich eingeräumte Klagebefugnis bei den Haftungstatbeständen, die der Gläubigergesamtheit zugutekommen, die Entscheidung, ob sie die Geschäftsführung in Anspruch nehmen. Damit befindet sich die Gläubigergesamtheit in einem Abhängigkeitsverhältnis zu dem Verwalter. Dieses Abhängigkeitsverhältnis zulasten der Gläubigergesamtheit ist abgeschwächt, wenn es eine Möglichkeit für die Gläubiger gibt, auf den Verwalter einzuwirken. Zu denken ist etwa an einen Schadensersatzanspruch der Gläubiger gegen den Verwalter bei einer schuldhaft unterlassenen Geltendmachung von Haftungsansprüchen gegen die Geschäftsführung.

---

633 BGH, DB 1967, 377; BGH, NJW 1969, 40; BGH, NJW 1997, 729, 730; vgl. auch Palandt/*Grüneberg*, § 398, Rn. 5 f.; MüKo/*Roth*, § 398 BGB, Rn. 13; Prütting/Wegen/Weinreich/*H.-F. Müller*, § 398, Rn. 4.

634 Siehe S. 102 f.

635 Vgl. *Perry/Gregory*, (2009) 20 I.C.C.L.R. 25, 34; *Peltzer*, NZG 2009, 970 ff.

636 Siehe S. 80 ff.

a) England

Im englischen Recht existiert ein dahin gehender originärer Schadensersatzanspruch gegen den *Liquidator* nicht. Allerdings gibt es die Möglichkeit, den *Liquidator* im Rahmen eines *Misfeasance Proceeding*[637] gemäß Section 212 Abs. 1 b) Insolvency Act 1986 haftbar zu machen.[638] Dabei steht den Gläubigern ein Recht zur Einleitung dieses Verfahrens aus Section 212 Abs. 3 Insolvency Act 1986 zu.[639] Gemäß Section 212 Abs. 2 Insolvency Act 1986 kann ein *Misfeasance Proceeding* gegen den *Liquidator* bei jeder Treuepflichtverletzung oder Verletzung sonstiger ihm obliegender Pflichten eingeleitet werden, die der *Liquidator* im Zusammenhang mit seiner Amtsausübung begangen hat.

Den *Liquidator* treffen bei der Ausübung seines Amtes vielfältige Pflichten.[640] So muss der *Liquidator* im Rahmen seines allgemeinen Pflichtenkatalogs Interessenkonflikte vermeiden, unabhängig handeln, eigenständig Entscheidungen treffen und vor allem sein Amt mit der notwendigen Sorgfalt und dem erforderlichen Geschick durchführen.[641] Die letztgenannte Pflicht umfasst ebenfalls, die Belange der Gläubigergesamtheit zu achten.[642] Dabei hat der *Liquidator* auch zu prüfen, ob sich der *Director* schuldhaft pflichtwidrig gegenüber der Gesellschaft oder der Gläubigergesamtheit verhalten hat.[643] Diese Prüfungspflicht verdichtet sich gemäß Section 143 Abs. 1 Insolvency Act 1986 zu der Pflicht, den *Director* bei der Feststellung eines pflichtwidrigen Verhaltens gegenüber der Gesellschaft in Anspruch zu nehmen. Denn Section 143 Abs. 1 Insolvency Act 1986 legt dem *Liquidator* die Pflicht auf, die Vermögenswerte der Gesellschaft im Rahmen der *Liquidation* ordnungsgemäß zu verwerten. Zu den Vermögenswerten der Gesellschaft sind hierbei unter anderem solche Erlöse zu zählen, die durch die Inanspruchnahme des *Director* für dessen pflichtwidri-

637 Siehe S. 80 f.

638 *Centralcrest Engineering Ltd., Re* [2000] B.C.C. 727; *Whitehouse v Wilson* [2007] B.P.I.R. 230; *Hague v Nam Tai Electronics* [2008] B.C.C. 295; vgl. auch *Finch*, Corporate Insolvency Law, S. 540 f.; *Keay/Walton*, Insolvency Law, S. 301.

639 Siehe S. 80 f.

640 Vgl. *Keay/Walton*, Insolvency Law, S. 298 ff.; *Loose/Griffiths*, Liquidators, S. 2 ff.

641 Vgl. *Keay/Walton*, Insolvency Law, S. 299 ff. Zudem existieren spezielle Pflichten des *Liquidator*, insbesondere prozessualer Natur, vgl. hierzu *Keay/Walton*, Insolvency Law, S. 301 ff.

642 *Macrae v Henderson* (1989) S.L.T. 523; *Kyrris v Oldham* [2003] EWCA Civ 1506; *Hague v Nam Tai Electronics* [2008] B.C.C. 295.

643 Vgl. *Keay/Walton*, Insolvency Law, S. 419; *Loose/Griffiths*, Liquidators, S. 113.

ges Verhalten erzielbar sind.[644] Unterlässt es der *Liquidator* in dieser Situation, den Anspruch gegen den *Director* geltend zu machen, verletzt er seinerseits die Pflicht aus Section 143 Abs. 1 Insolvency Act 1986 und setzt sich demnach während seiner Amtszeit[645] potenziell der Gefahr aus, durch ein *Misfeasance Proceeding* in Anspruch genommen zu werden.[646] Wie bei dem *Misfeasance Proceeding* gegen einen *Director*[647] besteht bei dem Verfahren gegen den *Liquidator* jedoch ebenfalls die Möglichkeit, dass das Gericht den *Liquidator* von seiner Haftung entbindet.[648] Denn auch der *Liquidator* ist in den Anwendungsbereich von Section 1157 Companies Act 2006 einbezogen.[649] Bei einem erfolgreichen *Misfeasance Proceeding* gegen den *Liquidator* hat dieser gemäß Section 212 Abs. 3 lit. b) Insolvency Act 1986 den nach Ermessen des Gerichts zu leistenden Betrag, wie bei einem *Misfeasance Proceeding* gegen einen *Director*,[650] der Masse zuzuführen. Eine gesonderte Befriedigung des das Verfahren führenden Gläubigers kommt wiederum nicht in Betracht hat.[651]

Obwohl über die Durchführung eines *Misfeasance Proceeding* damit grundsätzlich die Möglichkeit für die Gläubiger der insolventen Gesellschaft besteht, auf den *Liquidator* einzuwirken, ist das Druckpotenzial dieser Maßnahme als gering einzustufen. Zunächst ist die Durchführung eines *Misfeasance Proceeding* nicht immer möglich, wenn es der *Liquidator* unterlässt, Haftungsansprüche gegen den *Director* geltend zu machen. Die unterlassene Geltendmachung von Ansprüchen aus *Wrongful* oder *Fraudulent Trading* kann schon nicht Inhalt eines *Misfeasance Proceeding* gegen den *Liquidator* sein. Diese Ansprü-

---

644 *Park Gate Waggon Works Co, Re* (1881) 17 Ch. D. 234; *Produce Marketing Consortium (In Liquidation) Ltd., Re (No. 2)* (1989) 5 B.C.C. 569; vgl. auch *Finch*, Corporate Insolvency Law, S. 705; *Griffin*, Personal Liability, S. 36 f.

645 Eine Inanspruchnahme nach dem Ende der Amtszeit des *Liquidator* ist gemäß Section 212 Abs. 4 Insolvency Act 1986 nur mit besonderer Einwilligung des Gerichts möglich.

646 Hat der *Liquidator* ein pflichtwidriges Verhalten des *Director* aufgedeckt muss er zudem, wenn feststeht, dass sich der *Director* aufgrund seines pflichtwidrigen Verhaltens zugleich strafbar gemacht hat, die zuständigen Strafverfolgungsbehörden informieren, vgl. *Keay/Walton*, Insolvency Law, S. 419. Des Weiteren muss der *Liquidator* gemäß Sections 6 Abs. 1, 7 Abs. 3 Company Directors Disqualification Act 1986 den *Secretary of State for Business, Innovation and Health*, also den zuständigen Minister für die Bereiche Wirtschaft, Entwicklung und Gesundheit innerhalb des Regierungskabinetts, bei einem pflichtwidrigen Verhalten des *Director*, welches zu seiner *Disqualification* führen kann, über diesen Umstand in Kenntnis setzen.

647 Siehe S. 80 f.

648 Vgl. *Keay/Walton*, Insolvency Law, S. 627.

649 Vgl. *Keay/Walton*, a.a.O.

650 Siehe S. 81.

651 Siehe S. 81 f.

che stehen nicht der Gesellschaft, sondern der Gläubigergesamtheit zu.[652] Damit existiert keine Pflicht des *Liquidator* aus Section 143 Abs. 1 Insolvency Act 1986, diese Ansprüche geltend zu machen.[653] Im Ergebnis besteht kein irgend gearteter Schadensersatzanspruch der Gläubiger gegen den *Liquidator* bei der unterlassenen Geltendmachung von Ansprüchen gegen den *Director* aus *Wrongful* oder *Fraudulent Trading*.[654] Zudem dürfte ein (ungesicherter) Gläubiger der Gesellschaft regelmäßig nicht bereit sein, ein *Misfeasance Proceeding* gegen den *Liquidator* zu führen, wenn weitere Gläubiger existieren, was stets der Fall sein dürfte. Die Durchführung eines *Misfeasance Proceeding* des einzelnen Gläubigers gegen den *Liquidator* führt nie zur direkten Befriedigung dieses Gläubigers. Der Gläubiger erlangt indirekt Befriedigung, da ein erfolgreiches *Misfeasance Proceeding* die Anreicherung der Masse bewirkt und dadurch die für die einzelnen ungesicherten Gläubiger bei der Verteilung zu erzielende Quote steigert. Der persönliche Nutzen, den der Gläubiger aus der Führung des Prozesses gegen den *Liquidator* ziehen kann, dürfte damit regelmäßig gering sein. Denn es ist zu bedenken, dass aus der Masse die Verfahrenskosten sowie die *Preferential Debts* und die übrigen ungesicherten Gläubiger, einschließlich solcher Gläubiger, die durch eine *Floating Charge* gesichert waren und keine vollständige Befriedigung erlangen konnten, zu befriedigen sind.[655] Schließlich besteht für den Gläubiger, der ein *Misfeasance Proceeding* gegen den *Liquidator* führt, die zusätzliche Gefahr, dass das Gericht den *Liquidator* nachträglich von seiner Haftung gemäß Section 1157 Companies Act 2006 entbindet, obwohl ein Anspruch grundsätzlich besteht. Da in dieser Situation einzig der Gläubiger und nicht die Gläubigergesamtheit das Kostenrisiko trägt, dürfte dieser Umstand einen Gläubiger zusätzlich demotivieren, ein Verfahren gegen den *Liquidator* zu führen. Zusammenfassend dürfte damit die Bereitschaft eines Gläubigers, ein *Misfeasance Proceeding* gegen den *Liquidator* einzuleiten nur bestehen, wenn die Pflichtverletzung des *Liquidator* evident ist, sein unangemessenes Verhalten in dieser Situation nahe liegt und bei der erfolgreichen Geltendmachung des Anspruchs eine erhebliche Steigerung der Quote des Gläubigers zu erwarten ist. Dies wird nur in seltenen Ausnahmen der Fall sein. Dementsprechend ist das Druckpotenzial, das von einer potenziellen Inanspruchnahme im Zuge eines *Misfeasance Proceeding* für die unterlassene Geltendmachung von Ansprüchen gegen den *Director* gegenüber dem *Liquidator* ausgeht, als gering einzustufen.

---

652 Siehe S. 81.

653 Siehe S. 111.

654 Vgl. *Griffin*, Personal Liability, S. 79.

655 Siehe S. 82 ff.

Als weiteres Druckmittel zur Einwirkung auf den *Liquidator* bleibt den Gläubigern die Möglichkeit, auf die Amtsenthebung des *Liquidator* hinzuwirken.[656] Hierzu ist grundsätzlich die Zustimmung der Gläubiger in einer speziell im Hinblick auf die Amtsenthebung einberufenen Gläubigerversammlung erforderlich.[657] Die Amtsenthebung erfolgt, wenn zumindest 50 % (*Creditors' Voluntary Liquidation*) bzw. 25 % (*Compulsory Liquidation*) der Gläubiger, gemessen an der Summe der Forderungsbeträge, der Maßnahme zustimmen. Legt man die geringe Bereitschaft englischer Gläubiger zugrunde, bei Insolvenzen von Gesellschaften aktiv zu werden,[658] dürfte die Einberufung der Gläubigerversammlung mit dem Ziel, den *Liquidator* wegen der unterlassenen Geltendmachung von Ansprüchen gegen den *Director* von seinem Amt zu entheben, nur in Ausnahmefällen erfolgen. Zudem dürften den Gläubigern im Vorfeld bereits regelmäßig entscheidende Informationen fehlen, anhand derer das Bestehen eines Anspruchs gegen den *Director* ersichtlich ist, womit die Wahrscheinlichkeit der Einberufung der Gläubigerversammlung zur Amtsenthebung des *Liquidator* weiter sinkt. Sollte eine Gläubigerversammlung zur Amtsenthebung des *Liquidator* scheitern, bleibt dem einzelnen Gläubiger gemäß Section 108 Abs. 2 Insolvency Act 1986 die Möglichkeit, die Amtsenthebung durch das Gericht zu beantragen.[659] Der Gläubiger muss dabei zunächst darlegen, dass er ein berechtigtes Interesse an der Amtsenthebung hat, wobei seine Position als Forderungsinhaber gegen die insolvente Gesellschaft zu der Darlegung dieses Interesses ausreichend ist.[660] Das Gericht prüft sodann, ob der *Liquidator* durch sein Verhalten gegebenenfalls gegen die Interessen der Gläubigergesamtheit verstoßen hat.[661] Ein Verstoß gegen die Interessen der Gläubigergesamtheit kann vorliegen, wenn der *Liquidator* nicht vollumfänglich seinen gesetzlichen Pflichten nachkommt.[662] Liegt nach der Überzeugung des Gerichts ein Grund zur Amts-

---

656 Vgl. *Keay/Walton*, Insolvency Law, S. 312 ff.; *Loose/Griffiths*, Liquidators, S. 253 f.

657 Siehe Section 171 Abs. 2 lit. b) Insolvency Act 1986 (*Creditors' Voluntary Liquidation*) und Section 172 Abs. 2 Insolvency Act 1986 (*Compulsory Liquidation*).

658 Siehe S. 102.

659 Obwohl die Möglichkeit der Beantragung bei Gericht gemäß Section 108 Abs. 2 Insolvency Act 1986 nach dem Wortlaut der Norm auf die *Creditors' Voluntary Liquidation* bezogen ist, ist ein solcher Antrag auch im Zuge einer *Compulsory Liquidation* möglich, vgl. *Keay/Walton*, Insolvency Law, S. 313.

660 *Deloitte Touche AG v Johnson* [1999] B.C.C. 992; *Stella Metals Ltd. (In Liquidation), Re* [1997] B.C.C. 626.

661 *Rubber and Produce Investment Trusts, Re* [1915] 1 Ch. 382; *Adam Eyton Ltd., Re* (1887) 36 Ch. D. 299.

662 *Scotch Granite Co, Re* (1868) 17 LT 538; *Baron Cigarette Machine Co, Re* (1912) 28 TLR 294.

enthebung des *Liquidator* vor, hat das Gericht diese sodann durchzuführen.[663] Auch im Hinblick auf die durch einen Gläubiger bei Gericht initiierte Amtsenthebung gelten aber wiederum die Bedenken, dass Gläubiger zur Antragstellung regelmäßig nicht bereit sein und ihnen darüber hinaus schon die Informationen fehlen dürften, die Pflichtverletzung des *Liquidator* zu erkennen.

b) Deutschland

Im Gegensatz zum englischen Recht sieht das deutsche Recht mit § 60 Abs. 1 S. 1 InsO einen originären Schadensersatzanspruch gegen den Insolvenzverwalter vor, wenn der Insolvenzverwalter es schuldhaft unterlässt, den Geschäftsführer in die Haftung zu nehmen. In diesem Fall haftet der Insolvenzverwalter mit seinem Privatvermögen.[664]

Gemäß § 60 Abs. 1 S. 1 InsO ist der Insolvenzverwalter den Beteiligten zum Schadensersatz verpflichtet, wenn er schuldhaft Pflichten verletzt, die ihm nach der Insolvenzordnung obliegen. Die insolvenzspezifischen Pflichten gegenüber der Gläubigergesamtheit lassen sich hierbei grob in Pflichten im Zusammenhang mit der Inbesitznahme der Masse, der Erhaltung der Masse sowie der Verwertung der Masse einteilen.[665] Als Ausfluss seiner Pflicht zur Inbesitznahme der Masse muss der Insolvenzverwalter dafür Sorge tragen, dass Verkürzungen der Insolvenzmasse ausgeglichen werden und die Insolvenzmasse so weit wie möglich angereichert wird.[666] Hierzu ist er verpflichtet, Ansprüche gegen Dritte, die zu der Insolvenzmasse gehören, gerichtlich durchzusetzen, sofern günstige Erfolgsaussichten bestehen und die Prozessführung wirtschaftlich vertretbar erscheint.[667] Dementsprechend muss der Insolvenzverwalter Ansprüche gegen den Geschäftsführer geltend machen, die der Gläubigergesamtheit zugutekommen, wenn eine hinreichende Aussicht auf eine erfolgreiche Geltendmachung existiert, um seinen insolvenzspezifischen Pflichten aus § 60 Abs. 1 S. 1 InsO vollumfänglich nachzukommen. Zu diesen Ansprüchen zählen etwa Ansprüche aus

---

663 Vgl. *Keay/Walton*, Insolvency Law, S. 313 ff.

664 BGH, NJW 1983, 1799, 1800; vgl. auch MüKo/*Brandes*, §§ 60, 61 InsO, Rn. 1.

665 Vgl. MüKo/*Brandes*, §§ 60, 61 InsO, Rn. 11 ff.; Kübler/Prütting/Bork/*Lüke*, § 60, Rn. 23a f.; ähnlich Uhlenbruck/*Sinz*, § 60, Rn. 47, der den Begriff der Pflicht zur optimalen Verfahrensabwicklung anführt.

666 BGH, ZIP 2004, 1218, 1219; vgl. auch Uhlenbruck/*Sinz*, a.a.O.; MüKo/*Brandes*, §§ 60, 61 InsO, Rn. 12 ff.; Kübler/Prütting/Bork/*Lüke*, § 60, Rn. 23a; *Meyer-Löwy/Poertzgen/Sauer*, ZInsO 2005, 691, 693.

667 BGH, NJW 1994, 323, 324; vgl. auch Uhlenbruck/*Sinz*, a.a.O.; MüKo/*Brandes*, §§ 60, 61 InsO, Rn. 12; Kübler/Prütting/Bork/*Lüke*, § 60, Rn. 26; *Meyer-Löwy/Poertzgen/Sauer*, ZInsO 2005, 691, 693.

§ 823 Abs. 2 BGB i.V.m. § 15a InsO,[668] § 64 S. 1 GmbHG,[669] der allgemeinen gesellschaftsrechtlichen Geschäftsführerhaftung aus § 43 Abs. 2 GmbHG[670] oder der deliktischen Haftung aus § 826 BGB.[671] Weiterhin setzt der Schadensersatzanspruch gegen den Insolvenzverwalter aus § 60 Abs. 1 S. 1 InsO ein schuldhaftes Verhalten des Verwalters voraus. Er haftet, wenn er die Pflichtverletzung vorsätzlich oder fahrlässig begangen hat.[672] Haftungsmaßstab ist dabei gemäß § 60 Abs. 1 S. 2 InsO die Sorgfalt eines ordentlichen und gewissenhaften Insolvenzverwalters. Demnach muss der Insolvenzverwalter bei seinem Handeln den Mindestsorgfaltsmaßstab, der stets bei einer Insolvenzabwicklung zu erwarten ist, und zugleich die an ihn gestellten individuellen Anforderungen bei der Durchführung des Verfahrens erfüllen.[673] Verletzt der Insolvenzverwalter rechtsirrtümlich seine insolvenzspezifischen Pflichten, ändert dies nichts an dem gegen ihn zu erhebenden Fahrlässigkeitsvorwurf, da von ihm zu erwarten ist, dass er diese Pflichten kennt.[674] Schließlich muss der Gläubigergesamtheit durch die Pflichtverletzung des Insolvenzverwalters ein Schaden entstanden sein.[675]

Während des laufenden Insolvenzverfahrens können die Gläubiger den Anspruch gegen den Insolvenzverwalter nicht selbstständig geltend machen. Hierzu ist die Bestellung eines neuen Insolvenzverwalters oder eines parallel bestellten Sonderinsolvenzverwalters notwendig.[676] Die Einsetzung des neuen Insolvenzverwalters oder des Sonderinsolvenzverwalters erfolgt durch das Insolvenzgericht.[677] Den Antrag auf Einsetzung des neuen Insolvenzverwalters oder des Sonderinsolvenzverwalters können lediglich der Gläubigerausschuss oder die Gläubigerversammlung, nicht jedoch einzelne Gläubiger stellen.[678] Nach Ab-

---

668 Vgl. MüKo/*Brandes*, §§ 60, 61 InsO, Rn. 14.

669 Vgl. MüKo/*Brandes*, §§ 60, 61 InsO, Rn. 13.

670 Vgl. Uhlenbruck/*Sinz*, § 60, Rn. 47.

671 Vgl. MüKo/*Brandes*, §§ 60, 61 InsO, Rn. 13.

672 Vgl. Uhlenbruck/*Sinz*, § 60, Rn. 90; MüKo/*Brandes*, §§ 60, 61 InsO, Rn. 89.

673 Vgl. Uhlenbruck/*Sinz*, § 60, Rn. 91; MüKo/*Brandes*, §§ 60, 61 InsO, Rn. 90; ähnlich Kübler/Prütting/Bork/*Lüke*, § 60, Rn. 36 f.

674 OLG Köln, BB 1995, 2552; vgl. auch Uhlenbruck/*Sinz*, a.a.O.; MüKo/*Brandes*, a.a.O.; Kübler/Prütting/Bork/*Lüke*, § 60, Rn. 38.

675 BGH, ZIP 1989, 1407, 1408; vgl. auch Uhlenbruck/*Sinz*, § 60, Rn. 88 f.; MüKo/*Brandes*, §§ 60, 61 InsO, Rn. 105 ff.; Kübler/Prütting/Bork/*Lüke*, § 60, Rn. 47a.

676 BGH, ZIP 2009, 2012, 2013; BGH, NZI 2004, 496.

677 Siehe zu der Bestellung des neuen Insolvenzverwalters §§ 56, 59 InsO, zu der Bestellung des Sonderinsolvenzverwalters BGH, ZIP 2008, 1294; BGH, NJW 2006, 443, 444.

678 Siehe zum Antragsrecht auf Entlassung des alten und Einsetzung des neuen Insolvenzverwalters § 59 InsO, zum Antragsrecht auf Einsetzung des Sonderinsolvenzverwalters BGH, ZIP 2009, 529, 530 f.; BGH, ZIP 2007, 548, 550; BGH, NZI 2006, 474; a.A. AG

schluss des Insolvenzverfahrens können die einzelnen Gläubiger, jeweils anteilig in der Höhe ihres Einzelschadens, den Schadensersatzanspruch gegen den Insolvenzverwalter aus § 60 Abs. 1 S. 1 InsO persönlich geltend machen.[679]

Damit besteht im deutschen Recht durch die Möglichkeit der persönlichen Inanspruchnahme des Insolvenzverwalters bei dessen pflichtwidrigem Unterlassen der Geltendmachung von Haftungsansprüchen gegen den Geschäftsführer ein Druckmittel, um auf den Insolvenzverwalter einzuwirken und ihn zur Aufnahme des Prozesses gegen den Geschäftsführer zu bewegen. Die Anzahl der unter der Insolvenzordnung und der vorangegangenen Konkursordnung ergangenen Entscheidungen zum Schadensersatzanspruch gegen den Insolvenzverwalter gemäß § 60 Abs. 1 S. 1 InsO, früher § 82 KO, verdeutlicht zudem, dass die Gläubiger durchaus bereit sind, von diesem Mittel Gebrauch zu machen.

Ferner können die Gläubiger – ähnlich wie im englischen Recht – Druck auf den Insolvenzverwalter ausüben, indem sie auf die Entlassung des Insolvenzverwalters gemäß § 59 InsO hinwirken. Nach § 59 Abs. 1 S. 2 InsO kann bei dem Vorliegen eines wichtigen Grundes die Entlassung des Insolvenzverwalters aufgrund eines Antrags seitens der Gläubigerversammlung oder des Gläubigerausschusses oder von Amts wegen durch das Insolvenzgericht erfolgen. Die Gläubigerversammlung oder, falls vorhanden, der Gläubigerausschuss können den Antrag auf Entlassung des Insolvenzverwalters nach einer dahin gehenden Beschlussfassung stellen. Gemäß § 76 Abs. 2 InsO kommt ein solcher Beschluss der Gläubigerversammlung zustande, wenn die Summe der Forderungsbeträge der der Entlassung zustimmenden Gläubiger mehr als die Hälfte der Summe der Forderungsbeträge der insgesamt abstimmenden Gläubiger beträgt. Gemäß § 72 InsO ist der Beschluss des Gläubigerausschusses gültig, wenn in dieser Abstimmung die Mehrheit der Mitglieder an der Beschlussfassung teilgenommen hat und der Beschluss mit der Mehrheit der abgegebenen Stimmen gefasst worden ist. Der Antrag auf Entlassung des Insolvenzverwalters ist sodann schriftlich zu begründen.[680] Neben der Gläubigerversammlung und dem Gläubigerausschuss können einzelne Gläubiger die amtswegige Prüfung durch das Insolvenzgericht anregen, was in der Praxis gelegentlich vorkommt.[681] Kommt es zur Antragstellung durch die Gläubigerversammlung oder den Gläubigerausschuss oder beinhalten die Anregungen einzelner Gläubiger Hinweise auf konkrete Pflicht-

---

Göttingen, ZIP 2006, 629, 630, das ein Antragsrecht zur Einsetzung des Sonderinsolvenzverwalters des einzelnen Gläubigers befürwortet.

679 BGH, ZIP 2009, 2012, 2013; BGH, ZIP 2004, 1218, 1219; BGH, ZIP 1989, 1407, 1409; BGH, NJW 1973, 1198, 1199; vgl. auch MüKo/*Brandes*, §§ 60, 61 InsO, Rn. 116; *Meyer-Löwy/Poertzgen/Sauer*, ZInsO 2005, 691, 694.

680 Vgl. MüKo/*Graeber*, § 59 InsO, Rn. 52; *Uhlenbruck*, § 59, Rn. 17.

681 Vgl. MüKo/*Graeber*, § 59 InsO, Rn. 43; *Uhlenbruck*, § 59, Rn. 16.

verletzungen des Insolvenzverwalters, hat das Insolvenzgericht zu prüfen, ob ein wichtiger Grund zur Entlassung des Insolvenzverwalters vorliegt. Die schuldhafte Verletzung insolvenzspezifischer Pflichten des Insolvenzverwalters, wozu die Inbesitznahme der Masse – auch durch die Führung von Haftungsprozessen gegen den Geschäftsführer – zu zählen ist,[682] kann wegen der Nichterfüllung zentraler Verwalterpflichten einen wichtigen Grund im Sinne von § 59 Abs. 1 S. 1 InsO darstellen.[683] Sollte darüber hinaus bereits feststehen, dass sich der Insolvenzverwalter durch dieses Verhalten gemäß § 60 Abs. 1 S. 1 InsO haftbar gemacht hat, ist er in aller Regel nach § 59 InsO zu entlassen.[684] Liegt ein wichtiger Grund zu der Entlassung des Insolvenzverwalters vor, erfolgt diese durch gerichtlichen Beschluss, wobei die funktionale Zuständigkeit gemäß § 18 Abs. 1 RPflG[685] der zuständige Rechtspfleger innehat.[686] Dies gilt allerdings nur solange der Richter nicht das Verfahren nach § 18 Abs. 2 RPflG wieder an sich zieht, was im Fall der Abberufung des Insolvenzverwalters nahe liegen dürfte.

Im Ergebnis bestehen im englischen und deutschen Recht damit prinzipiell zwei Einwirkungsmöglichkeiten auf den Verwalter, um diesen zur Geltendmachung von Ansprüchen gegen die Geschäftsführung zugunsten der Gläubigergesamtheit zu bewegen. Zum einen ist dies die potenzielle Inanspruchnahme bei dem pflichtwidrigen Unterlassen der Geltendmachung der vorbezeichneten Ansprüche im Wege eines *Misfeasance Proceeding* im englischen Recht und gemäß § 60 Abs. 1 S. 1 InsO im deutschen Recht. Zum anderen droht dem Verwalter in beiden Rechtsordnungen potenziell die Abberufung auf Veranlassung der Gläubiger, wenn er untätig bleibt. Gerade die Inanspruchnahme des Verwalters mit der Folge seiner persönlichen Haftung ist aber im englischen Recht, insbesondere im Vergleich zum deutschen Recht, als nicht effektiv zu bezeichnen. Im Hinblick auf die Einwirkungsmöglichkeiten auf den *Liquidator* bzw. Insolvenzverwalter durch die Gläubigergesamtheit ist das deutsche Recht somit als insgesamt effizienter als das englische Recht zu werten.

---

682 Siehe S. 115 f.

683 Vgl. MüKo/*Graeber*, § 59 InsO, Rn. 28; *Uhlenbruck*, § 59, Rn. 8 f.; Kübler/Prütting/Bork/*Lüke*, § 59, Rn. 4.

684 Vgl. MüKo/*Graeber*, § 59 InsO, Rn. 25.

685 Rechtspflegergesetz vom 05.11.1969, BGBl I, 2065.

686 LG Stendal, ZInsO 1999, 233, 234; vgl. auch MüKo/*Graeber*, § 59 InsO, Rn. 40; *Uhlenbruck*, § 59, Rn. 22; Kübler/Prütting/Bork/*Lüke*, § 59, Rn. 9a; a.A. AG Göttingen, ZIP 2003, 590, 591, kritisch hierzu *Keller*, EWiR 2003, 935 f.

4. Finanzierung von Haftungsprozessen

Sowohl im englischen Recht als auch im deutschen Recht gilt bei der Finanzierung von Haftungsprozessen gegen die Geschäftsführung, die der Verwalter zugunsten der Gläubigergesamtheit führt, die Regel, dass diese Prozesse aus der Masse der insolventen Gesellschaft zu finanzieren sind.[687] Steht dem Verwalter jedoch nur eine geringe Masse zur Verfügung und hat die insolvente Gesellschaft darüber hinaus keine Versicherung abgeschlossen, welche die Führung solcher Prozesse abdeckt,[688] stellt sich die Frage, wie der Verwalter auf anderen Wegen die Prozessfinanzierung gewährleisten kann. Solange diese Vorfrage nicht geklärt ist, wird der Verwalter kaum bereit sein, das Verfahren gegen die Geschäftsführung der Gesellschaft einzuleiten.[689]

a) England

Zur Finanzierung eines Prozesses gegen den *Director* hat der *Liquidator* jedenfalls nicht die Möglichkeit, *Legal Aid*, also Prozesskostenhilfe, gegenüber der für diese Angelegenheiten grundsätzlich zuständigen Stelle, der *Legal Services Commission*, zu beantragen, da Prozesskostenhilfe im englischen Recht gemäß Section 7 Abs. 1 Access to Justice Act 1999 nur natürlichen Personen zusteht.[690] Dementsprechend muss der *Liquidator* versuchen, die Prozessfinanzierung über Dritte zu realisieren.

In erster Linie wird der *Liquidator* daher versuchen, die Gläubiger der insolventen Gesellschaft von der Notwendigkeit der Prozessfinanzierung zu überzeugen.[691] Die Finanzierung kann dabei etwa im Rahmen eines *Fighting Fund* erfolgen, in den die Gläubiger einen gewissen Betrag pro rata ihrer geltend gemachten Forderung einzahlen.[692] Die Gläubiger haben allerdings keine Pflicht, die Finanzierung zu gewährleisten. Darüber hinaus kann der *Liquidator* auch

---

687 Vgl. zum englischen Recht: *Finch*, Corporate Insolvency Law, S. 551; *Keay/Walton*, Insolvency Law, S. 438; im deutschen Recht ergibt sich dieser Grundsatz mittelbar aus § 116 S. 1 Nr. 1 ZPO; vgl. zudem *Sterzinger*, NZI 2008, 525, 526.

688 Vgl. diesbezüglich zum englischen Recht: *O'Hare/Browne*, Civil Litigation, S. 20 ff.; *Keay/Walton*, Insolvency Law, S. 440 ff.; zum deutschen Recht: Harbauer/*Stahl*, ARB 75, § 24, Rn. 1 ff.

689 Vgl. zum englischen Recht: *Keay/Walton*, Insolvency Law, S. 595; *Schulte*, (1999) 20 Comp. Law. 80, 88. Dieser Gedanke ist ohne Weiteres auch auf das deutsche Recht übertragbar.

690 Vgl. diesbezüglich auch *O'Hare/Browne*, Civil Litigation, S. 29 ff.; zur geschichtlichen Entwicklung der *Legal Aid* im englischen Recht bis heute *Kocher*, Funktionen der Rechtsprechung, S. 264 ff.

691 Vgl. *Finch*, Corporate Insolvency Law, S. 556; *Keay/Walton*, Insolvency Law, S. 439.

692 Vgl. *Keay/Walton*, Insolvency Law, S. 440; *Hamilton*, (1989) 7 C & SLJ 301.

nicht einzelnen Gläubigern als Anreiz zu der Finanzierung des Prozesses die Auszahlung eines Teils des Prozesserlöses anbieten. Dieses Vorgehen würde eine sogenannte *Champerty* darstellen. Die *Champerty* hat zur Folge, dass der Vertrag, der die Auszahlung eines Teils des Prozesserlöses vorsieht, nichtig und damit nicht vollstreckbar ist.[693] Damit besteht nur der faktisch im Hinblick auf die Verteilung des Erlöses[694] geringe Anreiz der Gläubiger, im Erfolgsfall eine höhere Quote zu erzielen, wenn sie einen Prozess gegen den *Director* finanzieren. Demgegenüber existieren oft massive Bedenken der Gläubiger im Hinblick auf die Prozessfinanzierung.[695] Zunächst ist der Ausgang eines Verfahrens gegen den *Director* regelmäßig ungewiss. Insbesondere Verfahren nach dem Insolvency Act 1986 für *Wrongful* und *Fraudulent Trading* sind in der Vergangenheit erfolglos geblieben. Ferner kann das Gericht bei einem gescheiterten Verfahren im Namen der Gesellschaft gegen den *Director* den Gläubigern gemäß Section 51 Senior Courts Act 1981 die Verfahrenskosten und Kosten der Gegenseite auferlegen.[696] Schließlich kann bei den Gläubigern je nach Situation der Eindruck entstehen, dass der *Liquidator* den Prozess eher unter dem Aspekt der Erhöhung seiner Vergütung als dem Wohle der Gläubigergesamtheit führen will. Regelmäßig sind die Gläubiger der insolventen Gesellschaft daher nicht bereit, einen Prozess des *Liquidator* gegen den *Director* zu finanzieren.[697]

Als Alternative zu der Finanzierung des Prozesses durch die Gläubiger existiert im Verfahren der *Liquidation* die Möglichkeit der Prozessfinanzierung über ein sogenanntes *Third Party Funding*. Bei einem *Third Party Funding* schließt der *Liquidator* im Namen der insolventen Gesellschaft mit einem Unternehmen, das auf die Finanzierung von Prozessen spezialisiert ist, einen Vertrag, der die Prozessfinanzierung in dem gegen den *Director* angestrebten Verfahren vorsieht. Im Gegenzug räumt der *Liquidator* dem Unternehmen einen Anteil an dem aus dem Verfahren erzielten Erlös ein.[698] Dieses Vorgehen ist grundsätzlich zulässig und stellt insbesondere keine rechtswidrige *Champerty* dar, wenn das

---

693 Vgl. *O'Hare/Browne*, Civil Litigation, S. 32.

694 Siehe unten ab S. 127.

695 Vgl. *Finch*, Corporate Insolvency Law, S. 556; *Keay/Walton*, Insolvency Law, S. 439 f.

696 Mithin kann diese Kostenfolge bei der Inanspruchnahme des *Director* wegen *Wrongful* oder *Fraudulent Trading* nicht eintreten, da der *Liquidator* in diesen Verfahren kraft seines Amtes für die Gläubigergesamtheit handelt, vgl. *Steffek*, Gläubigerschutz in der Kapitalgesellschaft, S. 424. Es verbleibt aber jedenfalls dann ein Kostenrisiko des *Liquidator* in diesen Verfahren, wenn ein Verfahren verloren geht oder das Verfahren zwar gewonnen wird, der *Director* aber mitellos ist, vgl. *Steffek*, Gläubigerschutz in der Kapitalgesellschaft, S. 431.

697 Vgl. *Finch*, a.a.O.; *Keay/Walton*, a.a.O.; *Steffek*, Gläubigerschutz in der Kapitalgesellschaft, S. 432 f.

698 Vgl. *Finch*, S. 556; *O'Hare/Browne*, Civil Litigation, S. 32.

finanzierende Unternehmen lediglich Geldgeber ist und nicht versucht, das Verfahren gegen den *Director* an sich zu ziehen oder den Gang des Verfahrens in anderer Weise zu beeinflussen.[699] Problematisch ist allerdings zum einen, dass sich ein *Third Party Funding* nicht auf sämtliche Verfahren erstrecken kann, die der *Liquidator* zugunsten der Gläubigergesamtheit führt. So sind Verfahren gegen den *Director* wegen *Wrongful* oder *Fraudulent Trading* einem *Third Party Funding* entzogen, weil der *Liquidator*, der die Ansprüche kraft seines Amtes für die Gläubigergesamtheit geltend macht, nicht in dieser Art und Weise über die Ansprüche verfügen kann. Zudem handelt es sich bei Ansprüchen gegen den *Director* aus *Wrongful* oder *Fraudulent Trading* nicht um Vermögenswerte der Gesellschaft im Sinne von Schedule 4 Nr. 6 Insolvency Act 1986, über die der *Liquidator* vertraglich verfügen könnte.[700] Zum anderen ist ein *Third Party Funding* regelmäßig als *Big Ticket Litigation* erst in Verfahren möglich, in denen der bei einem erfolgreichen Verfahren zu erwartende Erlös hoch ist. Dabei sind Unternehmen, die sich auf die Prozessfinanzierung spezialisiert haben, in der Regel nur bereit tätig zu werden, wenn der zu erwartende Betrag sechs- bis siebenstellig ist und der *Director* als Beklagter diesen Betrag nach der Durchführung des Prozesses wahrscheinlich aufbringen können wird.[701] Da dies in aller Regel nicht der Fall sein dürfte, ist die Aussicht, dass der *Liquidator* ein Verfahren gegen den *Director* über *Third Party Funding* finanzieren kann, als gering einzustufen.

Schließlich bleibt dem *Liquidator* noch die Möglichkeit, gemäß Section 58 Courts and Legal Services Act 1990 mit dem für die Inanspruchnahme des *Director* eingesetzten Verfahrensbevollmächtigten ein *Conditional Fee Agreement* abzuschließen. Gemäß Section 2 Abs. 1 lit. b) Conditional Fee Agreements Order 1995 ist der Abschluss eines *Conditional Fee Agreement* dann ausdrücklich gestattet, wenn sich die Gesellschaft bereits im Verfahren der *Liquidation* befindet. Ein *Conditional Fee Agreement* sieht vor, dass der Verfahrensbevollmächtigte nur im Erfolgsfall einen Honoraranspruch gegen die insolvente Ge-

---

699 *Arkin v Borchard Lines Ltd.* [2005] 1 W.L.R. 1634; *ANC Ltd. v Clark Goldring and Page Ltd.* [2001] B.C.C. 479; *Oasis Merchandising Services Ltd. (In Liquidation), Re* [1998] Ch. 170.

700 *Oasis Merchandising Services Ltd. (In Liquidation), Re* [1998] Ch. 170; vgl. auch *Finch*, Corporate Insolvency Law, S. 557 f.; *Davies*, Principles of Company Law, S. 224; *Griffin*, Personal Liability, S. 86 f.; *Steffek*, Gläubigerschutz in der Kapitalgesellschaft, S. 329, 435; *Schulte*, (1999) 20 Comp. Law. 80, 81; kritisch *Walters*, (2000) 1 Ins. Law. 16 ff.; *Walters*, (1996) 17 Comp. Law. 165 ff.

701 Vgl. *O'Hare/Browne*, Civil Litigation, S. 32.

sellschaft hat.[702] Im Gegenzug erhält der Verfahrensbevollmächtigte bei der erfolgreichen Geltendmachung des Anspruchs gegen den *Director* eine Prämie.[703] *Conditional Fee Agreements* haben sich bislang im Insolvenzsektor nicht durchgesetzt.[704] Dies dürfte insbesondere damit zu erklären sein, dass der *Liquidator* trotz des Abschlusses eines *Conditional Fee Agreement* das Finanzierungsrisiko dahin gehend trägt, im Fall der erfolglosen Geltendmachung des Anspruchs gegen den *Director* aus der Masse die Kosten der Gegenseite tragen zu müssen.[705] Allein dieser Umstand dürfte den *Liquidator* regelmäßig den Abschluss eines *Conditional Fee Agreement* als Vorstufe zur Inanspruchnahme des *Director* überdenken lassen.

Somit ist festzuhalten, dass die Finanzierung von Haftungsprozessen gegen den *Director* bei Gesellschaften, die sich im Verfahren der *Liquidation* befinden, oft unmöglich sein dürfte, da in diesen Fällen gewöhnlich keine geeignete Finanzierungsmöglichkeit verfügbar ist. Mithin dürften bereits eine Vielzahl potenzieller Haftungsfälle gegen den *Director* mangels ihrer Finanzierbarkeit scheitern.

b) Deutschland

Im Gegensatz zum englischen Recht kann der Insolvenzverwalter bei der Inanspruchnahme des Geschäftsführers zur Prozessfinanzierung bei dem für das avisierte Verfahren zuständigen Gericht Prozesskostenhilfe gemäß § 116 S. 1 Nr. 1 ZPO beantragen. Neben dem Vorliegen der allgemeinen Voraussetzungen für die Gewährung von Prozesskostenhilfe gemäß § 114 ZPO, also die nicht mutwillig[706] erscheinende Führung eines Prozesses mit hinreichender Erfolgsaussicht, ist hierzu erforderlich, dass der Insolvenzverwalter die Kosten aus der verwalteten Masse nicht aufbringen kann. Weiterhin darf den am Gegenstand des Rechtsstreits wirtschaftlich Beteiligten die Kostenaufbringung nicht zumutbar sein.

Die Prüfung, ob der Insolvenzverwalter die Kosten des Verfahrens aus der Masse aufbringen kann, nimmt das Gericht anhand der vom Insolvenzverwalter beizubringenden Vermögensaufstellung der insolventen Gesellschaft vor. Bei dieser Prüfung ist entscheidend, wie sich die im Zeitpunkt des Antrages beste-

---

702 Vgl. *O'Hare/Browne*, Civil Litigation, S. 25; *Finch*, Corporate Insolvency Law, S. 559; *Keay/Walton*, Insolvency Law, S. 440.

703 Vgl. *O'Hare/Browne*, a.a.O.; *Finch*, a.a.O.

704 Vgl. *Finch*, Corporate Insolvency Law, S. 560.

705 Vgl. *Keay/Walton*, Insolvency Law, S. 440; *Steffek*, Gläubigerschutz in der Kapitalgesellschaft, S. 433 f.

706 Siehe zu diesem Aspekt der Führung eines Verfahrens gegen den Geschäftsführer durch den Insolvenzverwalter den Beschluss des OLG Karlsruhe, ZIP 2012, 494, 495.

hende und kurz darauf, durch die Verwertung von Vermögensgegenständen in wirtschaftlich zumutbarer Weise, zu erwartende liquide Finanzsituation der insolventen Gesellschaft darstellt.[707] Von dem so ermittelten Barbestand sind die Masseschulden und Massekosten in Abzug zu bringen.[708] Übersteigen die zu erwartenden Verfahrenskosten den auf diesem Wege bezifferten, für die Führung des Prozesses hypothetisch vorhandenen Barbestand, kann der Insolvenzverwalter die Verfahrenskosten aus der Masse nicht aufbringen. Hat der Insolvenzverwalter bereits die Masseunzulänglichkeit gemäß § 208 InsO angezeigt, besteht die Vermutung, dass die Masse die Verfahrenskosten nicht aufbringen kann.[709]

Zur Gewährung der Prozesskostenhilfe ist weiterhin erforderlich, dass den übrigen an dem Verfahren wirtschaftlich Beteiligten die Kostenaufbringung nicht zumutbar ist. Wirtschaftlich beteiligte Personen sind bei der erfolgreichen Durchführung des Prozesses gegen den Geschäftsführer diejenigen Gläubiger, die wenigstens mit einer teilweisen Befriedigung ihrer Ansprüche aus der Insolvenzmasse rechnen können.[710] Für eine wirtschaftliche Beteiligung ist damit erforderlich, dass die jeweilige Gläubigerforderung festgestellt ist.[711] Ferner muss den so ermittelten wirtschaftlich beteiligten Gläubigern die Kostenaufbringung zumutbar sein. Hierzu müssen die Gläubiger zunächst jeweils leistungsfähig und die einzubringenden Vorschüsse unschwer aufbringbar sein.[712] Zudem muss die Durchführung des Verfahrens die Position der jeweiligen Gläubiger erheblich verbessern.[713] Gibt es nach diesen Grundsätzen mehrere Gläubiger, denen die

---

707 OLG Köln, ZIP 1990, 936; vgl. auch *Uhlenbruck*, § 80, Rn. 117 ff.; MüKo/*Ott/Vuia*, § 80 InsO, Rn. 88; Kübler/*Prütting*/Bork, § 4, Rn. 11; Musielak/*Fischer*, § 116, Rn. 4; Zöller/*Geimer*, § 116, Rn. 11.

708 OLG Stuttgart, ZInsO 2004, 556, 557; OLG München, ZIP 1998, 1197, 1198; OLG Hamm, MDR 1998, 1498; OLG Köln, ZIP 1994, 724, 725.

709 BGH, ZIP 2008, 1035, 1036; BGH, ZIP 2007, 2187, 2188; BVerwG, ZIP 2006, 1542, 1543; vgl. auch *Uhlenbruck*, § 80, Rn. 117; Musielak/*Fischer*, § 116, Rn. 5.

710 Grundlegend BGH, NJW 1991, 40, 41; vgl, auch *Uhlenbruck*, § 80, Rn. 120; MüKo/*Ott/Vuia*, § 80 InsO, Rn. 89; Musielak/*Fischer*, § 116, Rn. 6; Zöller/*Geimer*, § 116, Rn. 9, jeweils m.w.N.

711 OLG München, ZIP 2011, 389, 399; OLG Nürnberg, NZI 2007, 591, 592; OLG Naumburg, ZIP 1994, 383, 384; vgl. auch *Uhlenbruck*, a.a.O.; Musielak/*Fischer*, a.a.O.; Zöller/*Geimer*, § 116, Rn. 11; *Pape*, ZIP 1988, 1293, 1299; *Uhlenbruck*, ZIP 1982, 288, 290.

712 BGH, NJW 1991, 40; vgl. auch *Uhlenbruck*, § 80, Rn. 122; Musielak/*Fischer*, § 116, Rn. 9.

713 BGH, NJW-Spezial 2009, 21; BGH, NJW 1993, 135, 136; BGH, NJW 1991, 40, 41; OLG Celle, ZIP 2009, 933, 935; OLG Naumburg, ZIP 1994, 383, 384; OLG Rostock, ZIP 2003, 1721; OLG Hamburg, NZI 2002, 662; vgl. auch *Uhlenbruck*, § 80, Rn. 123

Prozessfinanzierung gemeinsam zumutbar ist, und kommt eine Durchführung des Verfahrens nur in Zusammenarbeit aller Gläubiger in Betracht, muss der Insolvenzverwalter darauf hinwirken, die gemeinsame Finanzierung zu erreichen. Allein der Umstand, dass eine Vielzahl von Gläubigern gemeinsam den Prozess finanzieren müsste, macht die private Kostenaufbringung nicht unzumutbar.[714]

In der Gerichtspraxis soll die Gewährung von Prozesskostenhilfe für den Insolvenzverwalter keinen absoluten Ausnahmecharakter haben, jedoch auch nicht die Regel sein.[715] Jedenfalls soll nach Ansicht des Bundesgerichtshofs und des Bundesarbeitsgerichts dem Insolvenzverwalter Prozesskostenhilfe verstärkt gewährt werden.[716] Damit wenden sich der Bundesgerichtshof und das Bundesarbeitsgericht gegen die bei den Oberlandesgerichten existierende Tendenz, Prozesskostenhilfe eher zurückhaltend zu gewähren.[717] Trotz dieser eher restriktiven Handhabung durch die Oberlandesgerichte stellt die Beantragung von Prozesskostenhilfe für den Insolvenzverwalter, gerade wenn es sich um ein überschaubares Verfahren handelt und eine Abschätzung der Zumutbarkeit der Einbeziehung der wirtschaftlich Beteiligten möglich ist, eine ernst zu nehmende Möglichkeit zur Prozessfinanzierung bei der Inanspruchnahme des Geschäftsführers dar.[718]

Kann der Insolvenzverwalter hingegen nicht auf eine Prozessfinanzierung über Prozesskostenhilfe zurückgreifen, ist es ihm unbenommen, an die Gläubiger heranzutreten und diese von einer freiwilligen Finanzierung des Verfahrens zu überzeugen. Dabei dürften regelmäßig seitens der Gläubiger die bereits im Zusammenhang mit dem englischen Recht aufgezeigten Bedenken in vergleichbarer Weise bestehen.[719] Eine freiwillige Finanzierung eines Haftungsprozesses gegen den Geschäftsführer durch die Gläubiger kommt daher in der Praxis eher in Ausnahmefällen in Betracht. Allerdings existiert die Bereitschaft, einen Haftungsprozess zu finanzieren, durchaus gerade bei institutionellen Gläubigern,

---

ff.; MüKo/*Ott/Vuia*, § 80 InsO, Rn. 90 f.; Musielak/*Fischer*, § 116, Rn. 7 ff.; Zöller/*Geimer*, § 116, Rn. 9, jeweils m.w.N.

714 BGH, ZIP 2011, 98; KG, ZIP 2009, 883, 884.

715 BGH, NJW 1998, 1868, 1869; BGH, ZIP 2006, 682, 684; vgl. auch *Uhlenbruck*, § 80, Rn. 116; a.A. MüKo/*Ott/Vuia*, § 80 InsO, Rn. 86; *Sterzinger*, NZI 2008, 525, 528.

716 BGH, NJW 1991, 40, 41; BGH, ZIP 2006, 682, 684; BAG, ZIP 2003, 1947; vgl. auch MüKo/*Ott/Vuia*, a.a.O.; Kübler/*Prütting*/Bork, § 4, Rn. 12; Musielak/*Fischer*, § 116, Rn. 2.

717 Vgl. MüKo/*Ott/Vuia*, a.a.O., m.w.N.; kritisch hierzu *Hörmann*, NZI 2008, 291 f.; *Gundlach/Frenzel/N. Schmidt*, NJW 2003, 2412, 2417.

718 So auch *Ehlers*, ZInsO 2008, 524, 525.

719 Siehe S. 120.

wie Banken oder Versicherungsunternehmen, wenn diese sich von der insolventen Gesellschaft und ihrer Geschäftsführung übervorteilt fühlen.

Darüber hinaus hat der Insolvenzverwalter als Alternative zu der Prozessfinanzierung über Prozesskostenhilfe und die freiwillige Finanzierung durch Gesellschaftsgläubiger eine Finanzierung durch Dritte zu erwägen. In den letzten Jahren hat sich in Deutschland wie in England ein Markt für professionelle Prozessfinanzierer herausgebildet.[720] Dieser Markt erstreckt sich ebenfalls auf das Insolvenzrecht.[721] Wie im englischen Recht wird dem finanzierenden Unternehmen für seine monetäre Leistung eine Beteiligung an dem aus dem Verfahren gegen den Geschäftsführer erzielten Erlös eingeräumt.[722] Darüber hinaus ist das finanzierende Unternehmen, wie im englischen Recht, nicht aktiv in das Verfahren eingebunden.[723] Eine professionelle Prozessfinanzierung erfolgt auch in Deutschland grundsätzlich nur, wenn feststeht, dass die Inanspruchnahme des Geschäftsführers Erfolg versprechend ist, auf diesem Weg ein relativ hoher Erlös erzielt werden kann und der Geschäftsführer insbesondere in der Lage ist, den eingeklagten Betrag aufzubringen.[724] Damit bildet die Führung eines Prozesses des Insolvenzverwalters gegen den Geschäftsführer unter Mitwirkung eines Prozessfinanzierers eher die Ausnahme, kommt aber dennoch gelegentlich in der Praxis vor.

Zuletzt kann der Insolvenzverwalter versuchen, mit dem für das Verfahren gegen den Geschäftsführer Verfahrensbevollmächtigten gemäß § 4a RVG ein Erfolgshonorar auszuhandeln. Nach § 49 Abs. 2 BRAO a.F. waren Vereinbarungen noch unzulässig, durch die eine Vergütung vom Ausgang der Sache abhängig gemacht wurde. Das Bundesverfassungsgericht hat diese Regelung im Jahre 2006 für verfassungswidrig erklärt.[725] Zwar diente nach Auffassung des Bundesverfassungsgerichts die Regelung in verfassungskonformer Weise den Gemeinwohlzielen, einer Gefährdung der anwaltlichen Unabhängigkeit vorzubeugen, den Mandanten vor Übervorteilungen zu schützen und die Waffen-

---

720 Vgl. *Buschbell*, AnwBl 2006, 825, 828; *Rollmann*, InVo 2006, 305, 306.

721 Vgl. *Tetzlaff*, ZInsO 2011, 331 f.; *Lenz*, AnwBl 2007, 483, 484; *Buschbell*, AnwBl 2006, 825, 828; *Rollmann*, InVo 2006, 305, 306.

722 Vgl. *Kallenbach*, AnwBl 2010, 352; *Lenz*, AnwBl 2007, 483, 487; *Rollmann*, InVo 2006, 305, 306; laut *Tetzlaff*, ZInsO 2011, 311, liegen diese vorab abgestimmten Quoten zugunsten der Prozessfinanzierer meist bei 20 – 35 % des Erlöses.

723 Vgl. *Lenz*, AnwBl 2006, 825, 828 und *Kallenbach*, AnwBl 2010, 352, 353, wonach die meisten Prozessfinanzierer einen Mindeststreitwert von € 10.000,00-50.000,00 voraussetzen. Laut *Tetzlaff*, ZInsO 2011, 331 f., liegt der Mindeststreitwert zwischen € 50.000,00-200.000,00.

724 Vgl. *Lenz*, AnwBl 2007, 483, 486.

725 BVerG, NJW 2007, 979.

gleichheit zu gewährleisten. Dazu sei das Verbot anwaltlicher Erfolgshonorare geeignet und erforderlich. Allerdings sei ein generelles Verbot anwaltlicher Erfolgshonorare unangemessen, weil es keine Ausnahmefälle vorsehe. Der Gesetzgeber hat auf diese Rechtsprechung reagiert und die BRAO angepasst. Nach § 49 Abs. 2 BRAO sind Erfolgshonorare zwar weiterhin grundsätzlich unzulässig. Jedoch lässt § 49 Abs. 2 S. 1 BRAO gesetzliche Ausnahmen von diesem Grundsatz zu. Eine solche gesetzliche Ausnahme findet sich nunmehr in § 4a RVG. Nach § 4a Abs. 1 RVG darf ein Erfolgshonorar heute für den Einzelfall vereinbart werden. Dies aber nur dann, wenn der Auftraggeber aufgrund seiner wirtschaftlichen Verhältnisse bei verständiger Betrachtung ohne die Vereinbarung eines Erfolgshonorars von der Rechtsverfolgung abgehalten würde. In einem gerichtlichen Verfahren darf dabei für den Fall des Misserfolgs vereinbart werden, dass keine oder eine geringere als die gesetzliche Vergütung zu zahlen ist, wenn für den Erfolgsfall ein angemessener Zuschlag auf die gesetzliche Vergütung vereinbart wird. Damit kann der Insolvenzverwalter grundsätzlich eine einem *Conditional Fee Agreement* im englischen Recht entsprechende Vereinbarung mit dem Verfahrensbevollmächtigten treffen. Entscheidende Voraussetzung ist, neben dem Treffen einer solchen Vereinbarung für den Einzelfall,[726] allerdings insbesondere, dass dem Insolvenzverwalter nur so die Rechtsverfolgung ermöglicht ist. Maßgeblich ist damit, dass der Insolvenzverwalter aufgrund der wirtschaftlichen Verhältnisse bei verständiger Betrachtung ohne die Absprache des Erfolgshonorars von der Rechtsverfolgung abgehalten würde.[727] Dementsprechend ist die Absprache eines Erfolgshonorars lediglich möglich, wenn der Insolvenzverwalter weder Prozesskostenhilfe erhält, noch die freiwillige Finanzierung des Prozesses durch die Gesellschaftsgläubiger oder Prozessfinanzierer realisieren kann. Nur wenn diese Situation eintritt, kommt die Absprache eines Erfolgshonorars überhaupt in Betracht. Aber selbst dann dürfte diese Absprache in der Mehrheit der verbleibenden Fälle aufgrund der Betrachtung der wirtschaftlichen Verhältnisse nicht durchführbar sein. Würde man im Insolvenzverfahren nur die wirtschaftlichen Verhältnisse der insolventen Gesellschaft bewerten, läge der Fall des § 4a RVG zwar zumindest schon immer dann vor, wenn der Insolvenzverwalter die Masseunzulänglichkeit nach § 208 InsO angezeigt hätte. Da der Gesetzgeber jedoch die Vereinbarung eines Erfolgshonorars nach den Vorgaben des Bundesverfassungsgerichts nur in wenigen Ausnahmefällen zulassen wollte, wäre bei solch einer Auslegung der Gesetzeszweck der Regelung unterlaufen. Es erscheint daher angemessen, im Insolvenzszenario, wie bei § 117 S. 1 Nr. 1 ZPO, auf die wirtschaftliche Leistungsfähigkeit der

726 Siehe zu der Bedeutung dieser Voraussetzung Mayer/Kroiß/*Teubel*, § 4a, Rn. 23 ff.

727 Vgl. Mayer/Kroiß/*Teubel*, § 4a, Rn. 27.

wirtschaftlich Beteiligten, mithin der Gesellschaftsgläubiger, abzustellen.[728] So bliebe der Ausnahmecharakter des § 4a RVG gewahrt. Folgt man dieser Auslegung, dürften Erfolgshonorarvereinbarungen bei der Inanspruchnahme des Geschäftsführers durch den Insolvenzverwalter praktisch fast immer ausgeschlossen sein, weil leistungsfähige Gläubiger den Prozess finanzieren könnten und die insolvente Gesellschaft damit bei verständiger Betrachtung der wirtschaftlichen Verhältnisse nicht von der Rechtsverfolgung abgehalten ist.

Vergleicht man das englische und deutsche Recht im Hinblick auf die Finanzierung von Haftungsprozessen, wird ersichtlich, dass der Verwalter regelmäßig mit Finanzierungsproblemen bei der Inanspruchnahme der Geschäftsführung konfrontiert sein dürfte. Die Möglichkeit der Gewährung von Prozesskostenhilfe lässt das deutsche Recht aber insgesamt etwas effizienter als das englische Recht erscheinen.

5. Verteilung des Erlöses

Aus wirtschaftlicher Sicht ist für die (ungesicherten) Gläubiger einer Gesellschaft im Verfahren der *Liquidation* oder im Insolvenzverfahren die Frage entscheidend, wie für die Gläubigergesamtheit bei einer erfolgreichen Inanspruchnahme der Geschäftsführung durch den Verwalter die Verteilung des auf diesem Wege erlangten Erlöses erfolgt. Weil eine vollständige Befriedigung der Gläubigergesamtheit nicht immer, sondern vielmehr nur in absoluten Ausnahmefällen möglich ist, besteht in beiden Rechtsordnungen das Prinzip der gleichmäßigen quotalen Befriedigung der Gläubiger, wovon sowohl in England als auch in Deutschland, vornehmlich zugunsten der besonders gesicherten Gläubiger, Ausnahmen existieren.[729] Ein Sicherungsmittel des englischen Rechts, die *Floating Charge*, hat allerdings eine große Auswirkung auf die Verteilung des Erlöses im Hinblick auf die ungesicherten Gläubiger.

a) England

Bei der Gewährung von Kredit lassen sich englische Gläubiger von der Gesellschaft häufig eine *Floating Charge* als pfandloses Besitzrecht an den Vermögenswerten der Gesellschaft zur Besicherung ihres (verzinsten) Rückzahlungsanspruchs aus dem Kreditvertrag einräumen. Sicherungsgeber und Sicherungsnehmer vereinbaren die *Floating Charge* vertraglich im *Security Arrangement*.[730] Das *Security Arrangement* selbst ist nicht an besondere

728 Siehe S. 123.

729 Siehe S. 82 ff.

730 Vgl. *Davies*, Principles of Company Law, S. 1162; *French/Mayson/Ryan*, Company Law, S. 318.

(Form-)Erfordernisse gebunden. Ausreichend ist vielmehr, wenn aus dem Inhalt des Vertrags hervorgeht, dass mit dem *Security Arrangement* bezweckt ist, gegenwärtige und zukünftige Vermögenswerte der Gesellschaft zu besichern, diese Vermögenswerte sich aus der Natur der Sache von Zeit zu Zeit in ihrem Bestand ändern und die Gesellschaft auch weiterhin frei über diese Vermögenswerte im laufenden Geschäftsverkehr verfügen darf.[731] Maßgeblich ist hierbei insbesondere der Aspekt der Erhaltung der Verfügungsbefugnis über die besicherten Vermögenswerte.[732] Die *Floating Charge* ist gemäß Section 870 Companies Act 2006 innerhalb von 21 Tagen ab Abschluss des *Security Arrangement* bei dem *Companies House* zu registrieren. Andernfalls ist die *Floating Charge* gemäß Section 874 Companies Act 2006 gegenüber einem *Liquidator*, *Administrator* und den sonstigen Gläubigern unwirksam. Inhaltlich können die Parteien des *Security Arrangement* mit der *Floating Charge* einzelne Vermögenswerte der Gesellschaft besichern, wie den Maschinenpark oder Warenvorräte.[733] Möglich ist aber auch die Besicherung sämtlicher Vermögenswerte der Gesellschaft durch eine einzige *Floating Charge*.[734] In diesem Fall sind Vermögenswerte, die durch die Inanspruchnahme des *Director* und den so erlangten Erlös generiert werden (können), ebenfalls von der *Floating Charge* umfasst.[735] Ausgenommen hiervon ist jedoch der Erlös, den ein *Liquidator* im Zuge der Inanspruchnahme des *Director* bei einem *Wrongful* oder *Fraudulent Trading* zugunsten der Masse erlangt. Dieser Erlös spiegelt nach Ansicht der Gerichte keinen Vermögenswert der Gesellschaft wieder und kann daher nicht durch die *Floating Charge* besichert sein.[736]

Der Gläubiger kann das Sicherungsmittel der *Floating Charge* im Sicherungsfall, der *Crystallisation*, ziehen. Mit Eintritt der *Crystallisation* werden, wenn nicht ohnehin sämtliche Vermögenswerte der Gesellschaft mit der

---

731 *Illingworth v Houldsworth* [1904] A.C. 355; *Yorkshire Woolcombers' Association Ltd., Re* [1903] 2 Ch. 284.

732 *National Westminster Bank Plc v Spectrum Plus Ltd.* [2005] 2 A.C. 680.

733 Vgl. *Davies*, Principles of Company Law, S. 1162; *French/Mayson/Ryan*, Company Law, S. 318.

734 *Panama, New Zealand and Australian Royal Mail Co, Re* (1870) 5 Ch. App. 318; vgl. auch *Davies*, Principles of Company Law, S. 1164; *Griffin*, Personal Liability, S. 81; *Schall*, IPRax 2009, 209.

735 *Park Gate Waggon Works Co, Re* (1881) 17 Ch. D. 234; *Anglo-Austrian Printing and Publishing Co, Re* [1895], Ch. 152; *Produce Marketing Consortium (In Liquidation) Ltd., Re (No. 2)* (1989) 5 B.C.C. 569; vgl. auch *Finch*, Corporate Insolvency Law, S. 705; *Griffin*, Personal Liability, S. 36 f.

736 *Oasis Merchandising Services Ltd. (In Liquidation), Re* [1998] Ch. 170; a.A. noch *Produce Marketing Consortium (In Liquidation) Ltd., Re (No. 2)* (1989) 5 B.C.C. 569; vgl. auch *Griffin*, Personal Liability, S. 81 f.

Floating Charge besichert sind, die Vermögenswerte eingegrenzt, auf die der Gläubiger zur Befriedigung seines Rückzahlungsanspruchs samt Zinsen zurückgreifen darf.[737] Die *Floating Charge* wandelt sich in eine *Fixed Charge*, welche die in diesem Moment bestehenden Vermögenswerte der Gesellschaft umfasst.[738] Die Voraussetzungen für den Eintritt der *Crystallisation* im Einzelnen sind hierbei regelmäßig im *Security Arrangement* konkretisiert, was rechtlich zulässig ist.[739] Wenn die Gesellschaft ihre Geschäfte aber einstellt oder in die Phase der *Liquidation* eintritt, bedeutet diese Entwicklung die *Crystallisation* der *Floating Charge*, selbst wenn dies nicht ausdrücklich im *Security Arrangement* vorgesehen ist. Hier besteht die Vermutung, dass die Parteien jedenfalls für diese Situationen, ohne diesen Umstand noch einmal ausdrücklich vertraglich festhalten zu müssen, die *Crystallisation* vorgesehen haben.[740] Nur wenn die Parteien diese Situationen im *Security Arrangement* explizit und unmissverständlich als Grund für den Eintritt der *Crystallisation* abbedingen, gilt die Vermutung als entkräftet.[741] Diese Situation dürfte praktisch so gut wie nie vorkommen, sodass die Einstellung des Geschäftsbetriebs oder der Eintritt in die *Liquidation* immer zugleich den Eintritt des Sicherungsfalls zur Folge haben.

Die dann folgende Geltendmachung der *Floating Charge* wirkt sich unmittelbar auf die Verteilung der Masse aus. Im Hinblick auf das einzuhaltende Verfahren ist zunächst jedoch zwischen der Einstellung des Geschäftsbetriebs und dem Eintritt der Gesellschaft in die *Liquidation* zu unterscheiden. Stellt die Gesellschaft ihren Geschäftsbetrieb ein, ohne dass das Verfahren der *Liquidation* bereits eingeleitet ist, kann ein mit einer *Qualifying Floating Charge* besicherter Gläubiger gemäß Schedule B1 Nr. 14 Abs. 1, 17 lit. a) Insolvency Act 1986 das Verfahren der *Administration*[742] einleiten.[743] Eine *Qualifying Floating Charge*

---

737 Vgl. *Davies*, Principles of Company Law, S. 1165; *French/Mayson/Ryan*, Company Law, S. 321.

738 Vgl. *Finch*, Corporate Insolvency Law, S. 92; *Davies*, a.a.O.

739 *Permanent Houses (Holdings) Ltd.* [1988] BCLC 563; *Covacich v Riordan* [1994] 2 NZLR 502; *Stein v Saywell* (1969) 121 CLR 529.

740 Siehe die Entscheidungen *Woodroffes (Musical Instruments) Ltd., Re* [1986] Ch. 366 und *William Gaskell Group Ltd. v Highley* [1994] 1 BCLC 197 bezüglich der Einstellung des Geschäftsbetriebs und die Entscheidungen *Panama, New Zealand and Australian Royal Mail Co, Re* (1870) 5 Ch. App. 318, *Wallace v Universal Automatic Machines Co* [1894] 2 Ch. 547 sowie *Crompton and Co Ltd., Re* [1914] 1 Ch. 954 bezüglich der *Liquidation* der Gesellschaft.

741 Diese (theoretische) Möglichkeit besteht unter den genannten Voraussetzungen nach Ansicht der Chancery Division in *Real Meat Co Ltd., Re* [1996] B.C.C. 254 bezüglich der Einstellung des Geschäftsbetriebs und nach Ansicht der Chancery Division in *Brightlife Ltd., Re* [1987] Ch. 200 bezüglich der *Liquidation* der Gesellschaft.

742 Siehe S. 11.

existiert unter zwei Voraussetzungen. Zunächst muss der Gläubiger durch die *Floating Charge* selbst oder in Verbindung mit weiteren Sicherheiten, das gesamte oder wesentliche Teile des Vermögens der Gesellschaft besichert haben. Sodann muss das *Security Arrangement* vorsehen, dass der Gläubiger im Sicherungsfall einen *Administrator* oder *Administrative Receiver* einsetzen kann.[744] Ziel der *Administration* ist es gemäß Schedule B1 Nr. 3 Abs. 1 lit. a) Insolvency Act 1986 vornehmlich, die Gesellschaft zu sanieren und die *Liquidation* zu vermeiden. Ferner soll gemäß Schedule B1 Nr. 3 Abs. 1 lit. b) Insolvency Act 1986 bei der Durchführung der *Administration* gewährleistet sein, dass die Gläubigergesamtheit besser gestellt ist, als wenn es zur Durchführung der *Liquidation* käme. Eine Erzwingung der Sanierung der Gesellschaft um jeden Preis ist demnach nicht vorgesehen.[745] Schließlich soll es gemäß Schedule B1 Nr. 3 Abs. 1 lit. c) Insolvency Act 1986 durch die *Administration* zur Realisierung der Vermögenswerte der Gesellschaft kommen, um die gesicherten Gläubiger befriedigen zu können. Die Realisierung der Vermögenswerte darf der *Administrator* allerdings gemäß Schedule B1 Nr. 3 Abs. 4 Insolvency Act 1986 nur vornehmen, wenn dadurch nicht die Interessen der Gläubigergesamtheit unnötigerweise beeinträchtigt werden. Nur wenn eine Sanierung der Gesellschaft demnach nicht Erfolg versprechend ist oder die Durchführung von Maßnahmen in der *Administration* die Gläubigergesamtheit schädigen würde, kann der *Administrator* mit der Realisierung der Vermögenswerte der Gesellschaft zugunsten der gesicherten Gläubiger beginnen. Andernfalls riskiert der *Administrator* gemäß Schedule B1 Nr. 75 Insolvency Act 1986, von den ungesicherten Gläubigern im Zuge eines *Misfeasance Proceeding* haftbar gemacht zu werden.[746] Bei der Einstellung des Geschäftsbetriebs dürfte aber regelmäßig nichts gegen die Realisierung der Vermögenswerte der Gesellschaft zugunsten der gesicherten Gläubiger sprechen. Einerseits dürfte bei der Einstellung des Geschäftsbetriebs oftmals eine Sanierung der Gesellschaft per se ausgeschlossen

743 Mit dem Enterprise Act 2002 hat der Gesetzgeber hingegen die Möglichkeit der Einleitung eines *Receiverships* in dieser Situation faktisch aufgehoben, da dies regelmäßig zu einer unverhältnismäßigen Benachteiligung der ungesicherten Gläubiger führte, vgl. im Einzelnen *Finch*, Corporate Insolvency Law, S. 365 ff.; *Davies*, Principles of Company Law, S. 1196 ff.; *Keay/Walton*, Insolvency Law, S. 49 ff.

744 Vgl. *Davies*, Principles of Company Law, S. 1209; *Keay/Walton*, Insolvency Law, S. 102.

745 Vgl. *Davies*, Principles of Company Law, S. 1207.

746 Vgl. aber die kritischen Kommentare bei *Finch*, Corporate Insolvency Law, S. 444 bei Fn. 365, *Keay/Walton*, Insolvency Law, S. 118 und *Moss*, (1999) 12 Insolv. Int. 12, 25, wonach es auffällig ist, dass bislang Gerichtsentscheidungen zur Haftung von *Administrators* ausgeblieben sind.

sein. Andererseits dürfte in dieser Situation auch eine Verwertung der Vermögenswerte der Gesellschaft zugunsten der Gläubigergesamtheit im Regelfall keinen eminent höheren Erlös im Vergleich zu einem bei der *Liquidation* zu erzielenden Erlös einbringen. Der *Administrator* realisiert sodann die gesamten Vermögenswerte der Gesellschaft für den mit der *Qualifying Floating Charge* besicherten Gläubiger. Gemäß Schedule B1 Nr. 70 Insolvency Act 1986 kann er die Realisierung der Vermögenswerte eigenständig vollziehen, ohne die gesonderte Zustimmung des Gerichts einholen zu müssen. Gemäß Schedule B1 Nr. 60, Schedule 1 Nr. 5 Insolvency Act 1986 kann der *Administrator* zur Realisierung die notwendigen Prozesse für die Gesellschaft führen, wozu er auch den *Director* für Fehlverhalten haftbar machen kann.[747] Den so erzielten Erlös kann der *Administrator* gemäß Schedule B1 Nr. 65 Insolvency Act 1986 – wiederum ohne gesonderte Zustimmung des Gerichts – an den durch die *Floating Charge* gesicherten Gläubiger auskehren. Zuvor zieht der *Administrator* allerdings die Verfahrenskosten ein und befriedigt die *Preferential Debts* gemäß Section 175 Abs. 2 lit. b) Insolvency Act 1986.[748] Ist nach diesem Vorgang noch verteilungsfähige Masse zugunsten der ungesicherten Gläubiger vorhanden, kann der *Administrator* die *Administration* gemäß Schedule B1 Nr. 83 Insolvency Act 1986 in eine *Creditors' Voluntary Liquidation*[749] umwandeln.[750] Die Gläubigerversammlung kann in dieser Situation einen *Liquidator* einsetzen, der die Verteilung der (Rest-)Masse vornimmt. Macht die Gläubigerversammlung von diesem Recht keinen Gebrauch wird der frühere *Administrator* zum *Liquidator* der Gesellschaft.[751]

Ähnlich stellt sich die Situation dar, wenn durch *Floating Charges* gesicherte Gläubiger existieren und das Verfahren der *Liquidation* bereits eingeleitet ist. Unmittelbar nach der Befriedigung der Verfahrenskosten und der *Preferential Debts* aus der Masse, folgt in der *Liquidation* gemäß Section 175 Abs. 2 lit. b) Insolvency Act 1986 die Befriedigung der mit *Floating Charges* besicherten Gläubiger. Hierbei können die durch *Floating Charges* besicherten Gläubiger von dem *Liquidator* die Verwertung und Auskehr der Vermögenswerte der Ge-

747 *Unigreg Ltd., Re* [2005] B.I.P.R. 220.

748 Vgl. *Keay/Walton*, Insolvency Law, S. 135.

749 Siehe S. 99 f.

750 Ist hingegen keine verteilungsfähige Masse mehr vorhanden, kann der *Administrator* gemäß Schedule B1 Nr. 79 Insolvency Act 1986 bei Gericht die Beendigung der *Administration* und die Einleitung der *Compulsory Liquidation* beantragen, siehe auch *Graham and Philpott, Re* [2007] EWHC (Ch) 3272.

751 Vgl. *Keay/Walton*, Insolvency Law, S. 138.

sellschaft in Höhe ihrer jeweils besicherten Ansprüche verlangen.[752] In diesem Zusammenhang ist wiederum ein Rückgriff auf durch den *Liquidator* im Wege der Inanspruchnahme des *Director* zur Masse gezogene Erlöse möglich.[753] Erst wenn die durch *Floating Charges* besicherten Gläubiger vollständig befriedigt sind, kann der *Liquidator* die Verteilung der verbleibenden Masse – und damit ebenfalls des aus der Inanspruchnahme des *Director* erlangten Erlöses – zugunsten der ungesicherten Gläubiger vornehmen.

Im Ergebnis stellt sich daher unabhängig davon, ob die durch *Floating Charges* besicherten Gläubiger Befriedigung im Zuge des Verfahrens der *Administration* oder der *Liquidation* erlangen, dasselbe Problem. Oft ist nach der Befriedigung der so besicherten Gläubiger keine oder eine nur noch geringe Masse zur weiteren Verteilung an die ungesicherten Gläubiger übrig.[754] Dieses Problem erfährt aber in zweierlei Hinsicht eine Abschwächung.[755] Zunächst überprüft der *Administrator* oder der *Liquidator* die Wirksamkeit der eingeräumten *Floating Charge*. Gemäß Section 245 Insolvency Act 1986 kann der *Administrator* oder *Liquidator* eine *Floating Charge* dann in gewissen Fällen für unwirksam erklären.[756] Section 245 Insolvency Act 1986 soll verhindern, dass die in der Krise befindliche Gesellschaft kurz vor Eintritt in die *Administration* oder *Liquidation* gewissen, zunächst ungesicherten Gläubigern *Floating Charges* einräumt, um diese gegenüber den anderen ungesicherten Gläubigern im Hinblick auf die Verteilung der Masse zu bevorteilen.[757] Daher ist eine *Floating Charge* unwirksam, welche die Gesellschaft einem nicht in einer engen Verbindung zu der Gesellschaft stehenden Gläubiger im Zeitraum von zwölf Monaten vor Verfahrensbe-

---

752 Alternativ kann ein Gläubiger, der mit einer *Qualifying Floating Charge* besichert ist, gemäß Schedule B1 Nr. 37 Abs. 2 Insolvency Act 1986 bei Gericht die Einleitung einer *Administration* beantragen. In dieser Situation liegt es im Ermessen des Gerichtes, ob es dem Antrag folgt. Ist dies der Fall hebt das Gericht die laufende *Liquidation* gemäß Schedule B1 Nr. 37 Abs. 3 lit. a) Insolvency Act 1986 auf. Es kommt zur *Administration* an deren Ende gegebenenfalls wieder die Überleitung in die *Creditors' Voluntary Liquidation* steht.

753 Siehe S. 128 f.

754 Vgl. *Finch*, Corporate Insolvency Law, S. 707; *Steffek*, Gläubigerschutz in der Kapitalgesellschaft, S. 155 f.; *Didcote*, (2008) 19 I.C.C.L.R. 373, 375; *Williams*, (1990) 11 Comp. Law. 222.

755 Kritisch zur Effektivität des im Folgenden Dargestellten *Milman*, (2006) 9 Co. L.N. 1, 2 ff.

756 Der *Liquidator* muss hierzu die Genehmigung des (falls vorhanden) *Liquidation Committee* oder des zuständigen Gerichts einholen, vgl. *Keay/Walton*, Insolvency Law, S. 578.

757 Vgl. *Keay/Walton*, Insolvency Law, S. 577; *Davies*, Principles of Company Law, S. 1175; *French/Mayson/Ryan*, Company Law, S. 327.

ginn einräumt, wenn sie zu einem Zeitpunkt innerhalb des Zeitraums bestellt wurde, als die Gesellschaft insolvent im Sinne von Section 123 Insolvency Act 1986[758] war. Gleiches gilt, sofern die Insolvenzreife gerade aufgrund der Bestellung der *Floating Charge* eingetreten ist.[759]

Eine *Floating Charge*, welche die Gesellschaft einem Gläubiger im Zeitraum von 24 Monaten vor Einleitung der *Administration* oder *Liquidation* einräumt, ist hingegen unwirksam, ohne dass die Insolvenzreife der Gesellschaft vorliegen müsste, wenn eine Verbindung zwischen der Gesellschaft und dem durch die *Floating Charge* besicherten Gläubiger besteht.[760] Eine Verbindung zwischen der Gesellschaft und dem Gläubiger existiert gemäß Section 249 Insolvency Act 1986, wenn der besicherte Gläubiger zugleich *Director* oder *Shadow Director* der Gesellschaft ist. Darüber hinaus ist eine solche Verbindung gemäß Section 435 Insolvency Act 1986 gegeben, wenn durch die *Floating Charge* der Ehepartner oder andere Verwandte des *Director* oder *Shadow Director* sowie Geschäftspartner oder deren Verwandte besichert sind. Weiterhin gelten durch die *Floating Charge* besicherte Gesellschaften, an denen der *Director* oder *Shadow Director* oder der soeben aufgeführte Personenkreis eine Beteiligung besitzt, gemäß Section 453 Insolvency Act 1986 als mit der die *Floating Charge* gewährenden Gesellschaft verbunden. Schließlich stehen auch Arbeitnehmer in Verbindung zu der Gesellschaft im Sinne von Section 435 Insolvency Act 1986. Eine nach den vorangehend beschriebenen Grundsätzen unwirksame *Floating Charge* muss dabei nicht zwangsläufig vollumfänglich unwirksam sein muss. Hat der besicherte Gläubiger gemäß Section 245 Abs. 2 Insolvency Act 1986 gleichzeitig mit der Bestellung der *Floating Charge* eine Gegenleistung erbracht, die unmittelbar in das Vermögen der Gesellschaft geflossen ist, ist die *Floating Charge* bis zur Höhe des Wertes dieser Gegenleistung wirksam. Als Gegenleistung kommen neben der Zahlung eines Geldbetrags auch die Bereitstellung von Ware oder die Durchführung von Dienstleistungen zugunsten der Gesellschaft in Betracht.[761] Entscheidendes Kriterium ist der gleichzeitige Zufluss der Gegenleistung, da die Gläubigergesamtheit in dieser Situation keinen Nachteil erleidet.[762] Auch bei einem verzögerten Zufluss der Gegenleistung kann noch Gleichzeitigkeit vorliegen, wenn der Gläubiger in an-

---

758 Siehe S. 96 ff.

759 Vgl. *Keay/Walton*, Insolvency Law, S. 578; *Davies*, Principles of Company Law, S. 1157; *French/Mayson/Ryan*, Company Law, S. 327.

760 Vgl. *Keay/Walton*, a.a.O.; *Davies*, a.a.O.; *French/Mayson/Ryan*, a.a.O.

761 *Orleans Motor Co Ltd., Re* [1911] 2 Ch. 41; *Fairway Magazines Ltd., Re* [1992] B.C.C. 924; vgl. auch *Keay/Walton*, Insolvency Law, S. 580; *Davies*, Principles of Company Law, S. 1175.

762 *Shoe Lace Ltd., Re* [1993] B.C.C. 609, [1994] 1 BCLC 111.

gemessener Art und Weise begründen kann, wie es zu der Verzögerung gekommen ist.[763] Schließlich muss der Gläubiger belegen, dass er die Gegenleistung im Hinblick auf die Bestellung der *Floating Charge* erbracht hat.[764]

Ist eine *Floating Charge* aus einem der oben genannten Gründe unwirksam, fällt das durch die *Floating Charge* besicherte Vermögen in die Masse und der *Administrator* oder *Liquidator* kann es zur Befriedigung der ungesicherten Gläubiger verwenden. Der durch die unwirksame *Floating Charge* besicherte Gläubiger fällt seinerseits in den Rang eines ungesicherten Gläubigers zurück.[765] Damit können ungesicherte Gläubiger im günstigsten Fall trotz der Besicherung des gesamten Vermögens der Gesellschaft mit einer *Floating Charge* bei der vollumfänglichen Unwirksamkeit des Sicherungsmittels einen weitgehenden Ausgleich ihrer Forderungen erzielen.[766]

Zudem hat der englische Gesetzgeber im Zuge des Enterprise Act 2002 die Regelung in Section 176A Insolvency Act 1986 geschaffen. Gemäß Section 176A Abs. 1 lit. a), lit. b), Abs. 2 lit. a) Insolvency Act 1986 muss der *Administrator* oder *Liquidator* einen vorgeschriebenen Anteil des einer wirksamen *Floating Charge* unterliegenden Vermögens, den *Prescribed Part*, der Gesellschaft zur Befriedigung der ungesicherten Gläubiger bereitstellen. Zurzeit beläuft sich dieser vorgeschriebene Anteil gemäß Article 3 Abs. 1 lit. a), lit. b) Insolvency (Prescribed Part) Order 2003 auf 50 % der ersten £ 10.000,00 zuzüglich 20 % des darüber hinausgehenden Betrags. Maximal darf der *Administrator* oder *Liquidator* gemäß Article 3 Abs. 2 Insolvency (Prescribed Part) Order 2003 grundsätzlich £ 600.000,00 zur Befriedigung der ungesicherten Gläubiger zurückhalten.[767] Gemäß Section 176A Abs. 3 lit. a) Insolvency Act 1986 i.V.m. Article 2 Insolvency (Prescribed Part) Order 2003 ist der vorgeschriebene Anteil vom *Administrator* oder *Liquidator* nicht zu bilden, wenn sich das Vermögen der Gesellschaft auf weniger als £ 10.000,00 beläuft. Des Weiteren hat der *Administrator* oder *Liquidator* auf die Bildung des vorgeschriebenen Anteils gemäß Section 176A Abs. 3 lit. b), 5 Insolvency Act 1986 zu verzichten, sofern die Kosten für die Realisierung und Verteilung des vorgeschriebenen Anteils an die ungesicherten Gläubiger in einer unverhältnismäßigen Relation zu dem tatsächlich zu erzielenden vorgeschriebenen Anteil stehen und das zuständige Gericht dies feststellt. Hat der *Administrator* oder *Liquidator* gegenüber den unge-

---

763 *FA Stanton Ltd. (No. 2), Re* [1929] 1 Ch. 180; *M Hoffman Nominees Pty Ltd. v Cosmas Fish Processors (International) Pty Ltd. (in Receivership)* (1982) 1 ACL 528.

764 *Yeovil Glove Co Ltd., Re* [1965] Ch. 148.

765 Vgl. *Keay/Walton*, Insolvency Law, S. 581.

766 Vgl. *Keay/Walton*, a.a.O.

767 Eine Erhöhung dieses Betrags ist bei Abschluss eines *Voluntary Arrangement* gemäß Section 176A Abs. 4 Insolvency Act 1986 möglich.

sicherten Gläubigern zum Ausdruck gebracht, es werde eine Verteilung des vorgeschriebenen Anteils erfolgen und danach eine gegenteilige Entscheidung des zuständigen Gerichts gemäß Section 176A Abs. 3 lit. b), 5 Insolvency Act 1986 erwirkt, können die Gläubiger diesen Beschluss angreifen.[768]

Die Verteilung eines etwaig erzielten *Prescribed Part* an die ungesicherten Gläubiger erfolgt durch den *Administrator* oder *Liquidator*.[769] Hierbei darf der *Administrator* oder *Liquidator* nur ungesicherte Gläubiger in die Verteilung einbeziehen. Durch die *Floating Charge* selbst oder anderweitig gesicherte Gläubiger sind, auch sofern sie durch die ihnen eingeräumten Sicherheiten keine vollständige Befriedigung erlangen können, nicht in die Verteilung mit einzubeziehen.[770]

Trotz dieser gesetzlich vorgesehenen Abschwächungen der Auswirkungen der *Floating Charge* ist im Ergebnis zu konstatieren, dass in der Praxis bei einer regelmäßig vorliegenden Besicherung des gesamten Vermögens der Gesellschaft, einschließlich des Erlöses aus der Inanspruchnahme des *Director*, eine erhebliche Kürzung der Masse zulasten der ungesicherten Gläubiger erfolgt.[771]

b) Deutschland

Eine solche drastische Kürzung der Masse kann nach den Grundsätzen des deutschen Rechts nicht erfolgen. Strukturell ist die englische *Floating Charge* mit der Globalzession im deutschen Recht vergleichbar.[772] Eine Globalzession, mit der die Parteien, wie es im englischen Recht im Rahmen der *Floating Charge* möglich ist, die Besicherung sämtlicher bestehender und zukünftiger Vermögenswerte der Gesellschaft vereinbaren, muss sich am sachenrechtlichen Bestimmtheitsgrundsatz messen lassen. Dieser Grundsatz besagt, dass dingliche Rechte und Verfügungen lediglich bezüglich individuell bestimmter Sachen möglich sind; bei Verfügungen über zukünftige Rechte müssen diese jedenfalls hinreichend bestimmbar sein.[773] Eine undifferenzierte Abtretung sämtlicher be-

---

768 *Hydroserve Ltd., Re* [2007] EWHC 3026 (Ch).

769 Vgl. *Keay/Walton*, Insolvency Law, S. 471 f.; *Davies*, Principles of Company Law, S. 1174.

770 *Airbase (UK) Ltd., Re* [2008] EWHC 124 (Ch); *Permacell Finesse Ltd., Re* [2007] EWHC 3233 (Ch).

771 Vgl. *Finch*, Corporate Insolvency Law, S. 707; *Didcote*, (2008) 19 I.C.C.L.R. 373, 375; wohl auch *Davies*, Principles of Company Law, S. 35.

772 Vgl. MüKo/*Schlegel*, Anhang nach § 359 InsO, Länderberichte England und Wales, Rn. 19 bei Fn. 3.

773 Ständige Rechtsprechung, siehe nur BGH, ZIP 2008, 1437, 1440 mit Verweis auf BGH, NJW 1979, 976; BGH, NJW 1992, 1161; BGH, NJW 1994, 133; vgl. auch Palandt/*Grüneberg*, § 398, Rn. 14 f.; MüKo/*Gaier*, Einleitung vor § 854 BGB, Rn. 20;

stehender und zukünftiger Rechte über Vermögenswerte der Gesellschaft an einen Dritten ist mit diesen Grundsätzen unvereinbar.[774] Die Globalzession kann damit nie die Reichweite erlangen, welche die *Floating Charge* im englischen Recht hat.

Hingegen ist der Inhalt einer Globalzession hinreichend bestimmt, mit der die Gesellschaft sämtliche bestehende und zukünftige (gesetzliche) Schadensersatzansprüche gegen den Geschäftsführer an einen Gesellschaftsgläubiger gemäß §§ 398 ff. BGB abtritt. Dies hat zur Folge, dass diese Ansprüche im Insolvenzverfahren dem Zugriff des Insolvenzverwalters entzogen sind und damit im Ergebnis nicht in die Verteilung des Erlöses zugunsten der ungesicherten Gläubiger einfließen können. Dabei kann die Gesellschaft aber schon nur solche Haftungsansprüche gegen ihren Geschäftsführer abtreten, bezüglich derer sie Forderungsinhaberin ist.[775] Möglich erscheint daher grundsätzlich die Abtretung der Ansprüche der Gesellschaft gegen den Geschäftsführer aus §§ 43 Abs. 2, 3, 64 S. 1, 3 GmbHG, Ansprüche aus einer Existenzvernichtung, aus § 823 Abs. 2 BGB i.V.m. § 266 oder § 283 StGB und aus § 826 BGB bei Vermögensverschiebungen zur Vereitelung des Zugriffs der Gläubiger oder bei einem Verschleudern des Gesellschaftsvermögens zulasten der Gläubiger. Allerdings bestehen im Hinblick auf die Wirksamkeit einer Abtretung der Ansprüche der Gesellschaft aus den §§ 43 Abs. 3, 64 S. 1, 3 GmbHG, aus einer Existenzvernichtungshaftung, aus § 823 Abs. 2 BGB i.V.m. § 283 StGB oder aus § 826 BGB an einen einzelnen Gläubiger erhebliche Bedenken. Diese Ansprüche sind gerade darauf zugeschnitten, den Erhalt der Gesellschaft zu sichern und im Insolvenzfall die Masse zugunsten der Gläubigergesamtheit anzureichern. Eine vorherige Abtretung dieser Ansprüche der Gesellschaft an einen einzelnen Gläubiger würde den Erhalt der Gesellschaft gefährden und die Rechte zugunsten der Gläubi-

---

Prütting/Wegen/Weinreich/*H.-F. Müller*, § 398, Rn. 13, 15 f.; Staudinger/*Busche*, § 398, Rn. 53.

774 Selbst wenn die Vereinbarung einer Globalzession in diesem Ausmaß mit dem Bestimmtheitsgrundsatz vereinbar wäre, würde sich häufig das Problem der anfänglichen Übersicherung stellen. Eine anfängliche Übersicherung liegt vor, wenn ein auffälliges Missverhältnis zwischen der gesicherten Forderung und dem bei der Insolvenz des Sicherungsgebers realisierbaren Wert der Sicherheiten existiert, BGH, NJW 1998, 2047; vgl. auch Palandt/*Ellenberger*, § 138, Rn. 97; MüKo/*Armbrüster*, § 138 BGB, Rn. 101; Prütting/Wegen/Weinreich/*Ahrens*, § 138, Rn. 144; Staudinger/*Sack/Fischinger*, § 138, Rn. 308. Rechtsfolge der anfänglichen Übersicherung ist die Unwirksamkeit der Abtretung nach § 138 BGB, siehe BGH, NJW 1998, 2047; BGH, NJW 1991, 353, 354; BGH, NJW-RR 2010, 1529, 1530; vgl. auch Palandt/*Ellenberger*, a.a.O.; MüKo/*Armbrüster*, a.a.O.

775 Vgl. Palandt/*Grüneberg*, § 398, Rn. 3; MüKo/*Roth*, § 398 BGB, Rn. 27; Prütting/Wegen/Weinreich/*H.-F. Müller*, § 398, Rn. 10; Staudinger/*Busche*, § 398, Rn. 35.

gergesamtheit im Insolvenzfall in großem Maße verkürzen. Die Abtretung würde daher eine untragbare Beeinträchtigung der Interessen der Gläubigergesamtheit darstellen. Die erhebliche Beeinträchtigung von Interessen Dritter – etwa Gläubigern der Gesellschaft – ist wiederum ein Kriterium bei der Feststellung der Sittenwidrigkeit einer Vereinbarung.[776] Zwar müssen zu einer bloßen Interessenbeeinträchtigung Dritter besondere Umstände hinzutreten, um in diesem Fall eine Sittenwidrigkeit des Vertrages annehmen zu können.[777] Da sich die Vertragsparteien der Abtretungsvereinbarung aber bewusst sein müssen, dass der Abschluss einer Vereinbarung über die Abtretung von Ersatzansprüchen der Gesellschaft, die in der Insolvenz zugunsten der Gläubigergesamtheit herangezogen werden, die Schädigung der Gläubigergesamtheit mit sich bringt, sind diese besonderen Umstände gegeben. Ein Abtretungsvertrag, der die Abtretung der Ansprüche aus den §§ 43 Abs. 3, 64 S. 1, 3 GmbHG und aus einer Existenzvernichtungshaftung an einen einzelnen Gläubiger vorsieht, verstößt damit gegen § 138 BGB und hat die Unwirksamkeit der Abtretung zur Folge. Selbst wenn eine Abtretung dieser Ansprüche wirksam erfolgen könnte, wäre hierin eine vorsätzliche Gläubigerbenachteiligung zu erblicken, die der Insolvenzverwalter gemäß § 133 InsO anfechten und die Ansprüche auf diesem Weg wieder der Gläubigergesamtheit zuführen könnte.

Damit ist nur eine wirksame Abtretung von Ansprüchen der Gesellschaft gegen den Geschäftsführer aus § 43 Abs. 2 GmbHG oder § 823 Abs. 2 BGB i.V.m. § 266 StGB möglich. Aber auch eine solche Abtretung ist unter zwei Aspekten problematisch. Zunächst besteht die Gefahr, dass der Insolvenzverwalter zumindest dann, wenn durch die Abtretung nachträglich eine Schuld der Gesellschaft besichert werden soll, im Insolvenzverfahren die Anfechtung dieser Abtretung gemäß § 133 InsO erklärt. Denn die nachträgliche Besicherung gewährt dem Gläubiger eine inkongruente Deckung.[778] Eine inkongruente Deckung stellt wiederum in der Regel ein starkes Beweisanzeichen für die bei der Anfechtung nach § 133 InsO erforderliche Benachteiligungsabsicht des Schuldners dar.[779] Damit hat der Insolvenzverwalter in diesem Fall gute Chancen, aufgrund der erleichterten Beweisführung die Anfechtung erfolgreich durchzuführen. Zudem ist zu bedenken, dass der Geschäftsführer selbst als gesetzlicher Vertreter der

---

776 Vgl. Palandt/*Ellenberger*, § 138, Rn. 42; MüKo/*Armbrüster*, § 138 BGB, Rn. 36; Staudinger/*Sack/Fischinger*, § 138, Rn. 438.

777 BGH, ZIP 2002, 1155, 1158; BGH, NJW 1998, 2592, 2594; BGH, NJW 1995, 1668; BGH, NJW 1993, 2041; vgl. auch Staudinger/*Sack/Fischinger*, § 138, Rn. 439.

778 Ständige Rechtsprechung des Bundesgerichtshofs, siehe BGH, NJW 1972, 2084 f.; BGH, ZIP 1993, 276, 278; BGH, ZIP 2004, 1060, 1061; BGH, ZIP 2008, 706, 709; BGH, ZIP 2009, 91, 98.

779 BGH, NJW 1993, 3267, 3268; BGH, ZIP 2009, 91, 98.

Gesellschaft gemäß § 35 Abs. 1 S. 1 GmbHG die Willenserklärung zum Abschluss des Abtretungsvertrags zwischen der Gesellschaft und dem Gläubiger abgibt. Zur Abgabe dieser Willenserklärung, die ihn dem Risiko der Inanspruchnahme durch Dritte aussetzt, dürfte der Geschäftsführer unter normalen Umständen nicht bereit sein. Daher wäre hierzu eine Weisung der Gesellschafterversammlung notwendig, welche diese mit einfacher Mehrheit beschließen müsste.[780] Hat die Gesellschaft einen Alleingesellschafter-Geschäftsführer, scheidet diese Möglichkeit ebenfalls aus.

Zusammenfassend kann die Gesellschaft ihre Ansprüche gegen den Geschäftsführer nur wirksam an ihre Gläubiger zur Besicherung abtreten, sofern es sich um Ansprüche aus § 43 Abs. 2 GmbHG oder § 823 Abs. 2 BGB i.V.m. § 266 StGB handelt. Hier ist eine rechtssichere Abtretung lediglich dann möglich, wenn die Gesellschaft den Anspruch zum Zeitpunkt abtritt, in dem der Gläubiger der Gesellschaft Kredit gewährt und der Geschäftsführer, gegebenenfalls nach einer Weisung der Gesellschafter, die entsprechende Willenserklärung abgibt. In diesem Fall erlangt der Gläubiger durch die Abtretung des Anspruchs in der Insolvenz ein Absonderungsrecht gemäß § 51 Nr. 1 InsO, das die Masse (im Ergebnis zulasten der ungesicherten Gläubiger) verringert. Die Wahrscheinlichkeit des Eintritts dieser Situation ist äußerst gering und die Möglichkeit der Abtretung von Ansprüchen gegen den Geschäftsführer aus § 43 Abs. 2 GmbHG oder § 823 Abs. 2 BGB i.V.m. § 266 StGB zur Besicherung einer Schuld der Gesellschaft damit theoretischer Natur.

Im Hinblick auf die Verteilung des Erlöses bei einer erfolgreichen Inanspruchnahme der Geschäftsführung ist das deutsche Recht mithin als effizienter als das englische Recht zu werten. Während im englischen Recht ein weitgehender und praktisch regelmäßig genutzter Zugriff der durch *Floating Charges* gesicherten Gläubiger auf diesen Erlös möglich ist und damit die Wahrscheinlichkeit der Befriedigung der ungesicherten Gläubiger aus dem Erlös rapide sinkt, besteht im deutschen Recht die Möglichkeit des Zugriffs auf den Erlös nur in eng eingegrenzten Fällen. Der Erlös aus einer erfolgreichen Inanspruchnahme der Geschäftsführung kommt somit in Deutschland den in dieser Hinsicht besonders schützenswerten ungesicherten Gläubigern zugute.

6. Geltendmachung von Ansprüchen nach der Verfahrensbeendigung

Macht der *Liquidator* bestehende Ansprüche gegen den *Director* nicht im Zuge der *Liquidation* geltend, stellt sich die Frage, ob einzelne Gläubiger den *Director* in England nach Beendigung der *Liquidation* persönlich in Anspruch

---

780 Vgl. Baumbach/Hueck/*Zöllner*, § 46, Rn. 91; Roth/*Altmeppen*, § 37, Rn. 3 ff.

nehmen können, um den Ausfall oder die lediglich quotale Befriedigung ihrer Forderungen kompensieren zu können. Gleiches gilt entsprechend für die Gläubiger in einem Insolvenzverfahren in Deutschland.

a) England

Nach Beendigung der *Liquidation* kommt es durch die *Dissolution* zu der Auflösung der Gesellschaft. Erfolgt die *Liquidation* aufgrund einer *Compulsory Liquidation*, informiert der *Liquidator* nach einer abschließenden Gläubigerversammlung, in der die Gläubiger beschließen, dass der *Liquidator* von seinem Amt entbunden werden kann, das zuständige Gericht sowie den Leiter des Handelsregisters, den *Registrar of Companies for England & Wales*, über den Ausgang dieser Versammlung.[781] Sobald der *Registrar of Companies for England & Wales* diese Nachricht des *Liquidator* erhalten hat, dauert es drei Monate, bis die Gesellschaft automatisch aufgelöst wird, es sei denn, der *Secretary of State for Business, Innovation and Health*[782] ordnet die Aufschiebung der Auflösung der Gesellschaft an.[783] Letzteres kann geschehen, wenn der *Liquidator*, ein Gläubiger, ein Gesellschafter oder eine sonstige Person, die ein Interesse an der Aufschiebung darlegen kann, dies bei dem *Secretary of State for Business, Innovation and Health* beantragt.[784] Das dargestellte Verfahren kommt ebenfalls bei einer *Creditors' Voluntary Liquidation* zur Anwendung.[785] Es unterscheidet sich vom Verfahren bei einer *Compulsory Liquidation* lediglich dahin gehend, dass der *Liquidator* keine abschließende Gläubigerversammlung abhält, sondern vielmehr nur die Schlussrechnung samt Ertrag an den *Registrar of Companies for England & Wales* übermittelt.[786]

Mit der *Dissolution* endet die Existenz der Gesellschaft.[787] Dies hat zur Folge, dass sämtliche noch bestehende Verbindlichkeiten der Gesellschaft vollumfänglich erlöschen.[788] Verbleibende Vermögenswerte der Gesellschaft fallen gemäß Section 1012 Companies Act 2006 im Wege der Legalokkupation als

---

781 Vgl. Sections 146, 172 Abs. 8 Insolvency Act 1986.

782 Siehe Fn. 646.

783 Vgl. Section 205 Insolvency Act 1986.

784 Vgl. Section 205 Abs. 3 Insolvency Act 1986.

785 Vgl. Section 201 Insolvency Act 1986.

786 Vgl. Section 201 Abs. 1 Insolvency Act 1986.

787 *Pinto Silver Mining Co, Re* (1878) L.R. 8 Ch. D. 273; *Video Excellence Pty Ltd. v Cincotta* (1998) 28 ACSR 389; *Top Creative Ltd. v St. Albans District Council* [1999] B.C.C. 999.

788 *Pinto Silver Mining Co, Re* (1878) L.R. 8 Ch. D. 273; *Austral Family Homes Pty Ltd. (In Liquidation), Re* (1992) 8 ACSR 322.

bona vacantia der englischen Krone zu.[789] Section 1012 Companies Act 2006 erfasst nach ihrem Wortlaut dabei alle Ansprüche, welche die Gesellschaft innehat (*Rights whatsoever vested in the Company*). Zwar sehen die Sections 1013 ff. Companies Act 2006 die Möglichkeit der Aufhebung der Legalokkupation durch die Krone im Wege des *Crown Disclaimers* vor. Dieser ist wiederum jedoch nach seinem Wortlaut nur bei körperlichem Eigentum (*Property*) der Gesellschaft durchführbar. Damit führt die *Dissolution* der Gesellschaft zugleich zum Verlust der Möglichkeit einzelner Gläubiger, den (ehemaligen) *Director* in die Haftung zu nehmen, da die Auflösung der Gesellschaft einen absoluten Ausschlussgrund für die Beschreitung des Klageweges auch in solchen Angelegenheiten bedeutet.[790] Dies umfasst dabei nicht nur Klagen, die der einzelne Gläubiger aus der Verletzung von Pflichten des *Director* gegenüber der Gesellschaft, sondern ebenfalls von Pflichten gegenüber der Gläubigergesamtheit ableiten könnte.[791]

b) Deutschland

Demgegenüber besteht im deutschen Recht noch nach der Beendigung des Insolvenzverfahrens die Möglichkeit einzelner Gläubiger, Haftungsansprüche gegen den Geschäftsführer direkt geltend zu machen oder zumindest eine anteilige Befriedigung aus solchen Ansprüchen zu erlangen, die der Insolvenzverwalter während des Verfahrens nicht eingefordert hat. Hierbei ist zwischen zwei denkbaren Situationen zu differenzieren. Beide Situationen eint dieselbe Ausgangslage: Im deutschen Recht führt bereits die Eröffnung des Insolvenzverfahrens gemäß § 60 Abs. 1 Nr. 4 GmbHG zur Auflösung der Gesellschaft. In diesem Zeitpunkt setzt das nach der Insolvenzordnung vorgesehene Abwicklungsverfahren über das Vermögen der Gesellschaft mit dem Ziel der Gläubigerbefriedigung und der Verteilung eines etwaigen Überschusses an die Gesellschafter ein.[792] Im Insolvenzverfahren endet die Abwicklung mit der Verwertung der durch den Insolvenzverwalter realisierten Masse durch die Schlussverteilung gemäß § 196 Abs. 1 InsO und dem darauf folgenden Schlusstermin gemäß § 197 InsO. Nach der Schlussverteilung beschließt das Insolvenzgericht gemäß § 200 Abs. 1 InsO die Aufhebung des Insolvenzverfahrens, was zur Folge hat, dass die Insolvenzgläubiger gemäß § 201 Abs. 1 InsO ihre verbleibenden Forderungen gegen die Gesellschaft unbeschränkt geltend machen können.

---

789 So bereits schon *Wells, Re* [1933] Ch. 29; vgl. auch *Mansel* in Liber Amicorum Gerhard Kegel, S. 111, 113, 115 f.

790 *Coxon v Gorst* [1891] 2 Ch. 73; *Bentinck v Cape Breton Co* (1892) 36 Sol Jo 328.

791 *Coxon v Gorst* [1891] 2 Ch. 73; *Bentinck v Cape Breton Co* (1892) 36 Sol Jo 328.

792 Vgl. Baumbach/Hueck/*Haas*, § 60, Rn. 2.

Ab diesem Zeitpunkt ist zwischen den verschiedenen Situationen zu differenzieren. Die erste Situation umfasst den Fall, dass der Insolvenzverwalter ihm bereits vor der Schlussverteilung bekannte Haftungsansprüche gegen den Geschäftsführer nicht geltend gemacht hat. Dabei ist weiter zu unterscheiden, ob diese Ansprüche ursprünglich der Gesellschaft oder der Gläubigergesamtheit zugestanden haben. Hat der Insolvenzverwalter Haftungsansprüche nicht geltend gemacht, die der Gesellschaft zugestanden haben, gilt Folgendes: Liegen nach dem Schlusstermin keine Anhaltspunkte dafür vor, dass die Gesellschaft noch Vermögen besitzt, ist sie grundsätzlich gemäß § 394 Abs. 1 S. 2 FamFG[793] vom Registergericht aus dem Handelsregister zu löschen. Durch die Löschung aus dem Handelsregister bei gleichzeitiger Vermögenslosigkeit ist die Gesellschaft beendet.[794] In diesem Zeitpunkt verliert die Gesellschaft ihre Rechts- und Parteifähigkeit.[795] Erfolgt die Löschung aus dem Handelsregister hingegen, obwohl noch Vermögen der Gesellschaft vorhanden ist, ist keine ordnungsgemäße Beendigung der Gesellschaft eingetreten.[796] Zum Vermögen der Gesellschaft sind auch Ersatzansprüche der Gesellschaft gegen ihren Geschäftsführer, etwa aus den §§ 64 oder 43 Abs. 2 GmbHG, zu zählen, sofern der oder die jeweiligen Ansprüche rechtlich und tatsächlich realisierbar sind.[797] In dieser Situation greift § 66 Abs. 5 S. 1 GmbHG;[798] es kommt zur erstmaligen Liquidation der Gesellschaft.[799] Die Gesellschaft ist als Liquidationsgesellschaft ins Handelsregister einzutragen.[800] Sie ist aktiv sowie passiv parteifähig.[801] Darüber hinaus ist ge-

793 Gesetz über das Verfahren in Familiensachen und in den Angelegenheiten der freiwilligen Gerichtsbarkeit vom 17.12.2008, BGBl I, 2586; zuvor war dies in § 141a Abs. 1 S. 2 FGG geregelt.

794 Vgl. Baumbach/Hueck/*Haas*, § 60, Rn. 62; Scholz/*K. Schmidt/Bitter*, § 60, Rn. 56; *Schmelz*, NZG 2007, 135, 136 f.

795 OLG Koblenz, ZIP 2007, 2166; OLG Bremen, GmbHR 1988, 445; vgl. auch Scholz/*K. Schmidt/Bitter*, § 60, Rn. 57; *Schmelz*, NZG 2007, 135, 136 f.

796 BAG, NJW 1988, 2637; OLG Düsseldorf GmbHR 2004, 572, 574; OLG Stuttgart, ZIP 1986, 647, 648; vgl. auch Scholz/*K. Schmidt/Bitter*, § 60, Rn. 58; *Schmelz*, NZG 2007, 135, 136 f.; *Vallender*, NZG 1998, 249, 250.

797 Vgl. Baumbach/Hueck/*Haas*, Anhang nach § 77, Rn. 5; Scholz/*K. Schmidt/Bitter*, § 60, Rn. 49; zum Erfordernis der Realisierbarkeit des Anspruchs Bayerisches Oberstes Landesgericht, ZIP 1985, 33, 34; OLG Hamm, DB 1993, 218.

798 Die Regelung gleicht inhaltlich dem früheren § 2 Abs. 3 LöschG, sodass die Rechtsprechung zu dieser Norm bei der Auslegung von § 66 Abs. 5 GmbHG weiter herangezogen werden kann, vgl. Baumbach/Hueck/*Haas*, § 66, Rn. 36.

799 Vgl. Baumbach/Hueck/*Haas*, § 66, Rn. 40; Scholz/*K. Schmidt/Bitter*, § 60, Rn. 58.

800 KG, JW 1937, 1739, 1740; OLG Düsseldorf, GmbHR 1979, 227, 229; vgl. auch Baumbach/Hueck/*Haas*, § 66, Rn. 38; Scholz/*K. Schmidt/Bitter*, a.a.O.

mäß § 66 Abs. 5 S. 2 GmbHG auf Antrag eines Beteiligten, wozu insbesondere Gläubiger der Gesellschaft zu zählen sind, vom Amtsgericht im unternehmensrechtlichen Verfahren gemäß § 375 Nr. 6 FamFG ein Liquidator zu ernennen. Die Bestellung eines Liquidators aufgrund eines Antrags einer an sich nicht antragsbefugten Person ist dabei dennoch wirksam.[802] Dieser Liquidator ist dann grundsätzlich befugt, die Haftungsansprüche der Gesellschaft gegen den Geschäftsführer einzuziehen.[803] Er muss den so generierten Erlös an die Gläubiger verteilen, wobei eine gleichmäßige Berücksichtigung der Gläubiger nicht erforderlich ist.[804] Da nach der Schlussverteilung durch den Insolvenzverwalter aber keine anderweitigen Vermögenswerte der Gesellschaft mehr vorhanden sind und der bzw. die Haftungsansprüche gegen den Geschäftsführer in aller Regel die einzigen Vermögenswerte sein dürften, die zu der Einleitung der Liquidation gemäß § 66 Abs. 5 GmbHG führen, dürfte der Liquidator infolge der Mittellosigkeit gehindert sein, den oder die Ansprüche gegenüber dem Geschäftsführer durchzusetzen. In diesem Fall muss es somit für einen Gläubiger möglich sein, den oder die Ansprüche der Gesellschaft gegen den Gläubiger zu pfänden und die Einzelzwangsvollstreckung gegen den Geschäftsführer durchzuführen und auf diesem Wege die Befriedigung seiner (nach dem Insolvenzverfahren verbleibenden Rest-) Forderung zu erreichen, weil andernfalls praktisch eine Befreiung des Geschäftsführers zulasten des Gläubigers eintreten würde.[805] Im Hinblick auf Haftungsansprüche gegen den Geschäftsführer, die im Insolvenzverfahren der Gläubigergesamtheit zugestanden haben und deren Geltendmachung der Insolvenzverwalter nicht verfolgt hat, ist der voranstehend beschriebene Umweg über die Pfändung und anschließende Einzelzwangsvollstreckung nicht notwendig. Diese Ansprüche kann der einzelne Gläubiger nach Beendigung des Insolvenzverfahrens in Höhe seines Forderungsausfalls und unter Berücksichtigung seines anteilig erlittenen Schadens in entsprechender Anwendung von § 144 Abs. 1 InsO unmittelbar gegen den (ehemaligen) Geschäftsführer geltend machen.[806] Denn dem Gläubiger soll durch die Beendigung des In-

801 BGH, BB 1957, 725; BGH, NJW 1968, 297; BGH, GmbHR 1994, 260; vgl. auch Baumbach/Hueck/*Haas*, § 66, Rn. 40; Scholz/*K. Schmidt/Bitter*, § 60, Rn. 62.

802 KG, NZG 1999, 163, 164 f.; vgl. auch Baumbach/Hueck/*Haas*, § 66, Rn. 39.

803 BGH, NJW 2001, 304, 305; vgl. auch Baumbach/Hueck/*Haas*, § 73, Rn. 3.

804 Vgl. Baumbach/Hueck/*Haas*, a.a.O.; Scholz/*K. Schmidt*, § 70, Rn. 10.

805 BGH, NJW 2001, 304, 305; BGH, NJW 1992, 2229, 2230.

806 Vgl. Uhlenbruck/*Hirte*, § 92, Rn. 25; *Oepen*, ZInsO 2002, 162, 166; *Hasselbach*, DB 1996, 2213, 2216; wohl auch Lutter/Hommelhoff/*Bayer*, Anhang zu § 64, Rn. 78; a.A. Scholz/*K. Schmidt*, Anhang zu § 64, Rn. 70, der davon ausgeht, dass der einzelne Gläubiger den Anspruch von der Gesellschaft pfänden, sich überweisen lassen und gegen den Geschäftsführer geltend machen muss.

solvenzverfahrens nicht die Möglichkeit genommen werden, ihm aus seiner früheren Position als Teil der Gläubigergesamtheit (anteilig) erwachsene Ansprüche gegen den Geschäftsführer geltend machen zu können. Dieser Gedanke findet sich auch in vergleichbarer Weise bei der Situation der Abweisung der Eröffnung des Insolvenzverfahrens mangels Masse wieder, in der den einzelnen Gläubigern, die bei der Verfahrenseröffnung ein Teil der Gläubigergesamtheit geworden wären, die selbstständige Verfolgung ihrer anteiligen Ansprüche gegen den Geschäftsführer eröffnet ist.[807]

Die zweite denkbare Situation tritt ein, wenn sich nach dem Schlusstermin und gegebenenfalls nach der Aufhebung des Insolvenzverfahrens herausstellt, dass weitere Vermögenswerte der Gesellschaft bestehen, die bei der bisherigen Verteilung keine Berücksichtigung gefunden haben. Hierzu sind wiederum Ersatzansprüche der Gesellschaft gegenüber dem Geschäftsführer zu zählen, deren Existenz der Geschäftsführer bis zu diesem Zeitpunkt vor dem Insolvenzverwalter verschleiert hat.[808] In dieser Situation kommt es zur Nachtragsverteilung gemäß § 203 InsO. Das Insolvenzgericht leitet die Nachtragsverteilung gemäß § 203 Abs. 1 InsO auf Antrag des Insolvenzverwalters, eines Gläubigers oder von Amts wegen ein. Der Gläubiger muss hierbei ein Rechtsschutzinteresse an der Einleitung der Nachtragsverteilung vorweisen, das nur besteht, wenn er bislang keine vollständige Befriedigung seiner Forderung im Insolvenzverfahren erlangt hat.[809] Beschließt das Insolvenzgericht die Nachtragsverteilung, ist der bisherige Insolvenzverwalter entsprechend § 187 Abs. 3 S. 1 InsO für die Nachtragsverteilung zuständig.[810] Er realisiert den oder die Ersatzansprüche gegen den Geschäftsführer. Danach verteilt er den so erlangten Erlös anteilig an die Gläubiger, deren Forderung gemäß § 197 Abs. 1 S. 2 Nr. 2 InsO bindend im Schlussverzeichnis aufgeführt sind.[811] Gläubiger deren (Rest-)Forderung nicht im Schlussverzeichnis aufgeführt sind, sind von der Verteilung ausgeschlossen.[812] So erlangen die Gläubiger trotz einer durchgeführten Schlussverteilung,

---

807 Vgl. Baumbach/Hueck/*Haas*, § 64, Rn. 141; Ulmer/*Casper*, § 64 (Ergänzungsband), Rn. 169 f.; so auch bereits schon *K. Schmidt*, ZGR 1996, 209, 223.

808 Vgl. *Uhlenbruck*, § 203, Rn. 10; Scholz/*K. Schmidt*, § 74, Rn. 19; Kübler/Prütting/Bork/*Lüke*, § 92, Rn. 35.

809 Vgl. *Uhlenbruck*, § 203, Rn. 3; MüKo/*Hintzen*, § 203 InsO, Rn. 7; Kübler/Prütting/Bork/*Holzer*, § 203, Rn. 5.

810 Vgl. *Uhlenbruck*, § 205, Rn. 1; MüKo/*Hintzen*, § 205 InsO, Rn. 6; Kübler/Prütting/Bork/*Holzer*, § 205, Rn. 4.

811 Vgl. *Uhlenbruck*, § 205, Rn. 3; MüKo/*Hintzen*, § 203 InsO, Rn. 9; Kübler/Prütting/Bork/*Holzer*, § 205, Rn. 6.

812 Vgl. *Uhlenbruck*, a.a.O.; MüKo/*Hintzen*, a.a.O.; Kübler/Prütting/Bork/*Holzer*, § 205, Rn. 7.

selbst wenn das Insolvenzverfahren bereits aufgehoben ist, in dieser Situation noch eine quotale Befriedigung ihrer Forderungen durch die Realisierung von Ansprüchen gegen den Geschäftsführer.

Im Gegensatz zum englischen Recht hat die Beendigung des Insolvenzverfahrens in Deutschland damit nicht den endgültigen Verlust der Möglichkeit der Geltendmachung von Ersatzansprüchen gegen den Geschäftsführer zur Folge.

C. Zusammenfassung

Zusammenfassend ist festzustellen, dass beide Rechtsordnungen strukturell vergleichbare Haftungssysteme zugunsten der ungesicherten Gläubiger bei Gesellschaftsinsolvenzen vorsehen, in denen dem Verwalter eine zentrale Rolle zukommt. Rechtstatsächlich existieren allerdings keine geschlossenen Haftungssysteme. Vielmehr haben sich einzelne Tatbestände tendenziell als praxisrelevanter als andere Tatbestände erwiesen. Hierbei ist in den Rechtsordnungen eine entgegengesetzte Entwicklung eingetreten, wobei im englischen Recht den gesellschaftsrechtlich-geprägten Tatbeständen eine tendenziell größere Bedeutung zukommt als den insolvenzrechtlich-geprägten Tatbeständen und in Deutschland die umgekehrte Entwicklung zu beobachten ist.

Hinsichtlich der Effizienz des Schutzes ungesicherter Gläubiger ist das deutsche Haftungssystem mit Blick auf die potenziellen Unwägbarkeiten bei der Inanspruchnahme der Geschäftsführung als wirkungsvoller einzustufen. Dies gilt insbesondere aufgrund der im englischen Recht bestehenden Defizite durch die (praktisch) bestehende Schwelle der Verfahrenseinleitung, welche die Inanspruchnahme der Geschäftsführung im Insolvenzverfahren erst ermöglicht. Ferner gilt dies aufgrund des geringen Druckpotenzials gegenüber dem Verwalter zur Führung von Haftungsprozessen sowie der Ausgestaltung der Verteilung des Erlöses aus diesen Prozessen, die regelmäßig zulasten der ungesicherten Gläubiger ausfällt.

2. Teil: Grundlagen des Internationalen Privat- und Verfahrensrechts bei der Geschäftsführerhaftung im Fall von Insolvenzen von Auslandsgesellschaften mit inländischem Verwaltungssitz

Vor diesem Hintergrund ist die weitere Untersuchung der Frage vorzunehmen, welche Rechtsordnung einen wirkungsvolleren Gläubigerschutz bei der Geschäftsführerhaftung bei Insolvenzen inländischer Auslandsgesellschaften bietet.

Die Grundlagen des Internationalen Privat- und Verfahrensrechts bei der Geschäftsführerhaftung bei Insolvenzen von Auslandsgesellschaften, die innerhalb eines EU-Mitgliedstaates gegründet aber ausschließlich innerhalb eines anderen EU-Mitgliedstaates tätig sind, sind im englischen und deutschen Recht weitgehend einheitlich. Dies ist damit zu begründen, dass dieser Bereich des Rechts maßgeblich durch das Europarecht geprägt ist. Aufgrund des Anwendungsvorrangs des Europarechts vor dem nationalen Recht kommt es in diesem Rechtsgebiet zu einer umfassenden Vereinheitlichung.[813] Lediglich die Entscheidung über die Wegzugsfreiheit von Gesellschaften sowie die Art und Weise der Durchführung der Qualifikation einer bei der Inanspruchnahme der Geschäftsführung der Auslandsgesellschaft gegebenenfalls einschlägigen Norm fallen in den Bereich des nationalen Rechts.

A. Die Anerkennung von Auslandsgesellschaften mit inländischem Verwaltungssitz

Die Anerkennung von Auslandsgesellschaften mit inländischem Verwaltungssitz durch die Rechtsordnungen bildet die Basis der Geschäftsführerhaftung bei Insolvenzen inländischer Auslandsgesellschaften. Nur wenn Gesellschaften ihren Verwaltungssitz im Inland aufgeben und im Ausland begründen können, können sich die Folgefragen des internationalen Privat- und Verfahrensrechts zu der Geschäftsführerhaftung bei Insolvenzen dieser Gesellschaften überhaupt stellen. Dabei ist zwischen der Gewährleistung der Wegzugsfreiheit und der Zuzugsfreiheit in den Rechtsordnungen zu unterscheiden. Die Wegzugsfreiheit umfasst das Recht der im Inland gegründeten Gesellschaft, ihren Verwaltungssitz

---

813 Grundlegend zu dem Anwendungsvorrang des Europarechts vor dem nationalen Recht der Mitgliedstaaten EuGH, NJW 1964, 2371 – Costa/ENEL; vgl. auch *Fawcett/ Carruthers*, Private International Law, S. 12 ff.; Grabitz/Hilf/*Nettesheim*, Art. 1 AEUV, Rn. 72 ff.; Callies/*Ruffert*, Art. 1 AEUV, Rn. 16 ff.

ins Ausland zu verlegen, ohne ihre inländische Rechtsubjektivität einzubüßen. Mit dem Begriff der Zuzugsfreiheit ist gemeint, dass eine im Ausland gegründete Gesellschaft unter Beibehaltung ihres ausländischen Satzungssitzes ihren Verwaltungssitz ohne Verlust ihrer Rechtssubjektivität im Inland begründen kann. Lediglich die Zuzugsfreiheit ist zurzeit europarechtlich durch die Niederlassungsfreiheit von Gesellschaften nach Art. 49, 54 AEUV gewährleistet.

I. Gewährleistung der Wegzugsfreiheit

Eine europarechtliche Gewährleistung der Wegzugsfreiheit ist nicht aus Art. 49, 54 AEUV herzuleiten. Dies hat der EuGH ursprünglich in der Entscheidung *Daily Mail*[814] festgestellt und zwanzig Jahre später in der Entscheidung *Cartesio*[815] noch einmal bekräftigt.

In der Entscheidung *Daily Mail* wollte eine nach englischem Recht gegründete Investmentgesellschaft aus steuerlichen Gründen ihren Verwaltungssitz in die Niederlande verlegen. Denn mit der Verlegung des Verwaltungssitzes in die Niederlande wäre die Gesellschaft hinsichtlich der zu entrichtenden Kapitalertragssteuer nicht mehr in England steuerpflichtig gewesen. Der Verlegung des Verwaltungssitzes musste nach den zu diesem Zeitpunkt geltenden Bestimmungen des englischen Steuerrechts die *HM Treasury*, das britische Finanzministerium, seine Zustimmung erteilen. Die *HM Treasury* wollte die Zustimmung allerdings nur erteilen, wenn die Gesellschaft sich ihrerseits dazu bereit erklärt hätte, einen überwiegenden Teil ihres Wertpapierbestandes aufzulösen. Dies hätte bedeutet, dass die Gesellschaft Kapitalertragssteuer für diese Maßnahme hätte entrichten müssen. Damit wäre die Zielsetzung der Steuerersparnis durch die Verlegung des Verwaltungssitzes faktisch ausgehöhlt worden. Dementsprechend klagte die Gesellschaft vor dem High Court mit der Zielsetzung der gerichtlichen Feststellung, dass sie ihren Verwaltungssitz ohne Zustimmung der *HM Treasury* in die Niederlande verlegen könne oder alternativ die Zustimmung bedingungslos zu erteilen sei.[816] Zur Begründung führte die Gesellschaft an, das Verhalten der *HM Treasury* stelle einen Verstoß gegen die europarechtlich geschützte Niederlassungsfreiheit von Gesellschaften dar. Der High Court wandte sich im Wege des Vorabentscheidungsverfahrens an den EuGH mit der Bitte um Klärung der Frage, ob die europarechtlich geschützte Niederlassungsfreiheit das Recht der Mitgliedstaaten einschränke, einer Gesellschaft die Verlegung des

814 EuGH, NJW 1989, 2186 – Daily Mail.

815 EuGH, NJW 2009, 569 – Cartesio.

816 *R. v HM Treasury and Commissioners of Inland Revenue, ex parte Daily Mail and General Trust Plc* [1987] 2 CMLR 1.

Verwaltungssitzes in einen anderen Mitgliedstaat zu untersagen, wenn die Verlegung eine Verminderung der Steuerschuld der Gesellschaft zur Folge habe.

Der EuGH erblickte hierin keinen Verstoß gegen die Niederlassungsfreiheit. Zur Begründung führte das Gericht an, Gesellschaften würden aufgrund einer nationalen Rechtsordnung gegründet und hätten jenseits der jeweiligen nationalen Rechtsordnung, die ihre Gründung und Existenz regele, keine Realität.[817] Hinsichtlich dessen, was für die Gründung einer Gesellschaft an Verknüpfung mit dem nationalen Gebiet erforderlich sei sowie hinsichtlich der Möglichkeit einer nach einem nationalen Recht gegründeten Gesellschaft, diese Verknüpfung nachträglich zu ändern, bestünden erheblich Unterschiede im autonomen Recht der Mitgliedstaaten. So stünden Mitgliedstaaten, in denen die Sitztheorie gelte, anderen Mitgliedstaaten gegenüber, in denen die Gründungstheorie gelte. Dabei sei in einigen die Gründungstheorie anerkennenden Mitgliedstaaten das Recht von Gesellschaften beschränkt, den Verwaltungssitz in einen anderen Mitgliedstaat zu verlegen. Diese Beschränkung folge etwa aus steuerrechtlichen Vorgaben.[818] Das europäische Primärrecht trage diesen Unterschieden im nationalen Recht durch die Gleichstellung der Anknüpfungsmerkmale des Satzungssitzes, der Hauptverwaltung und der Hauptniederlassung einer Gesellschaft in Art. 58 EWG-Vertrag (heute Art. 54 AEUV) Rechnung. Diese Gleichstellung der Anknüpfungsmerkmale zeige zugleich, dass das europäische Primärrecht die Möglichkeit und Folgen der Sitzverlegung innerhalb der Mitgliedstaaten als Problem ansehe, welches nicht schon über die Niederlassungsfreiheit gelöst sei, sondern eine spezialrechtliche Lösung durch eine Harmonisierungsrichtlinie oder ein Übereinkommen nach Art. 220 EWG-Vertrag (sodann Art. 293 EGV, Bestimmung aufgehoben im AEUV) erfordere.[819] Diese Entscheidung wurde so aufgenommen, dass es, da eine solche Regelung zum damaligen Zeitpunkt nicht existierte, den Mitgliedstaaten freistand, die Wegzugsfreiheit im Inland gegründeter Gesellschaften autonom zu regulieren und gegebenenfalls gesetzlich einzuschränken.[820]

In der Entscheidung *Cartesio* wollte eine ungarische Gesellschaft ihren Verwaltungssitz nach Italien verlegen und ihre Sitzangabe im ungarischen Handelsregister diesbezüglich abändern lassen. Das zuständige ungarische Handelsregistergericht lehnte den entsprechenden Antrag jedoch ab. Das Gericht be-

---

817 EuGH, NJW 1989, 2186, 2187 – Daily Mail (Rn. 19 der Entscheidung).

818 EuGH, NJW 1989, 2186, 2187 – Daily Mail (Rn. 20 der Entscheidung).

819 EuGH, NJW 1989, 2186, 2187 f. – Daily Mail (Rn. 21 der Entscheidung).

820 Vgl. zum englischen Recht: *Davies*, Principles of Company Law, S. 144 f.; kritisch *Edwards*, EC Company Law, S. 379; zum deutschen Recht: MüKo/*Kindler*, Internationales Wirtschaftsrecht – Internationales Handels- und Gesellschaftsrecht, Rn. 112; Eidenmüller/*Rehm*, Ausländische Kapitalgesellschaften, § 2, Rn. 57 ff.

gründete seine Entscheidung damit, dass nach ungarischem Recht die Verlegung des Verwaltungssitzes einer Gesellschaft ins Ausland unter Beibehaltung des ungarischen Personalstatus nicht möglich sei. Gegen diese Entscheidung legte die Gesellschaft bei dem zuständigen Regionalgericht Berufung ein. Die Gesellschaft argumentierte, das ungarische Recht verstoße gegen die europarechtlich geschützte Niederlassungsfreiheit der Gesellschaft, indem es ungarischen Gesellschaften auferlege, einen auf das ungarische Staatsgebiet beschränkten Verwaltungssitz zu wählen. Darauf leitete das Regionalgericht ein Vorabentscheidungsverfahren unter anderem mit der Bitte um Klärung der Frage ein, ob der EuGH weiterhin, insbesondere im Hinblick auf die Entscheidungen *CaixaBank France*[821] und *SEVIC*[822] sowie zwischenzeitlich ergangene Verordnungen im Bereich des Gesellschaftsrechts, an der Entscheidung in Sachen *Daily Mail* festhalte. Der EuGH hatte mithin erneut darüber zu entscheiden, ob die Mitgliedstaaten eigenständig die Gewährung der Wegzugsfreiheit von im Inland gegründeter Gesellschaften festlegen können.

Der EuGH bestätigte, entgegen der Empfehlung des Generalanwalts,[823] die Autonomie der Mitgliedstaaten auf diesem Gebiet. Das Gericht verneinte eine Beschränkung der Niederlassungsfreiheit durch die Einschränkung der Wegzugsfreiheit aufgrund der Vorgaben der nationalen Rechtsordnung.[824] Ausführlich nahm der EuGH auf die in der *Daily Mail* Entscheidung getroffenen Feststellungen Bezug.[825] Ferner bekräftigte das Gericht, dass auch weiterhin hinsichtlich der Verlegung des Verwaltungssitzes einer Gesellschaft von einem Mitgliedstaat in einen anderen unter gleichzeitiger Beibehaltung des Satzungssitzes keine europarechtlichen Regelungen existieren würden, welche die Wegzugsfreiheit einheitlich regulieren.[826]

Im Ergebnis entscheidet jeder EU-Mitgliedstaat daher auch heute noch autonom, ob und unter welchen Voraussetzungen die Verlegung des Verwaltungs-

821 EuGH, DVBl 2005, 63 – CaixaBank France.

822 EuGH, NJW 425 – SEVIC.

823 Vgl. die Zusammenfassung der Schlussanträge des Generalanwalts Poiares Maduro vom 22.05.2008 in der Sache Cartesio mit Anmerkung von *Rainer*, IStR 2008, 478 ff.; der Empfehlung des Generalstaatsanwalts im Hinblick auf die Frage der Beschränkung der Niederlassungsfreiheit zustimmend *Behme/Nohlen*, NZG 2008, 496, 497; ebenfalls grundsätzlich zustimmend *Richter*, IStR 2008, 719 ff.

824 EuGH, NJW 2009, 569, 572 – Cartesio (Rn. 124 der Entscheidung).

825 EuGH, NJW 2009, 569, 570 f. – Cartesio (Rn. 104 ff. der Entscheidung).

826 EuGH, NJW 2009, 569, 571 – Cartesio (Rn. 108 der Entscheidung).

sitzes einer inländischen Gesellschaft in einen anderen Mitgliedstaat möglich ist, ohne dass die Gesellschaft ihre Rechtssubjektivität im Inland einbüßt.[827]

Nach englischem Recht muss die Gesellschaft gemäß Section 9 Abs. 2 lit. b) Companies Act 2006 ihren Satzungssitz in England haben, um als nach englischem Recht gegründete Ltd. anerkannt zu werden. Eine Verlegung des Satzungssitzes der Ltd. in einen anderen EU-Mitgliedstaat unter Beibehaltung der Rechtssubjektivität nach englischem Recht ist nicht möglich.[828] Aufgrund der allgemeinen Geltung der Gründungstheorie im englischen Recht hat die Ltd. hingegen ohne Weiteres die Option, unter Beibehaltung des Satzungssitzes ihren Verwaltungssitz ins Ausland – und damit jeden anderen EU-Mitgliedstaat – zu verlegen, ohne ihre Rechtssubjektivität einzubüßen.[829]

Eine GmbH benötigt gemäß § 4a GmbHG zu ihrer Anerkennung als nach dem deutschen Recht gegründete Gesellschaft einen deutschen Satzungssitz, der im Gesellschaftsvertrag zu bestimmen ist. Wie im englischen Recht ist es auch in Deutschland nicht möglich, den Satzungssitz der GmbH in einen anderen EU-Mitgliedstaat zu verlegen, ohne dass die Gesellschaft dadurch ihre Rechtssubjektivität verliert.[830] Bis zur Änderung des GmbHG durch das MoMiG musste die GmbH zudem gemäß § 4a Abs. 2 GmbHG a.F. ihren Verwaltungssitz in Deutschland haben. Diese Regelung wurde im Zuge des MoMiG ersatzlos gestrichen. Der Gesetzgeber wollte auf diesem Wege die Möglichkeit der Verlegung des Verwaltungssitzes der Gesellschaft in das (EU-)Ausland eröffnen.[831] Ohne dass der Wortlaut des § 4a GmbHG dies ausdrücklich erwähnt, kann eine GmbH somit nach heute geltendem Recht ihren Verwaltungssitz in einen anderen EU-Mitgliedstaat unter Beibehaltung ihrer Rechtssubjektivität verlegen.[832]

---

827 Vgl. MüKo/*Kindler*, Internationales Wirtschaftsrecht – Internationales Handels- und Gesellschaftsrecht, Rn. 131; *Gerner-Beuerle/Schillig*, (2010) 59 I.C.L.Q. 303, 310; *Kindler*, IPRax 2009, 189, 191 f.; *Frobenius*, DStR 2009, 487, 488. Diese Ausrichtung haben der EuGH in seiner Entscheidung EuGH, DStR 2011, 2334, 2337 – National Grid Indus (Rn. 27 der Entscheidung), mit kritischen Anmerkungen von *Schall/Barth*, NZG 2012, 413, 418 f. und *Mörsdorf*, EuZW 2012, 296, 297 f., sowie der Generalanwalt Jääskinen in seinen Schlussanträgen vom 15.12.2011 in Sachen Vale Építési kft. noch einmal ausdrücklich betont, vgl. die Zusammenfassung zu der Rechtssache Vale Építési kft. bei *Ruiner*, IStR 2012, 257, 259.

828 Vgl. *Davies*, Principles of Company Law, S. 138.

829 Vgl. *Davies*, Principles of Company Law, S. 142; *Edwards*, EC Company Law, S. 335.

830 Bayerisches Oberstes Landesgericht, ZIP 2004, 806 f.; OLG Brandenburg, ZIP 2005, 489, 490; LG Berlin, GmbHR 2005, 997, 998.

831 RegE MoMiG, BT-Drucks. 16/6140, 65.

832 Vgl. Baumbach/*Hueck/Fastrich*, § 4a, Rn. 11; *Michalski/Funke*, § 4a, Rn. 9; *Leitzen*, NZG 2009, 728; *Zimmer/Naendrup*, NJW 2009, 545, 548; kritisch *Kindler*, AG 2007, 721, 722.

Zusammenfassend ist daher festzustellen, dass beide Rechtsordnungen auf der nationalen Ebene die Wegzugsfreiheit gewährleisten.

II. Gewährleistung der Zuzugsfreiheit

Demgegenüber ist die Zuzugsfreiheit als Teil der Niederlassungsfreiheit europarechtlich über Art. 49, 54 AEUV gewährleistet. Dies hat der EuGH in den drei Entscheidungen *Centros*,[833] *Überseering*[834] und *Inspire Art*[835] herausgearbeitet.[836]

In der Entscheidung *Centros* wollte eine nach englischem Recht gegründete und dort bei dem *Companies House* registrierte Ltd., die in England keine Geschäftstätigkeit entfaltete, eine Zweigniederlassung in Dänemark eröffnen. Einen entsprechenden Antrag auf Eintragung der Zweigniederlassung lehnte die dem dänischen Handelsministerium unterstehende zuständige Zentralverwaltung für Handel und Gesellschaften ab. Zur Begründung führte sie unter anderem an, dass die Gesellschaft – unter Umgehung der dänischen Vorschriften insbesondere über die Einzahlung eines Mindestkapitals – beabsichtige, keine Zweigniederlassung, sondern vielmehr eine Hauptniederlassung in Dänemark zu errichten, da die Gesellschaft in England keinerlei Geschäftstätigkeit aufgenommen habe. Daher lägen die Voraussetzungen für die Errichtung einer Zweigniederlassung nicht vor. Gegen die Entscheidung der Zentralverwaltung klagte die Gesellschaft und verlor erstinstanzlich. In zweiter Instanz machte die Gesellschaft unter Verweis auf die Entscheidung in der Rechtssache *Segers*[837] geltend, das Vorgehen der Zentralverwaltung verletze sie in der ihr europarechtlich garantierten Niederlassungsfreiheit. Das Gericht zweiter Instanz stellte darauf im Wege des Vorabentscheidungsverfahrens die Anfrage bei dem EuGH, ob es mit der Niederlassungsfreiheit vereinbar sei, die Eintragung einer Zweigniederlassung einer Gesellschaft abzulehnen, wenn diese in dem Mitgliedstaat ihrer Errichtung keine Geschäftstätigkeit entfalte und die Zweigniederlassung in einem anderen Mitgliedstaat ausschließlich eintragen lassen wolle, um die Einzahlung des nach dortigem Recht zu leistenden Mindestkapitals zu umgehen.

Der EuGH sah in diesem Vorgehen eine Verletzung der Niederlassungsfreiheit der Gesellschaft.[838] Zur Begründung führte das Gericht an, ein solches Vor-

---

833 EuGH, NJW 1999, 2027 – Centros.

834 EuGH, NJW 2002, 3614 – Überseering.

835 EuGH, NJW 2003, 3331 – Inspire Art.

836 Zu den weiteren Auwirkungen der Entscheidungen *Centros*, *Überseering* und *Inspire* Art auf das gesellschaftsrechtliche Kollisionsrecht in den EU-Mitgliedstaaten siehe unten ab S. 182.

837 EuGH, NJW 1987, 571 – Segers.

838 EuGH, NJW 1999, 2027, 2029 – Centros (Rn. 30 der Entscheidung).

gehen beschränke zunächst die primärrechtlich geschützte Niederlassungsfreiheit.[839] Die gezielte Ausnutzung von Regelungsunterschieden in den Gesellschaftsrechten der Mitgliedstaaten – und damit auch die Gründung einer Gesellschaft in einem Mitgliedstaat der keine Einzahlung eines Mindestkapitals vorsieht – sei von der Niederlassungsfreiheit umfasst und damit weder betrügerisch noch rechtsmissbräuchlich. Dies gelte auch, wenn die Gesellschaft in einem Mitgliedstaat ausschließlich mit dem Ziel gegründet werde, in einem anderen Mitgliedstaat tätig zu werden.[840] Ferner komme eine Rechtfertigung der Beschränkung im Sinne des maßgeblich in der *Gebhard*[841] Entscheidung entwickelten Vier-Konditionen-Tests (*Gebhard*-Formel) nicht in Betracht. So sei diese Beschränkung nicht dadurch gerechtfertigt, dass der Mitgliedstaat durch die Festlegung eines Mindestkapitals bei der Errichtung der Gesellschaft versuche, die Gesellschaftsgläubiger zu schützen. Dieser Schutz sei nicht ausgehebelt, wenn die Zweigniederlassung einer Gesellschaft aus einem Mitgliedstaat eingetragen werde, der keinen Schutz über das Mindestkapital biete. Insbesondere sei das Auferlegen eines Mindestkapitalerfordernisses nicht erforderlich.[842] Der Schutz der inländischen Gesellschaftsgläubiger erfolge bereits über die europarechtlich vorgesehene Offenlegungspflicht der Gesellschaft hinsichtlich ihrer ausländischen Rechtsform.[843] Als milderes Mittel könne der Schutz gleichfalls durch die – in der *Centros* Entscheidung zugunsten öffentlich-rechtlicher Gläubiger angeführte – Schaffung der rechtlichen Möglichkeit der Einräumung von Sicherheiten erfolgen.[844]

Die in der *Centros* Entscheidung eingeschlagene Richtung führte der EuGH dann in der *Überseering* Entscheidung fort. Eine in den Niederlanden gegründete BV hatte durch eine deutsche Gesellschaft in Deutschland Sanierungsarbeiten an einem von ihr gewerblich genutzten Grundstück durchführen lassen. Nach dem Abschluss der Sanierungsarbeiten bemängelte die BV teilweise die Ausführung der Arbeiten. Dies blieb außergerichtlich erfolglos. Einige Zeit später veräußerten die Gesellschafter der BV ihre Geschäftsanteile an zwei in Deutschland ansässige Personen, welche ebenfalls die Geschäftsführung übernahmen, wodurch die BV ihren tatsächlichen Verwaltungssitz nach Deutschland verlegte. Danach kam es in Deutschland zur Klage über den Ersatz der Kosten der Beseitigung der angeblichen Mängel sowie Folgeschäden. Erst- und zweitinstanzlich wurde die Klage mit der Begründung abgewiesen, die BV sei als Gesellschaft

839 EuGH, NJW 1999, 2027, 2028 – Centros (Rn. 19 ff. der Entscheidung).
840 EuGH, NJW 1999, 2027, 2028 – Centros (Rn. 23 ff. der Entscheidung).
841 EuGH, NJW 1996, 579 – Gebhard, siehe hierzu im Einzelnen S. 187 ff.
842 EuGH, NJW 1999, 2027, 2029 – Centros (Rn. 32 ff. der Entscheidung).
843 EuGH, NJW 1999, 2027, 2029 – Centros (Rn. 36 der Entscheidung).
844 EuGH, NJW 1999, 2027, 2029 – Centros (Rn. 37 der Entscheidung).

niederländischen Rechts in Deutschland nicht rechts- und damit ebenfalls nicht gemäß § 50 Abs. 1 ZPO parteifähig. Die Rechtsfähigkeit der Gesellschaft richte sich nach dem Gesellschaftsstatut ihres Verwaltungssitzes, der infolge des Erwerbs der Geschäftsanteile und der Geschäftsführung aus Deutschland eben dort liege. Da das deutsche Gesellschaftsstatut eine rechtsfähige Gesellschaft mit deutschem Verwaltungssitz nur anerkannte, wenn sie nach Maßgabe des deutschen Rechts organisiert war, konnte die nach den Maßgaben des niederländischen Rechts organisierte BV mit Verwaltungssitz in Deutschland aufgrund der aus ihrer mangelnden Rechtsfähigkeit folgenden mangelnden Parteifähigkeit den Prozess nicht führen.[845] Gegen das Urteil der Berufungsinstanz legte die Gesellschaft Revision bei dem Bundesgerichtshof ein. Der Bundesgerichtshof leitete ein Vorabentscheidungsverfahren bei dem EuGH ein. Es sollte geklärt werden, ob es mit der Niederlassungsfreiheit vereinbar sei, bei Zuzügen innerhalb der EU gegründeter Gesellschaften hinsichtlich der Frage der Rechts- und Parteifähigkeit dieser Gesellschaften an der Sitztheorie festzuhalten oder ob dies einen Verstoß gegen die Grundfreiheit darstelle und daher in diesen Fällen die Gründungstheorie anzuwenden sei.[846]

Der EuGH erkannte, dass der Entzug der Rechts- und Parteifähigkeit bei der Verlegung des Verwaltungssitzes von einem Mitgliedstaat in einen anderen Mitgliedstaat unter Beibehaltung des ausländischen Satzungssitzes gegen die Niederlassungsfreiheit von Gesellschaften verstößt.[847] Da – wie der EuGH bereits in der Entscheidung *Daily Mail* festgestellt hatte – dem Gründungsstaat der Gesellschaft das Recht zukommt, die Kriterien für die Rechtssubjektivität einer dort gegründeten Gesellschaft aufzustellen, komme es einer Negierung dieses Rechts gleich, wenn der Zuzugsstaat sodann das Erfordernis aufstellen könne, dass die Gesellschaft dort neu zu gründen sei.[848] Daher habe der Zuzugsstaat die nach dem Recht des Gründungsstaates existierende Rechts- und Parteifähigkeit zu achten.[849] Für einen anderen Rückschluss gebe es keine Anhaltspunkte. Weder aus dem europarechtlichen Primärrecht noch aus der Rechtsprechung des EuGH in dem Verfahren *Daily Mail* ergebe sich, dass den einzelnen Mitgliedstaaten ein Rechtssetzungsvorbehalt zukomme, der es ihnen erlaubt, Gesellschaften bei der Verlegung ihres tatsächlichen Verwaltungssitzes die Rechts- und Parteifähigkeit abzuerkennen.[850] Da jedwede Beschränkung der Niederlassungsfreiheit dieser Art einer Negierung der Grundfreiheit gleichkomme, sei

845 OLG Düsseldorf, JZ 2000, 203.
846 BGH, ZIP 2000, 967, 969; siehe zu der Sitz- und der Gründungstheorie S. 1.
847 EuGH, NJW 2002, 3614, 3616 – Überseering (Rn. 82 der Entscheidung).
848 EuGH, NJW 2002, 3614, 3615 f. – Überseering (Rn. 72 f., 81 der Entscheidung).
849 EuGH, NJW 2002, 3614, 3616 – Überseering (Rn. 82 der Entscheidung).
850 EuGH, NJW 2002, 3614, 3615 – Überseering (Rn. 72 ff. der Entscheidung).

eine Rechtfertigung der Beschränkung ebenfalls nicht möglich.[851] Im Ergebnis hat der EuGH damit schon durch die Entscheidung *Überseering* faktisch die Sitztheorie für unvereinbar mit der Niederlassungsfreiheit erklärt und in Zuzugsfällen innerhalb von EU-Mitgliedstaaten die Gründungstheorie als maßgeblich angesehen.[852]

Kurze Zeit später mündete die Rechtsprechung des EuGH zur Zuzugsfreiheit in der Entscheidung *Inspire Art*. Eine nach englischem Recht gegründete Ltd. eröffnete eine Zweigniederlassung in den Niederlanden. Die Zweigniederlassung wurde ohne Zusatz in das niederländische Handelsregister eingetragen. Der einzige *Director* der Gesellschaft lebte in den Niederlanden und in England entfaltete die Gesellschaft keine Geschäftstätigkeit. Damit fiel die Ltd. aber grundsätzlich unter den Anwendungsbereich des niederländischen Wet op de Formeel Buitenlandse Vennootschappen (WFBV), dem Gesetz über formal ausländische Gesellschaften. Das WFBV sah vor, dass ausländische Gesellschaften, die ihre Geschäftstätigkeit vollständig oder nahezu vollständig in den Niederlanden entfalteten und daneben keine tatsächliche Bindung zu ihrem Gründungsstatut hatten, mit dem Zusatz „formal ausländische Gesellschaft" in das niederländische Handelsregister einzutragen seien. Daneben mussten formal ausländische Gesellschaften nach dem WFBV insbesondere ein Eigenkapital aufbringen, das mindestens so hoch wie das Mindestkapital einer BV sein musste. Solange dieses Eigenkapital nicht oder nicht mehr aufgebracht war, haftete der Geschäftsführer der formal ausländischen Gesellschaft gesamtschuldnerisch mit der Gesellschaft für alle während der Geschäftsführung vorgenommenen Rechtshandlungen, durch welche die Gesellschaft verpflichtet wurde. Nachdem dem niederländischen Handelsregister bekannt geworden war, dass die Ltd. grundsätzlich unter das WFBV fiel, beantragte es bei dem zuständigen Bezirksgericht die Vervollständigung des Handelsregistereintrags der Gesellschaft durch den Zusatz „formal ausländische Gesellschaft". Die Gesellschaft rügte daraufhin einen Verstoß gegen die europarechtlich gewährte Niederlassungsfreiheit. Das Bezirksgericht leitete ein Vorabentscheidungsverfahren bei dem EuGH ein. Es legte dabei die Fragen vor, ob das WFBV mit der Niederlassungsfreiheit von Gesellschaften vereinbar sei und ob etwaige Beschränkungen der Grundfreiheit gerechtfertigt seien.

851 EuGH, NJW 2002, 3614, 3617 – Überseering (Rn. 93 der Entscheidung).

852 Vgl. MüKo/*Sonnenberger*, Einleitung vor Art. 3 EGBGB, Rn. 140; Palandt/*Thorn*, Anhang zu Art. 12 EGBGB, Rn. 6; *Leible/Hoffmann*, ZIP 2003, 925, 926; *Eidenmüller*, ZIP 2002, 2233 ff.; *Behrens*, IPRax 2003, 193, 206; a.A. MüKo/*Kindler*, Internationales Wirtschaftsrecht – Internationales Handels- und Gesellschaftsrecht, Rn. 123; *Kindler*, NJW 2003, 1073, 1076 f.

In seiner Entscheidung erkannte der EuGH mehrere Beschränkungen der Niederlassungsfreiheit von Gesellschaften durch das WFBV. Einleitend stellte der EuGH mit Verweis auf die Entscheidung in der Rechtssache *Centros* fest, dass es für die Anwendung der Vorschriften über die Niederlassungsfreiheit irrelevant sei, wenn die Gründung einer Gesellschaft in einem Mitgliedstaat mit dem Ziel erfolge, unter Nutzung der rechtsvorteilhaften Vorschriften des Gründungsstaates ausschließlich in einem anderen Mitgliedstaat tätig zu sein, sofern die Gründung nicht zu missbräuchlichen oder betrügerischen Zwecken erfolge.[853] Aus diesem Grund stelle es eine Beschränkung der Niederlassungsfreiheit dar, dass das WFBV im Wege administrativer Verpflichtungen solchen Gesellschaften (mittelbar) ein Mindestkapitalerfordernis und die mit ihm verknüpfte Geschäftsführerhaftung nach niederländischem Recht auferlege.[854] Auch eine Rechtfertigung der Beschränkung anhand der *Gebhard*-Formel komme nicht in Betracht. Der durch das Mindestkapitalerfordernis formell ausländischer Gesellschaften bezweckte Gläubigerschutz werde bereits durch die in der *Centros* Entscheidung dargestellten europarechtlichen Offenlegungspflichten ausländischer Gesellschaften erzielt.[855] Zudem wies der EuGH unter Verweis auf die *Centros* Entscheidung darauf hin, dass jeder Mitgliedstaat berechtigt sei, Maßnahmen zu treffen, um zu verhindern, dass sich einige seiner Staatsangehörigen unter Ausnutzung der durch die europäischen Verträge geschaffenen Möglichkeiten in missbräuchlicher Weise der Anwendung des nationalen Rechts entziehen.[856] Die Gründung einer Gesellschaft in einem Mitgliedstaat mit dem Ziel, ausschließlich in einem anderen Mitgliedstaat tätig zu sein, sei aber nur eine Form der Ausübung der europarechtlich garantierten Niederlassungsfreiheit im Binnenmarkt und folglich weder missbräuchlich noch betrügerisch.[857] Damit richte sich das WFBV in Bezug auf in anderen Mitgliedstaaten gegründeten Gesellschaften nicht auf ein missbräuchliches oder betrügerisches Verhalten und könne dementsprechend die durch das Gesetz eingetretene Beschränkung der Niederlassungsfreiheit nicht rechtfertigen.[858]

Im Ergebnis folgt aus der Zusammenschau der Entscheidungen *Centros*, *Überseering* und *Inspire Art*, dass nach dem derzeitigen Stand des Europarechts der Zuzug einer ordnungsgemäß in einem EU-Mitgliedstaat gegründeten Gesellschaft in einen anderen Mitgliedstaat unter Erhaltung der ausländischen Rechtssubjektivität zu gewähren ist, selbst wenn die Gesellschaft keinerlei Geschäftstä-

853 EuGH, NJW 2003, 3331, 3333 – Inspire Art (Rn. 95 f. der Entscheidung).
854 EuGH, NJW 2003, 3331, 3333 – Inspire Art (Rn. 101 der Entscheidung).
855 EuGH, NJW 2003, 3331, 3334 – Inspire Art (Rn. 135 der Entscheidung).
856 EuGH, NJW 2003, 3331, 3334 – Inspire Art (Rn. 136 der Entscheidung).
857 EuGH, NJW 2003, 3331, 3334 – Inspire Art (Rn. 139 der Entscheidung).
858 EuGH, NJW 2003, 3331, 3334 f. – Inspire Art (Rn. 142 der Entscheidung).

tigkeit in ihrem Gründungsstaat entfaltet. Dies gilt jedenfalls, als in der Gründung der Gesellschaft keine missbräuchliche oder betrügerische Ausnutzung der Niederlassungsfreiheit vorliegt und die Verwehrung oder Erschwerung des Zuzugs nicht nach der *Gebhard*-Formel gerechtfertigt ist. Das Ausnutzen vorteilhafter Vorschriften des Gesellschaftsrechts stellt dabei kein missbräuchliches oder betrügerisches Verhalten dar, sondern ist vielmehr von der Niederlassungsfreiheit gedeckt. Schließlich kommt auch eine Rechtfertigung der Beschränkung der Grundfreiheit unter dem Aspekt des durch das Mindestkapital bezweckten Gläubigerschutzes nicht in Betracht, da über europarechtliche Offenbarungspflichten bereits ein adäquater Gläubigerschutz erreicht ist.

Durch die jeweilige nationale Gewährleistung der Wegzugsfreiheit und die europarechtliche Gewährleistung der Zuzugsfreiheit ist es demnach möglich, dass eine englische Ltd. ihren Verwaltungssitz nach Deutschland und eine deutsche GmbH ihren Verwaltungssitz nach England verlegen kann.

B. Internationale Zuständigkeit für die Geschäftsführerhaftung

Verlegt eine Gesellschaft mit ausländischem Satzungssitz den Verwaltungssitz ins Inland und kommt es dann zu Handlungen der Geschäftsführung im Inland, die potenziell eine Geschäftsführerhaftung begründen, stellt sich verfahrensrechtlich die Frage, inwieweit diese Handlungen im Inland justiziabel sind. Inländische Gerichte müssen international zuständig sein, um über den Fall mit Auslandsbezug entscheiden zu können.[859] Die internationale Zuständigkeit inländischer Gerichte bei der Haftung der Geschäftsführung inländischer Auslandsgesellschaften nach Eröffnung des Insolvenzverfahrens bestimmt sich dabei in England und Deutschland einheitlich aufgrund der in der EuInsVO sowie der EuGVVO[860] enthaltenen europarechtlichen Zuständigkeitsregeln. Diesbezüglich ist anerkannt, dass entweder die EuInsVO oder die EuGVVO eine Zuständigkeitsregel für den jeweils einschlägigen Haftungstatbestand bieten soll

---

859 Vgl. MüKo/*Martiny*, Vorbemerkung zu Art. 1 Rom I-Verordnung, Rn. 22; Musielak/*Heinrich*, § 12, Rn. 17; Hirte/Bücker/*Leible*, Grenzüberschreitende Gesellschaften, § 12, Rn. 1; *Beaumont/McEleavy*, Private International Law, S. 211; *Fawcett/Carruthers*, Private International Law, S. 199.

860 Verordnung (EG) Nr. 44/2001 des Rates vom 22.12.2000 über die gerichtliche Zuständigkeit und die Anerkennung und Vollstreckung von Entscheidungen in Zivil- und Handelssachen, ABl EG Nr. L 12 vom 16.01.2001, 1; im englischsprachigen Raum ist die Verordnung gemeinhin als „Brussels I Regulation" bekannt, vgl. nur *Fawcett/Carruthers*, Private International Law, S. 204 ff.

und eine parallele Anwendbarkeit der Verordnungen auf denselben Haftungstatbestand ausgeschlossen ist.[861]

I. Insolvenzrechtliche Haftungsansprüche

Die internationale Zuständigkeit inländischer Gerichte bei der Geltendmachung insolvenzrechtlicher Haftungsansprüche durch den Verwalter gegen die Geschäftsführung der Auslandsgesellschaft ergibt sich aus der EuInsVO.[862]

Der Anwendungsbereich der Verordnung ist in Art. 1 Abs. 1 EuInsVO definiert. Demnach sind die Bestimmungen der Verordnung bei Gesamtverfahren einschlägig, welche die Insolvenz des Schuldners voraussetzen und den vollständigen oder teilweisen Vermögensbeschlag gegen den Schuldner sowie die Bestellung eines Verwalters zur Folge haben. Damit fallen die englischen Verfahren der *Creditors' Voluntary Liquidation* sowie der *Compulsory Liquidation*, sofern die Gesellschaft insolvent ist,[863] sowie das deutsche Insolvenzverfahren nach den §§ 1 ff. InsO unter den Anwendungsbereich der EuInsVO. Ferner muss dem Verfahren ein in sachlich-räumlicher Hinsicht grenzüberschreitender Sachverhalt zwischen EU-Mitgliedstaaten zugrunde liegen, damit die Verordnung Anwendung findet. Die insolvente Gesellschaft muss entweder Vermögen in anderen Mitgliedstaaten besitzen und/oder Rechtsverhältnisse mit Gläubigern aus anderen Mitgliedstaaten eingegangen sein.[864] Bei inländischen Auslandsge-

861 EuGH, NJW 2009, 2189 – Saegon/Deko (Rn. 19 der Entscheidung); vgl. auch Magnus/Mankowski/*Rogerson*, Art. 1, Rn. 29 f.; Dicey/Morris/*Collins*, Rn. 11-033; *Goode*, Principles of Corporate Insolvency Law, S. 706 ff.; Musielak/*Stadler*, Art. 1 EuGVVO, Rn. 7; Zöller/*Geimer*, Art. 1 EG-VO Zivil- und Handelssachen, Rn. 35 ff.; so auch bereits vor Inkrafttreten der EuInsVO und EuGVVO, EuGH, Slg. 1979, 733, 743 – Gourdain/Nadler (Rn. 3 der Entscheidung).

862 Vgl. *Haas*, NZG 2010, 495, 496; MüKo/*Kindler*, Internationales Wirtschaftsrecht – Internationales Insolvenzrecht, Art. 25 EuInsVO, Rn. 18; *Pannen* in FS Fischer, S. 403, 407; a.A. im Hinblick auf den Ersatzanspruch gemäß § 64 S. 1 GmbHG wohl OLG Karlsruhe, ZIP 2010, 2123 f.

863 Vgl. im Detail *Schillig*, IPRax 2005, 208, 214 f.; vgl. auch *Virgos*/Schmit, Rn. 49; *Moss*/Fletcher/Isaacs/*Smith*, EC Regulation, S. 229 *Goode*, Principles of Corporate Insolvency Law, S. 713 f.; *Keay/Walton*, Insolvency Law, S. 395; *Beaumont/McEleavy*, Private International Law, S. 1097; Dicey/Morris/Collins/*Morse*, Rn. 30-167; MüKo/*Reinhart*, Art. 1 EuInsVO, Rn. 3.

864 Vgl. *Goode*, Principles of Corporate Insolvency Law, S. 717; *Keay/Walton*, Insolvency Law, S. 394; Uhlenbruck/*Lüer*, Art. 1 EuInsVO, Rn. 2; MüKo/*Reinhart*, Art. 1 EuInsVO, Rn. 14; *Duursma-Kepplinger*/Duursma/Chalupsky, Art. 1, Rn. 2; Kübler/Prütting/Bork/*Kemper*, Art. 1 EuInsVO, Rn. 13; MüKo/*Kindler*, Internationales Wirtschaftsrecht – Internationales Insolvenzrecht, Art. 1 EuInsVO, Rn. 23; Haß/*Huber*/Gruber/Heiderhoff, Art. 1, Rn. 16.

sellschaften ist dieses Erfordernis stets zumindest dadurch erfüllt, dass sie Rechtsverhältnisse mit Gläubigern am – aus Sicht der Gesellschaft – ausländischen Verwaltungssitz eingehen.[865]

Eine Regelung zur internationalen Zuständigkeit findet sich sodann in Art. 3 Abs. 1 S. 1 EuInsVO. Danach sind für die Eröffnung des Insolvenzverfahrens die Gerichte des Mitgliedstaates zuständig, in dessen Gebiet die insolvente Gesellschaft den Mittelpunkt ihrer hauptsächlichen Interessen hat. Inhaltlich regelt Art. 3 Abs. 1 S. 1 EuInsVO damit die internationale Zuständigkeit für das Hauptinsolvenzverfahren über die Gesellschaft.[866] Zentraler Anknüpfungspunkt für die Ermittlung der internationalen Zuständigkeit ist der Mittelpunkt des hauptsächlichen Interesses der Gesellschaft (*Centre of Main Interest*, COMI).[867] Das COMI einer insolventen Gesellschaft haben die Gerichte der Mitgliedstaaten bei der Ermittlung ihrer internationalen Zuständigkeit von Amts wegen zu bestimmen.[868] Die Gerichte müssen dabei die Sachlage im Zeitpunkt der Stellung des Antrags auf Verfahrenseröffnung zugrunde legen.[869]

---

865 So im Ergebnis auch *Schmidt-Ehemann*, Haftung bei Insolvenz einer EU-Auslandsgesellschaft, S. 130.

866 Vgl. *Virgos*/Schmit, Rn. 73; *Goode*, Principles of Corporate Insolvency Law, S. 720; *Moss*/Fletcher/Isaacs/*Smith*, EC Regulation, S. 253; *Fletcher*, Insolvency in Private International Law, S. 364 f.; *Keay/Walton*, Insolvency Law, S. 400; Mortimore/*Smith*, Company Directors, S. 1111; *Beaumont/McEleavy*, Private International Law, S. 1101; Dicey/Morris/Collins/*Morse*, Rn. 30-169; Uhlenbruck/*Lüer*, Art. 3 EuInsVO, Rn. 1; MüKo/*Reinhart*, Art. 3 EuInsVO, Rn. 1; *Duursma-Kepplinger*/Duursma/Chalupsky, Art. 3, Rn. 3; Kübler/Prütting/Bork/*Kemper*, Art. 3 EuInsVO, Rn. 1; MüKo/*Kindler*, Internationales Wirtschaftsrecht – Internationales Insolvenzrecht, Art. 3 EuInsVO, Rn. 2; *Haß*/Huber/Gruber/Heiderhoff/*Herweg*, Art. 3, Rn. 3; Hirte/Bücker/*Mock/Schildt*, Grenzüberschreitende Gesellschaften, § 17, Rn. 24.

867 Vgl. *Virgos*/Schmit, a.a.O.; *Goode*, a.a.O.; Moss/*Fletcher*/Isaacs, EC Regulation, S. 45; *Fletcher*, a.a.O.; *Keay/Walton*, Insolvency Law, S. 396; Mortimore/*Smith*, a.a.O.; *Beaumont/McEleavy*, a.a.O.; Dicey/Morris/Collins/*Morse*, Rn. 30-171; Uhlenbruck/*Lüer*, Art. 3 EuInsVO, Rn. 2; MüKo/*Reinhart*, Art. 3 EuInsVO, Rn. 2; *Duursma-Kepplinger*/Duursma/Chalupsky, Art. 3, Rn. 12; Kübler/Prütting/Bork/*Kemper*, Art. 3 EuInsVO, Rn. 5; MüKo/*Kindler*, a.a.O.; *Haß*/Huber/Gruber/Heiderhoff/*Herweg*, Art. 3, Rn. 6 f.; Hirte/Bücker/*Mock/Schildt*, a.a.O.; kritisch zu diesem Konzept *McCormack*, IILR 2011, 121, 123 ff.

868 BGH, NZI 2008, 121, 122; BGH, NZI 2010, 680, 681; BGH, ZIP 2012, 139, 140; AG Köln, ZIP 2006, 628; vgl. auch MüKo/*Reinhart*, Art. 3 EuInsVO, Rn. 6, m.w.N.; Kübler/Prütting/Bork/*Kemper*, Art. 3 EuInsVO, Rn. 17; kritisch hierzu mit eigenem Ansatz *Schmidt-Ehemann*, Haftung bei Insolvenz einer EU-Auslandsgesellschaft, S. 135 ff.

869 EuGH, NZI 2006, 153 f. – Staubitz-Schreiber (Rn. 29 der Entscheidung); EuGH, EuZW, 912, 916 – Interedil (Rn. 58 der Entscheidung); BGH, ZIP 2012, 139, 141; vgl. zu der rechtsmissbräuchlichen Verlegungen des COMI vor und nach Stellung des An-

Gemäß Art. 3 Abs. 1 S. 2 EuInsVO existiert bei Gesellschaften die gesetzliche Vermutung, ihr COMI befinde sich am Satzungssitz. Die Annahme beruht auf dem Gedanken, dass Satzungssitz und Verwaltungssitz bei Gesellschaften regelmäßig zusammenfallen.[870] Die gesetzliche Vermutung des Art. 3 Abs. 1 S. 2 EuInsVO ist aber widerlegbar, wenn für das die internationale Zuständigkeit prüfende Gericht Anhaltspunkte bestehen, dass die Gesellschaft ihre werbende Tätigkeit an einem anderen Ort als dem Satzungssitz durchführt.[871] Maßgeblicher Anhaltspunkt zur Bestimmung eines vom Satzungssitz abweichenden COMI ist nach der Entscheidung des EuGH in der Sache *Eurofood*[872] damit, in welchem Mitgliedstaat für Dritte erkennbar die Umsetzung der internen Unternehmensentscheidungen erfolgt (*Business-Activity-Theorie*).[873] Der EuGH stützte seine Entscheidung maßgeblich auf die 13. Begründungserwägung zur EuInsVO. Danach soll eine Gesellschaft ihr COMI an dem Ort haben, an dem sie gewöhnlich ihre Interessen verwaltet und damit für Dritte feststellbar ist.[874] Hieraus folge, dass zu der Ermittlung des COMI objektive, für Dritte feststellbare Kriterien heranzuziehen seien. Nur so sei für die Beteiligten Rechtssicherheit und Vorhersehbarkeit bei der Bestimmung des für die Eröffnung eines Hauptinsolvenzverfahrens zuständigen Gerichts zu erzielen. Diese Rechtssicherheit und Vorhersehbarkeit sei hingegen mangels Erkennbarkeit für Dritte nicht gewahrt, wenn als Kriterium bei der Ermittlung des COMI der Ort in einem Mitgliedstaat herangezogen werde, in dem die Gesellschaft ihre strategischen Unternehmensentscheidungen treffe. Damit folgt der EuGH ausdrücklich nicht der in einigen Mitgliedstaaten bei der Ermittlung des COMI vertretenen *Mind-of-Management-Theorie.*[875]

---

trags auf Verfahrenseröffnung *Eidenmüller*, KTS 2009, 137 ff., insbesondere 151 ff.; *McCormack*, [2009] C.L.J. 169, 191 f.

870 Vgl. *Virgos*/Schmit, Rn. 75; *Moss*/Fletcher/Isaacs/*Smith*, EC Regulation, S. 255; *Duursma-Kepplinger*/Duursma/Chalupsky, Art. 3, Rn. 23.

871 EuGH, NZI 2006, 360 – Eurofood, mit kritischer Anmerkung von *Bachner*, ECFR 2006, 310 ff.

872 EuGH, NZI 2006, 360, 361 – Eurofood (Rn. 37 der Entscheidung).

873 Vgl. MüKo/*Reinhart*, Art. 3 EuInsVO, Rn. 6, m.w.N.; weitergeführt in EuGH, EuZW 2011, 912, 915 – Interedil (Rn. 53 der Entscheidung).

874 Vgl. auch bereits *Virgos*/Schmit, Rn. 75.

875 Siehe etwa die Entscheidungen *AIM Underwriting Agencies (Ireland) Ltd., Re* [2004] EWHC 2114 (Ch); *Eurofood IFSC Ltd. (No. 1), Re* [2004] B.C.C. 383; *Daisy-Tek ISA Ltd., Re* [2003] B.C.C. 562; *Enron Directo SA*, unveröffentlich vgl. aber *Keay/Walton*, Insolvency Law, S. 397 bei Fn. 17 sowie MüKo/*Reinhart*, Art. 3 EuInsVO, Rn. 9; vgl. auch die Darstellung der Entwicklung des englischen Rechts bei *Wessels*, (2011) 24 Insolv. Int. 17 ff. und die generelle Darstellung bei MüKo/*Reinhart*, Art. 3 EuInsVO, Rn. 8 ff.

Keine ausdrückliche Aussage trifft der EuGH in der *Eurofood* Entscheidung hinsichtlich der Frage, anhand welcher objektiven, für Dritte erkennbaren Kriterien das COMI einer Gesellschaft zu ermitteln ist. Da aber für Dritte erkennbar die Umsetzung der Unternehmensentscheidungen gerade am Ort des Einsatzes von Personal und Vermögenswerten erfolgt, sind dies die beiden maßgeblichen Kriterien bei der Ermittlung des COMI.[876] Allerdings können diese Kriterien im Einzelfall zurücktreten.[877] So kann etwa bei der Bestimmung des COMI einer Holding maßgeblich sein, dass sie ihre wesentlichen Funktionen – Planung und Gestaltung der Konzernpolitik, Einkauf, Finanzen/Controlling etc. – nicht mehr am satzungsmäßigen Sitz, sondern in einem anderen Mitgliedstaat ausführt.[878] Gleichsam kann auch dem Ort, an dem eine Gesellschaft Verhandlungen mit Gläubigern über eine Restrukturierung führt, maßgebliche Bedeutung bei der Ermittlung des COMI zukommen.[879] Nicht zuletzt ist bei der Ermittlung des COMI der Umstand als starkes Kriterium für die Widerlegung der Vermutung des Art. 3 Abs. 1 S. 2 EuInsVO zu beachten, dass eine Auslandsgesellschaft mit inländischem Verwaltungssitz ohne jegliche Tätigkeit am Satzungssitz in das Hauptinsolvenzverfahren am tatsächlichen Verwaltungssitz übergehen soll.[880] Damit befindet sich das COMI inländischer Auslandsgesellschaften ganz regelmäßig am Verwaltungssitz der Gesellschaft.[881] Dies gilt auch dann, wenn die Auslandsgesellschaft bereits einige Zeit vor der Antragstellung ihren Geschäftsbetrieb vollständig eingestellt hat, weil andernfalls durch eine Rückverlegung des COMI an den Satzungssitz der Gesellschaft die berechtigten Interessen der inländischen Gläubiger keine angemessene Berücksichtigung fänden.[882] Im Ergebnis sind damit bei Auslandsgesellschaften die Gerichte am Verwaltungssitz der Gesellschaft gemäß Art. 3 Abs. 1 EuInsVO für das Hauptinsolvenzverfahren über das Vermögen der Gesellschaft international zuständig.

---

876 EuGH, EuZW 2011, 912, 915 – Interedil (Rn. 52 f. der Entscheidung); AG Mönchengladbach, ZIP 2004, 1064 1065 f.; AG München, ZIP 2007, 495 f.; *European Directories (DH6) BV, Re* [2010] EWGC 3472 (Ch); *3T Telecom Ltd., Re* [2005] EWHC 275 (Ch); vgl. auch MüKo/*Reinhart*, Art. 3 EuInsVO, Rn. 31 ff.; Kübler/Prütting/Bork/*Kemper*, Art. 3 EuInsVO, Rn. 11.

877 Vgl. MüKo/*Reinhart*, Art. 3 EuInsVO, Rn. 35; Uhlenbruck/*Lüer*, Art. 3 EuInsVO, Rn. 33.

878 AG Köln, ZIP 2008, 423, 427.

879 *Hellas Telecommunications (Luxembourg) II SCA* (2009) EWHC 3199 (Ch); siehe auch AG Köln, ZIP 2008, 423, 425.

880 EuGH, NZI 2006, 360, 361 – Eurofood (Rn. 35 der Entscheidung).

881 Vgl. etwa *Vallender*, ZGR 2006, 425, 428; *Wachter*, BB 2006, 1463, 1464.

882 AG Hamburg, ZIP 2005, 2275 f.; AG Hamburg, ZIP 2006, 1642, 1644; vgl. auch *Moss*/Fletcher/Isaacs/*Smith*, EC Regulation, S. 263; *Vallender*, ZGR 2006, 425, 428 f.; *Klöhn*, NZI 2006, 383, 385 f.; a.A. AG Hamburg, ZIP 2006, 1105, 1106.

Fraglich war darüber hinaus lange Zeit, ob Klagen des Verwalters gegen die Geschäftsführung, die auf insolvenzrechtlichen Haftungsansprüchen basieren, als sogenannte Annexverfahren ebenfalls unter die Zuständigkeitsregel subsumiert werden könnten.[883] Diese Unklarheit ist jedoch mit der Entscheidung des EuGH in der Sache *Saegon/Deko*[884] zwischenzeitlich beseitigt. In dieser Rechtssache hatte das Gericht darüber zu entscheiden, ob Anfechtungsklagen des Verwalters gegen einen Anfechtungsgegner, der seinen (satzungsmäßigen) Sitz in einem anderen Mitgliedstaat hat, in den Anwendungsbereich von Art. 3 Abs. 1 EuInsVO fallen. Dies hätte zur Folge, dass in solchen Fällen die internationale Zuständigkeit den Gerichten des Mitgliedstaates zukäme, in denen das Insolvenzverfahren über die Gesellschaft eröffnet wurde. Der EuGH bejahte in seiner Entscheidung die Eröffnung des Anwendungsbereichs von Art. 3 Abs. 1 EuInsVO.[885] Die Auslegung der Norm ergebe, dass die Gerichte des Mitgliedstaates, in dessen Gebiet ein Hauptinsolvenzverfahren nach der EuInsVO eröffnet wurde, auch für Klagen international zuständig seien, die unmittelbar aus dem Insolvenzverfahren entstünden.[886] Dieses Auslegungsziel habe der europäische Gesetzgeber entsprechend der 6. Begründungserwägung zur EuInsVO avisiert, wonach sich die Verordnung auf Vorschriften beschränken soll, welche die Zuständigkeit für die Eröffnung von Insolvenzverfahren und für Entscheidungen regeln, die unmittelbar aufgrund des Insolvenzverfahrens ergehen und in engem Zusammenhang damit stehen.[887] Ferner werde diese Auslegung der EuInsVO auch durch die 2., 4. und 8. Begründungserwägung gestützt, welche den mit der Verordnung verfolgten Zweck der Verbesserung der Effizienz und der Beschleunigung grenzüberschreitender Insolvenzverfahren, insbesondere durch die weitgehende Bündelung des Verfahrens in einem Mitgliedstaat, verdeutlichten.[888] Auch aus der Auslegung von Art. 25 Abs. 1 S. 3 EuInsVO ergebe sich die Anwendbarkeit von Art. 3 Abs. 1 EuInsVO auf Anfechtungsklagen gegen einen Anfechtungsgegner, der seinen (satzungsmäßigen) Sitz in einem anderen Mitgliedstaat hat. Denn die Gerichte der Mitgliedstaaten seien danach verpflichtet, bei der Anerkennung und Vollstreckung von Entscheidungen, die unmittelbar aufgrund des Insolvenzverfahrens ergehen und in engem Zusammenhang damit

---

883 Vgl. zum Meinungsstand vor der Entscheidung des EuGH, NJW 2009, 2189 – Saegon/Deko die Ausführungen bei MüKo/*Reinhart*, Art. 3 EuInsVO, Rn. 81 ff.; Uhlenbruck/*Lüer*, Art. 3 EuInsVO, Rn. 52 ff., jeweils m.w.N.; Dicey/Morris/Collins/*Morse*, Rn. 30-177.

884 EuGH, NJW 2009, 2189 – Saegon/Deko.

885 EuGH, NJW 2009, 2189, 2190 – Saegon/Deko (Rn. 28 der Entscheidung).

886 EuGH, NJW 2009, 2189 – Saegon/Deko (Rn. 21 der Entscheidung).

887 EuGH, NJW 2009, 2189 – Saegon/Deko (Rn. 20 der Entscheidung).

888 EuGH, NJW 2009, 2189 f. – Saegon/Deko (Rn. 22 f. der Entscheidung).

stehen, die Entscheidungen des gemäß Art. 3 Abs. 1, 16 EuInsVO international zur Durchführung und Beendigung eines Insolvenzverfahrens zuständigen Gerichts zu achten.[889]

Zwar beschränken sich die Ausführungen des EuGH auf die Anwendbarkeit des Art. 3 Abs. 1 EuInsVO auf die Situation grenzüberschreitender Anfechtungsklagen. Vor dem Hintergrund der von dem Gericht angeführten Entscheidungsgründe kann hingegen für Klagen des Verwalters bei der Geltendmachung insolvenzrechtlicher Haftungsansprüche gegen die Geschäftsführung der Auslandsgesellschaft nichts anderes gelten.[890] Zunächst entstehen Klagen des Verwalters bei der Geltendmachung insolvenzrechtlicher Haftungsansprüche, ebenso wie Anfechtungsklagen, unmittelbar aus dem Verfahren. Denn hierbei handelt es sich um Klagen, die nur aufgrund der Verfahrenseröffnung mit dem Klageziel der Anreicherung der Insolvenzmasse zugunsten der Gläubigergesamtheit geführt werden können und damit unmittelbar der Verwirklichung des Verfahrenszwecks der gemeinschaftlichen Befriedigung der Gläubigergesamtheit dienen.[891] Ferner ergibt auch die Auslegung – entsprechend den Ausführungen des EuGH in der Entscheidung *Saegon/Deko* – des Art. 25 Abs. 1 S. 3 EuInsVO, dass aufgrund dieses unmittelbaren Zusammenhangs zwischen Klagen des Verwalters bei der Geltendmachung insolvenzrechtlicher Haftungsansprüche und dem Insolvenzverfahren selbst Art. 3 Abs. 1 EuInsVO Anwendung finden muss. Zuletzt wird durch die Anwendung von Art. 3 Abs. 1 EuInsVO auf Klagen des Verwalters bei der Geltendmachung insolvenzrechtlicher Haftungsansprüche durch die weitergehende Bündelung des Verfahrens im Mitgliedstaat der Verfahrenseröffnung die nach dem Willen des Gesetzgebers zu erzielende Verbesserung der Effizienz des gesamten Verfahrens erreicht.

Zusammenfassend sind demnach bei der Geltendmachung insolvenzrechtlicher Haftungsansprüche durch den Verwalter gegen die Geschäftsführung der Auslandsgesellschaft die inländischen Gerichte am Verwaltungssitz der Gesellschaft gemäß Art. 3 Abs. 1 EuInsVO international unmittelbar zuständig. Die

889 EuGH, NJW 2009, 2189, 2190 – Saegon/Deko (Rn. 25 ff. der Entscheidung).

890 Vgl. *Haas*, NZG 2010, 495, 496; MüKo/*Kindler*, Internationales Wirtschaftsrecht – Internationales Insolvenzrecht, Art. 25 EuInsVO, Rn. 18; *Kindler*, IPRax 2010, 430, 432; im Ergebnis bereits schon *Eidenmüller*, Ausländische Kapitalgesellschaften, § 9, Rn. 32; Dicey/Morris/Collins/*Morse*, Rn. 30-177; *Pannen* in FS Fischer, S. 403, 407; a.A. OLG Karlsruhe, ZIP 2010, 2123; MüKo/*Reinhart*, Art. 3 EuInsVO, Rn. 100; *Haß*/Huber/Gruber/Heiderhoff/*Herweg*, Art. 3, Rn. 27; *Reinhart*, NZI 2012, 304, 307; wohl auch Uhlenbruck/*Lüer*, Art. 3 EuInsVO, Rn. 52; offen gelassen von OLG Köln, NZI 2012, 52 f., vgl. hierzu die kritische Anmerkung von *Mankowski*, NZI 2012, 52, 53.

891 Vgl. *Mankowski*, NZI 2009, 570, 572; *Lüke*, ZZP 111 (1998), 275, 293.

Zuständigkeit der inländischen Gerichte ergibt sich dabei aus der zur Durchführung des Hauptinsolvenzverfahrens folgenden Annexkompetenz.

II. Gesellschaftsrechtliche Haftungsansprüche

Die internationale Zuständigkeit inländischer Gerichte bei der Geltendmachung gesellschaftsrechtlicher Haftungsansprüche gegen die Geschäftsführung der Auslandsgesellschaft folgt demgegenüber (in aller Regel) mittelbar aus der EuGVVO. Grenzüberschreitende Prozesse auf dieser Grundlage fallen unter den autonom auszulegenden Begriff der Zivil- und Handelssachen im Sinne von Art. 1 Abs. 1 S. 1 EuGVVO und damit unter den Anwendungsbereich der Verordnung.[892]

Dabei folgt die internationale Zuständigkeit der inländischen Gerichte nicht bereits aus Art. 22 Nr. 2 EuGVVO.[893] Danach sind für gesellschaftsrechtliche Klagen, welche die Gültigkeit der Beschlüsse der Organe der Gesellschaft zum Gegenstand haben, die Gerichte des Mitgliedstaates ausschließlich zuständig, in dessen Hoheitsgebiet die Gesellschaft ihren Sitz hat. Um zu ermitteln, wo sich der Sitz befindet, hat das Gericht in diesem Zusammenhang die Vorschriften seines Internationalen Privatrechts anzuwenden. Hierdurch soll in erster Linie eine Bündelung der in Art. 22 Nr. 2 EuGVVO benannten Rechtsstreitigkeiten vor den Gerichten eines Mitgliedstaates erfolgen, um kontradiktorische Entscheidungen zu unterbinden.[894] Da sowohl das englische[895] als auch zwischenzeitlich das deutsche[896] Recht der Gründungstheorie folgen, ist für die von Art. 22 Nr. 2 EuGVVO erfassten Rechtsstreitigkeiten die ausschließliche Zu-

892 Siehe schon die Entscheidungen zum EuGVÜ (Übereinkommen über die gerichtliche Zuständigkeit und die Vollstreckung gerichtlicher Entscheidungen in Zivil- und Handelssachen vom 27.09.1968, ABl EG 1972 Nr. L 299, 32) in EuGH, NJW 1977, 489, 490 – Eurocontrol (Rn. 2 der Entscheidung) und EuGH, IPRax 2003, 528, 529 f. – Préservatrice foncière TIARD (Rn. 20 der Entscheidung); vgl. auch Musielak/*Stadler*, Art. 1 EuGVVO, Rn. 1; Zöller/*Geimer*, Art. 22 EG-VO Zivil- und Handelssachen, Rn. 26; *Fawcett/Carruthers*, Private International Law, S. 215 ff.; Magnus/Mankowski/*Rogerson*, Art. 1, Rn. 34.

893 EuGH, NZG 2009, 28, 29 – Hassett/South Eastern Health Board (Rn. 22 ff. der Entscheidung); OLG Celle, GmbHR 2006, 1269; vgl. auch Musielak/*Stadler*, a.a.O.; Zöller/*Geimer*, a.a.O.; *Fawcett/Carruthers*, a.a.O. bei Fn. 677; *Schillig*, IPRax 2005, 208, 215.

894 EuGH, NZG 2009, 28, 29 – Hassett/South Eastern Health Board (Rn. 20 der Entscheidung); EuGH, NZG 2011, 674, 676 – BVG/JP Morgan (Rn. 33 ff. der Entscheidung); BGH, NJW 2011, 3372, 3373.

895 Siehe S. 1.

896 Siehe im Einzelnen unten S. 183.

ständigkeit der Gerichte am Satzungssitz der Auslandsgesellschaft begründet.[897] Umgekehrt ist dementsprechend die Zuständigkeit der inländischen Gerichte am Verwaltungssitz der Gesellschaft auf dieser Grundlage nicht begründbar. Hinzu kommt, dass der in der Norm verwendete Begriff der Gültigkeit der Organbeschlüsse eng zu verstehen ist und nur direkte Streitigkeiten über die Gültigkeit oder Nichtigkeit solcher Beschlüsse umfasst.[898]

Vielmehr ist deshalb auf die allgemeinen Zuständigkeitsregeln der EuGVVO zurückzugreifen. Hat das durch die Geltendmachung gesellschaftsrechtlicher Haftungsansprüche in Anspruch genommene Mitglied der Geschäftsführung der inländischen Auslandsgesellschaft seinen Wohnsitz am Verwaltungssitz, ergibt sich die internationale Zuständigkeit der inländischen Gerichte aus dem allgemeinen Gerichtsstand des Art. 2 Abs. 1 EuGVVO.[899] Ob der Wohnsitz im Mitgliedstaat des Verwaltungssitzes der Gesellschaft liegt, ist gemäß Art. 59 Abs. 1 EuGVVO von dem angerufenen Gericht anhand seines eigenen Sachrechts zu ermitteln.[900] Der *Director* einer Ltd. mit deutschem Verwaltungssitz hat demnach seinen Wohnsitz gemäß § 7 Abs. 1, 2 BGB in Deutschland, sofern er sich an einem oder mehreren Orten im Bundesgebiet ständig niedergelassen hat. Der Geschäftsführer einer GmbH mit englischem Verwaltungssitz hat demgegenüber seinen Wohnsitz gemäß Section 9 Abs. 2 The Civil Jurisdictions and Judgment Order 2001 in England, wenn er sich dort niedergelassen hat und der Ursprung sowie die sonstigen Umstände seiner Niederlassung darauf schließen lassen, dass er eine dauerhafte Verbindung zum Vereinigten Königreich hat.[901] Diese dauerhafte Verbindung wird gemäß Section 9 Abs. 6 The Civil Jurisdictions and Judgment Order 2001 vermutet, wenn er sich drei Monate oder länger im Vereinigten Königreich niedergelassen hat.[902] Hat damit das im Zuge der gesellschaftsrechtlichen Haftung in Anspruch genommene Mitglied

---

897 BGH, NJW 2011, 3372, 3373.

898 Vgl. Musielak/*Stadler*, Art. 22 EuGVVO, Rn. 6; *Fawcett/Carruthers*, Private International Law, S. 282; Magnus/Mankowski/*Pinheiro*, Art. 22, Rn. 36; den Begriff im Hinblick auf die Rechtslage in England weiter fassend *Schillig*, IPRax 2005, 208, 215.

899 OLG Celle, GmbHR 2006, 1269; a.A. *Gräfe*, DZWIR 2005, 410, 414, der bei diesen Klagen den inländischen Verwaltungssitz der Auslandsgesellschaft gemäß Art. 2 Abs. 1 i.V.m. 60 Abs. 1 b) EuGVVO zur Begründung der internationalen Zuständigkeit als maßgeblich ansieht.

900 Vgl. Musielak/*Stadler*, Art. 2 EuGVVO, Rn. 4; *Fawcett/Carruthers*, Private International Law, S. 210, 223; Magnus/Mankowski/*Vlas*, Art. 2, Rn. 8; *Beaumont/McEleavy*, Private International Law, S. 287 ff.; Dicey/Morris/*Collins*, Rn. 11-078; kritisch Zöller/*Geimer*, Art. 2 EG-VO Zivil- und Handelssachen, Rn. 2a.

901 So schon die Entscheidung *Bank of Dubai Ltd. v Fouad Haji Abbas* [1997] ILPr. 308.

902 Vgl. auch Dicey/Morris/*Collins*, Rn. 11-078.

der Geschäftsführung, was regelmäßig der Fall sein dürfte, nach den nationalen Vorgaben des Mitgliedstaates am Verwaltungssitz der Auslandsgesellschaft seinen Wohnsitz, besteht die internationale Zuständigkeit der dortigen Gerichte.[903]

III. Deliktische Haftungsansprüche

Zuletzt bestimmt sich die internationale Zuständigkeit inländischer Gerichte bei der Inanspruchnahme der Geschäftsführung von Auslandsgesellschaften aufgrund deliktischer Haftungsgrundlagen gleichfalls nach der EuGVVO.[904] Zunächst kann sich dabei die internationale Zuständigkeit der Gerichte am Verwaltungssitz der Auslandsgesellschaft wiederum aus dem allgemeinen Gerichtsstand des Art. 2 Abs. 1 EuGVVO ergeben, sofern das in Anspruch genommene Mitglied der Geschäftsführung seinen Wohnsitz am Verwaltungssitz der Gesellschaft hat.[905]

Zudem kann sich die internationale Zuständigkeit dieser Gerichte aus dem Wahlgerichtsstand des Art. 5 Nr. 3 EuGVVO ergeben. Gemäß Art. 5 Nr. 3 EuGVVO haben die Gerichte des Ortes, an dem ein schädigendes Ereignis aufgrund einer unerlaubten Handlung eingetreten ist, auf den aus der Handlung folgenden deliktischen Anspruch beschränkt die internationale Zuständigkeit.[906] Der Begriff der unerlaubten Handlung im Sinne der Norm ist autonom auszulegen und umfasst jegliche Schadenshaftung, die nicht auf einer vertraglichen

---

903 Daneben besteht die internationale Zuständigkeit der Gerichte am Satzungssitz der Gesellschaft gemäß Art. 5 Nr. 1 EuGVVO, der auch auf Klagen der Gesellschaft gegen die Geschäftsführung wegen gesellschaftsrechtlicher Pflichtverletzungen Anwendung findet EuGH, Slg. 1983, 987, 1003 – Peters (Vereinsrecht) (Rn. 15 der Entscheidung); vgl. auch Musielak/*Stadler*, Art. 5 EuGVVO, Rn. 2; Zöller/*Geimer*, Art. 5 EG-VO Zivil- und Handelssachen, Rn. 10; Michalski/*Haas/Ziemons*, § 43 GmbHG, Rn. 244, jeweils m.w.N.; *Fawcett/Carruthers*, Private International Law, S. 229 f.; einschränkend Magnus/*Mankowski*, Art. 5, Rn. 49. Dementsprechend kann bei der gesellschaftsrechtlichen Haftung des *Director* der Ltd. mit Verwaltungssitz in Deutschland dieser auch vor den englischen Gerichten und spiegelbildlich der Geschäftsführer der GmbH mit Verwaltungssitz in England vor den deutschen Gerichten in Anspruch genommen werden.

904 A.A. wohl *Pannen* in FS Fischer, S. 403, 407, der bei der deliktische Haftung der Geschäftsführung die internationale Zuständigkeit über eine analoge Anwendung von Art. 3 EuInsVO bestimmen will.

905 Siehe im Einzelnen S. 163.

906 EuGH, NJW 1988, 3088, 3089 – Kalfelis (Rn. 19 der Entscheidung); vgl. auch Musielak/*Stadler*, Art. 5 EuInsVO, Rn. 5; *Fawcett/Carruthers*, Private International Law, S. 248; Magnus/*Mankowski*, Art. 5, Rn. 190; a.A. Zöller/*Geimer*, Art. 5 EG-VO Zivil- und Handelssachen, Rn. 34.

Grundlage im Sinne von Art. 5 Nr. 1 EuGVVO geltend gemacht wird.[907] Daher ist auch die Haftung aus culpa in contrahendo nach deutschem Sachrecht vom Anwendungsbereich von Art. 5 Nr. 3 EuGVVO erfasst. Dies gilt, sofern die Erfüllung der Tatbestandsvoraussetzungen nicht aufgrund der Verletzung einer im Vorfeld eines Vertrages freiwillig eingegangenen Verpflichtung eintritt, sondern auf der Verletzung gesetzlicher Vorschriften – insbesondere Konkretisierungen des Grundsatzes von Treu und Glauben – beruht.[908] Maßgeblich ist sodann, wo sich der Ort des schädigenden Ereignisses befindet. Dieser ist bei einer unerlaubten Handlung im Sinne von Art. 5 Nr. 3 EuGVVO aufgrund des sogenannten Ubiquitätsprinzips sowohl am Ort der für den Schaden ursächlichen Handlung als auch am Ort des Schadenseintritts.[909] Hat ein Mitglied der Geschäftsführung einer inländischen Auslandsgesellschaft somit eine unerlaubte Handlung gegenüber der Gesellschaft selbst oder ihren Gläubigern begangen, wobei entweder der Handlungsort oder der Ort des Schadenseintritts sich im Inland befinden, ist die internationale Zuständigkeit der inländischen Gerichte selbst dann begründet, wenn das Mitglied keinen Wohnsitz im Inland hat und damit dem Anwendungsbereich des Art. 2 Abs. 1 EuGVVO entzogen ist. Gleiches gilt entsprechend bei der Haftung des deutschen Sachrechts aus culpa in contrahendo.

Zusammenfassend sind damit Handlungen der Geschäftsführung der Auslandsgesellschaft mit inländischem Verwaltungssitz, die potenziell eine insol-

---

907 EuGH, NJW 1988, 3088, 3089 – Kalfelis (Rn. 17 der Entscheidung); EuGH, NJW 2005, 811, 812 – Engler (Rn. 29 der Entscheidung); vgl. auch Musielak/*Stadler*, Art. 5 EuGVVO, Rn. 22; Zöller/*Geimer*, Art. 5 EG-VO Zivil- und Handelssachen, Rn. 23; Hirte/Bücker/*Leible*, Grenzüberschreitende Gesellschaften, § 12, Rn. 21; *Fawcett/ Carruthers*, a.a.O.; Magnus/*Mankowski*, Art. 5, Rn. 193, jeweils m.w.N.; kritisch im Hinblick auf diese Definition *Beaumont/McEleavy*, Private International Law, S. 310 f.

908 EuGH, NJW 2002, 3159, 3160 – Tacconi/Wagner (Rn. 27 der Entscheidung); vgl. auch *Fawcett/Carruthers*, Private International Law, S. 233; Hirte/Bücker/*Leible*, a.a.O.; kritisch zu der Rechtsprechung des EuGH Musielak/*Stadler*, Art. 5 EuGVVO, Rn. 3; *Mankowski*, IPRax 2003, 127, 135. Aufgrund dieser Rechtsprechung richtet sich die internationale Zuständigkeit der Gerichte bei der Geltendmachung eines Anspruchs gegen den Geschäftsführer einer GmbH gemäß §§ 280 Abs. 1, 311 Abs. 3 BGB nach Art. 5 Abs. 3 EuGVVO, da die Haftung in diesen Fällen auf einem treuwidrigen Verhalten beruht, siehe S. 76 ff.

909 EuGH, NJW 1977, 493 – Bier (Rn. 15/19 der Entscheidung); vgl. auch Musielak/*Stadler*, Art. 5 EuGVVO, Rn. 24; Zöller/*Geimer*, Art. 5 EG-VO Zivil- und Handelssachen, Rn. 26; Hirte/Bücker/*Leible*, Grenzüberschreitende Gesellschaften, § 12, Rn. 23; *Beaumont/McEleavy*, Private International Law, S. 312; *Fawcett/Carruthers*, Private International Law, S. 253 f.; Magnus/*Mankowski*, Art. 5, Rn. 203, mit zahlreichen w.N. aus der Rechtsprechung des EuGH.

venzrechtliche, gesellschaftsrechtliche oder deliktische Geschäftsführerhaftung bzw. eine Haftung aus culpa in contrahendo begründen, in aller Regel aufgrund der Bestimmungen der EuInsVO sowie der EuGVVO im Inland justiziabel.

C. Die kollisionsrechtlich zur Anwendung berufenen Haftungstatbestände

Entscheidend ist im Hinblick auf den Schutz ungesicherter Gläubiger schließlich die Frage, welche Haftungstatbestände das inländische Gericht bei der Geschäftsführerhaftung bei Insolvenzen von Auslandsgesellschaften mit inländischem Verwaltungssitz anwenden kann. Die in diesen Fällen anwendbaren Haftungstatbestände haben nachhaltige Auswirkungen auf ungesicherte Gläubiger von Auslandsgesellschaften.[910] Da der Sachverhalt durch die Inanspruchnahme der Geschäftsführung der Auslandsgesellschaft Auslandsberührung aufweist, ist das anzuwendende Recht anhand der Kollisionsnormen der lex fori zu bestimmen.[911]

I. Bestimmung der anwendbaren Kollisionsnorm – Allgemeine Überlegungen zur Qualifikation

Ob ein potenziell einschlägiger (in- oder ausländischer) Haftungstatbestand in den Anwendungsbereich, also unter den Anknüpfungsgegenstand einer Kollisionsnorm des Internationalen Privatrechts fällt, ermitteln die Gerichte im Wege der Qualifikation.[912] Dieser der Anwendung der Kollisionsnorm vorgeschaltete – praktisch häufig unbewusst vollzogene[913] – Vorgang erfolgt im englischen und deutschen Recht durch die Gerichte, die sich bei der Qualifikation grundsätzlich

---

910 Siehe S. 86 ff.

911 Vgl. etwa Palandt/*Thorn*, Einleitung vor Art. 3 EGBGB, Rn. 1; MüKo/*Sonnenberger*, Einleitung vor Art. 3 EGBGB, Rn. 1; *Fawcett/Carruthers*, Private International Law, S. 3.

912 Vgl. Palandt/*Thorn*, Einleitung vor Art. 3 EGBGB, Rn. 27; MüKo/*Sonnenberger*, Einleitung vor Art. 3 EGBGB, Rn. 480 ff.; Staudinger/*Sturm/Sturm*, Einleitung zum IPR, Rn. 208; v. Bar/*Mankowski*, § 7, Rn. 138 ff.; *Looschelders*, Vorbemerkungen zu Art. 3-6 EGBGB, Rn. 12 ff.; Soergel/*Kegel*, Vor Art. 3 EGBGB, Rn. 111 ff.; Kegel/*Schurig*, Internationales Privatrecht, S. 327; Prütting/Wegen/Weinreich/*Mörsdorf-Schulte*, Art. 3 EGBGB, Rn. 34; im englischen Recht wird für diesen Vorgang der Begriff der *Classification* verwendet, vgl. *Beaumont/McEleavy*, Private International Law, S. 89; *Fawcett/Carruthers*, Private International Law, S. 42; *Clarkson/Hill*, Conflict of Laws, S. 9 ff.; Dicey/Morris/*Collins*, Rn. 2-002 f.

913 Vgl. MüKo/*Sonnenberger*, Einleitung vor Art. 3 EGBGB, Rn. 480.

an den Auslegungsregeln der lex fori orientieren.[914] Allerdings sind im Anwendungsbereich der EuInsVO sowie der Rom II-Verordnung Systembegriffe der dortigen Kollisionsnormen bei ihrer Qualifikation verordnungsautonom auszulegen.[915]

1. Vorgehen englischer Gerichte

Bei der Qualifikation verfahren englische Gerichte in zwei Schritten. Im ersten Schritt, der *Classification of a Cause of Action*,[916] ordnen die Gerichte den zu bewertenden Sachverhalt einer rechtlichen Kategorie zu.[917] Dabei nehmen sie die Zuordnung anhand der Rechtskategorien der lex fori vor, berücksichtigen zugleich aber, dass ein Fall mit Auslandsberührung vorliegt.[918] Dementsprechend legen die Gerichte die Reichweite der Rechtskategorien der lex fori im Lichte des englischen Internationalen Privatrechts flexibel aus, sodass Sachver-

---

914 Zum englischen Recht: *Ogden v Ogden* [1908] P. (C.A.) 46; *Apt v Apt* [1948] P. (C.A.) 83; *Macmillan Inc v Bishopsgate Trust (No. 3)* [1996] 1 W.L.R. 387; *Raiffeisen Zentralbank Österreich AG v Five Star General Trading LLC and Ors* [2001] Q.B. 825; *Trafigura Beheer BV v Kookmin Bank Co (Preliminary Issue)* [2006] EWHC 1450; vgl. auch *Fawcett/Carruthers*, Private International Law, S. 43 f.; *Clarkson/Hill*, Conflict of Laws, S. 10; kritisch *Beaumont/McEleavy*, Private International Law, S. 95 und Dicey/Morris/*Collins*, Rn. 2-008 ff.; zum deutschen Recht: BGH, NJW 1959, 717, 718; BGH, NJW 1965, 2052, 2053 f.; BGH, NJW 1967, 1177; vgl. auch Palandt/*Thorn*, Einleitung vor Art. 3 EGBGB, Rn. 27; MüKo/*Sonnenberger*, Einleitung vor Art. 3 EGBGB, Rn. 495; Staudinger/*Sturm/Sturm*, Einleitung zum IPR, Rn. 213; Prütting/Wegen/Weinreich/*Mörsdorf-Schulte*, Art. 3 EGBGB, Rn. 34; v. Bar/*Mankowski*, § 7, Rn. 173; *Looschelders*, Vorbemerkungen zu Art. 3-6 EGBGB, Rn. 16; einschränkend Soergel/*Kegel*, Vor Art. 3 EGBGB, Rn. 117, 120 ff, jeweils m.w.N. aus der Rechtsprechung; vgl. zu den im deutschen Recht anderweitig – insbesondere von *Wolff* und *Rabel* – vertretenen Meinungen im Detail v. Bar/*Mankowski*, § 7, Rn. 145 ff.

915 Vgl. etwa Palandt/*Thorn*, Art. 4 Rom II-Verordnung, Rn. 5, Art. 12 Rom II-Verordnung, Rn. 2; MüKo/*Kindler*, Internationales Wirtschaftsrecht – Internationales Insolvenzrecht, Art. 4 EuInsVO, Rn. 4; MüKo/*Reinhart*, Art. 4 EuInsVO, Rn. 2; *Duursma-Kepplinger*/Duursma/Chalupsky, Vorbemerkung zur EuInsVO, Rn. 20; Prütting/Wegen/Weinreich/*Schaub*, Art. 4 Rom II-Verordnung, Rn. 4; *Beaumont/McEleavy*, Private International Law, S. 86 f.; *Fawcett/Carruthers*, Private International Law, S. 790; *Dickinson*, The Rome II Regulation, Rn. 3.62 ff.; *Schmidt-Ehemann*, Haftung bei Insolvenz einer EU-Kapitalgesellschaft, S. 147; wohl auch Dicey/Morris/Collins/*Morse*, Rn. 30-200.

916 Vgl. *Fawcett/Carruthers*, Private International Law, S. 42.

917 *Macmillan Inc v Bishopsgate Trust (No. 3)* [1996] 1 W.L.R. 387.

918 *De Nicols v Curlier* [1900] A.C. 21; *Berchthold, Re* [1923] 1 Ch. 192; *Macmillan Inc v Bishopsgate Trust (No. 3)* [1996] 1 W.L.R. 387; *Raiffeisen Zentralbank Österreich AG v Five Star General Trading LLC and Ors* [2001] Q.B. 825; *Atlantic Telecom GmbH, Noter* [2004] S.L.T. 1031.

halte aufgrund ihrer Prägung, die sie durch die Auslandsberührung erlangt haben, unter Rechtskategorien gefasst werden können, die bei rein inländischen Sachverhalten nicht einschlägig wären.[919] So war das House of Lords etwa gewillt, einen Sachverhalt als vertraglich im Sinne des englischen Kollisionsrechts zu qualifizieren, in dem die Parteien stillschweigend einen Vertrag geschlossen hatten, obwohl diese Qualifikation bei Auslegung allein anhand des englischen Rechts nicht möglich gewesen wäre.[920]

Darauf folgt mit der *Classification of a Rule of Law*[921] der zweite Schritt der Qualifikation. In diesem Schritt ordnen die Gerichte zunächst dem zu entscheidenden Sachverhalt unter Zugrundelegung der im ersten Schritt bestimmten Rechtskategorie die nach ihrem Sinn und Zweck einschlägige Kollisionsnorm des Internationalen Privatrechts zu.[922] Sodann fahren die Gerichte fort, indem sie prüfen, ob eine aufgrund des Sachverhalts potenziell einschlägige Sachnorm, die kollisionsrechtlich zur Anwendung berufen wäre, unter diese Kollisionsnorm subsumierbar ist. Hierzu ermitteln die Gerichte den Zweck der potenziell zur Anwendung berufenen Sachnorm.[923] Deckt sich der Sinn und Zweck dieser Sachnorm mit dem der Kollisionsnorm, ist die Sachnorm zur rechtlichen Bewertung des zu entscheidenden Sachverhalts anzuwenden. Dieser Vorgang ist nicht auf ausländische Sachnormen beschränkt. Vielmehr wenden die englischen Gerichte dieses Vorgehen auch bei der Qualifikation einer potenziell zur Anwendung berufenen Sachnorm des englischen Rechts an. Daher bewerten englische Gerichte in Sachverhalten mit Auslandsberührung die potenziell einschlägige

---

919 *G & H Montage GmbH v Irvani* [1990] 1 W.L.R. 667; vgl. zum Ganzen auch insbesondere *Fawcett/Carruthers*, Private International Law, S. 43 f.; *Beaumont/McEleavy*, Private International Law, S. 95 ff.; *Clarkson/Hill*, Conflict of Laws, S. 10 f.; offen lassend Dicey/Morris/*Collins*, Rn. 2-007.

920 *De Nicols v Curlier* [1900] A.C. 21.

921 Vgl. *Fawcett/Carruthers*, Private International Law, S. 45.

922 *Ogden v Ogden* [1908] P. (C.A.) 46; *Maldonado, Re* [1954] P. 223; *Tezcan v Tezcan* (1992) 87 D.L.R. 503; *Macmillan Inc v Bishopsgate Trust (No. 3)* [1996] 1 W.L.R. 387; *Sweedman v Transport Accident Commission* [2006] H.C.A. 8; vgl. auch *Fawcett/Carruthers*, a.a.O.; *Beaumont/McEleavy*, Private International Law, S. 91 f.; Dicey/Morris/*Collins*, Rn. 2-037; mit eigenem Ansatz *Clarkson/Hill*, Conflict of Laws, S. 465.

923 *Cohn, Re* [1945] Ch. 5; *Adams v National Bank of Greece* [1961] A.C. 255; *Macmillan Inc v Bishopsgate Trust (No. 3)* [1996] 1 W.L.R. 387; *Raiffeisen Zentralbank Österreich AG v Five Star General Trading LLC and Ors* [2001] Q.B. 825; *Wight v Eckhardt Marine GmbH* [2004] 1 A.C. 147; *Through Transport Mutual Assurance Association (Eurasia) Ltd. v New India Assurance Co Ltd.* [2004] EWCA Civ 1598; vgl. auch *Fawcett/Carruthers*, Private International Law, S. 50; *Beaumont/McEleavy*, Private International Law, S. 92; Dicey/Morris/*Collins*, a.a.O.

Sachnorm des englischen Rechts im Zuge der Qualifikation nicht ausschließlich anhand ihres Wortlautes oder Standorts im Gesetz, sondern nehmen auf den übergeordneten Zweck der Norm im Lichte des Internationalen Privatrechts Bezug.[924]

Folglich ermitteln englische Gerichte mit der Qualifikation den Anwendungsbereich einer Kollisionsnorm in Fällen der Geschäftsführerhaftung, indem sie den vorgetragenen Sachverhalt in eine Rechtskategorie einordnen, die diese Kategorie abdeckende Kollisionsnorm anhand ihrer Ratio bestimmen und prüfen, ob der potenziell einschlägige Haftungstatbestand unter die Kollisionsnorm fällt.

2. Vorgehen deutscher Gerichte

Das Vorgehen der deutschen Gerichte bei der Qualifikation ähnelt weitgehend dem Vorgehen englischer Gerichte. Die Gerichte ermitteln durch den Gesamtprozess der Qualifikation, welche Kollisionsnorm des deutschen Internationalen Privatrechts den zu entscheidenden Sachverhalt in seiner rechtlichen Ausprägung erfasst.[925] Hierzu bewerten die Gerichte einerseits die rechtliche Qualität des Sachverhalts, andererseits legen sie die Reichweite der potenziell anwendbaren Kollisionsnorm durch Auslegung fest.[926] Dabei erfolgt die Bewertung der rechtlichen Qualität des Sachverhalts aus der Sicht des Forums.[927] Die Auslegung der Reichweite der potenziell anwendbaren Kollisionsnorm des Internationalen Privatrechts ist demgegenüber anhand ihres Regelungszwecks vorzunehmen.[928] Haben die Gerichte die rechtliche Qualität des Sachverhalts ermittelt

924 *Anderson v Equitable Assurance Society of the United States* (1926) 134 L.T. 557; *Cohn, Re* [1945] Ch. 5; *Priest, Re* [1944] Ch. 58; *Maldonado, Re* [1954] P. 223; a.A. noch *Leroux v Brown* (1852) 12 C.B. 801; vgl. auch *Fawcett/Carruthers*, Private International Law, S. 47; *Clarkson/Hill*, Conflict of Laws, S. 464; wohl auch *Beaumont/McEleavy*, Private International Law, S. 95.

925 BGH, NJW 1996, 54; vgl. auch MüKo/*Sonnenberger*, Einleitung vor Art. 3 EGBGB, Rn. 480; v. Bar/*Mankowski*, § 7, Rn. 138.

926 BGH, NJW 1996, 54; vgl. auch Palandt/*Thorn*, Vorbemerkung vor Art. 3 EGBGB, Rn. 27; *Looschelders*, Vorbemerkungen zu Art. 3-6 EGBGB, Rn. 13; Soergel/*Kegel*, Vor Art. 3, Rn. 116; Kegel/*Schurig*, Internationales Privatrecht, S. 311 ff., 346 ff.

927 BGH, NJW 1996, 54.

928 BGH, NJW 1967, 2109, 2111, 2113; OLG Hamm, NJW-RR 1992, 1220, 1222; vgl. auch Palandt/*Thorn*, Vorbemerkung vor Art. 3 EGBGB, Rn. 27; Soergel/*Kegel*, Vor Art. 3, Rn. 116; Kegel/*Schurig*, Internationales Privatrecht, S. 346; Prütting/Wegen/Weinreich/*Mörsdorf-Schulte*, Art. 3 EGBGB, Rn. 34.

und den Regelungszweck der Kollisionsnorm abgegrenzt, prüfen sie, ob der Sachverhalt unter die Kollisionsnorm zu subsumieren ist.[929]

Nach dieser Subsumtion müssen die Gerichte auf der Rechtsfolgenseite der Kollisionsnorm eine erneute Subsumtion vornehmen. Dabei müssen sie ermitteln, ob die durch die Kollisionsnorm zur Anwendung berufene Sachnorm dem von der Rechtsfolgenanordnung der Kollisionsnorm erfassten Normenkomplex zuzuordnen ist.[930] Hierfür ist auf den Zweck der zur Anwendung berufenen Sachnorm abzustellen.[931] Dieses Vorgehen ist insbesondere bei der Qualifikation einer potenziell anwendbaren ausländischen Sachnorm erforderlich.[932] Nichts anderes gilt aber auch bei der kollisionsrechtlichen Behandlung von Sachnormen des deutschen Rechts.[933]

Demnach nehmen die deutschen Gerichte bei der Qualifikation zur Bestimmung des Anwendungsbereichs einer Kollisionsnorm und der damit einherge-

---

929 BGH, NJW 1996, 54, 55; vgl. auch MüKo/*Sonnenberger*, Einleitung vor Art. 3 EGBGB, Rn. 483; *Looschelders*, Vorbemerkungen zu Art. 3-6 EGBGB, Rn. 13; Kegel/*Schurig*, Internationales Privatrecht, S. 312.

930 BGH, NJW 1959, 717, 719; BGH, NJW 1967, 2109, 2112 f.; BGH, NJW 1980, 47, 48; vgl. auch MüKo/*Sonnenberger*, a.a.O.; v. Bar/*Mankowski*, § 7, Rn. 175; *Looschelders*, Vorbemerkungen zu Art. 3-6 EGBGB, Rn. 14; Soergel/*Kegel*, Vor Art. 3, Rn. 122; Kegel/*Schurig*, Internationales Privatrecht, S. 348; *Schmidt-Ehemann*, Haftung bei Insolvenz einer EU-Auslandsgesellschaft, S. 162 f.; ähnlich Palandt/*Thorn*, Vorbemerkung vor Art. 3 EGBGB, Rn. 27; nach Ansicht von Staudinger/*Sturm/Sturm*, Einleitung zum IPR, Rn. 210, stellt dieser Schritt die eigentliche Qualifikation dar.

931 BGH, NJW 1959, 717, 718; BGH, NJW 1967, 2109, 2111; BGH, NJW 1976, 1588, 1589; BGH, NJW 1980, 47, 48; KG, ZIP 2009, 2156, 2157; vgl. auch MüKo/*Sonnenberger*, Einleitung vor Art. 3 EGBGB, Rn. 488; Palandt/*Thorn*, a.a.O.; v. Bar/*Mankowski*, a.a.O.; Soergel/*Kegel*, Vor Art. 3, Rn. 125; Kegel/*Schurig*, Internationales Privatrecht, S. 350.

932 BGH, NJW 1959, 717, 718; BGH, NJW 1967, 2109, 2111 ff.; BGH, NJW 1976, 1588, 1589; vgl. auch MüKo/*Sonnenberger*, Einleitung vor Art. 3 EGBGB, Rn. 483; Palandt/*Thorn*, a.a.O.; v. Bar/*Mankowski*, a.a.O.; Soergel/*Kegel*, a.a.O; Kegel/*Schurig*, a.a.O.; Prütting/Wegen/Weinreich/*Mörsdorf-Schulte*, Art. 3 EGBGB, Rn. 34.

933 Grundlegend BGH, NJW 1980, 47, 48; so auch das Herangehen im Hinblick auf die Haftung eines *Director* einer Ltd. mit deutschem Verwaltungssitz nach § 64 S. 1 GmbHG (§ 64 Abs. 2 GmbHG a.F.) des KG, ZIP 2009, 2156, 2157, sowie nach § 823 Abs. 2 BGB i.V.m. § 15a InsO (§ 64 Abs. 1 GmbHG a.F.) des LG Kiel, ZIP 2006, 1248, 1249; vgl. in der Literatur insbesondere v. Bar/*Mankowski*, a.a.O.; vgl. auch MüKo/*Sonnenberger*, Einleitung vor Art. 3 EGBGB, Rn. 488; Soergel/*Kegel*, a.a.O.; Kegel/*Schurig*, a.a.O.; Prütting/Wegen/Weinreich/*Mörsdorf-Schulte*, a.a.O.; a.A. Staudinger/*Sturm/Sturm*, Einleitung zum IPR, Rn. 208, die in diesem Vorgang keine Qualifikation im Sinne des internationalen Privatrechts sehen, sondern eine bloße Subsumtion einer deutschen Sachnorm unter eine deutsche Kollisionsnorm; in diese Richtung wohl auch *Schall*, NJW 2011, 3745, 3746.

henden Frage, ob ein (in- oder ausländischer) Tatbestand der Geschäftsführerhaftung von der Kollisionsnorm erfasst ist, eine zweifache Subsumtion vor.[934] Nach der Bewertung der rechtlichen Qualität des Sachverhalts erfolgt die Subsumtion unter die nach ihrem Zweck ausgelegte Kollisionsnorm, um sodann den durch die Kollisionsnorm potenziell zur Anwendung berufenen (in- oder ausländischen) Haftungstatbestand nach seinem Zweck unter die Kollisionsnorm zu subsumieren. Nur wenn diese zweifache Subsumtion möglich ist, fällt der nach dem Sachverhalt zur Anwendung berufene Haftungstatbestand in den Anwendungsbereich der Kollisionsnorm.

II. Das zur Anwendung berufene Recht bei der Geschäftsführerhaftung bei Insolvenzen von Auslandsgesellschaften

Das zur Anwendung berufene Recht bei der Geschäftsführerhaftung bei Insolvenzen von Auslandsgesellschaften mit inländischem Verwaltungssitz ist anhand der Kollisionsnormen des Internationalen Privatrechts zu bestimmen, deren Anwendbarkeit ihrerseits im Wege der Qualifikation zu bestimmen ist. Die in der Situation der Geschäftsführerhaftung potenziell einschlägigen Kollisionsnormen sind im englischen und deutschen Recht europarechtlich vereinheitlicht. So gibt die EuInsVO die maßgebliche Kollisionsnorm bei insolvenzrechtlichen Haftungstatbeständen vor. Aus der Rechtsprechung des EuGH zum internationalen Gesellschaftsrecht innerhalb der EU folgt die kollisionsrechtliche Einordnung bei gesellschaftsrechtlichen Haftungstatbeständen. Deliktische Haftungstatbestände und die Haftung für culpa in contrahendo werden von den in der Rom II-Verordnung vorgesehenen maßgeblichen Kollisionsnormen erfasst.

1. Haftungstatbestände des Insolvenzrechts

Die grundlegende insolvenzrechtliche Kollisionsnorm ist Art. 4 Abs. 1 EuInsVO.[935] Gemäß Art. 4 Abs. 1 EuInsVO gilt für das Insolvenzverfahren und seine Wirkungen bei grenzüberschreitenden Sachverhalten innerhalb der EU[936]

---

934 Vgl. MüKo/*Sonnenberger*, Einleitung vor Art. 3 EGBGB, Rn. 483; v. Bar/*Mankowski*, § 7, Rn. 138; *Looschelders*, Vorbemerkungen zu Art. 3-6 EGBGB, Rn. 13 f.

935 Vgl. *Virgos*/Schmit, Rn. 88; Moss/*Fletcher*/Isaacs, EC Regulation, S. 57; *Fletcher*, Insolvency in Private International Law, S. 398; *Beaumont/McEleavy*, Private International Law, S. 1112; Dicey/Morris/Collins/*Morse*, Rn. 30-201; MüKo/*Reinhart*, Art. 4 EuInsVO, Rn. 1; *Duursma-Kepplinger*/Duursma/Chalupsky, Art. 4, Rn. 5; Uhlenbruck/*Lüer*, Art. 4 EuInsVO, Rn. 1; Kübler/Prütting/Bork/*Kemper*, Art. 4 EuInsVO, Rn. 2.

936 Siehe die 2., 3., 8. und 14. Erwägung zur EuInsVO; vgl. auch MüKo/*Reinhart*, Vorbemerkungen vor Art. 1 EuInsVO, Rn. 1, 28; MüKo/*Kindler*, Internationales Wirtschafts-

das Insolvenzrecht des Mitgliedstaates, in dem das Verfahren eröffnet wird, soweit die EuInsVO nichts anderes bestimmt.[937] Die EuInsVO ist räumlich anwendbar, da bei Auslandsgesellschaften durch die Existenz des ausländischen Satzungssitzes und der hieraus resultierenden Begründung von Rechten und Pflichten in der ausländischen Rechtsordnung ein grenzüberschreitender Sachverhalt gegeben ist.[938]

Art. 4 Abs. 1 EuInsVO beruft als Anknüpfungsmoment das Recht des Mitgliedstaates, in dem das Insolvenzverfahren über das Vermögen der Gesellschaft eröffnet wird, die lex fori concursus.[939] In diesem Zusammenhang kommt es zu einem Zusammenspiel zwischen der Kollisionsnorm des Art. 4 Abs. 1 EuInsVO und der Zuständigkeitsregel in Art. 3 Abs. 1 S. 1 EuInsVO. Denn gemäß Art. 3 Abs. 1 S. 1 EuInsVO sind für die Eröffnung des Insolvenzverfahrens wiederum die Gerichte des Mitgliedstaates zuständig, in dessen Gebiet die insolvente Gesellschaft ihr COMI hat.[940] Inhaltlich geht Art. 3 Abs. 1 S. 1 EuInsVO demnach über eine bloße Zuständigkeitsregel hinaus und bestimmt mittelbar zugleich die zur Anwendung berufene lex fori concursus.[941] Weil das COMI einer Auslands-

---

recht – Internationales Insolvenzrecht, Art. 1 EuInsVO, Rn. 23; Uhlenbruck/*Lüer*, Art. 1 EuInsVO, Rn. 2; Dicey/Morris/Collins/*Morse*, Rn- 30-171; *Goode*, Principles of Corporate Insolvency Law, S. 712 f.

937 Neben der Kollisionsnorm des Art. 4 EuInsVO existieren mit Art. 8, 9, 10, 11, 14, 15 EuInsVO weitere Kollisionsnormen, die aber für die Geschäftsführerhaftung bei Insolvenzen von Auslandsgesellschaften mit inländischem Verwaltungssitz keine Bedeutung haben.

938 Vgl. *Vallender*, ZGR 2006, 425, 426; Hirte/Bücker/*Mock/Schildt*, § 17, Rn. 7, Grenzüberschreitende Gesellschaften, § 16, Rn. 1; im Ergebnis auch, allerdings ohne weitere Begründung, *Schmidt-Ehemann*, Haftung bei Insolvenz einer EU-Auslandsgesellschaft, S. 130.

939 Vgl. *Virgos*/Schmit, Rn. 87; Moss/*Fletcher*/Isaacs, EC Regulation, S. 59; *Fletcher*, Insolvency in Private International Law, S. 398; *Beaumont/McEleavy*, Private International Law, S. 1114; Dicey/Morris/Collins/*Morse*, Rn. 30-200; *Goode*, Principles of Corporate Insolvency Law, S. 752; *Keay/Walton*, Insolvency Law, S. 404; MüKo/*Reinhart*, Art. 4 EuInsVO, Rn. 1; *Duursma-Kepplinger*/Duursma/Chalupsky, Art. 4, Rn. 5; MüKo/*Kindler*, Internationales Wirtschaftsrecht – Internationales Insolvenzrecht, Vorbemerkungen zu Art. 4-15 EuInsVO, Rn. 3; Uhlenbruck/*Lüer*, Art. 4 EuInsVO, Rn. 1; Kübler/Prütting/Bork/*Kemper*, Art. 4 EuInsVO, Rn. 2; *Haß*/Huber/Gruber/Heiderhoff/*Herweg*, Art. 4, Rn. 1.

940 Siehe hierzu im Einzelnen S. 157 ff.

941 Vgl. insbesondere MüKo/*Reinhart*, Art. 3 EuInsVO, Rn. 1, *Haß*/Huber/Gruber/Heiderhoff/*Herweg*, Art. 3, Rn. 1 und Uhlenbruck/*Lüer*, Art. 3 EuInsVO, Rn. 1; vgl. auch *Beaumont/McEleavy*, Private International Law, S. 1101; *Goode*, Principles of Corporate Insolvency Law, S. 736; MüKo/*Kindler*, Internationales Wirtschaftsrecht – Internationales Insolvenzrecht, Art. 4 EuInsVO, Rn. 7.

gesellschaft mit inländischem Verwaltungssitz ganz regelmäßig in dem Mitgliedstaat existiert, in dem sich der Verwaltungssitz befindet,[942] ist folglich das insolvenzrechtlich zu qualifizierende Recht des Mitgliedstaates am Verwaltungssitz der Gesellschaft zur Anwendung berufen. Da es sich bei Art. 4 Abs. 1 EuInsVO um eine Sachnormverweisung handelt, ist lediglich das verfahrensrechtliche und materiell-rechtliche Insolvenzrecht dieses Mitgliedstaates anzuwenden, nicht hingegen dessen insolvenzrechtlich zu qualifizierendes Internationales Privatrecht.[943]

Die Kollisionsnorm knüpft an Sachverhalte an, die das Insolvenzverfahren und seine Wirkung erfassen. Jedenfalls sind von diesem Systembegriff die in Art. 4 Abs. 2 EuInsVO benannten, nicht abschließenden[944] Beispielfälle umfasst, die folglich als insolvenzrechtlich zu qualifizieren sind.[945] Daher sind etwa Sachverhalte betreffend die Voraussetzungen für die Eröffnung des Verfahrens (einschließlich der Antragsberechtigung und der Eröffnungsgründe[946]) gemäß Art. 4 Abs. 2 S. 1 EuInsVO unter die Kollisionsnorm zu subsumieren. Außerhalb des Beispielkatalogs in Art. 4 Abs. 2 EuInsVO ist hingegen nicht abschließend geklärt, wie weit der Systembegriff des Insolvenzverfahrens und seiner Wirkung reicht. Einige befürworten eine weite Auslegung des Systembegriffs, mit der Folge, dass sämtliche, insolvenztypischen Sachverhalte unter Art. 4 Abs. 1 EuInsVO zu subsumieren sein sollen.[947] Unter insolvenztypischen Sachverhalten sollen wiederum zumindest solche Vorgänge zu verstehen sein, die zur

---

942 Siehe S. 157.

943 Vgl. *Virgos*/Schmit, Rn. 87, 90; Dicey/Morris/Collins/*Morse*, Rn. 30-200; *Goode*, Principles of Corporate Insolvency Law, S. 754; MüKo/*Reinhart*, Art. 4 EuInsVO, Rn. 1; *Duursma-Kepplinger*/Duursma/Chalupsky, Art. 4, Rn. 2; MüKo/*Kindler*, Internationales Wirtschaftsrecht – Internationales Insolvenzrecht, Vorbemerkungen zu Art. 4-15 EuInsVO, Rn. 2; Uhlenbruck/*Lüer*, Art. 4 EuInsVO, Rn. 4; *Haß*/Huber/Gruber/Heiderhoff/*Herweg*, Art. 4, Rn. 2, 7; a.A *Keay/Walton*, Insolvency Law, S. 404, die wohl nur das materielle Insolvenzrecht („substantive law“) zur Anwendung berufen sehen.

944 So ausdrücklich EuGH, NZI 2010, 156, 157 – Probud (Rn. 25 der Entscheidung).

945 Vgl. insbesondere MüKo/*Reinhart*, Art. 4 EuInsVO, Rn. 3, Uhlenbruck/*Lüer*, Art. 4 EuInsVO, Rn. 12 und *Beaumont/McEleavy*, Private International Law, S. 1112; vgl. auch *Virgos*/Schmit, Rn. 91; Dicey/Morris/Collins/*Morse*, Rn. 30-202; *Goode*, Principles of Corporate Insolvency Law, S. 755 ff.; *Duursma-Kepplinger*/Duursma/Chalupsky, Art. 4, Rn. 12; Kübler/Prütting/Bork/*Kemper*, Art. 4 EuInsVO, Rn. 9; MüKo/*Kindler*, Internationales Wirtschaftsrecht – Internationales Insolvenzrecht, Art. 4 EuInsVO, Rn. 14; *Haß*/Huber/Gruber/Heiderhoff/*Herweg*, Art. 4, Rn. 9.

946 Vgl. MüKo/*Reinhart*, Art. 4 EuInsVO, Rn. 14.

947 Vgl. MüKo/*Kindler*, Internationales Wirtschaftsrecht – Internationales Insolvenzrecht, Art. 4 EuInsVO, Rn. 4 ff., m.w.N.; Uhlenbruck/*Lüer*, Art. 4 EuInsVO, Rn. 12, m.w.N.; *Moss*/Fletcher/Isaacs/*Smith*, EC Regulation, S. 280.

Zweckerreichung des Insolvenzverfahrens notwendig sind.[948] Nach der Gegenauffassung würde eine weite Auslegung der Systembegriffe zu einer unzulässigen Verengung anderer Statute – insbesondere des Gesellschafts-, Delikts- oder Sachenrechtsstatuts – führen.[949] Daher sollen ausschließlich Sachverhalte, die in einem funktionalen Zusammenhang mit der Insolvenzsituation und der Befriedigung der Gläubigergesamtheit stehen, unter den Systembegriff der Kollisionsnorm fallen.[950] Aus dem Wortlaut des Art. 4 Abs. 1 EuInsVO lässt sich kein Rückschluss für eine Auslegung in die eine oder andere Richtung ziehen.[951] Hinsichtlich insolvenzrechtlicher Sachverhalte, die Haftungstatbestände bei der Geschäftsführerhaftung bei Insolvenzen von Auslandsgesellschaften erfassen, ist aber auch keine abschließende Klärung bezüglich der Auslegung der Reichweite der Kollisionsnorm erforderlich. Vertritt man die Ansicht, insolvenztypische Sachverhalte seien von der Norm erfasst, sind hierunter Haftungstatbestände zu subsumieren, die in der Insolvenz den geordneten Marktaustritt der Gesellschaft durch die Sicherung der Masse im Hinblick auf eine spätere Verteilung an die Gläubigergesamtheit verfolgen.[952] Vertritt man hingegen die Ansicht, ausschließlich Sachverhalte, die in einem funktionalen Zusammenhang mit der Insolvenzsituation und der Befriedigung der Gläubigergesamtheit stehen, seien von der Norm erfasst, sind hierunter Tatbestände zu subsumieren, welche die Haftungsverwirklichung in der Insolvenzsituation zugunsten der Gläubigergesamtheit verfolgen.[953] Folglich sind nach beiden Ansichten insolvenzrechtliche Sachverhalte, die Tatbestände erfassen, bei denen die Haftung der Geschäftsführung im Zusammenhang mit der Insolvenz der Gesellschaft und zugunsten der Gläubigergesamtheit besteht und damit einem insolvenzpolitischen Ziel dient, von Art. 4 Abs. 1 EuInsVO einbezogen.[954] Dieses Ergebnis gebietet auch die verordnungsautonome Auslegung des Systembegriffs des Insolvenzverfahrens und seiner Wirkung in Art. 4 Abs. 1 EuInsVO. Eine dahin gehende Auslegung ist bereits im 23. Erwägungsgrund der EuInsVO angelegt, wonach die lex fori concursus alle verfahrensrechtlichen wie materiellen Wirkungen des In-

948 Vgl. MüKo/*Kindler*, a.a.O. mit Verweis auf *Virgos*/Schmit, Rn. 90.

949 Vgl. *Haß*/Huber/Gruber/Heiderhoff/*Herweg*, Art. 4, Rn. 11; MüKo/*Reinhart*, Art. 4 EuInsVO, Rn. 3.

950 Vgl. *Haß*/Huber/Gruber/Heiderhoff/*Herweg*, a.a.O.; MüKo/*Reinhart*, a.a.O., m.w.N.

951 Vgl. *Ulmer*, KTS 2004, 291, 296.

952 Vgl. Uhlenbruck/*Lüer*, Art. 4 EuInsVO, Rn. 12, m.w.N.; vgl. auch *Lieder*, DZWIR 2005, 399, 405.

953 Vgl. MüKo/*Reinhart*, Art. 4 EuInsVO, Rn. 3; Mortimore/*Smith*, Company Directors, S. 1103.

954 A.A. *Barthel*, ZInsO 2011, 211, 216 ff.; wohl auch Hirte/Bücker/*Mock/Schildt*, Grenzüberschreitende Gesellschaften, § 17, Rn. 22.

solvenzverfahrens auf die davon betroffenen Personen und Rechtsverhältnisse regelt. Des Weiteren hat der EuGH bei der Bewertung von Sachverhalten zur Auslegung des Systembegriffs ebenfalls auf die Aspekte des unmittelbaren Zusammenhangs der jeweiligen Norm mit dem Insolvenzverfahren selbst sowie die insolvenzrechtlichen Rechtsfolgen ihrer Anwendung abgestellt, um den Anwendungsbereich des Art. 4 Abs. 1 EuInsVO zu definieren.[955]

Aufgrund des nach der Kollisionsnorm zur Anwendung berufenen Rechts sind dabei die insolvenzrechtlichen Haftungstatbestände der lex fori concursus einschlägig. Im Umkehrschluss sind sämtliche insolvenzrechtlichen Haftungstatbestände, die nicht der lex fori concursus zuzuordnen sind, nicht durch die Kollisionsnorm zur Anwendung berufen. Insolvenzrechtliche, die Geschäftsführung betreffende Haftungssachverhalte sind deshalb bei Insolvenzen von Auslandsgesellschaften mit inländischem Verwaltungssitz im Ergebnis ausschließlich anhand des am Verwaltungssitz der Gesellschaft geltenden Insolvenzrechts zu bewerten. Das Insolvenzrecht am Satzungssitz der Auslandsgesellschaft kommt in diesen Haftungssachverhalten hingegen nicht zum Zuge.

Auf der Ebene der europäischen Grundfreiheiten stellt sich sodann die Frage, ob die Anwendung der Haftungstatbestände des Insolvenzrechts am Verwaltungssitz der Gesellschaft auf diese Sachverhalte eine (rechtfertigungsbedürftige) Beschränkung der durch Art. 49, 54 AEUV geschützten Niederlassungsfreiheit von Gesellschaften darstellt. Der EuGH musste über diese Frage in einem etwaigen Vorabentscheidungsverfahren bislang nicht entscheiden. In der Rechtsprechung auf nationaler Ebene und der Literatur ist das Meinungsbild uneinheitlich, wobei zwei Grundströmungen auszumachen sind. Einige sehen in der Anwendung der durch Art. 4 EuInsVO berufenen Haftungstatbestände des Insolvenzrechts am Verwaltungssitz der Auslandsgesellschaft schon per se keine Beschränkung der Niederlassungsfreiheit.[956] Nach der Gegenauffassung kann

955 EuGH, NJW 2009, 2189 – Saegon/Deko (Rn. 19 der Entscheidung); siehe auch BGH, NJW 2011, 3784, 3786 f. – PIN, vgl. hierzu ebenfalls *Commandeur/Kappstein*, NZG 2011, 1222.

956 LG Kiel, ZIP 2006, 1248, 1249 (im Hinblick auf die Anwendung der deutschen Insolvenzverschleppungshaftung auf einen *Director* einer Ltd. mit deutschem Verwaltungssitz: „Die Anwendung deutschen Insolvenzrechts berührt nach Auffassung der Kammer die Niederlassungsfreiheit nicht."); vgl. insbesondere auch MüKo/*Kindler*, Internationales Wirtschaftsrecht – Internationales Handels- und Gesellschaftsrecht, Rn. 434 mit Verweis auf BGH, NJW 2007, 1529 – Einfamilienhaus und *Ulmer*, NJW 2004, 1201, 1205, 1207 („[W]ährend die Vereinbarkeit mit Blick auf gesellschaftsrechtliche Regelungen grundsätzlich problematisch ist und das Inlandsrecht des Zuzugstaats im Zweifel gegenüber dem Gründungsstatut zurücktreten muss, befindet man sich angesichts der Regelung in Art. 4 EuInsVO auf sicherem Grund, soweit es um die Anwendung des von dieser Vorschrift erfassten inländischen Insolvenzrechts geht, da angesichts des integra-

die Anwendung von Haftungstatbeständen des Insolvenzrechts am Verwaltungssitz der Auslandsgesellschaft eine Beschränkung der Niederlassungsfreiheit bedeuten, sofern die Haftungstatbestände nicht (allgemeines Verkehrs-)Recht widerspiegeln, das die Teilnahme am Rechtsverkehr am Verwaltungssitz für deutsche und ausländische Gesellschaften unterschiedslos regelt.[957] Danach stellt die Anwendung insolvenzrechtlicher Haftungstatbestände auf die Auslandsgesellschaft außerhalb dieses Bereichs eine Maßnahme dar, welche die Ausübung der Niederlassungsfreiheit zumindest weniger attraktiv macht und dementsprechend anhand der *Gebhard*-Formel zu rechtfertigen ist.[958]

---

tionsfördernden Vereinheitlichungszwecks der [EuInsVO] ernsthafte Zweifel an der Vereinbarkeit ihres Regelungsinhalts mit den Grundfreiheiten des EG-Vertrags nicht veranlasst sind." und „Der „sicherste Hafen" für die Anwendung inländischer Haftungstatbestände auf Gesellschafter und/oder Geschäftsführer ist erreicht, wenn sich diese Tatbestände als Bestandteile der lex fori concursus i.S. von Art. 4 II EuInsVO qualifizieren lassen und wenn sie schon deshalb als mit der EG-Niederlassungsfreiheit vereinbar anzusehen sind."); vgl. auch *Pannen* in FS Fischer, S. 403, 408; *Kindler*, IPRax 2010, 430, 432; *Zerres*, DZWIR 2006, 356, 361; *Lieder*, DZWIR 2005, 399, 404 f.; wohl auch Baumbach/Hueck/*Haas*, § 64, Rn. 31; offen gelassen von *Lowry*, [2004] C.L.J. 331, 342 f.

957 KG, ZIP 2009, 2156, 2157; vgl. auch *Borges*, ZIP 2004, 733, 740; Hirte/Bücker/*Forsthoff/Schulz*, Grenzüberschreitende Gesellschaften, § 16, Rn. 8 f.; *Weller*, Europäische Rechtsformwahlfreiheit, S. 200 f.; *Stöber*, ZHR 176 (2012), 326, 330; *Wachter*, BB 2006, 1463, 1465; wohl auch *Eidenmüller*, NJW 2005, 1618, 1621; *Barthel*, ZInsO 2011, 211, 221 ff. sieht mit einer ähnlichen Begründung ebenfalls eine Beschränkung der Niederlassungsfreiheit; generell zu dem Aspekt der Beschränkung der Niederlassungsfreiheit der Auslandsgesellschaft durch die Anwendung inländischer Normen des Insolvenzrechts *Armour* in Current Legal Problems 2005, S. 369, 405; *Vanmeenen/Van Hoe*, IILR 2011, 468, 473 ff.

958 KG, ZIP 2009, 2156, 2157; LG Kiel, ZIP 2006, 1248, 1250 („Eine etwaige Einschränkung der Niederlassungsfreiheit wäre darüber hinaus jedenfalls vor dem Hintergrund des von § 64 Abs. 1 GmbHG intendierten Ziels gerechtfertigt. Der Schutz des Rechtsverkehrs stellt einen zwingenden Grund des allgemeinen Interesses dar [= Rechtfertigung anhand der *Gebhard-Formel*]."); *Eidenmüller*, Ausländische Kapitalgesellschaften, § 3, Rn. 4, 8 f. mit Verweis auf EuGH, Slg. 2002, I-351, I-364 – Kommission/Italien (Rn. 22 der Entscheidung); *Weller*, Europäische Rechtsformwahlfreiheit, S. 209 ff.; *Armour*, a.a.O.; *Borges*, ZIP 2004, 733, 742 f.; *Greulich/Rau*, NZG 2008, 565, 567; *Greulich/Bunnemann*, NZG 2006, 681, 683; *Vanmeenen/Van Hoe*, IILR 2011, 468, 477; im Ergebnis auch *Barthel*, ZInsO 2011, 211, 223 f.; widersprüchlich die Entscheidung des BGH, NJW 2011, 3784, 3787 – PIN, wo der Bundesgerichtshof zwar zu der Prüfung der Vereinbarkeit einer insolvenzrechtlich zu qualifizierenden Norm des deutschen Rechts mit der Niederlassungsfreiheit ansetzt, aber dahinstehen lässt, ob dies der Fall ist, da die Kollisionsnorm des Art. 4 Abs. 2 EuInsVO nicht gegen das Europa-

Für die Ansicht, die Anwendung der Haftungstatbestände des Insolvenzrechts am Verwaltungssitz der Gesellschaft würde schon keine Beschränkung der Niederlassungsfreiheit bedeuten, wird im Wesentlichen angeführt, dass über Art. 4 EuInsVO das Europarecht selbst die Haftungstatbestände zur Anwendung berufe.[959] Da der europäische Gesetzgeber aber bereits bei der Schaffung der Kollisionsnorm die Prüfung vorgenommen habe, ob die durch die Anwendung der Regel eintretenden Rechtsfolgen primärrechtskonform seien und dabei die Wertung vorgenommen habe, eine Beschränkung der Niederlassungsfreiheit liege bei der Anwendung der Kollisionsnorm nicht vor, sei eine erneute Überprüfung der Vereinbarkeit der über die Kollisionsnorm zur Anwendung berufenen Haftungstatbestände mit der Niederlassungsfreiheit nicht geboten.[960] Ferner argumentieren die Vertreter dieser Ansicht, weder aus der Rechtsprechung des EuGH zur Niederlassungsfreiheit noch aus dem Wortlaut von Art. 49 Abs. 2 AEUV ergebe sich, dass die Vorgaben zur Niederlassungsfreiheit in anderen Sachgebieten außerhalb des Gesellschaftsstatus Anwendung finden sollten.[961]

Die Vertreter der Gegenansicht verweisen auf die Rechtsprechung des EuGH, wonach eine Beschränkung der Niederlassungsfreiheit bereits vorliegt, wenn nationale Bestimmungen die Ausübung der Niederlassungsfreiheit unterbinden, behindern oder weniger attraktiv machen.[962] Daher seien auch internationalprivatrechtlich zur Anwendung berufene Haftungstatbestände des Insolvenzrechts am Verwaltungssitz der Auslandsgesellschaft im Prinzip geeignet, eine Beschränkung der Niederlassungsfreiheit zu begründen.[963] An dieser Feststellung ändere der Umstand nichts, dass bei den Haftungstatbeständen die Geschäftsführung der Auslandsgesellschaft Normadressat ist, weil nach der Rechtsprechung des EuGH in der Anwendung der Haftungstatbestände eine mittelbare Beschränkung der Niederlassungsfreiheit der Gesellschaft liegen könne.[964] Allerdings würden bei der vorbehaltslosen Anwendung des Grundsatzes, dass

---

recht verstoße, siehe hierzu sogleich; zu Recht kritisch gegenüber dieser Rechtsprechung *Schall*, NJW 2011, 3745, 3747.

959 Vgl. MüKo/*Kindler*, Internationales Wirtschaftsrecht – Internationales Handels- und Gesellschaftsrecht, Rn. 434, 436 f.; *Ringe/Willemer*, NZG 2010, 56, 57.

960 Vgl. MüKo/*Kindler*, Internationales Wirtschaftsrecht – Internationales Handels- und Gesellschaftsrecht, Rn. 437, 390; *Ringe/Willemer*, a.a.O.; *Ulmer*, KTS 2004, 291, 295 f.

961 Vgl. MüKo/*Kindler*, Internationales Wirtschaftsrecht – Internationales Handels- und Gesellschaftsrecht, Rn. 438; *Ulmer*, KTS 2004, 291, 295 f.

962 Vgl. *Eidenmüller*, Ausländische Kapitalgesellschaften, § 3, Rn. 4; *Weller*, Europäische Rechtsformwahlfreiheit, S. 34 f.; so auch *Barthel*, ZInsO 2011, 211, 221.

963 Vgl. insbesondere *Eidenmüller*, Ausländische Kapitalgesellschaften, § 3, Rn. 8, m.w.N.; *Borges*, ZIP 2004, 733, 740; im Ergebnis auch *Weller*, Europäische Rechtsformwahlfreiheit, S. 35.

964 EuGH, NJW 1987, 571 – Segers; vgl. auch *Barthel*, ZInsO 2011, 211, 221.

eine Beschränkung der Niederlassungsfreiheit bei jeglicher Unterbindung, Behinderung oder weniger attraktiven Ausgestaltung durch nationale Bestimmungen vorliegt, potenziell sämtliche wirtschaftslenkenden Gesetze die Grundfreiheit tangieren.[965] Deshalb sei eine teleologische Reduktion der Tatbestände vorzunehmen, die eine Beschränkung der Niederlassungsfreiheit der Gesellschaft bedeuten.[966] Hierzu sei im Hinblick auf das Spannungsfeld zwischen der Anwendung der Haftungstatbestände des Insolvenzrechts am Verwaltungssitz der Gesellschaft und einer daraus potenziell resultierenden Beschränkung der Niederlassungsfreiheit die Rechtsprechung des EuGH zur Warenverkehrsfreiheit heranzuziehen.[967] Nach der *Keck*-Rechtsprechung des EuGH gilt die Warenverkehrsfreiheit nicht für nationale Bestimmungen, die bestimmte Verkaufsmodalitäten beschränken oder verbieten, sofern sie für alle betroffenen Wirtschaftsteilnehmer gelten, die ihre Tätigkeit im Inland ausüben, und sofern sie den Absatz der inländischen Erzeugnisse und der Erzeugnisse aus anderen Mitgliedstaaten rechtlich wie tatsächlich in der gleichen Weise berühren.[968] Diese Rechtsprechung sei im Prinzip auch auf die Niederlassungsfreiheit anzuwenden.[969] Dass dies grundsätzlich möglich sei, habe der EuGH in seiner Entscheidung *Semeraro* angedeutet.[970] Eine Beschränkung der Niederlassungsfreiheit liege in entsprechender Anwendung der *Keck*-Rechtsprechung daher vor, wenn durch nationale Bestimmungen der Auslandsgesellschaft der Marktzugang versperrt oder zumindest in rechtlicher oder tatsächlicher Hinsicht gegenüber inländischen Gesellschaften erschwert sei.[971] Dies treffe auf Bestimmungen zu, die korporative Wirkung entfalten, wenn sie z. B. speziell die Haftung der Geschäftsführung beträfen, sofern sie ein signifikantes Marktzugangshindernis errichteten.[972] Dabei könnten auch insolvenzrechtliche Bestimmungen, die der Durchsetzung eines geordneten Marktaustritts dienen, diese korporative Wirkung entfalten, wenn sie eine abschreckende Wirkung hätten und damit mittelbar Einfluss auf

---

965 Vgl. *Eidenmüller*, Ausländische Kapitalgesellschaften, § 3, Rn. 10.

966 Vgl. *Eidenmüller*, a.a.O.; zurückhaltend *Schmidt-Ehemann*, Haftung bei Insolvenz einer EU-Auslandsgesellschaft, S. 63 ff.

967 KG, ZIP 2009, 2156, 2157; vgl. auch insbesondere *Eidenmüller*, Ausländische Kapitalgesellschaften, § 3, Rn. 11 ff.; *Eidenmüller*, RabelsZ 70 (2006), 474, 479.

968 EuGH, NJW 1994, 121 – Keck (Rn. 16 der Entscheidung).

969 KG, ZIP 2009, 2156, 2157; vgl. auch insbesondere *Eidenmüller*, Ausländische Kapitalgesellschaften, § 3, Rn. 16.

970 Vgl. *Eidenmüller*, Ausländische Kapitalgesellschaften, § 3, Rn. 14 mit Verweis auf EuGH, EuZW 1996, 600, 602 – Semeraro (Rn. 32 der Entscheidung).

971 Vgl. *Eidenmüller*, Ausländische Kapitalgesellschaften, § 3, Rn. 16.

972 Vgl. *Eidenmüller*, Ausländische Kapitalgesellschaften, § 3, Rn. 16 f.; *Eidenmüller*, RabelsZ 70 (2006), 474, 479.

die Entscheidung über den Marktzugang nähmen.[973] Diese abschreckende Wirkung trete bei Tatbeständen ein, bei denen eine persönliche Haftung der Gesellschaftsorgane drohe und führe bei der Entscheidung über den Marktzugang zu einer Berücksichtigung und damit Beeinflussung der Zugangsentscheidung.[974] Demgegenüber würden Bestimmungen, die eine tätigkeitsbezogene Wirkung entfalten, gemeint ist allgemeines Verkehrsrecht, dessen Einhaltung von jedem Marktteilnehmer unterschiedslos gefordert ist, keine Beschränkung der Niederlassungsfreiheit darstellen.[975] Im Ergebnis ist damit eine Rechtfertigung anhand der *Gebhard*-Formel[976] lediglich bei insolvenzrechtlichen Haftungstatbeständen nach dem Recht des Verwaltungssitzes erforderlich, die eine korporative Wirkung entfalten.

Die besseren Argumente sprechen für die Ansicht, dass die Anwendung insolvenzrechtlicher Haftungstatbestände des Rechts am Verwaltungssitz der Auslandsgesellschaft eine rechtfertigungsbedürftige Beschränkung der durch Art. 49, 54 AEUV geschützten Niederlassungsfreiheit bedeuten kann. Die Argumente der Gegenansicht überzeugen nicht. Hinsichtlich des Arguments, aus der Rechtsprechung des EuGH zur Niederlassungsfreiheit sei eine Verengung des Anwendungsbereichs der Niederlassungsfreiheit auf das Gesellschaftsstatut zu folgern,[977] ist zu entgegnen, dass die einschlägige Rechtsprechung (*Centros*, *Überseering* und *Inspire Art*) keine insolvenzrechtlichen Sachverhalte tangiert und der EuGH daher nicht gehalten war, Aussagen über die Anwendbarkeit der Niederlassungsfreiheit auf diese Materie zu treffen. Ferner überzeugt das Hauptargument dieser Ansicht nicht, wonach der europäische Gesetzgeber schon bei der Schaffung des Art. 4 EuInsVO die Prüfung vorgenommen habe, ob die Kollisionsnorm und mit ihr einhergehende Rechtsfolgen mit der Niederlassungsfreiheit zu vereinbaren seien und daher eine weitere Prüfung einer etwaigen Beschränkung der Niederlassungsfreiheit bei der durch die Kollisionsnorm zur Anwendung berufenen Haftungstatbestände des Rechts am Verwaltungssitz

973 Vgl. *Barthel*, Deutsche Insolvenzantragspflicht, S. 447, 459 ff.; *Stöber*, ZHR 176 (2012), 326, 330; *Barthel*, ZInsO 2011, 211, 222; im Ergebnis ebenfalls *Weller*, Europäische Rechtsformwahlfreiheit, S. 202 ff.; zweifelnd *Eidenmüller*, Ausländische Kapitalgesellschaften, § 3, Rn. 17; a.A. Baumbach/Hueck/*Haas*, § 64, Rn. 31.

974 Vgl. *Barthel*, Deutsche Insolvenzantragspflicht, S. 471 ff.; *Barthel*, ZInsO 2011, 211, 222 f.

975 Vgl. *Eidenmüller*, Ausländische Kapitalgesellschaften, § 3, Rn. 17; so auch MüKo/*Kindler*, Internationales Wirtschaftsrecht – Internationales Handels- und Gesellschaftsrecht, Rn. 440.

976 Siehe hierzu im Einzelnen unten ab S. 187.

977 Siehe S. 177.

nicht geboten sei.[978] Gegen das Argument ist einzuwenden, dass durch das Unterlassen der Prüfung der Vereinbarkeit der zur Anwendung berufenen Haftungstatbestände des Insolvenzrechts am Verwaltungssitz der Gesellschaft mit der Niederlassungsfreiheit mittelbar wesentliche Zielsetzungen des europäischen Kollisionsrechts unterlaufen werden könnten. Aus diesem Grund ist das Korrektiv der Niederlassungsfreiheit auch bei der Prüfung der Anwendbarkeit insolvenzrechtlicher Haftungstatbestände notwendig, um die Zielsetzungen des europäischen Gesetzgebers auf dem Feld des vereinheitlichten Kollisionsrechts zu verwirklichen.

Diesem Argument liegen folgende Erwägungen zugrunde: Neben der ebenfalls das gesellschaftsrechtliche Kollisionsrecht erfassenden[979] Rechtsprechung des EuGH zur Niederlassungsfreiheit von Gesellschaften hat der europäische Gesetzgeber in den vergangenen Jahren sekundärrechtliches Kollisionsrecht in den angrenzenden Rechtsbereichen des Insolvenzrechts sowie des Vertragsrechts und des Rechts der außervertraglichen Schuldverhältnisse erlassen.[980] Drei der wesentlichen Zielsetzungen der Vereinheitlichung des Kollisionsrechts durch den europäischen Gesetzgeber sind dabei, für den Rechtsanwender und die Rechtsadressaten Sicherheit in Bezug auf das anzuwendende Recht zu bewirken, den Ausgang von Rechtsstreitigkeiten vorhersehbarer zu machen und einen Entscheidungsgleichklang innerhalb der Mitgliedstaaten zu erreichen. Diese Zielsetzungen spiegeln sich insbesondere im 6. und 16. Erwägungsgrund der Rom I-Verordnung[981] sowie dem 6. und 14. Erwägungsgrund der Rom II-Verordnung wider. Aber auch mit der Bestimmung der lex fori concursus als anzuwendendes Recht durch die Kollisionsnorm des Art. 4 Abs. 1 EuInsVO soll zu Rechtssicherheit und internationalem Entscheidungsgleichklang beigetragen werden.[982] Das europäische Kollisionsrecht verfolgt damit übergreifend und unabhängig von dem jeweiligen Rechtsgebiet diese Zielsetzungen.

Die vorbehaltslose Anwendung der durch die Kollisionsnorm des Art. 4 Abs. 1 EuInsVO zur Anwendung berufenen Haftungstatbestände des Insolvenzrechts am Verwaltungssitz der Gesellschaft ohne zusätzliche Prüfung der Ver-

978 Siehe S. 177.

979 Siehe hierzu im Einzelnen unten ab S. 182.

980 Vgl. MüKo/*Kindler*, Internationales Wirtschaftsrecht – Internationales Handels- und Gesellschaftsrecht, Rn. 390.

981 Verordnung (EG) Nr. 593/2008 des Europäischen Parlaments und des Rates vom 17.06.2008 über das auf vertragliche Schuldverhältnisse anzuwendende Recht (Rom I), ABl EU Nr. L 177 vom 04.07.2008, 6.

982 Vgl. *Haß*/Huber/Gruber/Heiderhoff/*Herweg*, Art. 4, Rn. 3; *Leible/Staudinger*, KTS 2000, 533, 550; *Balz*, ZIP 1996, 948, 950.

einbarkeit dieses Vorgehens mit der Niederlassungsfreiheit kann die Verwirklichung von Rechtssicherheit, Vorhersehbarkeit und eines internationalen Entscheidungsgleichklanges gefährden. Es kann zu einer Normenhäufung kommen.[983] So wird z. B. die Ansicht vertreten, die Haftung des *Director* einer Ltd. für die Insolvenzverursachung nach Section 172 Companies Act 2006 sei gesellschaftsrechtlich zu qualifizieren.[984] Der nach deutschem Recht bei der Insolvenzverursachung potenziell anwendbare Haftungstatbestand für die Existenzvernichtung wird seinerseits (zutreffend) überwiegend insolvenzrechtlich qualifiziert.[985] Bei der Insolvenz der Ltd. mit Verwaltungssitz in Deutschland kann es daher bei der Haftung des *Director* für Insolvenzverursachung, sofern die Qualifikation in der dargestellten Weise vorgenommen wird, zu der parallelen Anwendbarkeit von Section 172 Companies Act 2006 einerseits und § 826 BGB wegen Existenzvernichtungshaftung andererseits kommen. Umgekehrt kann auf den Geschäftsführer einer GmbH mit Verwaltungssitz in England bei der Haftung für Insolvenzvertiefung zugleich § 64 S. 1 GmbHG und Section 172 Companies Act 2006 anwendbar sein. Dies ist der Fall, sofern § 64 S. 1 GmbHG, wie zum Teil vertreten, gesellschaftsrechtlich und die Haftung für Insolvenzvertiefung gemäß Section 172 Companies Act 2006 (zutreffend) insolvenzrechtlich qualifiziert wird.[986] In beiden Situationen tritt eine Normenhäufung auf, die sowohl das deutsche als auch das englische Gericht durch einen systemwidrigen Notbehelf auflösen muss. Der Eintritt dieser Notwendigkeit ist allerdings im Hinblick auf das Erreichen von Rechtssicherheit, Vorhersehbarkeit und eines internationalen Entscheidungsgleichklanges vom europäischen Gesetzgeber gerade nicht gewollt. Sie ist vielmehr durch die Prüfung der Vereinbarkeit der Anwendung der Haftungstatbestände mit der Niederlassungsfreiheit zu vermeiden. Denn in der Situation der Insolvenzverursachung, in welcher der *Director* einer Ltd. mit deutschem Verwaltungssitz sowohl gemäß Section 172 Companies Act 2006 als auch unter dem Aspekt der Existenzvernichtung haftbar ist, kommt es gerade nicht zu der Anwendung des Tatbestandes der Existenzvernichtung. Dies würde eine ungerechtfertigte Beschränkung der Niederlassungsfreiheit der Ltd. bedeuten. Die Anwendung des Tatbestandes der Existenzvernichtung hat eine korporative Wirkung, stellt damit eine Beschränkung der Niederlassungsfreiheit dar und ist nicht anhand der *Gebhard*-Formel gerechtfertigt,[987] da das englische Recht mit Section 172 Companies Act 2006 seinerseits einen Tatbestand für diese Situation bereithält und damit die Anwendung der

983 Vgl. das Beispiel bei MüKo/*Wendehorst*, Art. 43 EGBGB, Rn. 99.

984 Vgl. *Lotz*, ZInsO 2010, 1634, 1635 f.

985 Siehe im Einzelnen unten ab S. 216.

986 Siehe im Einzelnen unten ab S. 203.

987 Siehe S. 187 ff.

Existenzvernichtung nicht erforderlich ist. Gleiches gilt entsprechend in der Situation der Insolvenzvertiefung, in welcher der Geschäftsführer einer GmbH mit englischem Verwaltungssitz sowohl gemäß § 64 S. 1 GmbHG als auch Section 172 Companies Act 2006 haftbar ist.

Zusammenfassend sind damit bei der Geschäftsführerhaftung bei Insolvenzen inländischer Auslandsgesellschaften ausschließlich Haftungstatbestände des Insolvenzrechts am Verwaltungssitz der Gesellschaft anzuwenden, bei denen ihrerseits jeweils die Vereinbarkeit der Anwendung dieser Haftungstatbestände mit der Niederlassungsfreiheit gemäß Art. 49, 54 AEUV festgestellt werden muss.[988]

2. Haftungstatbestände des Gesellschaftsrechts

Die Entscheidungen des EuGH in *Centros*, *Überseering* und *Inspire Art* haben neben dem Umstand, dass der Zuzug einer ordnungsgemäß in einem EU-Mitgliedstaat gegründeten Gesellschaft in einen anderen Mitgliedstaat unter Erhaltung der ausländischen Rechtssubjektivität zu gewähren ist, selbst wenn die Gesellschaft keinerlei Geschäftstätigkeit in ihrem Gründungsstaat entfaltet, einen kollisionsrechtlichen Effekt. Auf der kollisionsrechtlichen Ebene folgt aus der Anknüpfung an die Gründungstheorie in den Urteilen des EuGH praktisch die Vorgabe, dass nach dem autonomen Gesellschaftskollisionsrecht der Mitgliedstaaten Auslandsgesellschaften mit inländischem Verwaltungssitz, die von dem Schutzbereich der Niederlassungsfreiheit gemäß Art. 49, 54 AEUV erfasst sind, in gesellschaftsrechtlich zu qualifizierenden Sachverhalten grundsätzlich dem Recht des Satzungssitzes unterfallen müssen.[989]

---

988 So im Ergebnis auch *Schmidt-Ehemann*, Haftung bei Insolvenz einer EU-Auslandsgesellschaft, S. 157 ff.

989 BGH, NJW 2003, 1461; BGH, NJW 2005, 1648, 1649; vgl. auch Palandt/*Thorn*, Anhang zu Art. 12 EGBGB, Rn. 7, 10 ff., m.w.N.; Hirte/Bücker/*Forsthoff/Schulz*, Grenzüberschreitende Gesellschaften, § 16, Rn. 1; Eidenmüller/*Rehm*, Ausländische Kapitalgesellschaften, § 2, Rn. 87; *Davies*, Principles of Company Law, S. 143 ff.; Mortimore/*Smith*, Company Directors, S. 1088 f.; ähnlich *Schmidt-Ehemann*, Haftung bei Insolvenz einer EU-Auslandsgesellschaft, S. 40, die aus den Urteilen selbst die Geltung der Haftungsverhältnisse nach dem Recht des Satzungssitzes herleitet; generell auf die nach englischem Internationalen Privatrecht geltende Gründungstheorie bezogen *Beaumont/McEleavy*, Private International Law, S. 1076 und Dicey/Morris/Collins/*Morse*, Rn. 30R-20 ff.; a.A. MüKo/*Kindler*, Internationales Wirtschaftsrecht – Internationales Handels- und Gesellschaftsrecht, Rn. 136 ff., insbesondere Rn. 144 ff., der lediglich einen Neuordnung der Rechtsprechung durch die Gerichte der Mitgliedstaaten im Hinblick auf die Adaption der Gründungstheorie unter dem Eindruck der Rechtsprechung des EuGH anerkennt; a.A. auch noch *Altmeppen*, NJW 2004, 97, 99 f., der eine Fortgeltung der Sitztheorie im Einklang mit der Rechtsprechung des EuGH für möglich hält,

Der Bundesgerichtshof hat diese Vorgabe umgesetzt, indem er in seiner Entscheidungspraxis zunächst im Hinblick auf die Rechtsfähigkeit von Auslandsgesellschaften aus anderen, den Schutz der im AEUV (zum damaligen Zeitpunkt EGV) garantierten Niederlassungsfreiheit unterfallenden Mitgliedstaaten das Recht des Satzungssitzes angewandt hat.[990] In der Folgezeit hat das Gericht das Recht des Satzungssitzes dann in einer Frage der Gesellschafterhaftung angewandt.[991] Die gesellschaftsrechtliche Haftung der Geschäftsführung der Auslandsgesellschaft mit inländischem Verwaltungssitz bemisst sich ebenfalls nach dem Recht des Satzungssitzes.[992] Eine entsprechende praktische Umsetzung der Vorgabe des EuGH war im englischen Recht nicht notwendig. Das englische Recht folgt schon seit Langem der Gründungstheorie und bewertet gesellschaftsrechtliche Sachverhalte nach dem Recht des Satzungssitzes der Auslandsgesellschaft.[993] Dies gilt gerade auch im Bereich der gesellschaftsrechtlichen Haftung der Geschäftsführung.[994] Damit bemisst sich die gesellschaftsrechtliche Haftung der Geschäftsführung im deutschen und englischen Recht nach dem Recht des Satzungssitzes der Auslandsgesellschaft. Als gesellschaftsrechtlich ist dabei die Haftung in Sachverhalten zu qualifizieren, in denen die Geschäftsführung (in

---

dagegen überzeugend *Ulmer*, NJW 2004, 1201, 1205 ff.; die teilweise vertretene Ansicht, wonach die Niederlassungsfreiheit gemäß Art. 49, 54 AEUV selbst eine versteckte Kollisionsnorm mit dem beschriebenen Regelungsinhalt sei, vgl. etwa *Leible/Hoffmann*, RIW 2002, 925, 928, 930 ff.; *Leible/Hoffmann*, ZIP 2003, 925, 926; *Drygala*, EWiR 2003, 1029, 1030; *Behrens*, IPRax 2004, 20, 25; *Leible*, ZGR 2004, 531, 534, *Eidenmüller*, RabelsZ 70 (2006), 474, 479 f.; zuletzt wieder aufgegriffen von *Thomale*, NZG 2011, 1290, 1293 mit Verweis auf BGH, NJW 2011, 3372 ff., ist spätestens seit der Entscheidung EuGH, NJW 2009, 569 – Cartesio nicht mehr haltbar (vgl. Rn. 109 f.); vgl. auch MüKo/*Kindler*, a.a.O.; Eidenmüller/*Rehm*, Ausländische Kapitalgesellschaften, § 2, Rn. 66 ff.; *Wackerbarth* in FS Horn, S. 605, 612 f.

990 BGH, NJW 2003, 1461; bestätigt in BGH, NJW 2004, 3706, 3707.

991 BGH, NJW-RR 2004, 1618, wobei die Entscheidung eine Gesellschaft betrifft, die unter den Anwendungsbereich des Freundschafts-, Handels- und Schifffahrtsvertrags zwischen der Bundesrepublik Deutschland und den Vereinigten Staaten von Amerika vom 29.10.1954, BGBl II 1956, 487, fiel, aber das Gericht ausdrücklich auf die Rechtsprechung zu Art. 49, 54 AEUV (zum damaligen Zeitpunkt: Art. 43, 48 EGV) Bezug nimmt.

992 BGH, NJW 2005, 1648, 1649; vgl. auch Palandt/*Thorn*, Anhang zu Art. 12 EGBGB, Rn. 13; MüKo/*Kindler*, Internationales Wirtschaftsrecht – Internationales Handels- und Gesellschaftsrecht, Rn. 147; *Eidenmüller*, Ausländische Kapitalgesellschaften, § 4, Rn. 16.

993 *Lazard Bros v Midland Bank Ltd.* [1933] A.C. 289.

994 Vgl. Dicey/Morris/Collins/*Morse*, Rn. 30-024; Mortimore/*Smith*, Company Directors, S. 1099 ff.

Abgrenzung zum Deliktsstatut)[995] gesellschaftsspezifische Pflichten verletzt hat, die (in Abgrenzung zum Insolvenzstatut)[996] nicht ursprünglich zugunsten der Gläubigergesamtheit existieren und damit keine direkten insolvenzpolitische Ziele verfolgen.

Daneben ist in dieser Situation im deutschen Recht der (ergänzende) Rückgriff auf gesellschaftsrechtliche Haftungstatbestände des Rechts am Verwaltungssitz der Auslandsgesellschaft in engen Grenzen möglich. Da das autonome deutsche Gesellschaftskollisionsrecht seine Legitimation hinsichtlich der gesellschaftsrechtlichen Behandlung von Auslandsgesellschaften mit Satzungssitz in einem anderen Mitgliedstaat aus Art. 49, 54 AEUV ableitet, ist außerhalb des Schutzbereichs der Niederlassungsfreiheit weiterhin die Sitztheorie mit der Folge der Anwendung des Gesellschaftsrechts am tatsächlichen (deutschen) Verwaltungssitz maßgeblich.[997] Im Übrigen ist die Rechtfertigung einer Beschränkung der Niederlassungsfreiheit durch die Anwendung des Rechts am Verwaltungssitz der Auslandsgesellschaft denkbar.[998] Soweit das am Verwaltungssitz geltende Gesellschaftsrecht keine Beschränkung darstellt oder ein Rechtfertigungsgrund eingreift, können die jeweiligen Vorschriften des am Verwaltungssitz geltenden Gesellschaftsrechts daher europarechtskonform angewandt werden.[999] Eine Beschränkung der Niederlassungsfreiheit durch die Anwendung der gesellschaftsrechtlichen Haftungstatbestände des Rechts am Verwaltungssitz der Auslandsgesellschaft liegt dann nicht vor, wenn sich die Auslandsgesellschaft in missbräuchlicher oder betrügerischer Weise auf die Anwendung des Gesellschaftsrechts des Satzungssitzes beruft.[1000] Die Schwelle zum Missbrauch ist

995 Siehe im Einzelnen unten ab S. 192.

996 Siehe im Einzelnen oben ab S. 171.

997 Vgl. MüKo/*Kindler*, Internationales Wirtschaftsrecht – Internationales Handels- und Gesellschaftsrecht, Rn. 147 mit Verweis auf BGH, NJW 2003, 1461; *Eidenmüller*, Ausländische Kapitalgesellschaften, § 3, Rn. 122; a.A. Palandt/*Thorn*, Anhang zu Art. 12 EGBGB, Rn. 8; *Horn*, NJW 2004, 893, 898, die eine Sonderanknüpfung gesellschaftsrechtlich zu qualifizierender Regelungen des deutschen Rechts vornehmen wollen, sofern dies mit der Niederlassungsfreiheit vereinbar ist, dagegen überzeugend *Pannen* in FS Fischer, S. 403, 411.

998 Siehe im Einzelnen unten ab S. 187.

999 Vgl. Palandt/*Thorn*, Anhang zu Art. 12 EGBGB, Rn. 8; MüKo/*Kindler*, Internationales Wirtschaftsrecht – Internationales Handels- und Gesellschaftsrecht, Rn. 147; *Mansel*, RabelsZ 70 (2006), 651, 672; *Ulmer*, NJW 2004, 1201, 1208; *Borges*, ZIP 2004, 733, 742.

1000 EuGH, NJW 1999, 2027, 2028 – Centros (Rn. 24 der Entscheidung); EuGH, NJW 2003, 3331, 3334 – Inspire Art (Rn. 137 der Entscheidung); vgl. auch MüKo/*Kindler*, Internationales Wirtschaftsrecht – Internationales Handels- und Gesellschaftsrecht, Rn. 431; Hirte/Bücker/*Forsthoff/Schulz*, Grenzüberschreitende Gesellschaften, § 16,

dabei in Anlehnung an *Centros* nicht allein dadurch übertreten, dass die Gesellschaft am Satzungssitz mit dem alleinigen Ziel gegründet wird, ausschließlich in einem dritten Mitgliedstaat der EU tätig zu werden und auf diesem Wege günstigere gesellschaftsrechtliche Vorgaben des Satzungssitzes der Gesellschaft gegenüber dem Verwaltungssitz ausnutzt.[1001]

Diese Feststellung soll nun nach teilweise vertretener Ansicht unter Berufung auf die Entscheidung des EuGH in *Cadbury Schweppes*[1002] für Auslandsgesellschaften nicht weiter gelten, die an ihrem Satzungssitz keinerlei wirtschaftliche Tätigkeit entfalten.[1003] Die Entscheidung *Cadbury Schweppes* betrifft einen steuerrechtlichen Sachverhalt, ist aber in ihrem Grundgedanken auch auf das Gesellschaftsrecht übertragbar.[1004] In der Entscheidung stellte der EuGH fest, dass eine missbräuchliche Berufung auf die Niederlassungsfreiheit dann vorliegt, wenn im Konzernverbund die Muttergesellschaft eine Tochtergesellschaft als Briefkasten- oder Strohfirma gründet, die ihrerseits keine wirtschaftliche Tätigkeit an ihrem Satzungssitz oder anderswo entfaltet, um hieraus (steuer-) rechtliche Vorteile zu erzielen.[1005] Aus dieser Feststellung wird zum Teil gefolgert, auch Auslandsgesellschaften, die keine wirtschaftliche Tätigkeit an ihrem Satzungssitz entfalten, beriefen sich missbräuchlich auf die Niederlassungsfrei-

---

Rn. 10; *Borges*, ZIP 2004, 733, 742; *Horn*, NJW 2004, 893, 899; offen gelassen bei *Eidenmüller*, Ausländische Kapitalgesellschaften, § 3, Rn. 74, der unter Verweis auf EuGH, NJW 1999, 2027, 2029 – Centros (Rn. 39 der Entscheidung) eine Prüfung dieses Aspektes erst auf der Rechtfertigungsebene ebenfalls für möglich hält, dafür auch EuGH, ZIP 2006, 1817, 1820 – Cadbury Schweppes (Rn. 55 der Entscheidung); hinzu kommt mit den gesellschaftsrechtlichen Bestimmungen die tätigkeitsbezogene Wirkung entfalten (allgemeines Verkehrsrecht) eine dritte Kategorie gesellschaftsrechtlicher Haftungstatbestände deren Anwendung keine Beschränkung der Niederlassungsfreiheit darstellt, vgl. *Eidenmüller*, Ausländische Kapitalgesellschaften, § 3, Rn. 17; MüKo/*Kindler*, Internationales Wirtschaftsrecht – Internationales Handels- und Gesellschaftsrecht, Rn. 440, die bei den vorliegend untersuchten gesellschaftsrechtlichen Haftungstatbeständen allerdings nicht einschlägig ist.

1001 EuGH, NJW 1999, 2027, 2028 – Centros (Rn. 27 der Entscheidung).

1002 EuGH, ZIP 2006, 1817 – Cadbury Schweppes.

1003 Vgl. MüKo/*Kindler*, Internationales Wirtschaftsrecht – Internationales Handels- und Gesellschaftsrecht, Rn. 433; *Kindler*, IPRax 2010, 430, 432; *Roth*/Altmeppen, § 4a, Rn. 43; zustimmend aber in letzter Konsequenz zurückhaltend *Roth*, EuZW 2010, 607, 609 ff., 611; wohl auch Grabitz/Hilf/Nettesheim/*Forsthoff*, Art. 45 AEUV, Rn. 311.

1004 Vgl. MüKo/*Kindler*, Internationales Wirtschaftsrecht – Internationales Handels- und Gesellschaftsrecht, Rn. 129; *Roth*, EuZW 2010, 607, 610.

1005 EuGH, ZIP 2006, 1817, 1820 – Cadbury Schweppes (Rn. 51 ff. der Entscheidung).

heit.[1006] Diese Lesart der Entscheidung ist allerdings zu weitgehend. In der *Cadbury Schweppes* Entscheidung deutet der EuGH im Hinblick auf das Steuerrecht an, dass er grundsätzlich eine Ausnutzung der steuerrechtlichen Regelungsunterschiede zwischen den Mitgliedstaaten durch die Schaffung einer entsprechenden Gesellschaftsstruktur als legitimes, durch die Niederlassungsfreiheit gewährleistetes Vorgehen ansieht.[1007] Dies entspricht inhaltlich einer Kernaussage, die der EuGH hinsichtlich der rechtlichen Gestaltung von Gesellschaften in seiner *Centros* Entscheidung getroffen hat.[1008] Gerade aus der Bekräftigung dieser schon in der *Centros* Entscheidung getätigten Aussage ist der Rückschluss zu ziehen, dass der EuGH weiterhin grundsätzlich keinen Missbrauch in der Gründung einer Gesellschaft in einem Mitgliedstaat mit dem ausschließlichen Ziel sieht, in einem anderen Mitgliedstaat tätig zu werden. Vielmehr ist die Grenze zum Missbrauch erst überschritten, wenn es sich bei der Gesellschaft um eine rein künstliche Gestaltung handelt, die weder an ihrem Satzungssitz noch anderswo eine wirtschaftliche Tätigkeit entfaltet, etwa weil sie gesellschaftsrechtlich als bloßer Haftungsschirm angelegt ist.[1009] Da sich diese Gesellschaft missbräuchlich auf die Niederlassungsfreiheit beruft, stellt die Anwendung der an ihrem Verwaltungssitz geltenden Haftungstatbestände des (Gesellschafts-) Rechts keine Beschränkung der Niederlassungsfreiheit der Gesellschaft dar.

Auch bei betrügerischem Handeln der Auslandsgesellschaft ist die Möglichkeit eröffnet, die gegen dieses Verhalten existierenden Haftungstatbestände am Verwaltungssitz der Gesellschaft anzuwenden, ohne dass die Niederlassungsfreiheit der Gesellschaft beschränkt ist. Betrügerisches Verhalten in diesem Sinne sind Fälle der fraudulösen Gläubigerschädigung unter Ausnutzung der ausländischen Gesellschaftsstruktur.[1010] Damit stellt im deutschen Recht z. B. die Haftung für Vollstreckungsvereitelung,[1011] im englischen Recht die Haftung nach dem *Common Law* durch das *Piercing the Corporate Veil*,[1012] also die

---

1006 Vgl. MüKo/*Kindler*, Internationales Wirtschaftsrecht – Internationales Handels- und Gesellschaftsrecht, Rn. 433; *Kindler*, IPRax 2010, 430, 432; *Roth*/Altmeppen, § 4a, Rn. 43.

1007 EuGH, ZIP 2006, 1817, 1820 – Cadbury Schweppes (Rn. 49 der Entscheidung).

1008 EuGH, NJW 1999, 2027, 2028 – Centros (Rn. 27 der Entscheidung); vgl. auch Grabitz/Hilf/Nettesheim/*Forsthoff*, Art. 45 AEUV, Rn. 311.

1009 A.A. *Roth*, EuZW 2010, 607, 609.

1010 So ist wohl die Entscheidung EuGH, NJW 1999, 2027, 2028 f. – Centros (Rn. 24, 29 und 38 der Entscheidung) zu deuten; für eine weitergehende Interpretation der Entscheidung, wonach alle Fälle der fraudulösen Gläubigerschädigung erfasst sein sollen MüKo/*Kindler*, Internationales Wirtschaftsrecht – Internationales Handels- und Gesellschaftsrecht, Rn. 432.

1011 Vgl. MüKo/*Kindler*, a.a.O.

1012 Vgl. *Davies*, Principles of Company Law, S. 204 f.

Durchbrechung der sonst strengen Abgrenzung zwischen dem Gesellschaftsvermögen und dem Vermögen der Gesellschafter[1013] mit der Möglichkeit des Rückgriffs auf das Vermögen der Gesellschafter, weil die Auslandsgesellschaft nur betrügerische Zwecke verfolgt hat (*Sham/Mere Façade*), keine Beschränkung der Niederlassungsfreiheit dar.

Führt die Anwendung gesellschaftsrechtlicher Haftungstatbestände des Rechts am Verwaltungssitz der Auslandsgesellschaft hingegen zu einer Beschränkung der Niederlassungsfreiheit, kann der Eintritt dieses Effekts gerechtfertigt sein. Eine Beschränkung der Niederlassungsfreiheit ist gerechtfertigt, wenn dieses Vorgehen in nicht-diskriminierender Weise erfolgt, zwingenden Gründen des Allgemeininteresses entspricht, zur Erreichung des verfolgten Ziels geeignet ist und nicht über das hinausgeht, was zur Erreichung des Ziels erforderlich ist (*Gebhard*-Formel).[1014] Zunächst ist die Anwendung der Haftungstatbestände des Rechts am Verwaltungssitz der Auslandsgesellschaft in aller Regel nicht diskriminierend gegenüber der Gesellschaft. Da die Anwendung der Haftungstatbestände unterschiedslos auf In- und Auslandsgesellschaften erfolgt, liegt eine offene Diskriminierung der Auslandsgesellschaft nicht vor.[1015] Die Anwendung könnte zwar eine versteckte Diskriminierung gegenüber der Auslandsgesellschaft bedeuten, wenn rechtlich oder tatsächlich eher Auslands- als Inlandsgesellschaften stärker von ihr betroffen wären, aber eine Rechtfertigung dieser Art der Diskriminierung anhand der zwingenden Gründe des Allgemeininteresses ist im Gegensatz zur offenen Diskriminierung möglich.[1016] Die Anwendung liegt auch im Allgemeininteresse, da der EuGH bereits in der Entscheidung *Centros* das mit der Haftung der Geschäftsführung verfolgte Ziel des Gläubigerschutzes[1017] als zwingendes Interesse im Sinne der *Gebhard*-Formel anerkannt und diese Ausrichtung in den Entscheidungen *Überseering* und

---

1013 *Salomon v Salomon & Co Ltd.* [1897] A.C. 22.

1014 EuGH, NJW 1999, 2027, 2029 – Centros (Rn. 34 der Entscheidung) und EuGH, NJW 2003, 3331, 3334 – Inspire Art (Rn. 133 der Entscheidung), jeweils mit Bezugnahme auf EuGH, NJW 1996, 579 – Gebhard. Gemäß Art. 52 Abs. 1 AEUV kann eine Beschränkung der Niederlassungsfreiheit von Auslandsgesellschaften auch aus Gründen der öffentlichen Ordnung oder Sicherheit gerechtfertigt sein. Dieser Rechtfertigungsgrund hat praktisch allerdings zurzeit keine Relevanz, vgl. MüKo/*Kindler*, Internationales Wirtschaftsrecht – Internationales Handels- und Gesellschaftsrecht, Rn. 442; *Eidenmüller*, Ausländische Kapitalgesellschaften, § 3, Rn. 19.

1015 Vgl. MüKo/*Kindler*, Internationales Wirtschaftsrecht – Internationales Handels- und Gesellschaftsrecht, Rn. 444; *Eidenmüller*, Ausländische Kapitalgesellschaften, § 3, Rn. 21.

1016 EuGH, JZ 1994, 250 – Spotti (Rn. 18 der Entscheidung); vgl. auch MüKo/*Kindler*, a.a.O.; *Eidenmüller*, a.a.O.

1017 Siehe S. 150 f.

Inspire Art wiederholt bekräftigt hat.[1018] Zudem ist die Anwendung der Haftungstatbestände des Rechts am Verwaltungssitz der Auslandsgesellschaft geeignet, das Ziel des Gläubigerschutzes zu verwirklichen, weil die Erreichung dieses Ziels gewiss ist und die Mitgliedstaaten mit ihren jeweiligen Haftungssystemen dem Ziel konsequent nachgehen.[1019]

Allerdings scheitert die Anwendung der Haftungstatbestände des Rechts am Verwaltungssitz der Auslandsgesellschaft zumeist an dem bei der Rechtfertigungsprüfung maßgeblichen Aspekt[1020] der Erforderlichkeit ihrer Anwendung im Sinne der *Gebhard*-Formel. Die Anwendung der Haftungstatbestände des Rechts am Verwaltungssitz der Auslandsgesellschaft ist erforderlich, wenn keine Möglichkeit des Selbstschutzes der Gläubiger besteht, das Gründungsrecht keinen ausreichenden Schutz gewährt und die Anwendung der Haftungstatbestände das mildeste Mittel zur Verwirklichung des Gläubigerschutzes darstellt.[1021] Die Möglichkeit des Selbstschutzes der Gläubiger hat der EuGH in den

1018 EuGH, NJW 1999, 2027, 2029 – Centros (Rn. 34 ff. der Entscheidung); EuGH, NJW 2002, 3614, 3617 – Überseering (Rn. 92 der Entscheidung); EuGH, NJW 2003, 3331, 3334 – Inspire Art (Rn. 133 ff. der Entscheidung).

1019 Siehe zur mangelnden Eignung einer Regelung, das Ziel eines zwingenden Allgemeininteresses aufgrund der Ungewissheit des Eintritts des Ziels zu erreichen EuGH, NJW 1996, 505, 511 – Bosman (Rn. 129 ff. der Entscheidung); zur mangelnden Eignung einer Regelung, das Ziel eines zwingenden Allgemeininteresses aufgrund der fehlenden konsequenten Verfolgung des Ziels zu erreichen EuGH, EuZW 2008, 505, 507 – Corporación Dermoestética (Rn. 39 der Entscheidung); EuGH, NJW 2004, 139, 140 f. – Gambelli (Rn. 64 ff. der Entscheidung); vgl. auch MüKo/*Kindler*, Internationales Wirtschaftsrecht – Internationales Handels- und Gesellschaftsrecht, Rn. 447; *Eidenmüller*, Ausländische Kapitalgesellschaften, § 3, Rn. 25 f.

1020 Vgl. MüKo/*Kindler*, Internationales Wirtschaftsrecht – Internationales Handels- und Gesellschaftsrecht, Rn. 449; *Eidenmüller*, Ausländische Kapitalgesellschaften, § 3, Rn. 30; *Barthel*, ZInsO 2011, 211, 224 f.; *Greulich/Rau*, NZG 2008, 565, 567; *Greulich/Bunnemann*, NZG 2006, 681, 683; *Ulmer*, NJW 2004, 1201, 1208.

1021 Vgl. MüKo/*Kindler*, Internationales Wirtschaftsrecht – Internationales Handels- und Gesellschaftsrecht, Rn. 450; *Eidenmüller*, Ausländische Kapitalgesellschaften, § 3, Rn. 33 ff., der allerdings darüber hinaus bei der Prüfung der Erforderlichkeit der Anwendung der Haftungstatbestände des Rechts am Verwaltungssitz der Auslandsgesellschaft prüfen will, ob die Gesellschaft durch eine entsprechende Ausgestaltung des Gesellschaftsvertrags freiwillige Schutzmaßnahmen für die Gläubiger implementiert hat. Sofern dies der Fall ist, sei ein Rückgriff auf die Haftungstatbestände des Rechts am Verwaltungssitz der Auslandsgesellschaft nicht erforderlich, vgl. *Eidenmüller*, Ausländische Kapitalgesellschaften, § 3, Rn. 69.

Entscheidungen *Centros* und *Inspire Art* angeführt.[1022] Sie basiert auf der Annahme, dass wegen des europarechtlich zwingend vorgegebenen Auftretens der Gesellschaft als Auslandsgesellschaft Gesellschaftsgläubiger hinreichend über potenzielle Gefahren des Kontrahierens mit der Gesellschaft informiert seien und entsprechende Schutzmaßnahmen durch das Einfordern von Sicherheiten ergreifen würden.[1023] Greift dieses sogenannte Informationsmodell,[1024] ist die Anwendung darüber hinausgehender Haftungstatbestände des Rechts am Verwaltungssitz der Auslandsgesellschaft nicht weiter erforderlich. Das Anwendungsfeld des vom EuGH favorisierten Informationsmodells ist allerdings eng begrenzt, da das Modell nicht *non-adjusting creditors* umfasst. Damit sind einerseits Gläubiger gemeint, die unfreiwillig in diese Position gelangt sind, also Deliktsgläubiger, Gläubiger einer organschaftlichen Innenhaftung im Insolvenzverfahren und Gläubiger, die einen insolvenzrechtlichen Gesamtschaden erlitten haben.[1025] Andererseits erstreckt sich der Begriff auf Gläubiger, die nicht oder nur schlecht anpassungsfähig sind, weil ihnen faktisch die Möglichkeit des Aushandelns eines adäquaten individuellen Schutzes aufgrund mangelnder Fähigkeiten, Informationen, wirtschaftlicher Macht oder mangels anderer Ressourcen verwehrt ist.[1026] Demnach können grundsätzlich nur einzelne, hinreichend informierte, geschäftserfahrene und über vielfältige Ausweichmöglichkeiten verfügende Gläubiger für einen ausreichenden Selbstschutz auf Grundlage des Informationsmodells sorgen.[1027] Die Anwendung von Haftungstatbeständen des Rechts am Verwaltungssitz der Auslandsgesellschaft scheitert aber nicht schon daran, dass einzelne Gläubiger die Möglichkeit des Selbstschutzes haben, sofern der Mitgliedstaat bei der Schaffung der Haftungstatbestände nicht sinnvoll zwischen schutzbedürftigen und nicht schutzbedürftigen Gläubigern unterscheiden kann.[1028]

1022 EuGH, NJW 1999, 2027, 2029 – Centros (Rn. 36 der Entscheidung); EuGH, NJW 2003, 3331, 3334 – Inspire Art (Rn. 135 der Entscheidung).

1023 Vgl. MüKo/*Kindler*, Internationales Wirtschaftsrecht – Internationales Handels- und Gesellschaftsrecht, Rn. 450; *Eidenmüller*, Ausländische Kapitalgesellschaften, § 3, Rn. 35.

1024 Vgl. *Eidenmüller*, a.a.O. mit Verweis auf die Prägung des Begriffs durch *Grundmann*, DStR 2004, 232 ff.

1025 Vgl. *Eidenmüller*, KTS 2009, 137, 141; MüKo/*Kindler*, Internationales Wirtschaftsrecht – Internationales Handels- und Gesellschaftsrecht, Rn. 450; *Eidenmüller*, Ausländische Kapitalgesellschaften, § 3, Rn. 39.

1026 Vgl. *Eidenmüller*, KTS 2009, 137, 141; MüKo/*Kindler*, a.a.O.; *Eidenmüller*, Ausländische Kapitalgesellschaften, § 3, Rn. 40.

1027 Vgl. MüKo/*Kindler*, a.a.O.; *Eidenmüller*, Ausländische Kapitalgesellschaften, § 3, Rn. 42.

1028 Vgl. MüKo/*Kindler*, a.a.O.; *Eidenmüller*, a.a.O.

Eine Anwendung von Haftungstatbeständen des Rechts am Verwaltungssitz der Auslandsgesellschaft dürfte hingegen regelmäßig an der Erforderlichkeitsschwelle scheitern, weil bereits ein ausreichender Gläubigerschutz nach dem Gründungsrecht, dem Gesellschaftsrecht am Satzungssitz der Gesellschaft, erzielt wird.[1029] Dabei ist das auf die Auslandsgesellschaft anwendbare Gründungsrecht im Wege einer Gesamtbetrachtung in die Prüfung der Erforderlichkeit aufzunehmen und erst bei einer dort bestehenden Gesetzeslücke die Anwendung von Haftungstatbeständen des Rechts am Verwaltungssitz in Betracht zu ziehen, also dann, wenn der durch das Gründungsrecht vermittelte Schutz offensichtlich unzureichend ist.[1030] Nur dieses Vorgehen steht im Einklang mit dem europarechtlich durch den EuGH auch für den Bereich der Niederlassungsfreiheit entwickelten Anerkennungs- bzw. Herkunftsprinzips.[1031] Danach finden zur Verwirklichung des Binnenmarktes Regelungen des inländischen Rechts, die für Personen oder Unternehmen aus anderen Mitgliedstaaten Beschränkungen im Sinne des Allgemeininteresses darstellen, nur insofern Anwendung, als nicht schon entsprechende Vorschriften in dem Mitgliedstaat existieren, denen die Personen oder Unternehmen jeweils unterworfen sind.[1032] Die teilweise vertretene Gegenauffassung, wonach die Beurteilung der Erforderlichkeit der zusätzlichen Anwendung von Haftungstatbeständen des Rechts am Verwaltungssitz der Gesellschaft ausschließlich aus Sicht des inländischen Rechts erfolgen soll,[1033] negiert faktisch diese Rechtsprechung des EuGH und ist daher abzulehnen. Existieren folglich nach dem Gründungsrecht der Auslandsgesellschaft Haftungstatbestände, die bereits in vergleichbarer Weise den potenziell zur Anwendung kommenden Tatbeständen des Rechts am Verwaltungssitz entsprechen, ist ein Rückgriff auf Letztere nicht mehr erforderlich. Dies gilt selbst dann, wenn die erreichte Tragweite des Schutzes nach dem Gründungsrecht gegenüber dem Recht am Verwaltungssitz abfällt, solange die Tatbestände nach dem Grün-

---

1029 Vgl. *Eidenmüller*, Ausländische Kapitalgesellschaften, § 3, Rn. 61; offen gelassen bei Hirte/Bücker/*Forsthoff/Schulz*, Grenzüberschreitende Gesellschaften, § 16, Rn. 20.

1030 Vgl. *Eidenmüller*, Ausländische Kapitalgesellschaften, § 3, Rn. 50, 56 f.; *Barthel*, ZInsO 2011, 211, 224; *Greulich/Rau*, NZG 2008, 565, 567; *Weller*, ZIP 2007, 1681, 1689; *Eidenmüller*, RabelsZ 70 (2006), 474, 488 f.; *Greulich/Bunnemann*, NZG 2006, 681, 683.

1031 Vgl. *Eidenmüller*, Ausländische Kapitalgesellschaften, § 3, Rn. 45 ff.

1032 EuGH, NJW 1991, 2073, 2074 – Vlassopoulou (Rn. 17 ff. der Entscheidung); zur Dienstleistungsfreiheit bereits zuvor EuGH, NJW 1982, 1203, 1204 – Webb (Rn. 20 der Entscheidung).

1033 Vgl. MüKo/*Kindler*, Internationales Wirtschaftsrecht – Internationales Handels- und Gesellschaftsrecht, Rn. 451 f.; *Altmeppen*, NJW 2005, 1911, 1913; *Altmeppen*, NJW 2004, 97, 101; *Borges*, ZIP 2004, 733, 741 f.; *Ulmer*, NJW 2004, 1201, 1208 f.

dungsrecht das avisierte Ziel des (mittelbaren) Gläubigerschutzes[1034] nicht vollständig verfehlen.[1035]

Sollte die Anwendung von Haftungstatbeständen des Rechts am Verwaltungssitz der Auslandsgesellschaft danach dennoch erforderlich sein, müssen sie schließlich das mildeste verfügbare Mittel zu der Erreichung des Ziels des Gläubigerschutzes darstellen.[1036] Es ist demnach festzustellen, ob das Recht am Verwaltungssitz durch alternative, die Niederlassungsfreiheit in geringerem Maße beschränkende Schutzinstrumente das Ziel des Gläubigerschutzes verwirklichen könnte.[1037] Ob dieses Ziel auf alternative Art und Weise besser erreicht werden kann, ist Frage des Einzelfalls.[1038]

Im Gegensatz zum deutschen Recht existiert im englischen Recht die Möglichkeit des (ergänzenden) Rückgriffs auf gesellschaftsrechtliche Haftungstatbestände des Rechts am Verwaltungssitz der Auslandsgesellschaft hingegen nicht. Das englische gesellschaftsrechtliche Kollisionsrecht folgt vollumfänglich der Gründungstheorie, sodass dort, anders als im deutschen Recht, kein Anwendungsbereich der Sitztheorie verbleiben kann.[1039] Ferner kommt eine zusätzliche Anwendung englischen materiellen Rechts in der Situation, in der ausländisches Recht über das englische Internationale Privatrecht zur Anwendung berufen ist, nur dann in Betracht, wenn es sich bei den anzuwendenden Normen um zwingendes Recht (*Mandatory Rules*) handelt.[1040] Das zwingende Recht kann dabei gesetzlich festgelegt sein oder dem *Common Law* entspringen.[1041] Die Grundlagen der gesellschaftsrechtlichen Haftung der Geschäftsführung ergeben sich im englischen Recht zum Teil aus den gesetzlichen Vorgaben des Companies Act 2006 und zum Teil aus dem *Common Law*.[1042] Beiden Rechtsquellen ist aber, zumindest im Hinblick auf die Haftung der Geschäftsführung, nicht der Rang zwingenden Rechts im Sinne des englischen Internationalen Privatrechts einzuräumen. Englische Normen stellen zwingendes Recht in diesem Sinne dar, so-

---

1034 Siehe im Einzelnen oben ab S. 5.

1035 Vgl. *Eidenmüller*, Ausländische Kapitalgesellschaften, § 3, Rn. 56.

1036 Vgl. MüKo/*Kindler*, Internationales Wirtschaftsrecht – Internationales Handels- und Gesellschaftsrecht, Rn. 453; *Eidenmüller*, Ausländische Kapitalgesellschaften, § 3, Rn. 62.

1037 Vgl. *Eidenmüller*, a.a.O.

1038 Vgl. MüKo/*Kindler*, Internationales Wirtschaftsrecht – Internationales Handels- und Gesellschaftsrecht, Rn. 454.

1039 Siehe S. 183.

1040 Vgl. *Fawcett/Carruthers*, Private International Law, S. 150 f.; *Clarkson/Hill*, Conflict of Laws, S. 195 ff.

1041 Vgl. im Einzelnen *Fawcett/Carruthers*, Private International Law, S. 732 ff.; *Clarkson/Hill*, Conflict of Laws, S. 200 ff.

1042 Siehe S. 32 f.

fern sie als so essenziell anzusehen sind, dass sie in jedem Verfahren aufgrund ihrer Struktur oder der Grundsätze, die sie verkörpern, angewandt werden müssen, selbst wenn das Internationale Privatrecht prinzipiell ein ausländisches Recht zur Regelung des Aspekts zur Anwendung beruft.[1043] Bereits die grundlegende Entscheidung, in grenzüberschreitenden, gesellschaftsrechtlichen Sachverhalten generell der Gründungstheorie zu folgen und umfänglich das Gesellschaftsrecht des Satzungssitzes der Auslandsgesellschaft anzuwenden, verdeutlicht allerdings, dass im internationalprivatrechtlichen Sinne das englische Gesellschaftsrecht und damit auch die Haftung der Geschäftsführung nicht den Rang zwingenden Rechts haben. Würde man zudem etwa die Pflichten des *Director* gemäß Sections 171 ff. Companies Act 2006 international privatrechtlich als zwingendes Recht ansehen und auf diesem Wege bei Auslandsgesellschaften zur Anwendung bringen, käme dies einer weitgehenden Aushöhlung der Gründungstheorie gleich, die nicht beabsichtigt sein kann.

Im Ergebnis richtet sich die gesellschaftsrechtliche Haftung der Geschäftsführung bei Insolvenzen inländischer Auslandsgesellschaften im ganz überwiegenden Maße nach dem Recht des Satzungssitzes der Gesellschaft. Eine zusätzliche Anwendung gesellschaftsrechtlicher Haftungstatbestände des Rechts des Verwaltungssitzes der Gesellschaft kommt daneben in Deutschland nur in wenigen Ausnahmefällen in Betracht, sofern die gesellschaftsrechtlichen Haftungstatbestände des Rechts am Satzungssitz keinen Schutz im Hinblick auf die Gläubiger in der jeweiligen Haftungsfrage bieten.[1044] In England sind demgegenüber ausschließlich die gesellschaftsrechtlichen Haftungstatbestände des Rechts des Satzungssitzes der Auslandsgesellschaft maßgeblich.

3. Haftungstatbestände des Deliktsrechts

Die maßgeblichen Kollisionsnormen hinsichtlich deliktischer Sachverhalte bei der Geschäftsführerhaftung bei Insolvenzen von Auslandsgesellschaften finden sich in der Rom II-Verordnung. Die Rom II-Verordnung findet auf Sachverhalte Anwendung, die Haftungstatbestände aus unerlaubter Handlung erfassen, die auf die Herstellung des Schadensausgleichs aus einer außervertraglichen Pflichtverletzung der Geschäftsführung gegenüber der Gesellschaft oder Dritten gerichtet sind.[1045] Auch dies folgt – systematisch ebenso wie im Anwendungsbereich der

---

1043 Vgl. *Fawcett/Carruthers*, Private International Law, S. 150 mit Verweis auf § 4.5 des Law Commission Working Paper No. 87 (1984) sowie des Scottish Law Commission Consultative Memorandum No. 62 (1984) zu Private International Law: Choice of Law in Tort and Delict.

1044 Vgl. *Eidenmüller*, Ausländische Kapitalgesellschaften, § 3, Rn. 61.

1045 Ähnlich, jedoch nur auf das deutsche Deliktsrecht bezogen *Barthel*, Deutsche Insolvenzantragspflicht, S. 177 f.

EuInsVO[1046] – aus der autonomen Auslegung der in der Rom II-Verordnung verwendeten Systembegriffe.[1047]

Zwar sind in negativer Hinsicht grundsätzlich gemäß Art. 1 Abs. 2 lit. d) Rom II-Verordnung außervertragliche Schuldverhältnisse, die sich aus dem Gesellschaftsrecht ergeben, wie expressis verbis die persönliche Haftung der Organe für die Verbindlichkeiten der Gesellschaft, vom sachlichen Anwendungsbereich der Verordnung ausgenommen. Haftungstatbestände, denen entsprechende Sachverhalte zugrunde liegen, sind kollisionsrechtlich vom Gesellschaftsstatut erfasst.[1048] Allerdings erstreckt sich der Ausschluss gerade nur auf solche Haftungstatbestände, die ihren Rechtsgrund im Gesellschaftsrecht haben, sodass die Haftung der Geschäftsführung aufgrund von Sachverhalten, die dem allgemeinem Deliktsrecht zuzuordnen sind, in den Anwendungsbereich der Rom II-Verordnung fällt.[1049]

In positiver Hinsicht muss die Haftung in Abgrenzung zum Anwendungsbereich der Rom I-Verordnung gemäß Art. 1 Abs. 1 S. 1 Rom II-Verordnung aus einem außervertraglichen Schuldverhältnis folgen. Entscheidend für die Eröffnung des Anwendungsbereichs der Rom II-Verordnung ist daher, dass der Rechtsgrund für die Haftung nicht auf einer freiwillig eingegangenen Verpflichtung einer Partei gegenüber einer anderen Partei beruht.[1050] Bereits vor der Er-

1046 Siehe S. 174 f.

1047 Siehe hierzu sogleich.

1048 Vgl. Palandt/*Thorn*, Art. 1 Rom II-Verordnung, Rn. 12; MüKo/*Junker*, Art. 1 Rom II-Verordnung, Rn. 36; Prütting/Wegen/Weinreich/*Schaub*, Art. 1 Rom II-Verordnung, Rn. 5; *Beaumont/McEleavy*, Private International Law, S. 617 f.; *Fawcett/Carruthers*, Private International Law, S. 783; *Dickinson*, The Rome II Regulation, Rn. 3.158; *Kindler*, IPRax 2009, 189, 192; *Wagner*, IPRax 2008, 1, 2.

1049 Vgl. Palandt/*Thorn*, Art. 1 Rom II-Verordnung, Rn. 10, 12; Prütting/Wegen/Weinreich/*Schaub*, a.a.O.; *Dickinson*, The Rome II Regulation, Rn. 3.167; *Wagner*, IPRax 2008, 1, 2 f.

1050 EuGH, NJW 1988, 3088, 3089 – Kalfelis (Rn. 17 der Entscheidung); EuGH, DWiR 1992, 381 – Handte (Rn. 15 der Entscheidung); EuGH, IPRax 2000, 210, 212 – Réunion européenne (Rn. 17 der Entscheidung); vgl. auch Palandt/*Thorn*, Art. 1 Rom I-Verordnung, Rn 3, Art. 1 Rom II-Verordnung, Rn. 2; MüKo/*Junker*, Art. 1 Rom II-Verordnung, Rn. 15; Prütting/Wegen/Weinreich/*Schaub*, Art. 2 Rom II-Verordnung, Rn. 1; *Fawcett/Carruthers*, Private International Law, S. 229 f., 777 f.; *Dickinson*, The Rome II Regulation, Rn. 3.104 ff.; offen gelassen bei *Beaumont/McEleavy*, Private International Law, S. 612; die zitierten Entscheidungen sind im Zusammenhang mit dem internationalen Zivilverfahrensrecht ergangen, aber bei der Bestimmung des Anwendungsbereichs der Rom I- und Rom II-Verordnung ebenfalls aufgrund der gemäß dem 7. Erwägungsgrund der Verordnung geforderten Konkordanz zwischen der EuGVVO, Rom I- und Rom II-Verordnung heranzuziehen, vgl. Palandt/*Thorn*, Art. 1 Rom II-Verordnung, Rn. 2.

richtung des Rom- und Brüssel-Regimes durch den europäischen Gesetzgeber hat der EuGH daher die nach deutschem Sachrecht quasi-vertragliche Haftung aus culpa in contrahendo wegen des Abbruchs von Vertragsverhandlungen dem außervertraglichen Schuldrecht zugeordnet, weil (noch) keine vertraglich eingegangene Verpflichtung vorlag.[1051] Diese gerichtlich eingeschlagene Linie hat der europäische Gesetzgeber aufgegriffen und auch die Haftung aus culpa in contrahendo in den Anwendungsbereich der Rom II-Verordnung einbezogen.[1052] Die maßgebliche Kollisionsnorm für diese Haftungstatbestände ist Art. 12 Rom II-Verordnung. Der Anwendungsbereich der Kollisionsnorm ist allerdings verordnungsautonom zu qualifizieren und ist insbesondere nicht deckungsgleich mit der culpa in contrahendo nach deutschem Sachrecht.[1053] Die Haftung der Geschäftsführung der Gesellschaft nach §§ 280 Abs. 1, 311 Abs. 3 BGB, die im deutschen Sachrecht der culpa in contrahendo zugeordnet ist, fällt damit nicht in den Anwendungsbereich von Art. 12 Rom II-Verordnung, da der Schädiger nicht Partei des avisierten Vertrages wird und es demnach an der für die Anwendung der Kollisionsnorm erforderlichen Identität zwischen der Person des Schädigers mit einer Vertragspartei mangelt.[1054] Bei dieser Art der Haftung ist grundsätzlich[1055] an das Deliktsstatut anzuknüpfen.[1056] Aus diesem Grund existieren mit den in Art. 4 Rom II-Verordnung enthaltenen Regelungen bei der außervertraglichen Haftung der Geschäftsführung bei Insolvenzen von Auslandsgesellschaften die maßgeblichen Kollisionsnormen.[1057]

1051 EuGH, NJW 2002, 3159 – Tacconi/Wagner (Rn. 22 ff. der Entscheidung).

1052 Vgl. Palandt/*Thorn*, Art. 1 Rom II-Verordnung, Rn. 2 f.; MüKo/*Junker*, Art. 1 Rom II-Verordnung Rn. 18; Prütting/Wegen/Weinreich/*Schaub*, Art. 2 Rom II-Verordnung, Rn. 1; *Dickinson*, The Rome II Regulation, Rn. 3.122; *Wagner*, IPRax 2008, 1, 12, allerdings mit der Bemerkung, dass dies eine „alles andere als zwingend[e]" Maßnahme war.

1053 Vgl. Palandt/*Thorn*, Art. 12 Rom II-Verordnung, Rn. 2; Prütting/Wegen/Weinreich/*Fehrenbacher/Schaub*, Art. 12 Rom II-Verordnung, Rn. 2; *Wagner*, IPRax 2008, 1, 13.

1054 Vgl. Palandt/*Thorn*, Art. 12 Rom II-Verordnung, Rn. 5; *Dickinson*, The Rome II Regulation, Rn. 12.07 f.; *v. Hein*, RabelsZ 73 (2009), 461, 502; *Lüttringhaus*, RIW 2008, 193, 198; a.A. *Fawcett/Carruthers*, Private International Law, S. 833 f.

1055 Zu der Ausnahme siehe S. 197 f.

1056 Vgl. Palandt/*Thorn*, Art. 12 Rom II-Verordnung, Rn. 5; a.A. aber praktisch mit demselben Ergebnis *v. Hein*, RabelsZ 73 (2009), 461, 502 und *Lüttringhaus*, RIW 2008, 193, 198, die eine Anknüpfung an Art. 12 Abs. 2 Rom II-Verordnung favorisieren.

1057 Zu beachten ist, dass bei der Haftung der Geschäftsführung aufgrund von Tatbeständen im Anwendungsbereich der Rom II-Verordnung grundsätzlich auch gemäß Art. 14 Rom-II Verordnung eine Rechtswahl zwischen den Parteien über das anzuwendende Recht in Betracht kommt. Bei der Haftung der Geschäftsführung bei Insolvenzen von

Dabei gilt gemäß Art. 4 Abs. 2 Rom II-Verordnung für Sachverhalte eine vorrangige Regel, in denen die Person, deren Haftung geltend gemacht wird und die Person, die geschädigt wurde, zum Zeitpunkt des Schadenseintritts ihren gewöhnlichen Aufenthalt in demselben Staat haben. In dieser Konstellation findet das Recht dieses Staates Anwendung. Art. 4 Abs. 2 Rom II-Verordnung knüpft damit an den Begriff des gewöhnlichen Aufenthalts an. Der Begriff ist in Art. 23 Rom II-Verordnung teilweise legaldefiniert. Gesellschaften, die von einem deliktischen Verhalten ihrer Geschäftsführung oder einem deliktischen Verhalten der Geschäftsführung ihrer Vertragspartnerin betroffen sind, haben gemäß Art. 23 Abs. 1 S. 1 Rom II-Verordnung ihren gewöhnlichen Aufenthalt am Ort ihrer Hauptverwaltung. Der Ort der Hauptverwaltung der Gesellschaft ist wiederum verordnungsautonom zu bestimmen und befindet sich an ihrem Verwaltungssitz, wenn von diesem Ort aus die eigentliche unternehmerische Leitung erfolgt.[1058] Natürliche Personen, die von einem deliktischen Verhalten der Geschäftsführung als Gläubiger im Rahmen der Ausübung ihrer beruflichen Tätigkeit betroffen sind, haben gemäß Art. 23 Abs. 2 Rom II-Verordnung ihren gewöhnlichen Aufenthalt am Ort ihrer Hauptniederlassung. Art. 23 Abs. 2 Rom II-Verordnung erfasst dabei nur selbstständig beruflich tätige natürliche Personen, deren Hauptniederlassung am Ort ihres tatsächlichen Geschäftsschwerpunktes ist.[1059] Für die deliktisch handelnde Geschäftsführung[1060] und natürliche Personen, die von einem deliktischen Verhalten der Geschäftsführung als Gläubiger außerhalb der Ausübung ihrer beruflichen Tätigkeit betroffen sind, trifft die Rom II-Verordnung keine Definition des Begriffs des gewöhnlichen Aufenthalts. Hinsichtlich dieser Personen ist der Begriff autonom auszulegen.[1061] Demnach ist der gewöhnliche Aufenthalt natürlicher Personen anhand ihres Daseinsmittelpunkts zu bestimmen, also dem Ort, an dem der Schwerpunkt

Auslandsgesellschaften dürfte diese Rechtswahl praktisch allerdings nur in seltenen Fällen zustande kommen und ist daher zu vernachlässigen.

1058 Vgl. MüKo/*Junker*, Art. 23 Rom II-Verordnung, Rn. 10, m.w.N.

1059 Vgl. MüKo/*Junker*, Art. 23 Rom II-Verordnung, Rn. 19 ff.

1060 Zu beachten ist, dass während im deutschen Recht nur natürliche Personen gemäß § 6 Abs. 2 S. 1 GmbHG Geschäftsführer einer GmbH sein können, im englischen Recht die Ltd. gemäß Section 155 Abs. 1 Companies Act 2006 neben einer natürlichen Person als *Director* zusätzliche eine juristische Person als *Director* bzw. *Shadow Director* haben kann. Der gewöhnliche Aufenthalt dieser juristischen Personen bestimmt sich sodann wiederum gemäß Art. 23 Abs. 1 Rom-II Verordnung.

1061 Vgl. Palandt/*Thorn*, Art. 23 Rom II-Verordnung, Rn. 1, Art. 19 Rom I-Verordnung, Rn. 6; Prütting/Wegen/Weinreich/*Schaub*, Art. 23 Rom II-Verordnung, Rn. 1; *Dickinson*, The Rome II Regulation, Rn. 3.49 ff.

ihrer Lebensverhältnisse liegt.[1062] Als Faktoren sind im Rahmen der Rom II-Verordnung zur Ermittlung des Schwerpunktes der Lebensverhältnisse etwa die familiäre Situation, die Länge und Kontinuität des Aufenthaltes sowie die Begründung eines festen Arbeitsverhältnisses an einem bestimmten Ort einzubeziehen.[1063] Die Person, deren Haftung geltend gemacht wird, und die Person, die geschädigt wurde, müssen ferner ihren gewöhnlichen Aufenthalt im Zeitpunkt des Schadenseintritts in demselben Staat haben. Bei der Haftung der Geschäftsführung ist demnach auf den Zeitpunkt abzustellen, in dem der aus der Handlung resultierende Vermögensschaden bei der Gesellschaft oder dem Gläubiger eintritt.[1064] Ein Wechsel des gewöhnlichen Aufenthalts einer oder beider Personen nach diesem Zeitpunkt ist hinsichtlich der Anwendbarkeit von Art. 4 Abs. 2 Rom II-Verordnung unschädlich.[1065] Bei der deliktischen Haftung der Geschäftsführung bei Insolvenzen von Auslandsgesellschaften dürfte damit in der Regel schon gemäß Art. 4 Abs. 2 Rom II-Verordnung das unter die Kollisionsnorm subsumierbare Recht am Verwaltungssitz der Gesellschaft zur Anwendung berufen sein. Bei der deliktischen Haftung gegenüber der Gesellschaft dürfte der Geschäftsführer regelmäßig in demselben Staat seinen gewöhnlichen Aufenthalt haben wie die Gesellschaft. Aber auch Gläubiger dürften, jedenfalls bei ausschließlich national operierenden Gesellschaften, denselben gewöhnlichen Aufenthalt wie die Geschäftsführung haben.

In Sachverhalten, in denen das Recht am Verwaltungssitz der Gesellschaft nicht bereits gemäß Art. 4 Abs. 2 Rom II-Verordnung zur Anwendung berufen ist, kann es über die Kollisionsnorm in Art. 4 Abs. 1 Rom II-Verordnung zur Anwendung gelangen. Danach ist auf außervertragliche Schuldverhältnisse aus unerlaubter Handlung das Recht des Staates anzuwenden, in dem der Schaden eintritt, unabhängig davon, in welchem Staat das schadensbegründende Ereignis oder indirekte Schadensfolgen eingetreten sind. Maßgeblich bei der Bestimmung des anwendbaren Rechts gemäß Art. 4 Abs. 1 Rom II-Verordnung ist da-

1062 *Ikimi v Ikimi* [2001] EWCA Civ 873; BGH, NJW 1975, 1068; vgl. auch *Dickinson*, The Rome II Regulation, Rn. 3.50; Palandt/*Thorn*, a.a.O.; MüKo/*Junker*, Art. 23 Rom II-Verordnung, Rn. 16 f.

1063 Vgl. *Dickinson*, The Rome II Regulation, Rn. 3.51.

1064 Vgl. MüKo/*Junker*, Art. 4 Rom II-Verordnung, Rn. 21; *Dickinson*, The Rome II Regulation, Rn . 4.66 f.

1065 Vgl. MüKo/*Junker*, Art. 4 Rom II-Verordnung, Rn. 44; *Dickinson*, The Rome II Regulation, Rn . 4.83. Begründen beide hingegen erst nach dem Eintritt des Vermögensschadens einen gemeinsamen Aufenthalt kommt Art. 4 Abs. 2 Rom II-Verordnung nicht zur Anwendung. Allerdings kann auf diesem Weg gegebenenfalls eine enge Verbindung gemäß Art. 4 Abs. 3 Rom II-Verordnung entstehen, vgl. MüKo/*Junker*, a.a.O.

mit allein der Erfolgsort als Ort der Rechtsgutverletzung.[1066] Das in der EuGVVO geltende Ubiquitätsprinzip[1067] hat der europäische Gesetzgeber ausweislich des 16. Erwägungsgrundes der Rom II-Verordnung aus Gründen der Vorhersehbarkeit nicht in die Kollisionsnorm des Art. 4 Abs. 1 Rom II-Verordnung übernommen.[1068] Zur Anwendung berufen ist demnach bei der deliktischen Haftung der Geschäftsführung aufgrund der Entstehung eines reinen Vermögensschadens das Recht an dem Belegenheitsort des betroffenen Vermögenswertes.[1069] Sollte die Geschäftsführung daher ihren gewöhnlichen Aufenthalt nicht gleichzeitig am Verwaltungssitz der Gesellschaft haben, ist dennoch das Recht des Verwaltungssitzes gemäß Art. 4 Abs. 1 Rom II-Verordnung anwendbar, wenn der Gesellschaft oder ihren Gläubigern dort durch deliktisches Verhalten der Geschäftsführung ein Vermögensschaden entsteht.

Ferner kann in Ausnahmefällen die Ausweichklausel des Art. 4 Abs. 3 Rom II-Verordnung einschlägig sein.[1070] Sofern sich danach aus der Gesamtheit der Umstände des Sachverhalts ergibt, dass die unerlaubte Handlung eine offensichtlich engere Verbindung mit einem anderen als dem in Art. 4 Abs. 1, 2 Rom II-Verordnung bezeichneten Staat aufweist, so ist das Recht dieses anderen Staates anzuwenden. Die Ausweichklausel ist bei der Sachwalterhaftung einschlägig, wenn es zu einer besonders engen Verbindung der Geschäftsführung mit dem fremden Vertragsverhältnis zwischen Gesellschaft und Gläubigern durch die maßgebliche Einbindung in die Vertragsverhandlungen und den Vertragsschluss kommt.[1071] In diesem Fall wird das Vertragsstatut als maßgeblich

---

1066 Vgl. Palandt/*Thorn*, Art. 4 Rom II-Verordnung, Rn. 7; MüKo/*Junker*, Art. 4 Rom II-Verordnung, Rn. 18; Prütting/Wegen/Weinreich/*Schaub*, Art. 4 Rom II-Verordnung, Rn. 4; *Beaumont/McEleavy*, Private International Law, S. 638; *Fawcett/ Carruthers*, Private International Law, S. 796; *Wagner*, IPRax 2008, 1, 4.

1067 Siehe S. 165.

1068 Bei Umweltschädigungen gilt das Ubiquitätsprinzip gemäß Art. 7 allerdings auch im Anwendungsbereich der Rom II-Verordnung.

1069 Vgl. MüKo/*Junker*, Art. 4 Rom II-Verordnung, Rn. 21 mit Verweis auf EuGH, NJW 2004, 2441 – Kronhofer und m.w.N.; eigener Lösungsansatz bei *Dickinson*, The Rome II Regulation, Rn. 4.67; offen gelassen von *Beaumont/McEleavy*, Private International Law, S. 639 f. und *Fawcett/Carruthers*, Private International Law, S. 797.

1070 Vgl. Palandt/*Thorn*, Art. 4 Rom II-Verordnung, Rn. 10 ff.; MüKo/*Junker*, Art. 4 Rom II-Verordnung, Rn. 46 ff.; Prütting/Wegen/Weinreich/*Schaub*, Art. 4 Rom II-Verordnung, Rn. 9; *Beaumont/McEleavy*, Private International Law, S. 645; *Fawcett/ Carruthers*, Private International Law, S. 799 ff.; *Dickinson*, The Rome II Regulation, Rn. 4.84 ff.; *Wagner*, IPRax 2008, 1, 6.

1071 Vgl. *Dickinson*, The Rome II Regulation, Rn. 12.08; im Ergebnis auch Palandt/*Thorn*, Art. 12 Rom II-Verordnung, Rn. 5 der den inhaltlich inhaltsgleichen Art. 12 Abs. 2 c)

angesehen.[1072] Aber auch in dieser Situation ist festzuhalten, dass das Recht am Verwaltungssitz der Gesellschaft zur Anwendung berufen ist, jedenfalls solange der gewöhnliche Aufenthalt der Auslandsgesellschaft[1073] an ihrem Verwaltungssitz ist und auch die Gläubiger im Staat des Verwaltungssitzes niedergelassen sind.[1074]

Zuletzt ist die Frage aufzuwerfen, inwieweit die Anwendung der deliktischen Haftungstatbestände des Rechts am Verwaltungssitz auf die Geschäftsführung bei Insolvenzen von Auslandsgesellschaften mit der Niederlassungsfreiheit vereinbar ist.[1075] Da diese Bestimmungen allerdings eine tätigkeitsbezogene Wirkung entfalten, also allgemeines Verkehrsrecht darstellen, dessen Einhaltung bei dem Marktauftritt sämtlicher Gesellschaften und ihrer Organe unterschiedslos gefordert ist, liegt bei der Anwendung dieser Haftungstatbestände keine Beschränkung der Niederlassungsfreiheit vor.[1076]

In dem Großteil der Fälle dürfte im Ergebnis das Recht am Verwaltungssitz der Gesellschaft auch bei der deliktischen Haftung der Geschäftsführung zur Anwendung berufen sein. Damit sind zugleich die deliktischen Haftungstatbestände des Rechts am Satzungssitz der Auslandsgesellschaft unanwendbar. Einer Rechtfertigung der Anwendung der deliktischen Haftungstatbestände des Rechts am Verwaltungssitz der Auslandsgesellschaft anhand der *Gebhard*-Formel bedarf es nicht.

III. Zusammenfassung

Insolvenzverfahren über das Vermögen von Auslandsgesellschaften mit inländischem Verwaltungssitz werden grundsätzlich nach dem am Verwaltungssitz geltenden Insolvenzrecht abgewickelt. Kommt es in diesem Zusammenhang zu der Haftung der Geschäftsführung, bewirkt das europäisch vereinheitlichte Kollisionsrecht praktisch ein Auseinanderfallen der sich aus insolvenz-, gesellschaftsrechtlichen, deliktischen und (in Deutschland) quasi-vertraglichen Haftungstatbeständen zusammensetzenden Haftungssysteme der Mitgliedstaaten. Während

---

Rom II-Verordnung für einschlägig hält; so auch die Argumentation von MüKo/*Junker*, Art. 12 Rom II-Verordnung, Rn. 19 f.

1072 Vgl. Palandt/*Thorn*, a.a.O.; MüKo/*Junker*, a.a.O.

1073 Die Definition des Begriffs des gewöhnlichen Aufenthalts im Sinne von Art. 19 Rom I-Verordnung ist identisch mit dem in Art. 23 Rom II-Verordnung verwendeten Begriff.

1074 Siehe Art. 4, 6 Rom I-Verordnung.

1075 Siehe im Einzelnen oben ab S. 175.

1076 Vgl. *Eidenmüller*, Ausländische Kapitalgesellschaften, § 3, Rn. 17; MüKo/*Kindler*, Internationales Wirtschaftsrecht – Internationales Handels- und Gesellschaftsrecht, Rn. 440; *Ulmer*, NJW 2004, 1201, 1205; *Borges*, ZIP 2004, 733, 740.

gesellschaftsrechtlich zu qualifizierende Haftungstatbestände nach dem Recht des Satzungssitzes der Auslandsgesellschaft zur Anwendung gelangen, sind demgegenüber insolvenzrechtliche und deliktische Haftungstatbestände nach dem Recht ihres Verwaltungssitzes zur Anwendung berufen.

Bei Letzteren ist die Vereinbarkeit ihrer Anwendung mit der Niederlassungsfreiheit der Gesellschaft festzustellen. Die Anwendung insolvenzrechtlicher und deliktischer Haftungstatbestände des Rechts am Verwaltungssitz der Auslandsgesellschaft ist nur zulässig, wenn sie entweder schon keine Beschränkung der Niederlassungsfreiheit darstellt oder die Beschränkung anhand der *Gebhard*-Formel gerechtfertigt ist. Grundsätzlich ist darüber hinaus auch eine Anwendung der gesellschaftsrechtlichen Haftungstatbestände des Rechts am Verwaltungssitz der Gesellschaft in Betracht zu ziehen. Die Anwendung dieser Haftungstatbestände stellt jedoch ganz regelmäßig eine Beschränkung der Niederlassungsfreiheit der Auslandsgesellschaft dar, die in der Vielzahl der Fälle nicht zu rechtfertigen sein dürfte. Eine zusätzliche Anwendung der insolvenzrechtlichen oder deliktischen Haftungstatbestände des Rechts am Satzungssitz der Auslandsgesellschaft ist nicht möglich.

3. Teil: Die Haftung des *Director* bei der Insolvenz einer englischen Ltd. mit Verwaltungssitz in Deutschland

Bei der Insolvenz einer englischen Ltd. mit deutschem Verwaltungssitz bewirkt diese kollisionsrechtliche Gemengelage zunächst, dass das Hauptinsolvenzverfahren über das Vermögen der Gesellschaft wegen ihres deutschen COMI nach Maßgabe des deutschen Rechts stattfindet. Im Hinblick auf die Haftung des *Director* hat dies zur Folge, dass stets die gesellschaftsrechtlich zu qualifizierenden Haftungstatbestände des englischen Rechts als Recht des Satzungssitzes zur Anwendung berufen sind.[1077] Zudem kann es zu einer ergänzenden Anwendung der insolvenzrechtlich, gesellschaftsrechtlich oder deliktisch zu qualifizierenden Haftungstatbestände des deutschen Rechts als Recht des Verwaltungssitzes kommen. Voraussetzung ist allerdings, dass die Anwendung dieser Haftungstatbestände entweder keine Beschränkung der Niederlassungsfreiheit der Ltd. darstellt oder die Beschränkung gerechtfertigt ist.

A. Unanwendbare Haftungstatbestände des englischen Rechts

Von vornherein unanwendbar sind hingegen als insolvenzrechtlich zu qualifizierende Haftungstatbestände des englischen Rechts aufgrund des bei insolvenzrechtlichen Haftungstatbeständen ausschließlich gemäß Art. 4 Abs. 1 EuInsVO zur Anwendung berufenen deutschen Rechts. Gleiches gilt entsprechend gemäß Art. 4 Rom II-Verordnung für deliktisch zu qualifizierende Haftungstatbestände des englischen Rechts.

I. Keine Anwendung von Tatbeständen des englischen Insolvenzrechts

Als Haftungstatbestände des englischen Insolvenzrechts sind in diesem Zusammenhang die Haftung für *Wrongful* und *Fraudulent Trading* sowie die Haftung nach Section 172 Companies Act 2006 bei Pflichtverletzungen des *Director* in der Krise der Ltd. und nach Sections 172, 175 oder 176 Companies Act 2006 bei Pflichtverletzungen dieser Art im laufenden Insolvenzverfahren zu qualifizieren.

Für die insolvenzrechtliche Qualifikation des Haftungstatbestandes des *Wrongful Trading* spricht bereits, dass der EuGH die Action en comblement du passif nach französischem Recht, die inhaltlich dem *Wrongful Trading* ent-

---

1077 Siehe zu dem Vorgang der Qualifikation im Einzelnen oben ab S. 166.

spricht, als insolvenzrechtlich qualifiziert hat.[1078] Zwar wird nach teilweise vertretener Ansicht dennoch die gesellschaftsrechtliche Qualifikation des Haftungstatbestandes des *Wrongful Trading* befürwortet.[1079] Hierfür spricht, dass die Haftung erst nach dem *Moment of Truth* einsetzt, ab dem das gesellschaftsrechtliche Risiko von den Gesellschaftern auf die Gläubiger abgewälzt ist und damit einen engen gesellschaftsrechtlichen Bezug aufweist.[1080] Jedoch klammert diese Ansicht den Aspekt aus, dass nur der Verwalter kraft seines Amtes den Anspruch aus *Wrongful Trading* geltend machen kann, was wiederum für die insolvenzrechtliche Qualifikation des Tatbestandes streitet.[1081] Gläubiger der Gesellschaft können den Anspruch aus *Wrongful Trading* hingegen nie – auch nicht im Rahmen eines (in einem deutschen Insolvenzverfahren schon aufgrund der lex fori concursus nicht durchführbaren,[1082] aber im englischen Verfahren der *Liquidation* ebenfalls nicht möglichen) *Misfeasance Proceeding*[1083] – gegen den *Director* direkt geltend machen.[1084] Zudem unterliegt das Tätigwerden des *Liquidator* dem Zustimmungsvorbehalt des für das Verfahren der *Liquidation* zuständigen Gerichts oder des *Liquidation Committee*.[1085] Die Einbindung der Vertreter der Gläubigergesamtheit in das Verfahren verdeutlicht, dass bei einem *Wrongful Trading* maßgeblich Interessen eben dieser Gläubigergesamtheit betroffen sind. Darüber hinaus gebietet das insolvenzpolitische Ziel des Haftungstatbestandes des *Wrongful Trading*, namentlich der Befriedigung der Gläubigergesamtheit, dessen insolvenzrechtliche Qualifikation.[1086] Diese Zielsetzung wird insbesondere durch den Umstand deutlich, dass sich die Höhe der durch das

1078 EuGH, Slg. 1979, 733, 744 f. – Gourdain/Nadler (Rn. 5 der Entscheidung); vgl. auch *Eidenmüller*, Ausländische Kapitalgesellschaften, § 9, Rn. 32; *Bicker*, GPR 2006, 127, 129, m.w.N.; *Gräfe*, DZWIR 2005, 410, 412.

1079 AG Bad Segeberg, ZIP 2005, 812, 814; vgl. auch *Ringe/Willemer*, EuZW 2006, 621, 624; *Hirte/Mock*, ZIP 2005, 474, 477; *Mock/Schildt*, ZInsO 2003, 396, 400; wiederum andere befürworten ohne weitere Begründung eine deliktische Qualifikation, vgl. *Schulz/Sester*, EWS 2002, 545, 551.

1080 Vgl. *Bicker*, GPR 2006, 127, 129 mit Verweis auf *Davies*, AG 1998, 346, 348 f.

1081 Vgl. *Eidenmüller*, Ausländische Kapitalgesellschaften, § 9, Rn. 32; *Schmidt-Ehemann*, Haftung bei Insolvenz einer EU-Auslandsgesellschaft, S. 209; *Weller*, Europäische Rechtsformwahlfreiheit, S. 112; *Bicker*, GPR 2006, 127, 129; *Lieder*, DZWIR 2005, 399, 408; *Gräfe*, DZWIR 2005, 410, 411; *Schall*, ZIP 2005, 965, 972.

1082 Siehe S. 207.

1083 Siehe S. 80 ff.

1084 Siehe S. 23 f.

1085 Siehe S. 24.

1086 Vgl. *Eidenmüller*, Ausländische Kapitalgesellschaften, § 9, Rn. 32; *Schmidt-Ehemann*, Haftung bei Insolvenz einer EU-Auslandsgesellschaft, S. 209; *Bicker*, GPR 2006, 127, 129; *Lieder*, DZWIR 2005, 399, 408; *Gräfe*, DZWIR 2005, 410, 411.

Wrongful Trading des *Director* entstandenen Schäden stets (zumindest zum Teil) nach den Verlusten der Gläubigergesamtheit richtet.[1087] Schließlich erfolgt die Verteilung des Erlöses aus der Inanspruchnahme eines *Director* wegen *Wrongful Trading* ausschließlich an die (ungesicherte) Gläubigergesamtheit und unter keinen Umständen bevorzugt an durch eine *Floating Charge* gesicherte Gläubiger.[1088] Damit fällt die Haftung für *Wrongful Trading* bei der funktionalen Qualifikation in den Anwendungsbereich der insolvenzrechtlichen Kollisionsnorm des Art. 4 Abs. 1 EuInsVO.

Die vorgenannten Gründe sprechen ebenfalls für eine insolvenzrechtliche Qualifikation der Haftung für *Fraudulent Trading.*[1089] Denn die Haftung für *Fraudulent Trading* kann gleichfalls nur durch den Verwalter kraft seines Amtes mit Zustimmung des für das Verfahren der *Liquidation* zuständigen Gerichts oder des *Liquidation Committee* geltend gemacht werden und der aus der Haftung erzielte Erlös fließt ungekürzt in die zur Verteilung an die Gläubigergesamtheit vorgesehene Masse.[1090] Die noch unter Section 332 Companies Act 1948 eröffnete Möglichkeit, die durch die Inanspruchnahme des *Director* für ein *Fraudulent Trading* erzielten Erlöse direkt den von den betrügerischen Handlungen des *Director* betroffenen Gläubigern zuzusprechen, existiert unter dem Insolvency Act 1986 nicht mehr.[1091] Damit ist zugleich einer potenziell denkbaren deliktischen Qualifikation des Tatbestandes die Basis entzogen worden.[1092] Zwar erscheint eine deliktische Qualifikation aufgrund der auf Tatbestandsebene erforderlichen betrügerischen Absicht möglich, doch tritt die insolvenzpolitische Zielsetzung jedenfalls durch diese Änderung des Tatbestandes des *Fraudulent Trading* in Section 213 Insolvency Act 1986 gegenüber seinem Vorgänger in Section 332 Companies Act 1948 deutlich zutage.

Ferner ist die Haftung des *Director* nach Section 172 Companies Act 2006 bei Pflichtverletzungen in der Krise der Ltd. als insolvenzrechtlich zu qualifizieren.[1093] Zwar spricht für eine gesellschaftsrechtliche Qualifikation des Tatbestandes, dass die Haftung des *Director* bei Pflichtverletzungen in der Krise der Ltd. im Zusammenhang mit seinem gesellschaftsrechtlichen Pflichtenprogramm und damit dem Innenrecht der Gesellschaft steht und auch die Gesellschaft

---

1087 Siehe S. 24.

1088 Siehe S. 128.

1089 So auch *Schmidt-Ehemann*, Haftung bei Insolvenz einer EU-Auslandsgesellschaft, S. 209; *Lieder*, DZWIR 2005, 399, 408; *Schall*, ZIP 2005, 965, 972.

1090 Siehe S. 128.

1091 Siehe S. 54.

1092 So aber wohl *Dichtl*, GmbHR 2005, 884, 887.

1093 So auch Mortimore/*Smith*, Company Directors, S. 1103; *Lieder*, DZWIR 2005, 399, 408.

selbst (förmlich) Anspruchsinhaberin ist.[1094] Darüber hinaus muss, anders als bei der Haftung aus *Wrongful* oder *Fraudulent Trading*, im Verfahren der *Liquidation* nicht zwingend der Verwalter den Anspruch geltend machen, da (in einem englischen Verfahren der *Liquidation*)[1095] einzelne Gläubiger im Wege des *Misfeasance Proceeding* gegen den *Director* vorgehen können.[1096] Schließlich setzt die Geltendmachung des Anspruchs nicht die Durchführung einer auf die Abwicklung der Gesellschaft zielende *Liquidation* voraus.[1097] Entscheidend für die insolvenzrechtliche Qualifikation ist allerdings, dass der Haftungstatbestand in dieser Ausprägung maßgeblich eine insolvenzpolitische Zielsetzung aufweist. Die Haftung des *Director* für Pflichtverletzungen in der Krise der Ltd. zielt auf den Schutz der Gläubigergesamtheit. Dies verdeutlicht der Umstand, dass die Haftung des *Director* in der Krise der Ltd. auf der Verletzung von Pflichten gegenüber der Gläubigergesamtheit und nicht der Gesellschaft basiert.

Während des normalen Geschäftslaufs muss der *Director* sein Handeln anhand der Interessen der Gesellschaft ausrichten und ist demnach unmittelbar der Gesellschaft und insbesondere nicht den Gesellschaftsgläubigern verpflichtet.[1098] Diese Ausrichtung ändert sich ab dem Zeitpunkt, in dem sich die Ltd. in Insolvenznähe befindet bzw. nach dem *Cash Flow Insolvency Test* und/oder *Balance Sheet Insolvency Test* bereits insolvent ist. Der Fokus liegt dann auf den Interessen der Gläubigergesamtheit, die der *Director* beachten muss, um seinen Loyalitätspflichten gemäß Section 172 Companies Act 2006 nachzukommen.[1099] In diesem Moment wandeln sich die Pflichten des *Director* von gesellschaftsbezogenen, innenrechtlichen Pflichten zu auf die Gläubigergesamtheit bezogenen, außenrechtlichen Pflichten. Des Weiteren ist ab dem Zeitpunkt, in dem der *Director* maßgeblich die Interessen der Gläubigergesamtheit achten muss, keine Ratifizierung seiner Pflichtverletzungen durch die Gesellschafter (mehr) möglich.[1100] Die Möglichkeit der Ratifizierung existiert aufgrund des Prinzips, dass derjenige, gegenüber dem Pflichten bestehen, gleichsam entscheiden können muss, ob er die Pflichten einfordert oder Verletzungen der Pflichten geneh-

1094 Vgl. *Schmidt-Ehemann*, Haftung bei Insolvenz einer EU-Auslandsgesellschaft, S. 225 f.; *Lotz*, ZInsO 2010, 1634, 1635; *Schall*, ZIP 2005, 965, 973; *Gräfe*, DZWIR 2005, 410, 413; im Ergebnis auch Lutter/Hommelhoff/*Bayer*, Anhang II zu § 4a, Rn. 34; *Greulich/Rau*, NZG 2008, 565, 567.

1095 Siehe S. 80 ff.

1096 Vgl. *Gräfe*, DZWIR 2005, 410, 413.

1097 Vgl. *Lotz*, ZInsO 2010, 1634, 1635, *Gräfe*, DZWIR 2005, 410, 413.

1098 Siehe S. 34.

1099 Siehe S. 35 f.

1100 Siehe S. 36.

migt.[1101] Dementsprechend können die Gesellschafter der Ltd. Ratifizierungen nur so lange vornehmen, wie die Pflichten des *Director* gemäß Section 172 Companies Act 2006 eine gesellschaftsbezogene, innenrechtliche Ausprägung haben, weil dann (noch) das innenrechtliche Pflichtenverhältnis zwischen *Director* und Gesellschaft besteht. In dem Umstand, dass die englischen Gerichte die Ratifizierung von Pflichtverletzungen des *Director* ab dem Zeitpunkt, in dem der *Director* maßgeblich die Interessen der Gläubigergesamtheit achten muss, nicht mehr akzeptieren,[1102] kommt zum Ausdruck, dass in dieser Situation gerade keine maßgeblichen Pflichten mehr zwischen *Director* und Ltd. existieren. Vielmehr verlagern sich die gesellschaftsbezogenen Pflichten hin zu Pflichten gegenüber der Gläubigergesamtheit, in deren Interesse es liegt, die Pflichterfüllung einzufordern. Wenn der *Director* daher seinen Pflichten in der Krise der Ltd. nicht nachkommt, folgt seine Haftung gemäß Section 172 Companies Act 2006 für Pflichtverletzungen gegenüber der Gläubigergesamtheit. Die Gläubigergesamtheit stellt damit den geschützten Personenkreis bei der Haftung gemäß Section 172 Companies Act 2006 in der Krise der Ltd. dar. Des Weiteren werden durch den Haftungstatbestand Pflichtverletzungen des *Director* sanktioniert, welche die Insolvenzverursachung bzw. -vertiefung nach sich ziehen und damit einen direkten Bezug zu einem späteren Insolvenzverfahren aufweisen.[1103] Schließlich soll der Haftungstatbestand im Grunde genommen die Sicherung verteilungsfähiger Masse zugunsten der Gläubigergesamtheit gewährleisten.[1104] Die Haftung des *Director* für Pflichtverletzungen in der Krise der Ltd. verfolgt somit in erster Linie das insolvenzpolitische Ziel, des Schutzes der Gläubigergesamtheit durch Massesicherung. Dies gebietet die insolvenzrechtliche Qualifikation des Haftungstatbestandes.

Schließlich ist die Haftung des *Director* für Verletzungen seiner Loyalitätspflicht gegenüber der Ltd. während des laufenden Insolvenzverfahrens sowie für Verstöße gegen seine *No Profit* Pflichten in dieser Situation[1105] insolvenzrechtlich zu qualifizieren. Entsprechend der voranstehenden Argumentation zu der Haftung des *Director* gemäß Section 172 Companies Act 2006 für Pflichtverletzungen in der Krise der Ltd. wandeln sich auch in diesen Situationen die ursprünglich gesellschaftsbezogenen Pflichten des *Director* zu Pflichten gegenüber der Gläubigergesamtheit.[1106] Demnach sind diese Haftungstatbestände

1101 Vgl. nur *Davies*, Principles of Company Law, S. 581.
1102 Siehe S. 36.
1103 Vgl. *Lieder*, DZWIR 2005, 399, 408; siehe auch S. 35 f.
1104 Vgl. *Lieder*, DZWIR 2005, 399, 408; siehe auch S. 34 ff.
1105 Siehe S. 59 f.
1106 Siehe S. 204.

ebenfalls bei der Inanspruchnahme des *Director* einer Ltd. mit deutschem Verwaltungssitz wegen ihrer insolvenzrechtlichen Qualifikation unanwendbar.

II. Keine Anwendung von Tatbeständen des englischen Deliktsrechts (*Common Law on Torts*)

Als Teil des englischen Deliktsrechts ist die Haftung des *Director* für *Negligent Misstatement* sowie *Deceit* zu qualifizieren und damit bei der Geschäftsführungshaftung bei der Insolvenz einer Ltd. mit deutschem Verwaltungssitz unanwendbar. Bei beiden Haftungstatbeständen handelt es sich um Verkehrsrecht, das seinen Rechtsgrund nicht spezifisch im Gesellschaftsrecht hat und damit nicht gesellschaftsrechtlich zu qualifizieren ist.[1107] In Abgrenzung zu einer insolvenzrechtlichen Qualifikation ist festzustellen, dass die Haftung auch ohne die Insolvenz der Gesellschaft entsteht und einzelne Gläubiger den *Director* außerhalb des Verfahrens der *Liquidation* direkt in Anspruch nehmen können.[1108] Des Weiteren existiert bei den Haftungstatbeständen keine direkte vertragliche Beziehung zwischen dem *Director* und den von *Negligent Misstatement* oder *Deceit* betroffenen Gläubigern.[1109] Vielmehr sind die Haftungstatbestände des *Negligent Misstatement* und *Deceit* darauf ausgerichtet, im außervertraglichen Bereich einen Ausgleich des durch die Pflichtverletzung des *Director* eingetretenen Schadens herbeizuführen. Die Haftung ist damit dem Anwendungsbereich der Rom II-Verordnung zuzuordnen.[1110]

Dabei sind die Haftungstatbestände unter die allgemeine deliktische Kollisionsnorm des Art. 4 Rom II-Verordnung zu subsumieren.[1111] Der *Director* wird nicht Partei der Verträge zwischen der Ltd. und einzelnen Gläubigern, die von dem *Negligent Misstatement* oder *Deceit* erfasst sind. Es mangelt damit an der für eine Subsumtion unter Art. 12 Abs. 1 Rom II-Verordnung erforderlichen Parteiidentität des *Director* als Schädiger und Vertragspartei bei der Haftung nach dem *Common Law on Torts*.[1112]

1107 Siehe S. 183 f.

1108 Siehe S. 75.

1109 Siehe a.a.O.

1110 Siehe S. 194.

1111 Vgl. *Dickinson*, The Rome II Regulation, Rn. 12.08; a.A. *Fawcett/Carruthers*, Private International Law, S. 794, 833 f.

1112 Siehe S. 194.

B. Anwendbare Haftungstatbestände des englischen Gesellschaftsrechts – Allgemeine Haftung nach dem Companies Act 2006

Die Haftung des *Director* nach Sections 171 ff. Companies Act 2006 ist, sofern ihr keine Pflichtverletzung des *Director* nach Section 172 Companies Act 2006 in der Krise bzw. Insolvenz der Ltd. zugrunde liegt und daher eine insolvenzrechtliche Qualifikation vorzunehmen ist,[1113] gesellschaftsrechtlich zu qualifizieren.[1114] Diese Haftungstatbestände gelangen deshalb bei der Insolvenz einer Ltd. mit deutschem Verwaltungssitz zur Anwendung. Die Haftungstatbestände greifen bei der Verletzung gesellschaftsspezifischer Pflichten und sind als Innenhaftung gegenüber der Gesellschaft ausgestaltet, ohne dabei konkrete insolvenzpolitische Ziele zu verfolgen.[1115]

Die Inanspruchnahme des *Director* kann dabei nur durch den Insolvenzverwalter über das Vermögen der Ltd. erfolgen. Die Durchführung eines *Misfeasance Proceeding* durch einen Gesellschaftsgläubiger gemäß Section 212 Insolvency Act 1986 ist bei der Insolvenz einer Ltd. mit deutschem Verwaltungssitz nicht möglich.[1116] Ein *Misfeasance Proceeding* stellt keinen eigenständigen materiell-rechtlichen Haftungstatbestand dar; es handelt sich vielmehr um ein prozessuales Verfahren des englischen Insolvenzrechts. Das *Misfeasance Proceeding* soll den an der *Liquidation* der Ltd. Beteiligten die Möglichkeit eröffnen, im Wege eines vereinfachten Verfahrens die Rechte der Gesellschaft gegen den *Director* im Sinne der Gläubigergesamtheit durchzusetzen.[1117] Funktional-teleologisch ist das Verfahren nach Section 212 Insolvency Act 1986 demnach dem englischen Insolvenzrecht zuzuordnen und kann aufgrund der deutschen lex fori concursus bei der Insolvenz einer Ltd. mit deutschem Verwaltungssitz nicht zur Anwendung gelangen.

Schließlich ist zu beachten, dass bei der Anwendung der Haftungstatbestände nach Sections 171 ff. Companies Act 2006 bei der Insolvenz einer Ltd. mit deutschem Verwaltungssitz durch ein deutsches Gericht die englischen Auslegungsmaßstäbe maßgeblich sind. Basiert die Inanspruchnahme des *Director* auf Section 172 Companies Act 2006, weil der *Director* bei einer seiner unternehmerischen Entscheidungen die Interessen der Gesellschafter nicht ausreichend

---

1113 Siehe S. 203.

1114 So auch Mortimore/*Smith*, Company Directors, S. 1101; Lutter/Hommelhoff/*Bayer*, Anhang II zu § 4a, Rn. 34; *Schmidt-Ehemann*, Haftung bei Insolvenz einer EU-Auslandsgesellschaft, S. 225 f.; *Gräfe*, DZWIR 2005, 410, 413.

1115 Siehe im Einzelnen oben ab S. 54.

1116 So auch *Gräfe*, DZWIR 2005, 410, 414.

1117 *Home and Colonial Insurance Co Ltd., Re* [1930] 1 Ch. 102.

beachtet und damit gegebenenfalls seine Loyalitätspflicht verletzt hat, muss das Gericht die unternehmerische Entscheidung des *Director* vollumfänglich prüfen. Eine eingeschränkte Überprüfung unternehmerischer Entscheidungen, die im deutschen Gesellschaftsrecht aufgrund der *Business Judgment Rule* geboten wäre, kennt das englische Recht nicht. Falls das Gericht diesen Maßstab des deutschen Gesellschaftsrechts nun auf den Haftungsfall des *Director* der Ltd. übertrüge, würde dies mittelbar zur Aushöhlung der gesellschaftsrechtlichen Grundsatzentscheidung des englischen Rechts führen, wonach unternehmerische Entscheidungen einer vollumfänglichen gerichtlichen Prüfung unterliegen. Das Vorgehen würde damit eine Beschränkung der Niederlassungsfreiheit der Ltd. bedeuten, weil faktisch eine Negierung der gesellschaftsrechtlichen Regelungsunterschiede in den Mitgliedstaaten eintreten würde, wobei kein Grund ersichtlich ist, der diese Beschränkung rechtfertigen könnte.[1118] Zwar hat der EuGH in seinen Entscheidungen *Centros* und *Inspire Art* diese Feststellung hinsichtlich der Ausnutzung für die Auslandsgesellschaft und mittelbar ihrer Organe positiver Regelungsunterschiede getroffen.[1119] Nichts anderes kann jedoch gelten, wenn sich der Regelungsunterschied im Vergleich zum inländischen Recht aus Sicht des Organs negativ auswirkt, weil sein Handeln dadurch einer intensiveren gerichtlichen Prüfung unterzogen ist. Die Rechtsprechung des EuGH zur Zuzugsfreiheit dient der Verwirklichung der in Art. 49, 54 AEUV vorgesehenen Niederlassungsfreiheit von Gesellschaften, nicht aber der Bildung eines geschäftsführerfreundlichen, von den nationalen Vorgaben gelösten, europäischen Gesellschaftsrechts.

C. Ergänzend anwendbare Haftungstatbestände des deutschen Rechts

Neben den gesellschaftsrechtlich zu qualifizierenden Haftungstatbeständen des englischen Rechts sind bei der Insolvenz einer Ltd. mit deutschem Verwaltungssitz eine Reihe von Tatbeständen des deutschen Rechts anwendbar, die insolvenzrechtlich oder deliktisch zu qualifizieren sind. Die Anwendung dieser Tat-

---

1118 Der Aspekt der Beschränkung der Niederlassungsfreiheit durch die Anwendung der *Businness Judgment Rule* ist auch nicht mit dem Argument zu entkräften, dass die Anwendung der Auslegungsregel der Gesellschaft zugute kommt. Denn dieses Vorgehen würde nicht der Ltd., sondern einzig dem *Director* zugute kommen, da die Reichweite seiner Haftung durch die Anwendung der *Business Judgment Rule* zulasten der Ltd. und der Gläubigergesamtheit (in Zeiten der Krise und Insolvenzreife der Gesellschaft) verkürzt wäre.

1119 EuGH, NJW 1999, 2027, 2028 – Centros (Rn. 18 der Entscheidung); EuGH, NJW 2003, 3331, 3333 – Inspire Art (Rn. 96 der Entscheidung).

bestände ist mit der Niederlassungsfreiheit der Ltd. vereinbar, weil schon keine Beschränkung vorliegt bzw. diese gerechtfertigt ist.

Soweit international privatrechtlich eine Substitution notwendig ist, weil einige Haftungstatbestände an das Vorliegen einer GmbH im Sinne des GmbHG anknüpfen und daher die Subsumtion der englischen Gesellschaftsform unter das GmbHG sowie des *Director* unter den Begriff des Geschäftsführers erfordern, ist diese unproblematisch.[1120] Eine Substitution ist etwa bei der Haftung aus § 64 S. 1 GmbHG und § 64 S. 3 GmbHG notwendig. Zunächst sind die in den Haftungstatbeständen enthaltenen Tatbestandsmerkmale substituierbar,[1121] weil die Erfüllung der aus Rechtsbegriffen wie „Geschäftsführer" in § 64 S. 1, 3 GmbHG bestehenden Tatbestandsmerkmale durch den *Director* einer Ltd. grundsätzlich möglich sind. Diese Haftungstatbestände sind nicht, wie etwa im Fall der Auflassung eines in Deutschland gelegenen Grundstücks, die lediglich vor einem deutschen und nicht vor einem ausländischen Notar wirksam erklärt werden kann,[1122] nur für die Gestaltung des deutschen Rechts zugänglich.[1123] Dies ergibt die maßgebliche Auslegung anhand der lex normae, also der Rechtsordnung, dem die Haftungstatbestände angehören.[1124] Denn in der Gesetzesbegründung zum MoMiG hat der Gesetzgeber ausdrücklich festgestellt, dass § 64 GmbHG auch in Insolvenzverfahren über das Vermögen von Auslandsgesellschaften anzuwenden sein soll, deren Tätigkeitsmittelpunkt in Deutschland liegt.[1125] Des Weiteren sind die Rechtsbegriffe des englischen Rechts mit den in den Haftungstatbeständen enthaltenen Begriffen gleichwertig.[1126] Bei der Substi-

---

1120 Vgl. *Barthel*, Deutsche Insolvenzantragspflicht, S. 259 ff.; *Eidenmüller*, Ausländische Kapitalgesellschaften, § 9, Rn. 16 ff.; *Weller*, Europäische Rechtsformwahlfreiheit, S. 217 f.; *Barthel*, ZInsO 2011, 211, 221; *Kindler*, IPRax 2010, 430, 432; *Zerres*, DZWIR 2006, 356, 357; kritisch *Wackerbarth* in FS Horn, S. 605, 616.

1121 Vgl. v. Bar/*Mankowski*, § 7, Rn. 243; Staudinger/*Sturm/Sturm*, Einleitung zum IPR, Rn. 224; Palandt/*Thorn*, Art. 11 EGBGB, Rn. 7; MüKo/*Sonnenberger*, Einleitung vor Art. 3 EGBGB, Rn. 605; *Mansel* in FS Lorenz, S. 689, 695 f.; *Weller*, Europäische Rechtsformwahlfreiheit, S. 218.

1122 BGH, WM 1968, 1170, 1171; KG, NJW-RR 1986, 1462; Bayerisches Oberstes Landesgericht, DNotZ 1978, 58, 60; OLG Köln, OLGZ 1972, 321, 322; vgl. auch *Mansel* in FS Lorenz, S. 689, 697 mit weiteren Beispielen zu Normen des deutschen Rechts, bei denen die Substitution ausgeschlossen ist.

1123 Vgl. v. Bar/*Mankowski*, § 7, Rn. 243.

1124 Vgl. v. Bar/*Mankowski*, a.a.O.; *Mansel* in FS Lorenz, S. 689, 697.

1125 RegE MoMiG, BT-Drucks. 16/6140, 47.

1126 Vgl. zu dem Erfordernis der Gleichwertigkeit Palandt/*Thorn*, Einleitung vor Art. 3 EGBGB, Rn. 31; MüKo/*Sonnenberger*, Einleitung vor Art. 3 EGBGB, Rn. 602; Staudinger/*Sturm/Sturm*, Einleitung zum IPR, Rn. 224; v. Bar/*Mankowski*, § 7, Rn. 243; *Weller*, Europäische Rechtsformwahlfreiheit, S. 217.

tution ist die Gleichwertigkeit von Tatbestandsmerkmalen des inländischen Haftungstatbestandes mit ausländischen Rechtsinstitutionen anhand einer funktionalen Auslegung zu ermitteln, damit eine entsprechende Übertragung der Tatbestandsmerkmale auf die Auslandsgesellschaft möglich ist.[1127] Entscheidend ist bei der Ermittlung der Gleichwertigkeit, ob die in den inländischen Haftungstatbeständen enthaltenen Rechtsbegriffe nach ihrer sozialen und ökonomischen Bedeutung äquivalent zu den Begriffen des englischen Rechts sind, die der Substitution zugeführt werden sollen.[1128] Bereits Art. 1 der europäischen Publizitätsrichtlinie[1129] verdeutlicht in diesem Zusammenhang die Gleichwertigkeit einer englischen Ltd. mit einer deutschen GmbH und demzufolge auch ihres *Director* mit dem Geschäftsführer.[1130]

I. Haftung wegen Insolvenzverschleppung

Zu den bei der Insolvenz einer Ltd. mit deutschem Verwaltungssitz zusätzlich gegenüber dem *Director* anwendbaren Haftungstatbeständen zählt zunächst die Haftung gemäß § 823 Abs. 2 BGB i.V.m. § 15a InsO. In der Situation der Insolvenz einer Ltd. mit deutschem Verwaltungssitz hat bereits das Landgericht Kiel die Haftung des *Director* wegen Insolvenzverschleppung angewandt und in diesem Zusammenhang zutreffend eine insolvenzrechtliche Qualifikation des Haftungstatbestandes vorgenommen.[1131] Dies entspricht der in der Literatur weitgehend vertretenen Ansicht.[1132]

1127 BGH, NJW 1990, 634, 635; Bayerisches Oberstes Landesgericht, IPRax 1990, 115, 116 f.; vgl. auch Palandt/*Thorn*, a.a.O.; MüKo/*Sonnenberger*, a.a.O.; MüKo/*Kindler*, Internationales Wirtschaftsrecht – Internationales Handels- und Gesellschaftsrecht, Rn. 191 ff.; v. Bar/*Mankowski*, a.a.O.; *Mansel* in FS Lorenz, S. 689, 699; *Barthel*, Deutsche Insolvenzantragspflicht, S. 259 f.

1128 Vgl. v. Bar/*Mankowski*, a.a.O.; *Rehm*, RabelsZ 64 (2000), 104, 107.

1129 Richtlinie 2009/101/EG des Europäischen Parlaments und des Rates vom 16.09.2009 zur Koordinierung der Schutzbestimmungen, die in den Mitgliedstaaten den Gesellschaften im Sinne des Artikels 48 Absatz 2 des Vertrags im Interesse der Gesellschafter sowie Dritter vorgeschrieben sind, um diese Bestimmungen gleichwertig zu gestalten, ABl EU Nr. L 258 vom 21.10.2009, 11.

1130 Vgl. Eidenmüller/*Rehberg*, Ausländische Kapitalgesellschaften, § 5, Rn. 15; *Barthel*, Deutsche Insolvenzantragspflicht, S. 260.

1131 LG Kiel, ZIP 2006, 1248, 1249; die Vorinstanz AG Bad Segeberg, ZIP 2005, 812, 813, hatte den Haftungstatbestand noch gesellschaftsrechtlich qualifiziert.

1132 Vgl. Palandt/*Thorn*, Anhang zu Art. 12 EGBGB, Rn. 8; MüKo/*Kindler*, Internationales Wirtschaftsrecht – Internationales Handels- und Gesellschaftsrecht, Rn. 669; Baumbach/Hueck/*Haas*, § 64, Rn. 148 f.; Ulmer/*Casper*, § 64 (Ergänzungsband), Rn. 110; MüKo/*Reinhart*, Art. 4 EuInsVO, Rn. 7; *Eidenmüller*, Ausländische Kapitalgesellschaften, § 9, Rn. 32; *Schmidt-Ehemann*, Haftung bei Insolvenz einer EU-Auslands-

Von einigen wird demgegenüber eine deliktische Qualifikation der Insolvenzverschleppungshaftung vertreten, da die Haftung über die deliktische Norm des § 823 BGB zur Anwendung kommt.[1133] Diese Ansicht ist abzulehnen, weil die deliktische Norm des § 823 Abs. 2 BGB lediglich der rechtliche Träger ist, über den das Schutzgesetz zur Anwendung gelangt, dessen Verletzung im Wege der Haftung sanktioniert wird.[1134] Bei der Qualifikation eines Tatbestandes, bei dem sich die Haftung aus § 823 Abs. 2 BGB i.V.m. der Verletzung eines Schutzgesetzes – vorliegend § 15a InsO – ergibt, ist allein maßgeblich, wie das Schutzgesetz zu qualifizieren ist.[1135] Ferner folgt eine deliktische Qualifikation nicht aus der von *Barthel* vorgebrachten Argumentation, dass der Haftungstatbestand maßgeblich den Einzelausgleich des Schadens der Alt- und Neugläubiger bezwecke.[1136] Denn der Schadensausgleich ist bei der Insolvenzverschleppungshaftung lediglich (Neben-)Folge der insolvenzpolitischen Zielsetzung, die der Haftungstatbestand maßgeblich realisieren soll.[1137]

Wiederum andere nehmen eine gesellschaftsrechtliche Qualifikation der Insolvenzverschleppungshaftung vor.[1138] Die Haftung bei der Insolvenzverschleppung trete im Wesentlichen für die Verletzung gesellschaftsrechtlicher Organverpflichtungen seitens der Geschäftsführung ein.[1139] In Abgrenzung zu einer deliktischen Qualifikation ergebe sich die gesellschaftsrechtliche Qualifikation, weil die Haftung lediglich Personen aus dem Kreis der Geschäftsführung treffen

---

gesellschaft, S. 320; *Kühnle/Otto*, IPRax 2009, 117, 118; *Eidenmüller*, RabelsZ 70 (2006), 475, 497; *Köke/Schwabe*, ZAP Fach 15, 511, 519 f.; *Vallender*, ZGR 2006, 425, 454; *Wachter*, BB 2006, 1463, 1464; *Zerres*, DZWIR 2006, 356, 360; *Leutner/Langner*, ZInsO 2005, 575, 576; *Lieder*, DZWIR 2005, 399, 405; *Borges*, ZIP 2004, 733, 737 ff.; offen gelassen bei *Weller*, Europäische Rechtsformwahlfreiheit, S. 196 f.

1133 Vgl. *Pannen* in FS Fischer, S. 403, 416 f.; *Pannen/Riedemann*, NZI 2005, 411, 414; *H.-F. Müller*, NZG 2003, 414, 417; *Schanze/Jüttner*, AG 2003, 661, 670; *Zimmer*, NJW 2003, 3585, 3590.

1134 Vgl. *Ulmer*, NJW 2004, 1201, 1207 f.; ähnlich *Lieder*, DZWIR 2005, 399, 407, der § 823 Abs. 2 BGB als über die Schutznorm ausfüllungsbedürftige Regelung versteht.

1135 Vgl. *Ulmer*, NJW 2004, 1201, 1207 f.; *Schmidt-Ehemann*, Haftung bei Insolvenz einer EU-Auslandsgesellschaft, S. 305 f.; *Lieder*, DZWIR 2005, 399, 408.

1136 Vgl. *Barthel*, Deutsche Insolvenzantragspflicht, S. 235.

1137 Siehe sogleich.

1138 Vgl. Hirte/Bücker/*Mock/Schildt*, Grenzüberschreitende Gesellschaften, § 17, Rn. 80 ff.; *Stöber*, ZHR 176 (2012), 326, 330 f.; *v. Hase*, BB 2006, 2141, 2146 ff.; *Ringe/Willemer*, EuZW 2006, 621, 624; *Kiethe*, RIW 2005, 649, 655; *Dichtl*, GmbHR 2005, 884, 888; *Jauchmann/Klein*, StB 2005, 374, 376; *Spindler/Berner*, RIW 2004, 7, 11 f.; *Ulmer*, NJW 2004, 1201, 1207 f.; *Mock/Schildt*, ZInsO 2003, 396, 400.

1139 Vgl. *Spindler/Berner*, RIW 2004, 7, 12; *Ulmer*, NJW 2004, 1201, 1207 f.; *Mock/Schildt*, ZInsO 2003, 396, 400.

könne und daher gesellschaftsspezifisch sei.[1140] Ferner diene die Haftung der gesellschaftsrechtlich zu verortenden Kapitalausstattung und -erhaltung.[1141]

Die funktionelle Qualifikation der Haftung aus § 823 Abs. 2 BGB i.V.m. § 15a InsO ergibt allerdings ihre Zugehörigkeit zum Insolvenzrecht. Bezweckt ist der Schutz der Gläubigergesamtheit – und zwar sämtlicher Alt- und Neugläubiger – durch die Sicherung verteilungsfähiger Vermögenswerte.[1142] Des Weiteren verstärkt die Androhung der Sanktion bei der Haftung aus § 823 Abs. 2 BGB i.V.m. § 15a InsO das mit der Antragspflicht verfolgte insolvenzpolitische Ziel[1143] des Schutzes der Gläubigergesamtheit durch die Fernhaltung insolvenzreifer Gesellschaften vom Rechtsverkehr.[1144] Der Umstand, dass mit der erfolgreichen Inanspruchnahme der Geschäftsführung ein Schadensausgleich einhergeht, ist letztlich Mittel zum Zweck. Der Schadensausgleich ist jedoch nicht ihr maßgeblicher Zweck, der bei dem Schutz der Gläubigergesamtheit durch Vermögenssicherung und Effektuierung der Insolvenzantragspflicht liegt. Zwar ist der Ansicht *Barthels* zuzugeben, dass der Schaden der Neugläubiger nicht direkt mit der Verkürzung der Haftungsmasse verbunden ist.[1145] Dies gebietet aber nicht den von ihm gezogenen Rückschluss, dass die Haftung aus § 823 Abs. 2 BGB i.V.m. § 15a InsO, welche vor allem die Neugläubiger schütze, vornehmlich deren Schadensausgleich diene und damit deliktisch zu qualifizieren sei. Denn auch der Schaden der Neugläubiger weist einen engen Zusammenhang zu der Insolvenz der Gesellschaft auf, weil die Neugläubiger gerade so zu stellen sind, wie sie stehen würden, wenn sie nicht mit der insolvenzreifen Gesellschaft kontrahiert hätten.[1146]

Die Inanspruchnahme des *Director* einer insolventen Ltd. aus § 823 Abs. 2 BGB i.V.m. § 15a InsO ist ebenfalls mit der Niederlassungsfreiheit vereinbar. Zwar bedeutet die Anwendung des Haftungstatbestandes eine Beschränkung der Niederlassungsfreiheit im Sinne eines Marktzugangshindernisses, weil der Tatbestand aufgrund seiner Ausgestaltung korporative Wirkung entfaltet und die Aussicht der Inanspruchnahme eine abschreckende Wirkung auf die Stan-

1140 Vgl. *Spindler/Berner*, RIW 2004, 7, 12.

1141 Vgl. *v. Hase*, BB 2006, 2141, 2146 f.

1142 Vgl. MüKo/*Kindler*, Internationales Wirtschaftsrecht – Internationales Handels- und Gesellschaftsrecht, Rn. 668; Baumbach/Hueck/*Haas*, § 64, Rn. 148 f.

1143 BGH, ZIP 2008, 1596, 1597; BGH, NJW 2005, 3137, 3140; BGH, NJW 1994, 2220, 2222; LG Kiel, ZIP 2006, 1248, 1249.

1144 Vgl. *Eidenmüller*, Ausländische Kapitalgesellschaften, § 9, Rn. 32; *Eidenmüller*, RabelsZ 70 (2006), 474, 497; ähnlich *Vallender*, ZGR 2006, 425, 441.

1145 Vgl. *Barthel*, Deutsche Insolvenzantragspflicht, S. 234.

1146 BGH, ZIP 2009, 1220, 1222; BGH, ZIP 1995, 124, 125; BGH, NJW 1994, 2220, 2222 f.

dortentscheidung der Ltd. hat.[1147] Seine Anwendung ist aber gerechtfertigt, insbesondere erforderlich im Sinne der *Gebhard*-Formel.[1148] Denn der mit der Insolvenzverschleppungshaftung im englischen Recht bei Verzögerungen der Einleitung des Insolvenzverfahrens korrespondierende Haftungstatbestand des *Wrongful Trading* ist gleichsam insolvenzrechtlich zu qualifizieren.[1149] Würde man zudem die Haftung des *Director* nach Section 172 Companies Act 2006 bei Pflichtverletzungen in der Krise der Ltd. dahin gehend interpretieren, dass sie nicht nur die Insolvenzverursachung und -vertiefung, sondern auch die Verzögerung der Verfahrenseinleitung erfasst,[1150] ist dennoch festzustellen, dass die Haftung gleichfalls als insolvenzrechtlich zu qualifizieren ist. Bei der Rechtfertigung der Beschränkung der Niederlassungsfreiheit ist allerdings zu prüfen, ob das gesellschaftsrechtlich zu qualifizierende Gründungsrecht der Ltd. bereits Gläubigerschutz bei Verzögerungen der Einleitung des Insolvenzverfahrens vermittelt.[1151] Da ein solcher Schutz fehlt, ist die Anwendung der deutschen Insolvenzverschleppungshaftung bei der Haftung des *Director* bei der Insolvenz der Ltd. mit deutschem Verwaltungssitz erforderlich und damit gerechtfertigt.[1152]

II. Haftung nach § 64 S. 1 GmbHG

Des Weiteren ist die Insolvenzvertiefungshaftung nach § 64 S. 1 GmbHG bei der Insolvenz einer Ltd. mit deutschem Verwaltungssitz anwendbar. Hinsichtlich des Haftungstatbestandes des § 64 S. 1 GmbHG, dessen Anwendung wiederum die Insolvenz einer Ltd. mit deutschem Verwaltungssitz zugrunde lag, hat das Kammergericht zu Recht eine insolvenzrechtliche Qualifikation vorgenommen.[1153] Diese Auffassung wird in der Literatur weitgehend geteilt.[1154] Nach der

---

1147 Siehe S. 178 f.; vgl. auch *Barthel*, Deutsche Insolvenzantragspflicht, S. 471 f.; im Ergebnis ebenfalls *Hirte/Mock*, ZIP 2005, 474, 475; *Schall*, ZIP 2005, 965, 974 f.; *Spindler/Berner*, RIW 2004, 7, 12; das LG Kiel, ZIP 2006, 1248, 1249 sowie Baumbach/Hueck/*Haas*, § 64 Rn. 153; *Eidenmüller*, Ausländische Kapitalgesellschaften, § 9, Rn. 33; *Schmidt-Ehemann*, Haftung bei Insolvenz einer EU-Auslandsgesellschaft, S. 328 f.; *Wachter*, BB 2006, 1463, 1465; *Zerres*, DZWIR 2005, 356, 361; *Borges*, ZIP 2004, 733, 740 verneinen schon die Beschränkung der Niederlassungsfreiheit durch die Anwendung des Haftungstatbestandes.

1148 LG Kiel, ZIP 2006, 1248, 1250; vgl. insbesondere auch *Barthel*, Deutsche Insolvenzantragspflicht, S. 491 ff.; a.A. *Schall*, ZIP 2005, 965, 975.

1149 Siehe S. 201.

1150 Siehe S. 35.

1151 Siehe S. 190 f.

1152 So auch *Barthel*, Deutsche Insolvenzantragspflicht, S. 508; a.A. *Hirte/Mock*, ZIP 2005, 474, 477.

1153 KG, ZIP 2009, 2156 f.

in der Literatur vertretenen Gegenauffassung ist das Zahlungsverbot des § 64 S. 1 GmbHG gesellschaftsrechtlich zu qualifizieren.[1155] Zur Begründung führen die Vertreter dieser Ansicht an, § 64 S. 1 GmbHG konstituiere Organpflichten der Geschäftsführung in der Situation der Insolvenzreife der Gesellschaft und sei daher genuines Gesellschaftsrecht.[1156] Der letztgenannten Auffassung ist nicht zuzustimmen, weil die Haftung den Schutz der Gläubigergesamtheit bezweckt und damit insolvenzrechtlich zu qualifizieren ist. Der Schutz der Gläubigergesamtheit folgt dabei aus der unter der Sanktion von § 64 S. 1 GmbHG stehenden Vorgabe an die Geschäftsführung, im Insolvenzfall die Masse der Gesellschaft zusammenzuhalten, um eine ranggerechte und gleichmäßige Befriedigung der Gläubigergesamtheit zu ermöglichen.[1157] Die Haftung nach § 64 S. 1 GmbHG, die ihrerseits auch nur durch den Insolvenzverwalter geltend gemacht werden kann,[1158] verfolgt damit durch die Sicherung der Masse sowie die gleichmäßige Befriedigung der Gläubigergesamtheit insolvenzpolitische Zielsetzungen.

Der Anwendung von § 64 S. 1 GmbHG steht sodann die Niederlassungsfreiheit der Ltd. nicht entgegen. Wie bei der Haftung aus § 823 Abs. 2 i.V.m. § 15a InsO hat die Anwendung von § 64 S. 1 GmbHG eine korporative Wirkung und beeinflusst die Standortentscheidung der Ltd., worin eine Beschränkung der Niederlassungsfreiheit liegt.[1159] Wiederum ist die Beschränkung aber anhand der

1154 Vgl. MüKo/*Kindler*, Internationales Wirtschaftsrecht – Internationales Handels- und Gesellschaftsrecht, Rn. 651; Baumbach/Hueck/*Haas*, § 64, Rn. 21; Roth/*Altmeppen*, § 64, Rn. 5; MüKo/*Reinhart*, Art. 4 EuInsVO, Rn. 7; *Eidenmüller*, Ausländische Kapitalgesellschaften, § 4, Rn. 28; *Schmidt-Ehemann*, Haftung bei Insolvenz einer EU-Auslandsgesellschaft, S. 330 f.; *Barthel*, ZInsO 2011, 211, 215; *Kindler*, IPRax 2010, 430, 431; *Eidenmüller*, RabelsZ 70 (2006), 475, 498 f.; *Lieder*, DZWIR 2005, 399, 406.

1155 Vgl. Scholz/*K. Schmidt*, § 64, Rn. 66; Hirte/Bücker/*Mock/Schildt*, Grenzüberschreitende Gesellschaften, § 17, Rn. 89; *Ringe/Willemer*, NZG 2010, 56 f.; *Just*, ZIP 2006, 1251, 1252 f.; *Ulmer*, NJW 2004, 1201, 1207 f.

1156 Vgl. Scholz/*K. Schmidt*, a.a.O.; *Just*, ZIP 2006, 1251, 1252; *Ulmer*, NJW 2004, 1201, 1207 f.

1157 KG, ZIP 2009, 2156, 2157; vgl. auch bereits *Eidenmüller*, RabelsZ 70 (2006), 475, 499; *Lieder*, DZWIR 2005, 399, 406.

1158 Vgl. MüKo/*Kindler*, Internationales Wirtschaftsrecht – Internationales Handels- und Gesellschaftsrecht, Rn. 651.

1159 Siehe, S. 178 f.; vgl. auch *Barthel*, ZInsO 2011, 211, 223; a.A. KG, ZIP 2009, 2156, 2157, das schon die Beschränkung der Niederlassungsfreiheit verneint; so auch *Schmidt-Ehemann*, Haftung bei Insolvenz einer EU-Auslandsgesellschaft, S. 333; nach der Auffassung von *Kindler*, IPRax 2010, 430, 432 ist schon keine Prüfung der Beschränkung der Niederlassungsfreiheit erforderlich, weil es sich um einen insolvenzrechtlich zu qualifizierenden Tatbestand handelt, siehe S. 175.

Gebhard-Formel gerechtfertigt.[1160] Die mit der Insolvenzvertiefungshaftung des § 64 S. 1 GmbHG korrespondierende Haftung des englischen Rechts für Pflichtverletzungen des *Director* nach Section 172 Companies Act 2006 in der Krise der Ltd. ist insolvenzrechtlich zu qualifizieren und vermittelt daher keinen Schutz.[1161] Gleiches gilt, wenn man, wie von *Barthel* angenommen,[1162] der Haftung für *Wrongful Trading*, die grundsätzlich bei Verzögerungen der Verfahrenseinleitung greift, eine haftungsrechtliche Nähe zur Insolvenzvertiefung zuspricht. Denn die Haftung für *Wrongful Trading* ist ebenfalls insolvenzrechtlich zu qualifizieren.[1163]

III. Haftung nach § 64 S. 3 GmbHG

Entsprechendes ist auch für die Insolvenzverursachungshaftung nach § 64 S. 3 GmbHG festzustellen. Vereinzelt wird dieser Haftungstatbestand zwar gesellschaftsrechtlich qualifiziert, da er genuines Gesellschaftsrecht verkörpere.[1164] Demgegenüber ordnet ihn die Mehrzahl der in der Literatur vertretenen Stimmen § 64 S. 3 GmbHG insolvenzrechtlich ein.[1165] Bereits vor dem Hintergrund, dass die Haftung aus § 64 S. 3 GmbHG den zeitlichen Anwendungsbereich der ihrerseits insolvenzrechtlich zu qualifizierenden Haftung aus § 64 S. 1 GmbHG vorverlagert und der Zweck des Haftungstatbestandes im Schutz der Gläubigergesamtheit durch die Verringerung der Insolvenzwahrscheinlichkeit liegt, ist dem zuzustimmen.[1166] Hinzu kommt, dass ein durch die Inanspruchnahme der Geschäftsführung seitens des Insolvenzverwalters erzielter Erlös konkrete Benachteiligungen der Gläubigergesamtheit ausgleicht.[1167]

Auch die Anwendung von § 64 S. 3 GmbHG stellt eine Beschränkung der Niederlassungsfreiheit der Ltd. dar.[1168] Sie ist aber gerechtfertigt, weil der der Insolvenzverursachungshaftung entsprechende Tatbestand des englischen Rechts in Section 172 Companies Act 2006 nicht dem Gründungsrecht zuzuordnen ist.[1169]

1160 So auch *Barthel*, ZInsO 2011, 211, 226.

1161 Siehe S. 190, 201.

1162 Vgl. *Barthel*, ZInsO 2011, 211, 225.

1163 Siehe S. 201 ff.; so auch *Barthel*, ZInsO 2011, 211, 225.

1164 Vgl. Scholz/*K. Schmidt*, § 64, Rn. 66.

1165 Vgl. Ulmer/*Casper*, § 64 (Ergänzungsband), Rn. 110; Baumbach/Hueck/*Haas*, § 64, Rn. 23; Roth/*Altmeppen*, § 64, Rn. 64; *Poertzgen/Meyer*, ZInsO 2012, 249, 251; *Greulich/Rau*, NZG 2008, 565, 566 f.

1166 Vgl. Ulmer/*Casper*, a.a.O.

1167 Vgl. Baumbach/Hueck/*Haas*, § 64, Rn. 23; *Greulich/Rau*, NZG 2008, 565, 566 f.

1168 Siehe S. 178 f.; im Ergebnis auch *Poertzgen/Meyer*, ZInsO 2012, 249, 251; *Greulich/Rau*, NZG 2008, 565, 567; *Greulich/Bunnemann*, NZG 2006, 681, 683.

1169 Siehe S. 203 ff.; vgl. auch *Greulich/Rau*, NZG 2008, 565, 567.

IV. Existenzvernichtungshaftung

Mit der Existenzvernichtungshaftung existiert ein weiterer Haftungstatbestand, der bei der Insolvenz einer Ltd. mit deutschem Verwaltungssitz Anwendung findet. Seit der *TRIHOTEL* Entscheidung des Bundesgerichtshofs und der damit einhergehenden Neuausrichtung des Tatbestandes basiert diese Haftung auf § 826 BGB.[1170] Nach teilweise vertretener Ansicht soll der Tatbestand daher deliktisch zu qualifizieren sein.[1171] Hierfür spreche, dass der Bundesgerichtshof an mehreren Stellen des Urteils die deliktische Einordnung der Existenzvernichtungshaftung vom gesellschaftsrechtlichen System der Kapitalerhaltung in den §§ 30, 31 GmbHG ausdrücklich abgrenze.[1172] Andere nehmen eine gesellschaftsrechtliche Qualifikation vor.[1173] Die Existenzvernichtungshaftung sei die Verlängerung des gesellschaftsrechtlichen Kapitalerhaltungssystems der §§ 30, 31 GmbHG und daher ebenfalls gesellschaftsrechtlich zu qualifizieren.[1174] Darüber hinaus betreffe der Haftungstatbestand das gesellschaftsrechtliche Innenverhältnis der Gesellschaft zu den Gesellschaftern.[1175]

Vorzugswürdig ist aber wieder die insolvenzrechtliche Qualifikation.[1176] Gegen die deliktische Qualifikation der Existenzvernichtungshaftung spricht schon, dass der Haftungstatbestand nicht allein aufgrund seiner Verortung unter § 826 BGB deliktisch zu qualifizieren ist. Maßgeblich sind vielmehr die rechtlichen Wertungen, welche die deliktische Generalklausel zur Anwendung gelangen lassen.[1177] Bei der Beurteilung der rechtlichen Wertungen, die hinter der Haftung für die Existenzvernichtung stehen, ist festzustellen, dass der für die deliktische Qualifikation des Haftungstatbestandes erforderliche Aspekt des

1170 BGH, NJW 2007, 2689, 2690 – TRIHOTEL.

1171 Vgl. *Lutter*/Hommelhoff, Anhang zu § 13, Rn. 47; *Pannen* in FS Fischer, S. 403, 423; *Gloger/Goette/v. Huet*, DStR 2008, 1194, 1195 f.; *Heitsch*, ZInsO 2007, 961, 963.

1172 Vgl. *Weller*, ZIP 2007, 1681, 1688.

1173 Vgl. *Michalski/Funke*, § 13, Rn. 448; MüKo/*Reinhart*, Art. 4 EuInsVO, Rn. 5; *Haß*/Huber/Gruber/Heiderhoff/*Herweg*, Art. 4 EuInsVO, Rn. 15; Hirte/Bücker/*Forsthoff/Schulz*, Grenzüberschreitende Gesellschaften, § 16, Rn. 69; *Schmidt-Ehemann*, Haftung bei Insolvenz einer EU-Auslandsgesellschaft, S. 267 f.; *Greulich/Rau*, NZG 2008, 565, 568; *Gehrlein*, WM 2008, 761, 769; *Osterloh-Konrad*, ZHR 172 (2008), 274, 300 ff.; *Schanze*, NZG 2007, 681, 685 f.

1174 Vgl. *Michalski/Funke*, a.a.O.

1175 Vgl. *Michalski/Funke*, a.a.O.; MüKo/*Reinhart*, Art. 4 EuInsVO, Rn. 5; *Schanze*, NZG 2007, 681, 685 f.

1176 Vgl. MüKo/*Kindler*, Internationales Wirtschaftsrecht – Internationales Handels- und Gesellschaftsrecht, Rn. 643; *Kindler*, IPRax 2009, 189, 193; *Kühnle/Otto*, IPRax 2009, 117, 120.

1177 Vgl. *Lieder*, DZWIR 2005, 399, 408.

Schadensausgleichs[1178] nach der Rechtsprechung des Bundesgerichtshofs jedenfalls nicht maßgeblich ist.[1179]

Die rechtlichen Wertungen sprechen im Ergebnis auch gegen die gesellschaftsrechtliche Qualifikation des Tatbestandes. Zunächst knüpft der Bundesgerichtshof in der *TRIHOTEL* Entscheidung die Existenzvernichtungshaftung an die missbräuchliche Schädigung des im Gläubigerinteresse zweckgebundenen Gesellschaftsvermögens an, welches im Insolvenzfall die verteilungsfähige Masse zugunsten der Gläubigergesamtheit bildet.[1180] Weiterhin setzt das Gericht zum Eingreifen der Haftung die Insolvenzverursachung oder -vertiefung bei der Gesellschaft aufgrund des Eingriffs in das Gesellschaftsvermögen voraus.[1181] Schließlich hebt das Gericht den Vorteil der Ausrichtung der Existenzvernichtungshaftung dahin gehend hervor, dass im Verfahren der Insolvenzverwalter den Anspruch geltend macht, was der gleichmäßigen Verteilung des Erlöses an die Gläubigergesamtheit dient.[1182] All dies verdeutlicht den engen Zusammenhang zwischen der Haftung für den existenzvernichtenden Eingriff und der Insolvenz der Gesellschaft sowie die Ausrichtung der Haftung zum Schutz der Gläubigergesamtheit.

Die Anwendung der Existenzvernichtungshaftung auf den *Director* (und die Gesellschafter) einer Ltd. mit deutschem Verwaltungssitz ist mit der Niederlassungsfreiheit der Gesellschaft vereinbar. Zwar entfaltet die Haftung korporative Wirkung und stellt wegen ihrer abschreckenden Wirkung für die Standortentscheidung der Gesellschaft ein Marktzugangshindernis und damit eine Beschränkung der Niederlassungsfreiheit dar.[1183] Die Erforderlichkeit der Anwendung des Haftungstatbestandes folgt jedoch aus dem Umstand, dass der bei der Insolvenzverursachung und -vertiefung korrespondierende Tatbestand des englischen Rechts, die Haftung des *Director* nach Section 172 Companies Act 2006

1178 Siehe S. 192.

1179 Siehe sogleich.

1180 BGH, NJW 2007, 2689, 2691 – TRIHOTEL; so auch MüKo/*Kindler*, Internationales Wirtschaftsrecht – Internationales Handels- und Gesellschaftsrecht, Rn. 643; Ulmer/*Casper*, Anhang zu § 77, Rn. 11; *Kindler*, IPRax 2009, 189, 193.

1181 BGH, NJW 2007, 2689, 2690 – TRIHOTEL; so auch MüKo/*Kindler*, a.a.O.; Ulmer/*Casper*, a.a.O.; *Kindler*, IPRax 2009, 189, 193; *Kühnle/Otto*, IPRax 2009, 117, 120.

1182 BGH, NJW 2007, 2689, 2693 – TRIHOTEL; so auch MüKo/*Kindler*, a.a.O.; *Kindler*, IPRax 2009, 189, 193; *Kühnle/Otto*, IPRax 2009, 117, 120.

1183 Siehe S. 178 f.; im Ergebnis auch *Greulich/Rau*, NZG 2008, 565, 568; a.A. MüKo/*Kindler*, Internationales Wirtschaftsrecht – Internationales Handels- und Gesellschaftsrecht, Rn. 644, der keine Beschränkung der Niederlassungsfreiheit bei der Anwendung der Existenzvernichtungshaftung auf die Auslandsgesellschaft annimmt.

für Pflichtverletzungen in der Krise der Ltd., nicht dem Gründungsrecht unterfällt.[1184]

V. Haftung nach § 826 BGB für sittenwidrige Schädigungen der Gläubigergesamtheit

Auch die Haftung nach § 826 BGB für sittenwidrige Schädigungen der Gläubigergesamtheit kommt bei der Insolvenz einer Ltd. mit deutschem Verwaltungssitz zusätzlich zur Anwendung. Dabei ist die Haftung nicht schon deshalb als deliktisch zu qualifizieren, weil sie über § 826 BGB zur Anwendung gelangt.[1185] Denn die rechtlichen Wertungen, denen die Haftung gemäß § 826 BGB für sittenwidrige Schädigungen der Gläubigergesamtheit zugrunde liegt, sind nicht deliktisch.[1186] Vielmehr erfolgt die insolvenzrechtliche Qualifikation des Haftungstatbestandes aus der Qualifikation der verletzten Pflicht. In diesem Zusammenhang ist zwischen der Anwendung von § 826 BGB für sittenwidrige Schädigungen vor und nach Eröffnung des Insolvenzverfahrens zu unterscheiden. Vor Eröffnung des Insolvenzverfahrens kann die Durchführung von Vermögensverschiebungen der Geschäftsführung mit dem Ziel, das Gesellschaftsvermögen vor dem Zugriff der Gläubiger zu retten sowie das Verschleudern des Gesellschaftsvermögens zulasten der Gläubigergesamtheit die Haftung gemäß § 826 BGB auslösen.[1187] Hier ist die Haftung auf die Erhaltung der verteilungsfähigen Masse zum Schutz der Gläubigergesamtheit gerichtet. Nach Eröffnung des Insolvenzverfahrens kommt die Haftung der Geschäftsführung in Betracht, wenn sie ihren Auskunfts- und Mitwirkungspflichten bei der Durchführung des Verfahrens zulasten der Gläubiger nicht nachkommt.[1188] Maßgeblich für den *Director* einer Ltd. mit deutschem Verwaltungssitz ist hierbei der Pflichtenmaßstab des deutschen Insolvenzrechts gemäß §§ 20 Abs. 1, 97, 101 Abs. 1 InsO als lex fori concursus.[1189] Die Erfüllung dieser Pflichten dient dem insolvenzpolitischen Ziel der bestmöglichen Durchführung des Verfahrens durch die effizienteste Verwertung der vorhandenen Vermögensmasse.[1190] Diesem insolvenzpolitischen Ziel wird mit der Sanktion des § 826 BGB Nachdruck verliehen.

1184 Siehe S. 203 ff.

1185 A.A. Hirte/Bücker/*Forsthoff/Schulz*, Grenzüberschreitende Gesellschaften, § 16, Rn. 110; wohl auch *Weller*, Europäische Rechtsformwahlfreiheit, S. 194 f.

1186 Siehe S. 73 f.; vgl. auch *Fröhlich/Strasser*, ZIP 2006, 1182, 1185.

1187 Siehe S. 73.

1188 Siehe S. 73 f.

1189 Vgl. *Vallender*, ZGR 2006, 425, 442.

1190 Vgl. MüKo/*Passauer/Stephan*, § 97 InsO, Rn. 1; *Uhlenbruck*, § 97, Rn. 1; Kübler/Prütting/Bork/*Lüke*, § 97, Rn. 2.

Mit der Anwendung der Haftung aus § 826 BGB für sittenwidrige Schädigungen der Gläubigergesamtheit geht eine Beschränkung der Niederlassungsfreiheit der Ltd. einher, weil sie korporative Wirkung hat und ein Marktzugangshindernis mit der abschreckenden Wirkung auf die Standortentscheidung eintritt.[1191] Allerdings ist die Anwendung des Haftungstatbestandes wieder erforderlich. Sowohl für sittenwidrige Schädigungen vor als auch nach der Verfahrenseröffnung sieht das englische Recht die Haftung des *Director* gemäß Section 172 Companies Act 2006 für Pflichtverletzungen in der Krise bzw. der Insolvenz der Ltd. vor, die kein Teil des englischen Gründungsrechts ist.[1192]

VI. Haftung nach §§ 280 Abs. 1, 311 Abs. 3 BGB, § 823 Abs. 2 BGB i.V.m. § 266, § 283 oder § 263 StGB und § 826 BGB für sittenwidrige Schädigungen einzelner Gläubiger

Schließlich ist die Haftung nach §§ 280 Abs. 1, 311 Abs. 3 BGB, § 823 Abs. 2 BGB i.V.m. § 266, § 283 oder § 263 StGB sowie § 826 BGB für sittenwidrige Schädigungen einzelner Gläubiger bei der Insolvenz einer Ltd. mit deutschem Verwaltungssitz zusätzlich anwendbar.

Bei der Sachwalterhaftung gemäß §§ 280 Abs. 1, 311 Abs. 3 BGB favorisieren *Spindler* und *Berner* eine gesellschaftsrechtliche Qualifikation, da die Haftung der Geschäftsführung aus der Stellung der Geschäftsführung als Organ der Gesellschaft resultiere.[1193] Dem ist zuzugeben, dass bei der Sachwalterhaftung für das Einverleiben von Gläubigerleistungen zum persönlichen Vorteil und der Verletzung von Aufklärungspflichten bei der Inanspruchnahme besonderen persönlichen Vertrauens die Haftung der Geschäftsführung überhaupt erst entstehen kann, weil diese aus ihrer Stellung heraus die entsprechende Pflichtverletzung begeht. Allerdings entsteht die Haftung nicht für die Verletzung gesellschaftsspezifischer Pflichten. Vielmehr werden durch die Sachwalterhaftung gesetzliche Lücken des Gesellschaftsrechts geschlossen, um einen Schadensausgleich für die betroffenen Gläubiger herzustellen. Dieser maßgebliche Aspekt gebietet wiederum die deliktische Qualifikation der Haftung aus §§ 280 Abs. 1, 311 Abs. 3 BGB.[1194]

1191 Siehe S. 178 f.

1192 Siehe S. 203 ff.

1193 Vgl. *Spindler/Berner*, RIW 2004, 7, 12.

1194 Siehe S. 192; so auch Palandt/*Thorn*, Art. 12 Rom II-Verordnung, Rn. 5; MüKo/*Kindler*, Internationales Wirtschaftsrecht – Internationales Handels- und Gesellschaftsrecht, Rn. 395 f.; Michalski/*Leible*, Systematische Darstellung 2 vor § 1, Rn. 41; Lutter/Hommelhoff/*Bayer*, Anhang II zu § 4a, Rn. 38, lässt offen, ob eine Qualifikation als

Gleiches gilt für die Haftung gemäß § 823 Abs. 2 BGB i.V.m. § 266, § 283 oder § 263 StGB. Da bei diesen Haftungstatbeständen jeweils das Schutzgesetz als Strafvorschrift des StGB selbst deliktischen Charakter aufweist, ist internationalprivatrechtlich die deliktische Qualifikation geboten.[1195] Im Zusammenhang mit der Haftung des *Director* gemäß § 823 Abs. 2 BGB i.V.m. § 266 StGB für Veruntreuungen des Gesellschaftsvermögens ist sodann zu beachten, dass bei der Prüfung der Untreue zu ermitteln ist, ob der *Director* dem ihm gesellschaftsrechtlich obliegenden Pflichtenprogramm nach dem englischen Gründungsrecht nachgekommen ist.[1196] Dagegen ist bei der Beurteilung der Haftung des *Director* gemäß § 823 Abs. 2 BGB i.V.m. § 283 StGB wiederum der Maßstab des deutschen Insolvenzrechts als lex fori concursus anzulegen.[1197]

Zudem ist die Haftung gemäß § 826 BGB für sittenwidrige Schädigungen einzelner Gläubiger deliktisch zu qualifizieren.[1198] In dieser Situation ist die Haftung auf den Ausgleich der Schäden der jeweils betroffenen Gläubiger gerichtet.[1199] Daher ist die Haftung gemäß § 826 BGB für sittenwidrige Schädigungen einzelner Gläubiger selbst dann deliktisch ausgerichtet, wenn die Haftung bei der Verlagerung des Verlustrisikos bei bereits eingetretener Vermögenslosigkeit der Gesellschaft einen Bezug zum Insolvenzrecht aufweist.[1200]

Die Anwendung der Haftungstatbestände auf den *Director* einer Ltd. mit deutschem Verwaltungssitz ist mit der Niederlassungsfreiheit vereinbar. Es liegt schon keine Beschränkung der Niederlassungsfreiheit vor. Denn die Haftungstatbestände entfalten als Teil des für jedermann geltenden allgemeinen Verkehrsrechts eine tätigkeitsbezogene Wirkung.[1201]

Deliktsrecht oder Vertragsrecht vorzunehmen ist, jedenfalls sei keine gesellschaftsrechtliche Qualifikation angezeigt; völlig offen gelassen bei Hirte/Bücker/*Forsthoff/Schulz*, Grenzüberschreitende Gesellschaften, § 16, Rn. 113; *Weller*, Europäische Rechtsformwahlfreiheit, S. 195.

1195 So auch *Lieder*, DZWIR 2005, 399, 408; Hirte/Bücker/*Forsthoff/Schulz*, Grenzüberschreitende Gesellschaften, § 16, Rn. 110; *Weller*, Europäische Rechtsformwahlfreiheit, S. 194 f.; einschränkend *Schmidt-Ehemann*, Haftung bei Insolvenz einer EU-Auslandsgesellschaft, S. 344 f.; vgl. zur Anwendbarkeit des deutschen Strafrechts über das staatliche Strafanwendungsrecht *Schmidt-Ehemann*, Haftung bei Insolvenz einer EU-Auslandsgesellschaft, S. 168 f.

1196 BGH, ZIP 2010, 1233, 1235, m.w.N.; vgl. auch die Anmerkung von *Rubel/Nepomuck*, EWiR 2010, 761 f.

1197 Siehe S. 218.

1198 So auch *Weller*, Europäische Rechtsformwahlfreiheit, S. 194 f.

1199 Siehe S. 192.

1200 Siehe S. 79.

1201 Siehe S. 178 f.; a.A. *Schmidt-Ehemann*, Haftung bei Insolvenz einer EU-Auslandsgesellschaft, S. 350 f.

D. Unanwendbare Haftungstatbestände des deutschen Rechts

Demgegenüber existieren Haftungstatbestände des deutschen Rechts, deren Anwendung nicht zu rechtfertigende Beschränkungen der Niederlassungsfreiheit der Ltd. bedeuten würden und die dementsprechend bei der Insolvenz einer Ltd. mit deutschem Verwaltungssitz unanwendbar sind.

I. Haftung nach § 43 Abs. 2 GmbHG

Zum einen ist dies die allgemeine Haftung der Geschäftsführung gemäß § 43 Abs. 2 GmbHG. Dieser Haftungstatbestand ist nach allgemeiner Ansicht gesellschaftsrechtlich zu qualifizieren.[1202] Er regelt genuin gesellschaftsspezifische Pflichten im Innenverhältnis von Gesellschaft und Geschäftsführung, ohne einen insolvenzrechtlichen Bezug aufzuweisen.[1203] Die Anwendung von § 43 Abs. 2 GmbHG würde deshalb gegen die Niederlassungsfreiheit der Ltd. verstoßen. Grundsätzlich beschränkt jedwede Anwendung deutschen Gesellschaftsrechts die Niederlassungsfreiheit der Ltd., für die internationalprivatrechtlich das englische Gründungsrecht maßgeblich ist, sofern die Ltd. keine missbräuchlichen oder betrügerischen Zwecke verfolgt.[1204] Allein die Ausnutzung günstigerer gesellschaftsrechtlicher Vorgaben des englischen Rechts – etwa kein Erfordernis der Mindestkapitalaufbringung – gegenüber dem deutschen Recht begründet die Einschlägigkeit dieser Ausnahmen nicht.[1205] Auch eine Rechtfertigung dieses Verstoßes gegen die Niederlassungsfreiheit der Ltd. kommt nicht in Betracht. Die Anwendung von § 43 Abs. 2 GmbHG ist nicht erforderlich im Sinne der *Gebhard*-Formel, da das englische Gründungsrecht seinerseits einen ausreichenden Gläubigerschutz vermittelt.[1206] Die Haftung der Geschäftsführung gemäß § 43 Abs. 2 GmbHG schützt die Gesellschaft (und mittelbar ihre Gläubiger) vor Pflichtverletzungen hinsichtlich der ordnungsgemäßen Unternehmensleitung, der erforderlichen Loyalität (insbesondere Einhaltung des Wettbewerbsverbots) sowie gegen Verschwiegenheits- oder Auskunftspflichten.[1207] Diese Gewährleistungen bietet das englische Gründungsrecht in Sections 171 ff. Companies Act 2006 ebenfalls. Verstöße gegen die Pflicht zur ordnungsgemäßen Unterneh-

1202 OLG Celle, GmbHR 2006, 1269; vgl. auch MüKo/*Kindler*, Internationales Wirtschaftsrecht - Internationales Handels- und Gesellschaftsrecht, Rn. 650; *Eidenmüller*, Ausländische Kapitalgesellschaften, § 4, Rn. 16.

1203 Siehe im Einzelnen oben ab S. 61; vgl, auch MüKo/*Kindler*, a.a.O.

1204 Siehe S. 184 f.

1205 EuGH, NJW 1999, 2027, 2028 – Centros (Rn. 18 der Entscheidung).

1206 Siehe S. 190.

1207 Siehe im Einzelnen oben ab S. 33 und ab S. 61.

mensleitung sanktioniert die aus Section 172 Companies Act 2006 folgende Haftung.[1208] Gleiches gilt für die Loyalitätspflicht, die darüber hinaus noch durch Sections 171, 173, 174, 175 und 176 Companies Act 2006 gesichert ist, wobei sich das Wettbewerbsverbot des *Director* direkt aus Section 175 Companies Act 2006 ergibt.[1209] Pflichtverletzungen gegen die Verschwiegenheits- und Aufklärungspflichten sanktioniert die aus Sections 172, 177 Companies Act 2006 folgende Haftung.[1210] Folglich zeigt die Gesamtbetrachtung, dass die englische gesellschaftsrechtliche allgemeine Haftung nach dem Companies Act 2006 gegenüber der deutschen gesellschaftsrechtlichen Haftung aus § 43 Abs. 2 GmbHG einen vergleichbaren Schutz bietet, der keine Schutzlücke offen lässt. Ob die über die Haftung nach dem Companies Act 2006 erreichte Tragweite des Schutzes gegenüber § 43 Abs. 2 GmbHG dabei abfällt, bedarf keiner Bewertung. Entscheidend ist lediglich, dass die Haftung nach dem Companies Act 2006 das avisierte Ziel des (mittelbaren) Gläubigerschutzes nicht verfehlt.[1211]

II. Haftung nach § 43 Abs. 3 GmbHG

Zum anderen ist die Haftung gemäß § 43 Abs. 3 GmbHG unanwendbar. Der Haftungstatbestand betrifft, ohne eine Verbindung zum Insolvenzrecht zu haben, gesellschaftsspezifische Pflichten im Innenverhältnis zwischen Gesellschaft und Geschäftsführung. Damit ist seine gesellschaftsrechtliche Qualifikation geboten.[1212]

Eine Anwendung des Haftungstatbestandes würde die Niederlassungsfreiheit der Ltd. beschränken.[1213] Eine Rechtfertigung der Beschränkung ist nicht möglich. Zwar gibt es im englischen Gründungsrecht keinen mit § 43 Abs. 3 GmbHG vergleichbaren Tatbestand, sodass das Gründungsrecht für diese Haftung keinen eigenständigen Schutz gewährt. Jedoch wäre die Anwendung von § 43 Abs. 3 GmbHG auf den *Director* einer Ltd. nicht geeignet, das Ziel des Schutzes der Gläubiger der Gesellschaft zu erreichen.[1214] In diesem Zusammenhang ist zu bedenken, dass die Haftung gemäß § 43 Abs. 3 GmbHG den Schutz der Gesellschaftsgläubiger durch die Erhaltung des Stammkapitals der Gesell-

---

1208 Siehe S. 33 f.

1209 Siehe S. 57 f.

1210 Siehe S. 33 f. und S. 59.

1211 Siehe S. 190 f.

1212 So auch *Schmidt-Ehemann*, Haftung bei Insolvenz einer EU-Auslandsgesellschaft, S. 339.

1213 Siehe S. 178 f.

1214 Zurückhaltend *Schmidt-Ehemann*, Haftung bei Insolvenz einer EU-Auslandsgesellschaft, S. 88 ff.

schaft bezweckt.[1215] Ein Stammkapital existiert ebenfalls bei der Ltd., da im englischen Recht nennwertlose Anteile an einer Gesellschaft nicht vorgesehen sind.[1216] Allerdings besteht im englischen Recht, anders als im deutschen GmbH-Recht gemäß § 5 Abs. 1 GmbHG, keine Vorgabe, dass das Stammkapital (über einen Betrag von 1 Penny bei der *One-Man Company*[1217] hinaus) eine Mindesthöhe haben muss.[1218] Dementsprechend ist es üblich und rechtlich zulässig, dass eine Ltd. lediglich mit einem Stammkapital von £ 2,00 ausgestattet ist, wobei zwei Gesellschafter jeweils einen Anteil in Höhe von jeweils £ 1,00 halten.[1219] Dies spiegelt auch die vom *Companies House* geführte Statistik wieder: Danach sind von insgesamt 2.686.200 im Vereinigten Königreich registrierten Gesellschaften (Ltd.'s und *Public Companies Limited by Shares*, wobei diese gemäß Section 763 Abs. 1 lit. a) Companies Act 2006 ein gezeichnetes Mindestkapital von £ 50.000,00 aufbringen müssen) 2.101.100 Gesellschaften mit einem Stammkapital von £ 100,00 oder weniger ausgestattet.[1220] Dies entspricht 78 % aller Gesellschaften. 2.443.400 Gesellschaften sind mit einem Stammkapital von £ 5.000,00 oder weniger ausgestattet, was 91 % aller Gesellschaften entspricht.[1221] In diesen Statistiken finden sich die Ltd.'s mit deutschem Verwaltungssitz wieder, weil diese, wie sämtliche nach englischem Recht gegründete Ltd.'s, sich bei dem *Companies House* registrieren müssen. Geht man davon aus, dass diese Gesellschaften gerade mit dem Ziel in England gegründet wurden, das Mindestkapitalerfordernis des deutschen Rechts zu umgehen, erscheint die Annahme angemessen, dass die überwiegende Mehrheit dieser Gesellschaften mit einem Stammkapital von £ 5.000,00 (eher noch £ 100,00) oder weniger

---

1215 Vgl. Baumbach/Hueck/*Zöllner/Noack*, § 43, Rn. 48; Michalski/*Haas/Ziemons*, § 43, Rn. 216; Scholz/*U. Schneider*, § 43, Rn. 268; Ulmer/*Paefgen*, § 43, Rn. 149.

1216 Vgl. *Davies*, Principles of Company Law, S. 260 f.; Eidenmüller/*Rehm*, Ausländische Kapitalgesellschaften, § 10, Rn. 35.

1217 Siehe Fn. 514 zur rechtlichen Zulässigkeit der *One-Man Company*.

1218 Vgl. *Davies*, Principles of Company Law, S. 260 f.; Eidenmüller/*Rehm*, Ausländische Kapitalgesellschaften, § 10, Rn. 35.

1219 Vgl. *Davies*, Principles of Company Law, S. 260; Eidenmüller/*Rehm*, a.a.O.; *Schmidt-Ehemann*, Haftung bei Insolvenz einer EU-Auslandsgesellschaft, S. 185 f.; *Davies*, AG 1998. 346, 347.

1220 Statistik abrufbar auf der Internetseite des *Companies House*: http://www.companieshouse.gov.uk/about/pdf/companiesRegActivities2010_2011.pdf, zuletzt besucht am 01.07.2012.

1221 Statistik abrufbar auf der Internetseite des *Companies House*: http://www.companieshouse.gov.uk/about/pdf/companiesRegActivities2010_2011.pdf, zuletzt besucht am 01.07.2012.

ausgestattet sind.[1222] Vor diesem Hintergrund ist das Ziel des Gläubigerschutzes durch den Schutz des Stammkapitals der Ltd. mit deutschem Verwaltungssitz über § 43 Abs. 3 GmbHG nicht sinnvoll erreichbar.

E. Effektivität und Effizienz des Haftungssystems

Nach alledem ist festzustellen, dass sich die internationalprivatrechtliche Gemengelage positiv auf die Effektivität und Effizienz des Haftungssystems hinsichtlich des Gläubigerschutzes bei der Insolvenz einer Ltd. mit deutschem Verwaltungssitz auswirkt.

In der Zusammenschau ist der Gläubigerschutz in dem Haftungssystem bei der Insolvenz einer Ltd. mit deutschem Verwaltungssitz als effektiv zu bezeichnen. Es erfolgt ein weitgehender Schutz über praktisch relevante Haftungstatbestände des anwendbaren Insolvenz- und Gesellschaftsrechts.

Die Anwendung des insolvenzrechtlichen Kollisionsrechts hat zur Folge, dass die Haftungstatbestände des *Wrongful* und *Fraudulent Trading*, die praktisch nur eine geringe Relevanz haben, in dieser Situation nicht zur Anwendung gelangen. An ihre Stelle treten die praktisch relevanten Haftungstatbestände der Insolvenzverschleppungshaftung, § 64 S. 1 GmbHG sowie der Existenzvernichtungshaftung.[1223] Dabei umfassen die Haftungstatbestände des § 64 S. 1 GmbHG und der Existenzvernichtungshaftung insbesondere auch den (bislang nicht abschließend festgelegten)[1224] Anwendungsbereich der Insolvenzverursachungs- und Insolvenzvertiefungshaftung von Section 172 Companies Act 2006 bei Pflichtverletzungen in der Krise der Ltd. Zudem folgt aus der Anwendung des gesellschaftsrechtlichen Kollisionsrechts, dass die Haftung des *Director* bei Pflichtverletzungen gemäß Sections 171 ff. Companies Act 2006 aufgrund der Geltung des Gründungsrechts der Ltd. zur Anwendung gelangt. Im Vergleich zu der gesellschaftsrechtlichen Haftung gemäß § 43 Abs. 2 GmbHG birgt dies im Hinblick auf den Gläubigerschutz den Vorteil, dass das Gericht einen weiteren Prüfungsmaßstab bei der Ermittlung einer Pflichtverletzung des *Director* besitzt, da es bei seiner Prüfung die *Business Judgment Rule* nicht beachten muss.[1225] Faktisch greifen damit im Hinblick auf die allgemeine gesellschaftsrechtliche Haftung die anwendbaren englischen Haftungstatbestände früher als bei der Haftung nach deutschem Recht gemäß § 43 Abs. 2 GmbHG, wo die Haftungs-

---

1222 Dahin gehend auch die Argumentation von *Schmidt-Ehemann*, Haftung bei Insolvenz einer EU-Auslandsgesellschaft, S. 51 f.

1223 Ferner gelangt die Haftung gemäß § 64 S. 3 GmbHG zur Anwendung, über deren praktische Relevanz zum jetzigen Zeitpunkt keine Aussage getroffen werden kann, siehe hierzu Fn. 513.

1224 Siehe S. 34 ff.

1225 Siehe S. 208.

schwelle erst erreicht ist, wenn der Geschäftsführer die Grenzen verantwortungsbewussten, unternehmerischen Handelns deutlich überschritten hat.[1226]

Die allein durch die gesellschaftsrechtlichen Haftungstatbestände erreichte Tragweite des Schutzes der Gläubiger der Ltd. übersteigt damit sogar die bei den Gläubigern einer GmbH erreichte Tragweite des Schutzes. Denn durch die abgesenkte Haftungsschwelle bei der allgemeinen gesellschaftsrechtlichen Haftung ist bei der Ltd. mit deutschem Verwaltungssitz ein größeres Zusammenspiel zwischen gesellschaftsrechtlich- und insolvenzrechtlich-geprägter Haftung möglich, als bei der GmbH.

Hinsichtlich der Effizienz des Haftungssystems als solchem ist bei der Insolvenz einer Ltd. mit deutschem Verwaltungssitz festzuhalten, dass das deutsche Insolvenzrecht als lex fori concursus den Gesellschaftsgläubigern einen wirksamen Schutz vermittelt. Die Tragweite des Schutzes ist dabei höher einzustufen, als die Tragweite bei der Haftung des *Director* einer Ltd. mit englischem Verwaltungssitz. Sie erreicht annähernd die Tragweite, die das deutsche Recht bei der Haftung des Geschäftsführers bei der Insolvenz einer GmbH vermittelt. Zunächst bemessen sich gemäß Art. 4 Abs. 2 S. 1 EuInsVO die Voraussetzungen für die Eröffnung des Insolvenzverfahrens nach deutschem Recht. Danach sind gemäß § 13 Abs. 1 S. 2 InsO insbesondere die Gläubiger der Auslandsgesellschaft, mithin auch der Fiskus und die Sozialversicherungsträger, befugt, die Eröffnung des Insolvenzverfahrens über das Vermögen der Ltd. zu beantragen.[1227] Da gerade der Fiskus und die Sozialversicherungsträger häufig von dieser Möglichkeit Gebrauch machen, erhöht dies die Wahrscheinlichkeit der Verfahrenseinleitung im Vergleich zu der Ltd. mit englischem Verwaltungssitz, bei der Gläubiger eher selten die Verfahrenseinleitung vorantreiben.[1228] Des Weiteren trifft den *Director* sowie im Fall der Führungslosigkeit der Ltd. deren Gesellschafter die Pflicht, den Antrag auf Verfahrenseröffnung zu stellen. Denn die in § 15a InsO geregelte Insolvenzantragspflicht ist aufgrund ihrer insolvenzpolitischen Zielsetzungen, die bestehende Haftungsmasse für die Gläubigergesamtheit zu schützen und insolvenzreife Gesellschaften vom Rechtsverkehr fernzuhalten, insolvenzrechtlich zu qualifizieren und fällt in den Anwendungsbereich von Art. 4 Abs. 1 EuInsVO.[1229] Die deutsche Insolvenzantragspflicht birgt den

---

1226 Siehe S. 64 f.

1227 Vgl. MüKo/*Reinhart*, Art. 4 EuInsVO, Rn. 14; *Eidenmüller*, Ausländische Kapitalgesellschaften, § 9, Rn. 22 f.; *Vallender*, ZGR 2006, 425, 437; *Paulus*, DStR 2005, 334, 336 f.

1228 Siehe S. 104 ff.

1229 LG Kiel, ZIP 2006, 1248, 1249; vgl. auch nur MüKo/*Kindler*, Internationales Wirtschaftsrecht – Internationales Handels- und Gesellschaftsrecht, Rn. 661 ff.; MüKo/*Reinhart*, Art. 4 EuInsVO, Rn. 7; *Eidenmüller*, Ausländische Kapitalgesellschaften,

Vorteil, dass mit ihr ein großes Druckpotenzial auf die Geschäftsführung und die Gesellschafter einhergeht, das in diesem Ausmaß im englischen Recht nicht existiert.[1230] Im Vergleich zur Ltd. mit englischem Verwaltungssitz ist somit bei der Ltd. mit deutschem Verwaltungssitz die Einleitung des Verfahrens als Grundlage für die spätere Inanspruchnahme des *Director* effizienter geregelt.

Des Weiteren bestehen nach deutschem Recht die Einwirkungsmöglichkeiten auf den Insolvenzverwalter über das Vermögen der Ltd. mit deutschem Verwaltungssitz. Mithin können die Gläubiger über das Vorantreiben der Entlassung des Insolvenzverwalters gemäß § 59 Abs. 1 S. 2 InsO und die Schadensersatzhaftung gemäß § 60 Abs. 1 S. 1 InsO dahin gehend auf den Verwalter einwirken, dass dieser etwaige Haftungsansprüche gegen den *Director* geltend macht. Zwar sind die Einwirkungsmöglichkeiten auf den Insolvenzverwalter nicht ausdrücklich in dem Beispielskatalog in Art. 4 Abs. 2 EuInsVO als insolvenzrechtliche Materien aufgeführt. Jedoch sind sie ihrem Zweck nach als insolvenzrechtlich im Sinne von Art. 4 Abs. 1 EuInsVO zu qualifizieren. Die Regelungen verfolgen spezifisch insolvenzpolitische Ziele, indem sie dazu beitragen sollen, dass es zu einem ordnungsgemäßen Ablauf des Insolvenzverfahrens (§ 59 Abs. 1 S. 2 InsO) bei gleichzeitiger Gewährleistung des ordnungsgemäßen Umgangs mit der Insolvenzmasse (§ 60 Abs. 1 S. 1 InsO) kommt.[1231] Gerade der Schadensersatzanspruch gegen den Insolvenzverwalter aus § 60 Abs. 1 S. 1 InsO ist ein effizientes Druckmittel.[1232] Folglich ist die Effizienz des Schutzes der Gläubiger einer Ltd. mit deutschem Verwaltungssitz auch durch die Einwirkungsmöglichkeiten des deutschen Insolvenzrechts gegenüber der Ltd. mit englischem Verwaltungssitz höher, wo Druckmittel in dieser Ausprägung nicht existieren.[1233]

Darüber hinaus eröffnet die Maßgeblichkeit der deutschen lex fori concursus dem Insolvenzverwalter bei der Inanspruchnahme des *Director* einer Ltd. mit deutschem Verwaltungssitz die Möglichkeit, bei Finanzierungsschwierigkeiten, neben der im englischen Recht ebenfalls möglichen Prozessfinanzierung durch Dritte,[1234] den Prozess durch die Gewährung von Prozesskostenhilfe auf den

§ 9, Rn. 26; a.A. AG Bad Segeberg, ZIP 2005, 812, 813; *J. Schmidt*, ZInsO 2006, 737, 740, 742; *Kiethe*, RIW 2005, 649, 655; *Mock/Schildt*, ZInsO 2003, 396, 399 f.; offen gelassen von OLG Rostock, GmbHR 2010, 1349, 1350; a.A. auch *Barthel*, Deutsche Insolvenzantragspflicht, S. 218, 236 ff., der § 15a InsO zwar insolvenzrechtlich qualifiziert, aber § 335 InsO als maßgebliche Kollisionsnorm ansieht.

1230 Siehe S. 96 ff.

1231 Vgl. MüKo/*Graeber*, § 59 InsO, Rn. 1 f.; MüKo/*Brandes*, §§ 60, 61 InsO, Rn. 1.

1232 Siehe S. 115 ff.

1233 Siehe S. 111 ff.

1234 Siehe S. 120 f. und S. 124 f.

Weg zu bringen.[1235] Die Gewährung von Prozesskostenhilfe gemäß § 116 S. 1 Nr. 1 ZPO ist als Vorgang des Prozessrechts zu qualifizieren und richtet sich dementsprechend nach der deutschen lex fori.[1236] Im Hinblick auf die Finanzierung eines Haftungsprozesses gegen den *Director* existiert damit ein weiterer, die Effizienz im Vergleich zu der Situation einer Ltd. mit englischem Verwaltungssitz steigernder Aspekt bei der Haftung des *Director* einer Ltd. mit deutschem Verwaltungssitz.[1237]

Die Effizienz wird demgegenüber nicht bei der Verteilung des Erlöses aus der erfolgreichen Inanspruchnahme des *Director* gesteigert. Denn auch das Vermögen der Ltd. mit deutschem Verwaltungssitz kann mit einer *Floating Charge* besichert und damit durch die Inanspruchnahme des *Director* generierte Werte der Verteilung an die Gesamtheit der (ungesicherten) Gläubiger entzogen werden.[1238] Das Sicherungsmittel der *Floating Charge* ist zunächst gesellschaftsrechtlich zu qualifizieren und seine Anwendbarkeit damit als Teil des Gründungsrechts auf die Ltd. mit deutschem Verwaltungssitz begründet.[1239] Diese Qualifikation ist, trotz der sachenrechtlichen Wirkung bei der *Crystallisation*, vor allem damit zu erklären, dass eine *Floating Charge* ausschließlich an dem Vermögen von Gesellschaften begründet werden kann, sich ihre Existenz gerade aus der besonderen Vermögensstruktur englischer Gesellschaften erklärt und damit stets eine enge gesellschaftsrechtliche Verknüpfung aufweist.[1240] Die enge Verknüpfung der *Floating Charge* mit dem englischen Gesellschaftsrecht ergibt sich unmittelbar aus dem Zusammenhang zwischen der beschränkten Haftung der Gesellschaft und dem gesellschaftsrechtlich akzeptierten Selbstschutz der Gläubiger durch das Bestellen der Sicherheit.[1241] Ist das

---

1235 So auch *Bicker*, GPR 2006, 127, 131.

1236 So ist die Gewährung von Prozesskostenhilfe in den grenzüberschreitenden Sachverhalten in BGH, NJW 2009, 3306, 3307; KG, IPRax 2004, 255, 256; OLG Stuttgart, FamRZ 1988, 758, 759, jeweils nach deutschem Recht erfolgt, was auf die verfahrensrechtliche Qualifikation von Prozesskostenhilfe schließen lässt; vgl. allgemein zu der Qualifikation von Verfahrensrecht MüKo/*Sonnenberger*, Einleitung vor Art. 3 EGBGB, Rn. 505 ff.

1237 Siehe S. 127.

1238 Hierbei sind allerdings die durch § 138 BGB gesetzten Grenzen zu beachten, siehe S. 136 f.

1239 Vgl. MüKo/*Wendehorst*, § 43 EGBGB, Rn. 33; *Hirte* in FS Hopt, S. 141, 144; *Hirte*/Bücker, Grenzüberschreitende Gesellschaften, § 1, Rn. 70; *Schall*, KTS 2009, 69, 77 ff.; *Schall*, IPRax 2009, 209, 215; a.A. *Wenckstern*, RabelsZ 56 (1992), 624, 651 ff.; *v. Bar*, § 7, Rn. 761.

1240 Vgl. MüKo/*Wendehorst*, a.a.O.; *Steffek*, NZI 2010, 589, 593; *Schall*, IPRax 2009, 209, 213 ff.

1241 Vgl. *Schall*, IPRax 2009, 209, 213.

Vermögen einer insolventen Ltd. mit deutschem Verwaltungssitz mit einer *Floating Charge* besichert, besteht an durch die erfolgreiche Inanspruchnahme des *Director* im Rahmen seiner Haftung generierten Werten sodann ein Absonderungsrecht des gesicherten Gläubigers.[1242] Dies folgt aus Art. 4 Abs. 2 S. 2 lit. i) EuInsVO, wonach die Rangordnung, Verwertung und Verteilung des Erlöses sich nach deutschem Recht als lex fori concursus richtet.[1243] Da der Rang, den das englische Insolvenzrecht bei der Verteilung des Erlöses der *Floating Charge* zuweist,[1244] im deutschen Insolvenzrecht nicht vorgesehen ist, bleibt nur die Einordnung als Absonderungsrecht. Die *Floating Charge* ist daher im Rang einem Absonderungsrecht gemäß §§ 50, 51 InsO als durch die *Crystallisation* aufschiebend bedingte Sicherungsabtretung zuzuordnen.[1245] Dieses Vorgehen ist in Anbetracht der Vorgaben des deutschen internationalen Privatrechts zulässig. Denn der in § 51 Nr. 1 InsO genutzte Begriff der Übertragung eines Rechts ist zum einen auch im Wege der *Floating Charge* denkbar, da keine Anzeichen bestehen, dass dieser Begriff ausschließlich für die Gestaltung des deutschen Rechts zugänglich ist.[1246] Zum anderen kommt mit der *Floating Charge* ein Sicherungsmittel zur Anwendung, welches in weiten Zügen gleichwertig[1247] mit der Globalzession nach deutschem Recht ist,[1248] die ihrerseits ebenfalls von § 51 Nr. 1 InsO erfasst ist.

Während damit rechtlich die Möglichkeit besteht, dass der Erlös aus Haftungsansprüchen gegen den *Director* einer Ltd. mit deutschem Verwaltungssitz durch die Besicherung mit einer *Floating Charge* bei der Verteilung den ungesicherten Gläubigern entzogen ist, dürfte diese Situation tatsächlich nur in Ausnahmefällen eintreten. Legt man zugrunde, dass es sich bei den vorliegend untersuchten Auslandsgesellschaften um Gesellschaften handelt, die keine Geschäftstätigkeit an ihrem Satzungssitz entfalten, dürfte nur selten die Besiche-

---

1242 Bei der Geltendmachung des Absonderungsrechts steht dem durch die *Floating Charge* besicherten Gläubiger allerdings kein Recht der Bestellung einer zu der Verwertung der Vermögenswerte befugten Person zu, wie es im englischen Recht im Hinblick auf den *Administrator* existiert, dahin gehend *v. Bar*, § 7, Rn. 761, a.A. *Schall*, KTS 2009, 69, 80 f.; *Schall*, IPRax 2009, 209, 215.

1243 Vgl. MüKo/*Kindler*, Internationales Wirtschaftsrecht – Internationales Insolvenzrecht, Art. 4 EuInsVO, Rn. 42; MüKo/*Reinhart*, Art. 4 EuInsVO, Rn. 34; *Virgos*/Schmit, Rn. 91.

1244 Die mit einer *Floating Charge* besicherten Gläubiger stehen im Rang nach den Massegläubigern sowie *Preferential Debts* aber vor den ungesicherten Gläubigern siehe S. 84 ff.

1245 Vgl. *Schall*, IPRax 2009, 209, 215.

1246 Siehe S. 209.

1247 Siehe S. 209 f.

1248 Siehe S. 135 f.

rung von Vermögenswerten mit einem für die Parteien faktisch unbekannten Sicherungsmittel erfolgen.[1249] In der Mehrzahl der Fälle dürfte damit die Verteilung des Erlöses aus der Inanspruchnahme des *Director* einer Ltd. mit deutschem Verwaltungssitz praktisch effizienter sein als bei der Ltd. mit englischem Verwaltungssitz.

Hinsichtlich der Geltendmachung von Haftungsansprüchen gegen den *Director* ist schließlich wieder eine größere Effizienz des Gläubigerschutzes bei der Insolvenz einer Ltd. mit deutschem Verwaltungssitz gegenüber der Ltd. mit englischem Verwaltungssitz auszumachen. Die Beendigung des Insolvenzverfahrens über das Vermögen der Ltd. richtet gemäß Art. 4 Abs. 2 S. 2 lit. j) EuInsVO nach deutschem Recht als lex fori concursus. Damit besteht die Möglichkeit, eine Nachtragsverteilung gemäß § 203 InsO bei der Ltd. mit deutschem Verwaltungssitz durchzuführen. Diese ist erforderlich, wenn der *Director* die Existenz ihm gegenüber bestehender Haftungsansprüche der Ltd. vor dem Insolvenzverwalter verschleiert hat.[1250] Ferner erfolgt nach der Beendigung des Insolvenzverfahrens die Löschung der Ltd. nach dem Gründungsrecht, mithin englischem Recht.[1251] Stellt sich in dieser Situation heraus, dass Haftungsansprüche gegen den *Director* bislang nicht realisiert wurden, besteht die Ltd. jedoch als Restgesellschaft fort.[1252] Das Gesellschaftsstatut dieser Restgesellschaft ist, weil mit ihrer Behandlung keine Beschränkung der europarechtlich geschützten Nie-

---

1249 Dies ebenfalls andeutend *Schall*, KTS 2009, 69, 80.

1250 Siehe S. 143.

1251 OLG Düsseldorf, NZG 2010, 1226, 1227; OLG Nürnberg, NZG 2008, 76, 77; vgl. auch MüKo/*Kindler*, Internationales Wirtschaftsrecht – Internationales Handels- und Gesellschaftsrecht, Rn. 685; Michalski/*Leible*, Systematische Darstellung 2 vor § 1, Rn. 163; *Jooß*, GWR 2010, 340; *Lamprecht*, ZEuP 2008, 289, 299; *J. Schmidt*, ZIP 2007, 1709, 1712.

1252 OLG Düsseldorf, NZG 2010, 1226, 1227; KG, ZIP 2010, 204; OLG Nürnberg, NZG 2008, 76, 77; OLG Jena, ZIP 2007, 1709, 1710 f.; vgl. auch Michalski/*Leible*, Systematische Darstellung 2 vor § 1, Rn. 165; Lutter/Hommelhoff/*Bayer*, Anhang II zu § 4a, Rn. 66; *Hirte*/Bücker, Grenzüberschreitende Gesellschaften, § 1, Rn. 77a; *Behrens* in FS Ott, S. 313, 325 f.; *Jooß*, GWR 2010, 340; *Krömker/Otte*, BB 2008, 964; *Lamprecht*, ZEuP 2008, 289, 301 ff.; *J. Schmidt*, ZIP 2008, 2400; *Leible/Lehmann*, GmbHR 2007, 1095, 1097; *J. Schmidt*, ZIP 2007, 1709, 1713; *Borges*, IPRax 2005, 134; *Schulz*, NZG 2005, 415; *Süß*, DNotZ 2005, 180, 189; *Knütel*, RIW 2004, 503, 504; *Happ/Holler*, DStR 2004, 730, 736; a.A. MüKo/*Kindler*, Internationales Wirtschaftsrecht – Internationales Handels- und Gesellschaftsrecht, Rn. 686; *Mansel* in Liber Amicorum Gerhard Kegel, S. 111, 121 f.; *Mock*, NZI 2008, 260, 263, wonach die Ltd. als inländische Teilliquidationsgesellschaft fortbestehen soll.

derlassungsfreiheit einhergeht, anhand der Sitztheorie zu ermitteln.[1253] Weil die Restgesellschaft ihren „tatsächlichen“ Verwaltungssitz in Deutschland hat, ist auf sie deutsches Gesellschaftsrecht anzuwenden. Es kommt zur Nachtragsliquidation analog § 66 Abs. 5 GmbHG, in der ein gerichtlich bestellter Liquidator versucht, die Haftungsansprüche gegen den *Director* zu realisieren.[1254] Allerdings kann der Liquidator nur solche Ansprüche im Sinne von Vermögenswerten geltend machen, die nicht gemäß Section 1012 Abs. 1 Companies Act 2006 bereits unwiederbringlich der englischen Krone zugefallen sind.[1255] Damit ist in der Nachtragsliquidation eine Geltendmachung von Haftungsansprüchen des englischen Rechts nicht möglich, die der Ltd. gegen den *Director* zugestanden haben.[1256] Diese Ansprüche zählen nicht zum Vermögen der Restgesellschaft. Etwas anderes gilt aber für vom Insolvenzverwalter nicht realisierte Ansprüche gegen den *Director* aus § 64 S. 1, 3 GmbHG. *Mansel* hat im Rahmen der Fallgestaltung, in der eine nach englischem Recht aufgelöste Ltd. noch einen Anspruch gegen einen deutschen Gläubiger hat, herausgearbeitet, dass Section 1012 Abs. 1 Companies Act 2006[1257] eine versteckte Kollisionsnorm beinhal-

---

1253 Siehe S. 184 f.; so auch OLG Düsseldorf, NZG 2010, 1226, 1227; *Jooß*, GWR 2010, 340; *Leible/Lehmann*, GmbHR 2007, 1095, 1098; *J. Schmidt*, ZIP 2007, 1709, 1713; *Borges*, IPRax 2005, 134, 140; a.A. *Lamprecht*, ZEuP 2008, 289, 306 f., 316; *Krömker/Otte*, BB 2008, 964, 965; ebenfalls zweifelnd AG Berlin-Charlottenburg, GmbHR 2009, 321, wobei der EuGH den in dem Verfahren sodann ergangenen Gesuch zur Vorabentscheidung dieser Frage abgelehnt hat, da das AG Berlin-Charlottenburg in der Sache lediglich über die Bestellung eines Nachtragsliquidators für das in Deutschland verbliebene Vermögen einer englischen Ltd. nach deren Löschung zu entscheiden hatte und damit in seiner Eigenschaft als Verwaltungsbehörde handelte, sodass der für das Vorabentscheidungsverfahren gemäß Art. 267 AEUV notwendige Rechtsprechungscharakter fehlte, EuGH, IPRax 2011, 68 – Amiraike Berlin.

1254 OLG Jena, ZIP 2007, 1709, 1711; vgl. auch Michalski/*Leible*, Systematische Darstellung 2 vor § 1, Rn. 166; Lutter/Hommelhoff/*Bayer*, Anhang II zu § 4a, Rn. 66; Hirte/Bücker/*Mock/Schildt*, Grenzüberschreitende Gesellschaften, § 17, Rn. 131; *Jooß*, GWR 2010, 340, 341; *Lamprecht*, ZEuP 2008, 289, 311 ff.; *J. Schmidt*, ZIP 2008, 2400, 2401; *J. Schmidt*, ZIP 2007, 1709, 1713; *Knütel*, RIW 2004, 503, 505.

1255 Siehe S. 139 f.

1256 Siehe a.a.O.; vgl. auch *Mansel* in Liber Amicorum Gerhard Kegel, S. 111, 116 f.; *Mock*, NZI 2008, 260, 262; *Leible/Lehmann*, GmbHR 2007, 1095 f.; *Schulz*, NZG 2005, 415; *Süß*, DNotZ 2005, 180, 188 f.

1257 Der von *Mansel* aufgezeigte Fall bezieht sich noch auf Section 654 Abs. 1 Companies Act 1985, der allerdings inhaltsgleich mit Section 1012 Abs. 1 Companies Act 2006 ist, sodass sich die Ergebnisse ohne Weiteres auf das heute geltende Recht übertragen lassen.

tet.[1258] Nach dieser Kollisionsnorm ist in Fällen, in denen nach der *Dissolution* der Ltd. noch Vermögen der Gesellschaft im Ausland belegen ist, das Recht des Ortes der Belegenheit zur Anwendung berufen.[1259] Auf diesem Wege wird das ungewünschte Ergebnis einer rechtlichen Anomalie vermieden, die andernfalls entstehen würde, indem Forderungen, die nicht der Krone anheimgefallen sind, aufgrund des englischen Gesellschaftsrechts nicht mehr realisierbar wären.[1260] Diese Erwägung rechtfertigt die Übertragung des Gedankens von *Mansel* auf die vorliegende Situation. Denn es wäre ebenfalls eine rechtliche Anomalie, wenn der *Director*, dessen Haftung tatbestandlich vorliegt, seiner Inanspruchnahme dadurch entgehen könnte, dass die *Dissolution* der Ltd. eingetreten ist, die in der Inanspruchnahme des *Director* liegenden Vermögenswerte aber nicht auf die Krone übergegangen sind. In beiden Situationen existiert ein Schutzbedürfnis, wobei der Unterschied lediglich darin besteht, dass in der von *Mansel* gebildeten Fallgestaltung das Bedürfnis aufseiten der Gesellschaft und vorliegend im Rahmen der Haftung der Geschäftsführung aufseiten der Gläubigergesamtheit liegt. Da die Gesellschaft ursprünglich Inhaberin der Haftungsansprüche aus § 64 S. 1, 3 GmbHG, die bei der Insolvenz der Ltd. mit deutschem Verwaltungssitz zur Anwendung berufen sind, ist und diese Ansprüche in Deutschland belegen sind, ist die Geltendmachung der Ansprüche im Wege der Nachtragsliquidation analog § 66 Abs. 5 GmbHG trotz der Löschung der Ltd. und des damit einhergehenden Vermögensbeschlags durch die englische Krone möglich. Des Weiteren können einzelne Gläubiger, die während des Insolvenzverfahrens über das Vermögen der Ltd. mit deutschem Verwaltungssitz Teil der Gläubigergesamtheit waren, anteilig bislang seitens des Insolvenzverwalters nicht verfolgte Haftungsansprüche gegen den *Director* wegen Insolvenzverschleppung, Existenzvernichtung oder sittenwidriger Schädigungen der Gläubigergesamtheit geltend machen.[1261] Diese Ansprüche sind während des Insolvenzverfahrens über die Ltd. mit deutschem Verwaltungssitz kollisionsrechtlich zur Anwendung berufen.[1262] Aber auch nach der Beendigung des Verfahrens bewahren sie ihre insolvenzrechtliche Prägung, da der insolvenzrechtliche Zweck weiter besteht. Schließlich fallen diese Ansprüche bereits schon deshalb nicht gemäß Section

1258 *Mansel* in Liber Amicorum Gerhard Kegel, S. 111, 118; vgl. auch MüKo/*Kindler*, Internationales Wirtschaftsrecht – Internationales Handels- und Gesellschaftsrecht, Rn. 686; Hirte/Bücker/*Mock/Schildt*, Grenzüberschreitende Gesellschaften, § 17, Rn. 130; *Lamprecht*, ZEuP 2008, 289, 298; *Leible/Lehmann*, GmbHR 2007, 1095, 1098; a.A. *Behrens* in FS Ott, S. 313, 323 f.

1259 *Mansel* in Liber Amicorum Gerhard Kegel, S. 111, 118 f.

1260 *Mansel* in Liber Amicorum Gerhard Kegel, S. 111, 116 f.

1261 Siehe S. 140 ff.

1262 Siehe S. 210 ff.

1012 Abs. 1 Companies Act 2006 der englischen Krone zu, weil es sich um Ansprüche der Gläubigergesamtheit und nicht der Gesellschaft handelt.

4. Teil: Die Haftung des Geschäftsführers bei der *Liquidation* einer deutschen GmbH mit Verwaltungssitz in England

Bei der Insolvenz einer deutschen GmbH mit englischem Verwaltungssitz ist das Hauptinsolvenzverfahren über das Vermögen der Gesellschaft aufgrund der kollisionsrechtlich zur Anwendung berufenen lex fori concursus wegen des englischen COMI der Gesellschaft nach englischem Insolvenzrecht durchzuführen.[1263] Hinsichtlich der Haftung des Geschäftsführers hat die in dieser Situation existierende kollisionsrechtliche Gemengelage zur Folge, dass einerseits die gesellschaftsrechtlich zu qualifizierenden Tatbestände des deutschen Gründungsrechts zur Anwendung berufen sind. Andererseits können die insolvenzrechtlich oder deliktisch zu qualifizierenden Haftungstatbestände des englischen Rechts zusätzlich anwendbar sein, sofern ihre Anwendung keine ungerechtfertigte Beschränkung der Niederlassungsfreiheit der GmbH darstellt. Eine zusätzliche Anwendung der Haftungstatbestände des englischen Gesellschaftsrechts scheidet in dieser Situation jedoch wegen der im englischen internationalen Gesellschaftsrecht vollumfänglich anzuwendenden Gründungstheorie aus.[1264] Gleiches gilt im Ergebnis aufgrund der kollisionsrechtlichen Vorgaben der EuInsVO sowie Rom II-Verordnung für die insolvenzrechtlich und deliktisch zu qualifizierenden Haftungstatbestände des deutschen Rechts.[1265]

Da die Qualifikation der Haftungstatbestände im englischen Recht, wie im deutschen Recht, anhand des Zwecks der zur Anwendung berufenen Sachnorm erfolgt,[1266] sind die Ergebnisse der Qualifikationen, welche die Untersuchung der Haftungstatbestände im Rahmen der Haftung des *Director* einer englischen Ltd. mit deutschem Verwaltungssitz ergeben hat, auf die vorliegend untersuchte Situation übertragbar.

A. Unanwendbare Haftungstatbestände des deutschen Rechts

Dementsprechend ist bei der Insolvenz einer deutschen GmbH mit englischem Verwaltungssitz keine Inanspruchnahme des Geschäftsführers durch den *Liquidator* aus Insolvenzverschleppung, § 64 S. 1 GmbHG, § 64 S. 3 GmbHG, Existenzvernichtung oder § 826 BGB für sittenwidrige Schädigungen der Gläu-

1263 Siehe S. 201.
1264 Siehe S. 191 f.
1265 Siehe S. 198 f.
1266 Siehe S. 167 ff.

bigergesamtheit möglich. Diese Tatbestände sind als Teil des deutschen Insolvenzrechts zu qualifizieren.[1267] Des Weiteren kann der *Liquidator* den Geschäftsführer in dieser Situation nicht aus § 823 Abs. 2 BGB i.V.m. § 266 oder § 283 StGB in Anspruch nehmen, da diese Tatbestände als Teil des deutschen Deliktsrechts zu qualifizieren sind.[1268] Aufgrund ihrer deliktischen Qualifikation ist auch kein Rückgriff einzelner Gläubiger der GmbH mit englischem Verwaltungssitz auf die Haftung aus § 823 Abs. 2 BGB i.V.m. § 263 StGB, § 826 BGB für sittenwidrige Schädigungen einzelner Gläubiger oder die Sachwalterhaftung aus §§ 280 Abs. 1, 311 Abs. 3 BGB möglich.[1269]

B. Anwendbare Haftungstatbestände des deutschen Gesellschaftsrechts

Anwendbar bei der Insolvenz der GmbH mit englischem Verwaltungssitz sind hingegen die gesellschaftsrechtlich zu qualifizierenden Haftungstatbestände des deutschen Rechts. Hierbei handelt es sich um die Haftung des Geschäftsführers aus § 43 Abs. 2, 3 GmbHG.[1270] Sofern sich die Haftung des Geschäftsführers dabei aus einer unternehmerischen Fehlentscheidung ergibt, muss das englische Gericht den Prüfungsmaßstab der *Business Judgment Rule* ansetzen. Dies gebieten die Vorgaben des deutschen Gesellschaftsrechts, deren Missachtung, spiegelbildlich zu der entsprechenden Situation im deutschen Recht,[1271] zu einer ungewollten Ausweitung der Haftung unter gleichzeitiger Negierung der durch die Niederlassungsfreiheit geschützten Regelungsunterschiede in den Mitgliedstaaten führen würde.

Existiert die Möglichkeit der Inanspruchnahme des Geschäftsführers aus § 43 Abs. 2, 3 GmbHG, kann die Geltendmachung im Zuge eines *Misfeasance Proceeding* erfolgen. Dieses Verfahren ist insolvenzrechtlich zu qualifizieren und dementsprechend Teil der englischen lex fori concursus.[1272] Voraussetzung für die Durchführung ist, dass die Geschäftsführung eine Pflicht im Innenverhältnis zu der Gesellschaft verletzt hat.[1273] Umfasst ist nach dem Gesetzeswortlaut[1274] dabei jegliche Pflichtverletzung des Innenverhältnisses. Anhaltspunkte, dass der englische Gesetzgeber bei der Wahl dieses Wortlauts kategorisch

1267 Siehe im Einzelnen oben ab S. 210.
1268 Siehe im Einzelnen oben ab S. 219.
1269 Siehe im Einzelnen oben ab a.a.O.
1270 Siehe im Einzelnen oben ab S. 221 ff.
1271 Siehe S. 208.
1272 Siehe S. 207.
1273 Siehe S. 80 f.
1274 Vgl. Section 212 Abs. 1 Insolvency Act 1986: „misfeasance or breach of any fiduciary or other duty in relation to the company“.

Pflichtverletzungen des Innenverhältnisses des englischen Rechts gemeint hat und das *Misfeasance Proceeding* damit ausschließlich für die Gestaltung des englischen Rechts zugänglich machen wollte, sind nicht ersichtlich. Des Weiteren ist die Haftung aus § 43 Abs. 2, 3 GmbHG nach ihrer sozialen und ökonomischen Bedeutung äquivalent zu der allgemeinen, gesellschaftsrechtlichen Haftung des *Director* nach dem Companies Act 2006. Die Haftung aus § 43 Abs. 2, 3 GmbHG lässt sich folglich unter das für die Durchführung eines *Misfeasance Proceeding* erforderliche Merkmal der Verletzung einer Pflicht des Innenverhältnisses fassen.

C. Ergänzend anwendbare Haftungstatbestände des englischen Rechts

Bei der Insolvenz der GmbH mit englischem Verwaltungssitz ist darüber hinaus ergänzend die Haftung für *Wrongful* und *Fraudulent Trading* sowie für Pflichtverletzungen nach Section 172 Companies Act 2006 in der Krise und Insolvenz der Gesellschaft anwendbar.[1275] Die Haftungstatbestände sind insolvenzrechtlich zu qualifizieren.[1276] Ihre Anwendung stellt eine gerechtfertigte Beschränkung der Niederlassungsfreiheit der GmbH dar. Die Beschränkung der Niederlassungsfreiheit tritt ein, weil die Anwendung der Haftungstatbestände korporative Wirkung entfaltet und ein Marktzugangshindernis wegen der durch die Aussicht der Inanspruchnahme eintretenden abschreckenden Wirkung auf die Standortentscheidung der GmbH bedeutet.[1277] Diese Beschränkung ist insbesondere auch aufgrund der Erforderlichkeit der Anwendung der Haftungstatbestände gerechtfertigt. Denn das deutsche Gründungsrecht vermittelt in den von den Haftungstatbeständen erfassten Regelungsbereichen keinen angemessenen Gläubigerschutz. Die mit dem *Wrongful Trading* korrespondierende Haftung für Verzögerungen bei der Einleitung des Insolvenzverfahrens aus § 823 Abs. 2 BGB i.V.m. § 15a InsO ist kein Teil des deutschen Gründungsrechts, da diese ihrerseits insolvenzrechtlich zu qualifizieren ist.[1278] Sofern man der Haftung aus *Wrongful Trading* darüber hinausgehend den Zweck einer Sanktion der Insolvenzvertiefung der Gesellschaft zu bemisst, sind die korrespondierenden Haftungstatbestände des § 64 S. 1 GmbHG und der Existenzvernichtungshaftung aus § 826 BGB ebenfalls dem Insolvenzrecht zuzuordnen.[1279] Ähnliche Erwägungen kommen bei der Haftung für *Fraudulent Trading* zum Tragen. Das deut-

1275 So auch Mortimore/*Smith*, Company Directors, S. 1117.
1276 Siehe im Einzelnen oben ab S. 201.
1277 Siehe S. 178 f.
1278 Siehe S. 210 ff.
1279 Siehe oben ab S. 213.

sche Recht sanktioniert das Führen der Gesellschaft in betrügerischer Absicht im Wege des Einzelausgleichs zwischen den betroffenen Gläubigern und der Geschäftsführung gemäß § 823 Abs. 2 BGB i.V.m. § 263 StGB. Die Regelung ist deliktisch zu qualifizieren und damit kein Bestandteil des deutschen Gründungsrechts.[1280] Die Inanspruchnahme des Geschäftsführers einer GmbH mit deutschem Verwaltungssitz für *Wrongful* oder *Fraudulent Trading* ist somit mit der Niederlassungsfreiheit der Gesellschaft vereinbar.

Gleiches gilt hinsichtlich einer Inanspruchnahme des Geschäftsführers für die Verletzung von durch Section 172 Companies Act 2006 erfassten Pflichten in der Krise sowie der Phase der *Liquidation* der GmbH. Obwohl der Haftungstatbestand im englischen Gesellschaftsrecht verortet ist, ist er funktionell in diesen Ausprägungen als insolvenzrechtlich zu qualifizieren und damit grundsätzlich auf die GmbH mit englischem Verwaltungssitz anwendbar.[1281] In der Phase der *Liquidation* der GmbH ist der Geschäftsführer dabei aufgrund der lex fori concursus am englischen Pflichtenmaßstab zu messen, den die Geschäftsführung in der *Liquidation* einzuhalten hat.[1282] Die Anwendung der Haftung für Pflichtverletzungen in der Krise der Gesellschaft beschränkt die GmbH wegen der Entfaltung korporativer Wirkung des Tatbestandes und der Errichtung eines Marktzugangshindernisses in ihrer Niederlassungsfreiheit. Wiederum ist die Beschränkung aber erforderlich. Denn die die Insolvenzverursachung und -vertiefung sanktionierenden Haftungstatbestände des deutschen Rechts sind kein Teil des dortigen Gründungsrechts. Vielmehr sind die Tatbestände des § 64 S. 1 GmbHG, § 64 S. 3 GmbHG und der Existenzvernichtungshaftung gemäß § 826 BGB als Teil des deutschen Insolvenzrechts zu qualifizieren.[1283] Billigt man der Haftung gemäß Section 172 Companies Act 2006 zudem einen Anwendungsbereich bei der Verzögerung der Verfahrenseinleitung zu, ist der korrespondierende Tatbestand der insolvenzrechtlich zu qualifizierenden Insolvenzverschleppungshaftung gleichfalls nicht dem Gründungsrecht zuzuordnen.[1284] Die Haftung für Pflichtverletzungen in der Phase der *Liquidation* bedeutet ebenfalls eine Beschränkung der Niederlassungsfreiheit der GmbH. Da aber die korrespondierende Haftung gemäß § 826 BGB des deutschen Rechts insolvenzrechtlich zu qualifizieren ist, ist auch in dieser Situation mangels über das Gründungsrecht vermittelten Schutzes die Beschränkung gerechtfertigt.[1285] Unter allen Gesichtspunkten ist die Anwendung der Haftung für Pflichtverletzun-

1280 Siehe S. 220.

1281 Siehe S. 203 ff.

1282 Siehe S. 218; so auch Mortimore/*Smith*, Company Directors, S. 1116.

1283 Siehe oben ab S. 213.

1284 Siehe S. 210 ff.

1285 Siehe S. 190.

gen gemäß Section 172 Companies Act 2006 in der Krise und *Liquidation* der Gesellschaft mithin mit der Niederlassungsfreiheit der GmbH vereinbar.

Zuletzt ist die Haftung nach dem *Common Law on Torts* für *Negligent Misstatement* oder *Deceit* des Geschäftsführers bei der Insolvenz einer GmbH mit englischem Verwaltungssitz anwendbar. Die Tatbestände sind deliktisch zu qualifizieren.[1286] Ferner sind sie Teil des englischen Verkehrsrechts und haben damit eine tätigkeitsbezogene Wirkung.[1287] Ihre Anwendung beschränkt so schon überhaupt nicht die Niederlassungsfreiheit der GmbH.[1288]

D. Unanwendbare Haftungstatbestände des englischen Rechts – Keine Haftung nach dem Companies Act 2006

Die allgemeine Haftung der Geschäftsführung bei Pflichtverletzungen gemäß Sections 171 ff. Companies Act 2006 ist, sofern es sich nicht um Pflichtverletzungen in der Krise oder Phase der *Liquidation* handelt,[1289] in der Insolvenz der GmbH mit englischem Verwaltungssitz unanwendbar. Die Haftungstatbestände sind gesellschaftsrechtlich zu qualifizieren.[1290] Weil das englische Recht zudem vollumfänglich der Gründungstheorie folgt, kommt eine zusätzliche Anwendung der Haftungstatbestände neben den deutschen gesellschaftsrechtlichen Tatbeständen damit nicht in Betracht.[1291] Im Übrigen wäre eine mit der zusätzlichen Anwendung der englischen gesellschaftsrechtlichen Haftung einhergehende Beschränkung der Niederlassungsfreiheit der GmbH nicht gerechtfertigt, da das deutsche Gründungsrecht einen adäquaten Schutz bietet.[1292]

E. Effektivität und Effizienz des Haftungssystems

Bei der Insolvenz der GmbH mit englischem Verwaltungssitz wirkt sich die internationalprivatrechtliche Gemengelage, im Gegensatz zu der Situation im deutschen Recht,[1293] negativ auf die Effektivität und Effizienz des Haftungssystems hinsichtlich des Gläubigerschutzes aus.

Zum einen gelangen über das insolvenzrechtliche Kollisionsrecht die praktisch wenig relevanten englischen Haftungstatbestände des *Wrongful* und

---

1286 Siehe S. 206.
1287 Siehe S. 178 f.
1288 Siehe a.a.O.
1289 Siehe S. 203 ff.
1290 Siehe S. 207 f.
1291 Siehe S. 191 f.
1292 Siehe S. 190 f.
1293 Siehe oben ab S. 224.

Fraudulent Trading zur Anwendung. Dagegen ist die Anwendung der praktisch relevanten deutschen insolvenzrechtlichen Haftungstatbestände der Insolvenzverschleppungshaftung, § 64 S. 1 GmbHG sowie der Existenzvernichtungshaftung bei der Haftung des Geschäftsführers einer GmbH mit englischem Verwaltungssitz nicht möglich. Zwar gelangt zudem die insolvenzrechtlich zu qualifizierende Haftung für die Insolvenzverursachung sowie -vertiefung von Section 172 Companies Act 2006 bei Pflichtverletzungen in der Krise der Gesellschaft ebenfalls bei der GmbH mit englischem Verwaltungssitz zur Anwendung. Durch die gerichtlich bislang nicht abschließend geklärte Frage der Reichweite des Haftungstatbestandes ist allerdings zweifelhaft, in welchem Umfang hierdurch ein adäquater Schutz der Gläubiger von (Auslands-)Gesellschaften erzielt werden kann. Momentan ist daher von einem Schutzdefizit bei den insolvenzrechtlichen Haftungstatbeständen auszugehen. Anders als (teilweise) bei der Haftung des *Director* der Ltd.[1294] wird dieses Schutzdefizit bei der Haftung des Geschäftsführers einer GmbH mit englischem Verwaltungssitz nicht über das Gesellschaftsrecht kompensiert. Die Geltung deutschen Gesellschaftsrechts als Gründungsrecht der GmbH lässt eine Inanspruchnahme des Geschäftsführers ausschließlich über § 43 Abs. 2, 3 GmbHG zu. Gerade bei der Haftung für unternehmerische Fehlentscheidungen ist so der Prüfungsmaßstab englischer Gerichte durch die Geltung der *Business Judgment Rule* erheblich eingeschränkt.[1295] Ein Ausgleich dieses aus Sicht des Gläubigerschutzes existierenden Defizits über das englische Gesellschaftsrecht ist dabei verwehrt.[1296] Der Gläubigerschutz ist bei der Haftung des Geschäftsführers bei der Insolvenz einer GmbH mit englischem Verwaltungssitz demnach als nur bedingt effektiv zu bewerten.

Dieses unbillig erscheinende Resultat der internationalprivatrechtlichen Gemengelage, welches faktisch fast zu einer Negierung des Gläubigerschutzes führt, ist auch nicht durch die Anwendung internationalprivatrechtlicher Rechtsinstitute vermeidbar. So ist in der vorliegenden Situation der Dépeçage[1297] zwar anerkannt, dass zur Vermeidung von Normwidersprüchen und ihrer Folgen auf der internationalprivatrechtlichen Ebene eine Möglichkeit bestehen muss, diesem Ergebnis entgegenzutreten.[1298] Im englischen Recht erfolgt die Vermeidung

1294 Siehe S. 225.

1295 Siehe S. 64 f.

1296 Siehe S. 190 f.

1297 Siehe S. 8.

1298 Vgl. insbesondere *Henssler/Mansel* in FS Horn, S. 403, 414 f.; *Henssler/Mansel*, NJW 2007, 1393, 1395 f.; v. Bar/*Mankowski*, § 7, Rn. 251; *Weller*, Europäische Rechtsformwahlfreiheit, S. 105; siehe auch *Raiffeisen Zentralbank Österreich AG v Five Star General Trading LLC and Ors* [2001] Q.B. 825; Dicey/Morris/*Collins*, Rn. 2-045.

dieses Ergebnisses dabei über das sogenannte *Adjustment* oder *Pick and Choose*,[1299] welches im deutschen Recht sein funktionales Äquivalent in der Anpassung hat.[1300] Jedoch bietet die dargestellte Situation keine Grundlage für ein solches *Adjustment*.

In der englischen Literatur ist bislang keine vertiefte Auseinandersetzung im Hinblick auf die Frage erfolgt, welche Voraussetzungen im Einzelnen erfüllt sein müssen, damit dieses Institut des Internationalen Privatrechts zur Anwendung gelangen kann. Allerdings ist das englische dem deutschen Kollisionsrecht in diesem Punkt zumindest angenähert, sodass *Adjustment* und Anpassung jedenfalls ähnlich zu behandeln sind.[1301] Vor diesem Hintergrund ist es vertretbar, an die Vornahme des *Adjustment* dieselben Voraussetzungen zu knüpfen, wie bei einer Anpassung. Die dargestellte Situation müsste daher eine das *Adjustment* rechtfertigende Anpassungslage begründen.[1302] Eine Anpassungslage ist dabei gegeben, wenn die internationalprivatrechtlich berufenen Normen des ausländischen Rechts wegen ihrer Fremdartigkeit im inländischen Verfahren nicht nachvollziehbar sind, das Internationale Privatrecht passende Normen nicht beruft und sinnhafte Rechtsfolgen mithin nicht eintreten können oder mehrere internationalprivatrechtlich berufene Normen verschiedener Rechtsordnungen Rechtsfolgen bewirken, die sich gegenseitig ausschließen bzw. in ihrem Zusammenspiel wertungswidersprüchlich oder sogar sinnwidrig sind.[1303] Das *Adjustment* ist in diesen Situationen erforderlich, weil hier entweder eine Normenhäufung durch die parallele Anwendbarkeit mehrerer, sich unter Umständen widersprechender gesetzlicher Regelungen auf den Sachverhalt oder ein Normenmangel durch die Unanwendbarkeit der einschlägigen gesetzlichen Regelungen der involvierten Rechtsordnungen auf den Sachverhalt existiert.[1304] Liegt

1299 Vgl. *Fawcett/Carruthers*, Private International Law, S. 54; Staudinger/*Sturm/Sturm*, Einleitung zum IPR, Rn. 216; *Looschelders*, Die Anpassung im IPR, S. 5.

1300 Vgl. zum Institut der Anpassung insbesondere *Henssler/Mansel* in FS Horn, S. 403, 415 ff.; *Henssler/Mansel*, NJW 2007, 1393, 1396 f.; Palandt/*Thorn*, Einleitung vor Art. 3 EGBGB, Rn. 32; Soergel/*Kegel*, Vor Art. 3 EGBGB, Rn. 154 ff.; Kegel/*Schurig*, Internationales Privatrecht, S. 357 ff.; Staudinger/*Sturm/Sturm*, Einleitung zum IPR, Rn. 216 ff.; *Looschelders*, Die Anpassung im IPR, S. 6; *Weller*, Europäische Rechtsformwahlfreiheit, S. 105.

1301 In diese Richtung auch *Looschelders*, Die Anpassung im IPR, S. 24.

1302 Vgl. *Henssler/Mansel* in FS Horn, S. 403, 415; *Henssler/Mansel*, NJW 2007, 1393, 1396 f.

1303 Vgl. MüKo/*Sonnenberger*, Einleitung vor Art. 3 EGBGB, Rn. 589 ff.; Staudinger/*Sturm/Sturm*, Einleitung zum IPR, Rn. 217 ff.; v. Bar/*Mankowski*, § 7, Rn. 252 ff.; ähnlich Kegel/*Schurig*, Internationales Privatrecht, S. 359 f.

1304 Vgl. *Henssler/Mansel* in FS Horn, S. 403, 415; *Mansel* in Liber Amicorum Gerhard Kegel, S. 111, 119; Palandt/*Thorn*, Einleitung vor Art. 3 EGBGB, Rn. 32; MüKo/

hingegen schon weder eine Normenhäufung noch ein Normenmangel vor, fehlt es an der für ein *Adjustment* erforderlichen Anpassungslage.[1305] Ein Rückgriff auf das internationalprivatrechtliche Rechtsinstitut ist dann verwehrt.[1306]

In der dargestellten Situation der Geschäftsführerhaftung im Zuge der Insolvenz einer GmbH mit Verwaltungssitz in England löst die internationalprivatrechtliche Gemengelage keine ein *Adjustment* rechtfertigende Anpassungslage aus. Insbesondere tritt kein Normenmangel ein. Im Gegenteil: Es kommt anhand des einschlägigen Kollisionsrechts zu einem sinnhaften und in der Wertung stimmigen Zusammenspiel der gläubigerschützenden Normen des englischen Insolvenz- und deutschen Gesellschaftsrechts, ohne das die völlige Unanwendbarkeit sämtlicher einschlägiger Regelungen des englischen und deutschen Rechts eintritt. Ein das *Adjustment* bedingender Normwiderspruch liegt demnach nicht vor. Die mangelnde Effektivität des Systems der Geschäftsführerhaftung bei der Insolvenz einer GmbH mit englischem Verwaltungssitz ist vielmehr dem Umstand geschuldet, dass die das System des Gläubigerschutzes bildenden Tatbestände des englischen und deutschen Rechts aufgrund ihrer tatbestandsspezifischen Eigenheiten jeweils selbst als nicht effektiv einzustufen sind.[1307] Etwaige Maßnahmen dahin gehend, die Effektivität des Systems der Geschäftsführerhaftung bei der Insolvenz einer GmbH mit englischem Verwaltungssitz aufzuwerten, müssen folglich auf der tatbestandlichen – nicht hingegen der internationalprivatrechtlichen – Ebene ansetzen und können sich nicht durch ein gerichtliches *Adjustment* ausschließlich auf Auslandsgesellschaften beziehen.[1308]

Zum anderen ist der Gläubigerschutz bei der Haftung des Geschäftsführers einer GmbH mit englischem Verwaltungssitz unter Effizienzgesichtspunkten als defizitär zu bezeichnen. Gegenüber der Haftung des Geschäftsführers einer GmbH mit deutschem Verwaltungssitz fällt die Tragweite des Schutzes erheblich ab. Dies folgt wiederum aus der Maßgeblichkeit der englischen lex fori concursus. Schon der Blick auf die Einleitung des Verfahrens der *Liquidation* stützt diese These. Wiederum bemessen sich gemäß Art. 4 Abs. 2 S. 1 EuInsVO die Voraussetzungen für die Einleitung der *Liquidation* nach englischem Recht. Dort steht den Gläubigern eine Antragsbefugnis ausschließlich bei der *Compulsory Liquidation* gemäß Sections 122 ff. Insolvency Act 1986 zu, wobei

Sonnenberger, Einleitung vor Art. 3 EGBGB, Rn. 74; Staudinger/*Sturm/Sturm*, Einleitung zum IPR, Rn. 216; Kegel/*Schurig*, Internationales Privatrecht, S. 357 f.; v. Bar/*Mankowski*, § 7, Rn. 256; *Looschelders*, Die Anpassung im IPR, S. 8 ff.; *Weller*, Europäische Rechtsformwahlfreiheit, S. 105.

1305 Dahin gehend auch *Triebel/Silny*, NJW 2008, 1034, 1035.

1306 Dahin gehend auch *Triebel/Silny*, NJW 2008, 1034, 1035.

1307 Siehe S. 237 f.

1308 Siehe S. 249 f.

die Gläubiger tatsächlich von diesem Recht selten Gebrauch machen.[1309] Eine Antragsbefugnis der Gläubiger bei der *Creditors' Voluntary Liquidation* existiert hingegen nicht.[1310] Auch ist dem englischen Recht eine Insolvenzantragspflicht der Geschäftsführung oder Gesellschafter unbekannt.[1311] Der *Director* ist nicht einmal dazu verpflichtet, die zur Einleitung der *Creditors' Voluntary Liquidation* erforderliche *Declaration of Solvency* zu erstellen, mit der er sich darüber erklärt, ob die Gesellschaft innerhalb eines Zeitraums von zwölf Monaten ab Einleitung der *Liquidation* in der Lage wäre, ihre Verbindlichkeiten vollumfänglich zu erfüllen.[1312] Unterlässt der *Director* die Erstellung des Dokuments, kommt allenfalls, etwa wenn die Gesellschafter oder Gläubiger eine *Compulsory Liquidation* einleiten sollten, seine Inanspruchnahme wegen *Wrongful Trading* in Betracht.[1313] Da es bei der Erstellung der *Declaration of Solcency* um die Ermittlung des Vorliegens eines Insolvenzgrundes geht und sie einen unmittelbaren Einfluss auf die spätere Verfahrenseröffnung hat, ist der Vorgang insolvenzrechtlich zu qualifizieren. Der Geschäftsführer einer GmbH mit englischem Verwaltungssitz muss daher ebenfalls die *Declaration of Solvency* abgeben und riskiert bei dem Unterlassen seine Inanspruchnahme im Wege des *Wrongful Trading*. Vor dem Hintergrund des tatsächlich geringen Risikos des Eintritts der Haftung dürfte, entsprechend der Situation des *Director*,[1314] der Geschäftsführer oft einfach untätig bleiben und so die Verfahrenseröffnung massiv verzögern oder gar vollständig vereiteln.

Da aufgrund dieser Überlegungen bereits die Eröffnung des Verfahrens der *Liquidation* über das Vermögen einer GmbH mit englischem Verwaltungssitz unsicher ist, schmälert allein dieser Umstand die Effizienz der Haftung des Geschäftsführers einer GmbH mit englischem Verwaltungssitz deutlich.

Kommt es zu der Einleitung der *Liquidation*, existieren für die Gläubiger der GmbH mit englischem Verwaltungssitz lediglich die eingeschränkten Einwirkungsmöglichkeiten des englischen Rechts, um die Inanspruchnahme des Geschäftsführers durch den *Liquidator* voranzutreiben. Die Gläubiger können einerseits ein *Misfeasance Proceeding* gegen den *Liquidator* anstreben, es sei denn, es handelt sich um Ansprüche gegen den Geschäftsführer aus *Wrongful* oder *Fraudulent Trading*.[1315] Andererseits können sie auf die Amtsenthebung

1309 Siehe S. 102.
1310 Siehe S. 100 f.
1311 Siehe S. 101.
1312 Siehe S. 100.
1313 Siehe a.a.O.
1314 Siehe 100 f.
1315 Siehe S. 112.

des *Liquidator* hinwirken.[1316] Auch durch die Möglichkeit der Amtsenthebung des *Liquidator* wird, indem sie dazu beiträgt, einen ordnungsgemäßen Ablauf der *Liquidation* zu erreichen, ein insolvenzpolitisches Ziel verfolgt, welches die insolvenzrechtliche Qualifikation und damit die Anwendung bei der Insolvenz einer GmbH mit englischem Verwaltungssitz gebietet.[1317] Das faktische Druckpotenzial dieser Maßnahmen ist allerdings als gering einzustufen.[1318] Dementsprechend ist bei der Haftung des Geschäftsführers einer GmbH mit englischem Verwaltungssitz auf dieser Ebene ebenfalls ein Abfall der Effizienz des Gläubigerschutzes gegenüber der Haftung des Geschäftsführers einer GmbH mit deutschem Verwaltungssitz zu verzeichnen.

Gleiches gilt hinsichtlich der Finanzierung eines Haftungsprozesses gegen den Geschäftsführer einer GmbH mit englischem Verwaltungssitz. Die den deutschen Haftungsprozess gegen den Geschäftsführer einer insolventen GmbH effizienter gestaltende Möglichkeit der Finanzierung durch Prozesskostenhilfe ist nach dem bei der Haftung des Geschäftsführers einer GmbH mit englischem Verwaltungssitz maßgeblichen englischen lex fori nicht vorgesehen.[1319] Folglich bleibt dem *Liquidator* nur die wenig aussichtsreiche Möglichkeit, den Prozess durch Dritte finanzieren zu lassen.[1320]

Des Weiteren wirkt sich das Sicherungsmittel der *Floating Charge* bei der Verteilung des Erlöses einer erfolgreichen Inanspruchnahme des Geschäftsführers einer GmbH mit englischem Verwaltungssitz negativ auf die Effizienz des Gläubigerschutzes aus. Englische Gläubiger können ihre Forderungen auch gegenüber einer Auslandsgesellschaft durch das gesamte Gesellschaftsvermögen mit einer *Floating Charge* besichern lassen.[1321] Dies hat wiederum Auswirkungen auf den Umfang und die Art der Verteilung des Erlöses einer erfolgreichen Inanspruchnahme des Geschäftsführers einer GmbH mit englischem Verwaltungssitz. Die *Floating Charge* zur Besicherung des Vermögens einer Auslandsgesellschaft ist ein eigenständiges Rechtsinstitut des englischen Rechts und unterscheidet sich partiell von der *Floating Charge*, mit der die Besicherung englischer Gesellschaften erfolgt. Dies verdeutlicht die Regelung in Section 1052 Companies Act 2006, welche die Möglichkeit der Einbeziehung der *Floating Charge* von Auslandsgesellschaften durch Rechtsverordnung in den Anwen-

1316 Siehe S. 114 f.

1317 Siehe a.a.O.

1318 Siehe a.a.O.

1319 Siehe S. 119.

1320 Siehe S. 120 f.

1321 *International Bulk Commodities Ltd., Re* [1992] B.C.C. 463; siehe auch Regulation 9 Abs. 3 g) der Overseas Companies (Execution of Documents and Registration of Charges) Regulations 2009.

dungsbereich des Companies Act 2006 vorsieht, was durch die Overseas Companies (Execution of Documents and Registration of Charges) Regulations 2009 zwischenzeitlich geschehen ist. Diese Regelung wäre nicht notwendig gewesen, wenn *Floating Charges* zur Besicherung von Ansprüchen gegen englische Gesellschaften strukturell identisch mit *Floating Charges* zur Besicherung von Ansprüchen gegen Auslandsgesellschaften wären.[1322] Vielmehr steht bei Letzteren einzig die sachenrechtliche Wirkung des Sicherungsmittels im Vordergrund, sodass sie der englischen lex rei sitae zuzuordnen sind.[1323] Die Geltendmachung der Sicherheit erfolgt auf Antrag des jeweils besicherten Gläubigers durch einen *Administrative Receiver*.[1324] Das *Receivership* zählt wie die *Administration* zu den *Non-terminal Insolvency Procedures*.[1325] Gegenüber der *Administration* liegt der große Unterschied bei dem *Receivership* darin, dass der *Administrative Receiver* bei der Realisierung der besicherten Vermögenswerte nicht im Interesse der Gläubigergesamtheit, sondern einzig im Interesse des durch die *Floating Charge* gesicherten Gläubigers handeln muss.[1326] Das *Receivership* hat damit eher den Charakter eines Einzelvollstreckungsverfahrens und wurde daher in der Vergangenheit als Sanierungsmittel zunehmend kritisch angesehen.[1327] Dies führte dazu, dass der englische Gesetzgeber das *Receivership* durch den Enterprise Act 2002 weitgehend abschaffte und durch das Verfahren der *Administration* ersetzte, wo der Fokus vermehrt auf der Sanierung der Gesellschaft[1328] im Interesse der Gläubigergesamtheit liegt.[1329] Dieser Effekt der *Administration* zugunsten der Gläubigergesamtheit tritt bei der Besicherung einer Auslandsgesellschaft mit einer *Floating Charge* nicht ein. Demnach sinkt die Tragweite des Schutzes der ungesicherten Gläubiger bei der Verteilung des Erlöses aus der Inanspruchnahme des Geschäftsführers einer GmbH mit englischem Verwaltungssitz, sofern einem Gläubiger eine *Floating Charge* am gesamten Vermögen der Gesellschaft eingeräumt ist, sogar unter die Tragweite des Schutzes der Gläubigergesamtheit einer englischen Ltd. in der gleichen Situation.[1330] Eine gewisse Abfederung der Einbußen erlangen die ungesicherten Gläubiger der GmbH mit englischem Verwaltungssitz aber, genauso wie

1322 Vgl. *Schall*, KTS 2009, 69, 84 f.; *Schall*, IPRax 2009, 209, 215.

1323 Angedeutet bei *Schall*, IPRax 2009, 209, 215; *Schall*, KTS 2009, 69, 84 f.

1324 Siehe Regulation 20 der Overseas Companies (Execution of Documents and Registration of Charges) Regulations 2009; so auch *Schall*, KTS 2009, 69, 85.

1325 Siehe S. 11.

1326 Vgl. *Davies*, Principles of Company Law, S. 1196 f.

1327 Vgl. *Davies*, Principles of Company Law, S. 1197.

1328 Siehe S. 130.

1329 Vgl. *Davies*, Principles of Company Law, S. 1197 f.

1330 Siehe S. 129 ff.

die Gläubiger im Verfahren der *Administration*, dadurch, dass der *Administrative Receiver* gemäß Section 176A Insolvency Act 1986 den *Prescribed Part* des Erlöses an die Gläubigergesamtheit abführen muss.[1331]

Zuletzt ist gegenüber der englischen Ltd. eine Effizienzsteigerung durch die (eingeschränkte) Möglichkeit der Geltendmachung von Haftungsansprüchen gegen den Geschäftsführer der GmbH mit englischem Verwaltungssitz nach der Verfahrensbeendigung festzustellen. Die Beendigung des Verfahrens der *Liquidation* richtet sich gemäß Art. 4 Abs. 2 S. 2 lit. j) EuInsVO nach der englischen lex fori concursus. Das Verfahren der *Liquidation* endet danach erst mit der *Dissolution* der Gesellschaft.[1332] Der letzte Schritt der *Dissolution* ist dabei die Auflösung der Gesellschaft, drei Monate nachdem der *Liquidator* dem *Registrar of Companies for England & Wales* über den Ausgang der abschließenden Gläubigerversammlung unterrichtet bzw. die Schlussrechnung übermittelt.[1333] Da sich aber die Löschung der GmbH als Auslandsgesellschaft nach ihrem Gründungsrecht richtet,[1334] ist das Verfahren der *Liquidation* über das Vermögen der GmbH mit englischem Verwaltungssitz bereits beendet, sobald der *Liquidator* eine entsprechende Nachricht an den *Registrar of Companies for England & Wales* übermittelt.[1335] Ab diesem Zeitpunkt kann grundsätzlich kein Gläubiger mehr den Geschäftsführer der GmbH mit englischem Verwaltungssitz in die Haftung nehmen.[1336] Allerdings ist es möglich, eine Liquidation über das Vermögen der Gesellschaft gemäß § 66 Abs. 5 GmbHG durchzuführen, wenn bei der Beendigung des Verfahrens der *Liquidation* keine Anhaltspunkte ersichtlich waren, dass die Gesellschaft noch Vermögen besitzt. Denn diese Möglichkeit sieht das deutsche Gesellschaftsrecht als Gründungsrecht der GmbH mit englischem Verwaltungssitz vor.[1337] Jedoch kann der (deutsche) Liquidator in dieser Situation nur noch die gesellschaftsrechtlich zu qualifizierende Haftung gegen den Geschäftsführer aus § 43 Abs. 2, 3 GmbHG als Vermögenswert der Gesellschaft geltend machen. Die Geltendmachung insolvenzrechtlich zu qualifizierender Haftungstatbestände des englischen Rechts ist hingegen mit der Beendigung des englischen Verfahrens der *Liquidation* ausgeschlossen.[1338] Bei der Geltendmachung der Haftung aus § 43 Abs. 2, 3 GmbHG ist demgegenüber die

1331 Siehe S. 134 f.

1332 *Working Project Ltd., Re* [1995] B.C.C. 197.

1333 Siehe S. 139.

1334 Siehe S. 229 f.

1335 Vgl. Regulation 69 der Overseas Companies Regulations 2009.

1336 Siehe S. 139 f.

1337 Siehe S. 141.

1338 Siehe S. 139 f.

Pfändung und Einzelvollstreckung durch einzelne Gläubiger möglich.[1339] In dem voranstehenden Umfang ist auch ein Vorgehen eines (deutschen) Liquidators oder einzelnen Gläubigers der GmbH mit englischem Verwaltungssitz im Hinblick auf die Inanspruchnahme des Geschäftsführers bei Pflichtverletzungen gegenüber der Gesellschaft möglich, deren Existenz er bislang verschleiert hat. In dieser Situation käme es in Deutschland zu der insolvenzrechtlich zu qualifizierenden Nachtragsverteilung gemäß § 203 InsO.[1340] Weil aber englisches Recht als lex fori concursus bei insolvenzrechtlichen Sachverhalten maßgeblich ist und das englische Insolvenzrecht ein mit der Nachtragsverteilung vergleichbares Institut nicht vorsieht, kann auf diesem Wege keine nachträgliche Inanspruchnahme des Geschäftsführers begründet werden. Dieses Ergebnis ist allerdings unbillig, weil der bösgläubig handelnde Geschäftsführer in dieser Situation einen Vorteil im Vergleich zu der Situation erlangen würde, dass objektiv für das Bestehen von Haftungsansprüchen im Sinne von Vermögenswerten keine Anhaltspunkte ersichtlich waren, in welcher über die Liquidation eine Haftung erreicht werden kann. Deshalb ist auch in der Situation des Verschleierns der Existenz von Haftungstatbeständen eine Liquidation analog § 66 Abs. 5 GmbHG möglich. Bei der Verfolgung dieses Lösungsweges ist bei der Effizienz durch die (eingeschränkte) Möglichkeit der Geltendmachung von Haftungsansprüchen gegen den Geschäftsführer der GmbH mit englischem Verwaltungssitz nach der Verfahrensbeendigung ein ähnliches Level erreicht wie bei der GmbH mit deutschem Verwaltungssitz. Gegenüber der Ltd. ist die Tragweite des Schutzes bei der GmbH mit englischem Verwaltungssitz sogar höher.

1339 Siehe S. 142 f.
1340 Siehe S. 143 f.

Schlussbetrachtung

Die Umsetzung der internationalprivatrechtlichen Vorgaben auf die Haftung der Geschäftsführung bei der Insolvenz von Auslandsgesellschaften führt hinsichtlich der Tragweite des erzielten Gläubigerschutzes zu diametralen Ergebnissen in den untersuchten Rechtsordnungen. Die auf die Rechtsprechung des EuGH in den Entscheidungen *Centros*, *Überseering* und *Inspire Art* erfolgte Neuausrichtung der Behandlung von Auslandsgesellschaften führt bei der Haftung der Geschäftsführung im Hinblick auf die Ltd. mit deutschem Verwaltungssitz nicht zu einem Abfall des Schutzes ungesicherter Gläubiger in der Insolvenz der Gesellschaft. Vielmehr schaffen die internationalprivatrechtlichen Vorgaben bei konsequenter Anwendung durch die Gerichte ein abgeschlossenes System insolvenzrechtlich- und gesellschaftsrechtlich-geprägter Haftungstatbestände (mit einer flankierenden deliktischen Haftung). Damit ist der Schutz der Gläubiger einer Ltd. mit deutschem Verwaltungssitz durch die gesellschaftsrechtliche Komponente gegenüber dem Schutz der Gläubiger einer GmbH sogar erweitert, da bei der Letzteren der Gläubigerschutz faktisch fast ausschließlich auf der insolvenzrechtlich-geprägten Haftung beruht. Hinsichtlich der Effizienz des Gläubigerschutzes ist festzuhalten, dass der Schutz der Gläubiger einer Ltd. mit deutschem Verwaltungssitz, mit Einschränkungen bei der Verteilung des Erlöses und der Geltendmachung von Ansprüchen nach der Verfahrensbeendigung,[1341] annähernd so hoch ist wie der bei der Insolvenz einer GmbH erreichte Gläubigerschutz. Damit erweist sich die teilweise geäußerte Kritik an der Adaption der Gründungstheorie im deutschen Recht zumindest bei der Bewertung des bei der Haftung bei Insolvenzen von Auslandsgesellschaften erzielten Gläubigerschutzes als unbegründet.

Allerdings bedeutet dies nicht, dass es keine Verbesserungsmöglichkeiten im Hinblick auf den Gläubigerschutz bei der Insolvenz von Auslandsgesellschaften im Allgemeinen und der Ltd. mit deutschem Verwaltungssitz im Besonderen gäbe. Insbesondere das Problem der wirtschaftlichen Sinnlosigkeit der Geltendmachung bestehender Ansprüche gegen die Geschäftsführung bei oftmals mit der Insolvenz der Gesellschaft selbst eingetretener Vermögenslosigkeit verhindert einen effizienteren Gläubigerschutz.[1342] Es erscheint daher überlegenswert, den vorherigen Abschluss einer D & O Versicherung (nach deutschem Recht als Zuzugsstaat bzw. die Akzeptanz einer vergleichbaren *D & O Insurance* nach englischem Recht als Wegzugsstaat) mit einem angemessenen Versicherungsschutz für den Insolvenzfall als obligatorisches Erfor-

1341 Siehe S. 225 ff.

1342 Siehe S. 106.

dernis für das Eintreten der Ltd. in den inländischen Markt aufzustellen. Freilich stellt sich bei dieser Maßnahme das Problem der Vereinbarkeit mit der Niederlassungsfreiheit der Gesellschaft. Denn das Erfordernis der Gewährleistung eines ausreichenden Versicherungsschutzes vor dem Markteintritt der Gesellschaft stellt ein Marktzugangshindernis und damit eine Beschränkung der Niederlassungsfreiheit dar.[1343] Diese bedarf der Rechtfertigung, wobei sich maßgeblich Fragen der diskriminierenden Wirkung einer Pflichtversicherung für Auslandsgesellschaften und deren Erforderlichkeit stellen. Auf der Ebene der Erforderlichkeit ist festzuhalten, dass im englischen Recht bislang keine Regelungen bestehen, die den Abschluss einer *D & O Insurance* mit einem angemessenen Versicherungsschutz für den Insolvenzfall obligatorisch vorschreiben. Die Einführung einer D & O Versicherung mit einem angemessenen Versicherungsschutz für den Insolvenzfall stellt das mildeste, verfügbare Mittel zu der Erreichung des Ziels der (teilweisen) Befriedigung aller Gläubiger im Sinne des Gläubigerschutzes dar. Mit der Einführung einer Pflichtversicherung für den Fall der Insolvenz geht die Bildung eines Vermögenspools mit dem Ziel des Schutzes vor allem der ungesicherten Gläubiger einher. Die Versicherung kommt damit einer Garantie gleich, dass auch für die ungesicherten Gläubiger bei der erfolgreichen Geltendmachung von Haftungsansprüchen gegen die Geschäftsführung in der Insolvenz zumindest eine teilweise Befriedigung ihrer Forderungen eintreten würde.[1344] Dieser umfängliche Gläubigerschutz ist weder durch die Einräumung von Sicherheiten gegenüber einzelnen Gläubigern noch durch die Geltendmachung bei Haftungsansprüchen des Verwalters gegen die Geschäftsführung zugunsten der Gläubigergesamtheit erreichbar. Zuletzt verbleibt jedoch der Aspekt der diskriminierenden Wirkung der Maßnahme. Ist eine Pflichtversicherung nur für die Geschäftsführung von Auslandsgesellschaften gefordert, bedeutet dies eine offene, an das ausländische Gründungsrecht der Gesellschaft anknüpfende Diskriminierung. Es ist daher notwendig, den Abschluss entsprechender Versicherungen ebenfalls für inländische Gesellschaften verbindlich zu regeln.[1345] Die Erstreckung dieses Gläubigerschutzes durch Versicherungsschutz auf GmbHs hat zudem den Vorteil, dass das bei diesen Gesellschaften ebenfalls existierende Problem der wirtschaftlichen Sinnlosigkeit der Geltendmachung bestehender

1343 Siehe auch EuGH, NJW 1995, 2541, 2542 – Alpine Investments (Rn. 38 der Entscheidung); EuGH, EuZW 2004, 701 – CaixaBank France (Rn. 12 f. der Entscheidung).

1344 Den Garantiegedanken in anderem Zusammenhang ebenfalls aufgreifend EuGH, Slg. 2009, I-3491 – Kommission/Italien (Rn. 72 ff. der Entscheidung).

1345 In dieser Situation wäre es überlegenswert, das Mindestkapitalerfordernis des § 5 Abs. 1 GmbHG aufzugeben und diesen Aspekt des Gläubigerschutzes damit auf einen Schutz durch Versicherungsschutz zu verlagern.

Ansprüche eingedämmt wird.[1346] Spiegelbildlich kann ein entsprechendes Vorgehen auch in England zu einem effizienteren Schutz ungesicherter Gläubiger von Auslandsgesellschaften, speziell der GmbH mit englischem Verwaltungssitz, führen.

Darüber hinaus existieren im englischen Recht aber weitere massive Bedenken hinsichtlich des Gläubigerschutzes bei der Haftung des Geschäftsführers einer insolventen GmbH mit englischem Verwaltungssitz. Zunächst bewirken in dieser Situation die internationalprivatrechtlichen Vorgaben, anders als im deutschen Recht, keine Steigerung der Effektivität des Haftungssystems. Vielmehr tritt die gegenteilige Wirkung ein. Denn aufgrund des internationalprivatrechtlichen Kollisionsrechts sind im weiten Maße Haftungstatbestände anwendbar, die praktisch in den Rechtsordnungen bislang bei Gesellschaftsinsolvenzen keine große Relevanz erlangt haben. Aus dem englischen Recht sind dies insbesondere die Haftung für *Wrongful* und *Fraudulent Trading* (und die Haftung nach dem *Common Law on Torts*), aus dem deutschen Recht die Haftung nach § 43 Abs. 2, 3 GmbHG. Zwar ist die Heranziehung der praktisch bedeutsamen Haftung der Geschäftsführung aus Section 172 Companies Act 2006 bei Pflichtverletzungen in der Krise der Gesellschaft möglich. Ob der Haftungstatbestand eine umfängliche Haftung der Geschäftsführung für die Insolvenzverursachung und -vertiefung begründen kann, ist aber zurzeit offen. Von einem in sich geschlossenen Haftungssystem kann bei der Haftung des Geschäftsführers bei der Insolvenz einer GmbH mit englischem Verwaltungssitz danach momentan keine Rede sein.

Für eine Verbesserung der Effektivität des Haftungssystems im Allgemeinen sind jedenfalls zwei Schritte erforderlich. Zum einen ist die Aufwertung der Haftung für die Verzögerung der Einleitung des englischen Insolvenzverfahrens der *Liquidation* notwendig. Zum anderen sollten die Gerichte zeitnah eine klare Linie zur Reichweite der Haftung der Geschäftsführung aus Section 172 Companies Act 2006 bei Pflichtverletzungen in der Krise der Gesellschaft entwickeln. Im Sinne des Gläubigerschutzes wäre es dabei wünschenswert, Section 172 Companies Act 2006 einen weiten Anwendungsbereich bei der Haftung der Geschäftsführung für die Insolvenzverursachung und -vertiefung beizumessen. Beide Schritte erfordern die Fortbildung des Rechts durch die englischen Gerichte. Ob die englischen Gerichte zukünftig hierzu die Möglichkeit haben werden, scheint allerdings fraglich, was wiederum eng mit der Bewertung der Effizienz des Gläubigerschutzes bei der Insolvenz der GmbH mit englischem Verwaltungssitz verbunden ist. Denn schon die Verfahrenseinleitung, als Grundlage einer etwaigen späteren Rechtsfortbildung bei der Haftung der Geschäftsfüh-

---

1346 Siehe S. 107.

rung, scheitert bereits oft schon aus tatsächlichen Gründen.[1347] Des Weiteren existieren, sofern das Verfahren eingeleitet ist und die Inanspruchnahme der Geschäftsführung realistisch erscheint, keine wirkungsvollen Druckmittel seitens der Gläubiger, um auf die Geltendmachung der Haftung durch den *Liquidator* Einfluss zu nehmen.[1348] Zudem scheitert nicht selten die Führung des Haftungsprozesses an der Finanzierung, insbesondere in Ermangelung der Existenz eines Mittels der staatlichen Prozessfinanzierung wie der Prozesskostenhilfe im deutschen Recht.[1349] Damit ist bereits aufgrund dieser Faktoren die Effizienz des Gläubigerschutzes bei der Haftung des Geschäftsführers bei der Insolvenz einer GmbH mit englischem Verwaltungssitz geschmälert.

Hinzu kommt das Problem der weitgehenden Minderung des Erlöses einer erfolgreichen Inanspruchnahme des Geschäftsführers einer GmbH mit englischem Verwaltungssitz bei ihrer Insolvenz, wenn das Vermögen der Gesellschaft durch eine *Qualifying Floating Charge* besichert ist. Dies ist in aller Regel der Fall, da die *Floating Charge* das klassische Sicherungsrecht des englischen Kapitalgesellschaftsrechts ist.[1350] Gerade weil es sich bei der *Floating Charge* aber um das klassische Sicherungsrecht des englischen Kapitalgesellschaftsrechts handelt, spricht nichts dafür, dass der englische Gesetzgeber oder die dortigen Gerichte zukünftig eine Besicherung des Vermögens der Auslandsgesellschaft zugunsten eines effizienteren Schutzes der Gesamtheit der ungesicherten Gläubiger für unzulässig erklären werden.[1351] Es ist zumindest aber wünschenswert, dass der englische Gesetzgeber einen Gleichlauf des Bestellungsrechts des mit einer *Floating Charge* besicherten Gläubigers einer Auslandsgesellschaft mit dem Bestellungsrecht des Gläubigers einer Ltd. herstellt, indem beide (nur) einen *Administrator* bestellen können. So würde wenigstens der derzeit aus Sicht der ungesicherten Gläubiger der GmbH mit englischem Verwaltungssitz bestehende Nachteil beseitigt, dass bei der Verwertung der Si-

---

1347 Siehe S. 96 ff.

1348 Siehe S. 111 ff.

1349 Siehe S. 119 ff.

1350 Vgl. etwa *Davies*, Principles of Company Law, S. 48.

1351 Vielmehr hat sich das *Department of Business, Innovation and Skills* noch in seinen Vorschlägen zu Änderungen der bei der Besicherung von Auslandsgesellschaften mit einer *Floating Charge* maßgeblichen Overseas Companies (Execution of Documents and Registration of Charges) Regulations 2009 für die Beibehaltung des derzeitigen Status ausgesprochen, vgl. http://www.bis.gov.uk/assets/biscore/business-law/docs/r/11-862-registration-of-company-charges-issues auf S. 18 f., zuletzt besucht am 01.07.2012.

cherheit ein *Administrative Receiver* ohne Berücksichtigung auf ihre Interessen vorgeht.[1352]

Im Ergebnis zeigt die Gegenüberstellung der Effektivität und Effizienz des bei der Haftung der Geschäftsführung bei Insolvenzen von Auslandsgesellschaften erzielten Gläubigerschutzes die weitgehende Tragweite des Schutzes bei der Ltd. mit deutschem Verwaltungssitz. Die Tragweite des Schutzes bei der GmbH mit englischem Verwaltungssitz bleibt deutlich dahinter zurück. Im Hinblick auf den Gläubigerschutz bei der Haftung des *Director* einer Ltd. mit deutschem Verwaltungssitz stellt der eingeschränkte Wechsel des deutschen internationalen Gesellschaftsrechts zur Gründungstheorie keine signifikante Verschlechterung der Position der ungesicherten Gläubiger (und hinsichtlich der Anwendung der gesellschaftsrechtlichen Haftungstatbestände des Companies Act 2006 sogar eine Verbesserung) dar. Anders ist die Situation bei der Inanspruchnahme des Geschäftsführers einer insolventen GmbH mit englischem Verwaltungssitz zu beurteilen. Dort ist der Schutz ungesicherter Gläubiger faktisch nicht gewährleistet. Ob der englische Gesetzgeber oder die englischen Gerichte etwas an dieser Situation ändern wollen (und können), erscheint allerdings zweifelhaft.

1352 Siehe S. 243.

Literaturverzeichnis

Altmeppen, Holger, Abschied vom Durchgriff im Kapitalgesellschaftsrecht, NJW 2007, 2657.

ders., Änderungen der Kapitalersatz- und Insolvenzverschleppungshaftung aus „deutsch-europäischer“ Sicht, NJW 2005, 1911.

ders., Insolvenzverschleppungshaftung Stand 2001, ZIP 2001, 2201.

ders., Schutz vor europäischen Kapitalgesellschaften, NJW 2004, 97.

ders./Wilhelm, Jan, Quotenschaden, Individualschaden und Klagebefugnis bei der Verschleppung des Insolvenzverfahrens über das Vermögen der GmbH, NJW 1999, 673.

Arends, Volker/Möller, Christian, Aktuelle Rechtsprechung zur Geschäftsführer-Haftung in Krise und Insolvenz der GmbH, GmbHR 2008, 169.

Armour, John, Who Should Make Corporate Law? EU Legislation versus Regulatory Competition, in: Holder, Jane/O'Cinneide, Colm (Hrsg.), Current Legal Problems 2005, Oxford 2006, S. 369.

Arsalidou, Demetra, The impact of section 214 (4) of the Insolvency Act 1986 on directors' duties, (2001) 22 Comp. Law. 19.

Bachner, Thomas, Creditor Protection in Private Companies – Anglo-German Perspectives for a European Legal Discourse, Cambridge, 2009.

ders., The Battle over Jurisdiction in European Insolvency Law, ECFR 2006, 310.

Balz, Manfred, Das neue Europäische Insolvenzübereinkommen, ZIP 1996, 948.

Bar, Christian von, Internationales Privatrecht – Band II Besonderer Teil, München 1991.

ders./Mankowski, Peter, Internationales Privatrecht – Band I Allgemeine Lehren, 2. Auflage, München 2003.

Barthel, Dirk, Deutsche Insolvenzantragspflicht und Insolvenzverschleppungshaftung in Scheinauslandsgesellschaften nach dem MoMiG – Europarechtliche Anforderungen an gläubigerschützende Normen des Aufnahmestaates, Baden-Baden 2009.

ders., Die Anwendbarkeit der Erstattungspflicht nach § 64 Satz 1 GmbHG auf Gesellschaften ausländischer Rechtsform mit Verwaltungssitz in Deutschland, ZInsO 2011, 211.

Baumbach, Adolf/Hueck, Alfred (Hrsg.), GmbHG, 19. Auflage, München 2010.

Baxter, Colin, Demystifying D&O Insurance, (1995) 15 O.J.L.S. 537.

Beaumont, Paul/McEleavy, Peter, Private International Law, 3. Auflage, Edinburgh 2011.

Beckmann, Roland/Matusche-Beckmann, Annemarie (Hrsg.), Versicherungsrechts-Handbuch, 2. Auflage, München 2009.

Behme, Caspar/Nohlen, Nicolas, Zur Wegzugsfreiheit von Gesellschaften – der Schlussantrag von Generalanwalt Maduro in der Rechtsache Cartesio (C-210/06), NZG 2008, 496.

Behrens, Peter, Das Internationale Gesellschaftsrecht nach dem Überseering-Urteil und den Schlussanträgen zu Inspire Art, IPRax 2003, 193.

ders., Die englische Krone als Rechtsnachfolgerin in herrenloses Gesellschaftsvermögen in Deutschland?, in: Schäfer, Hans-Bernd/Lwowski, Hans-Jürgen (Hrsg.), Konsequenzen wirtschaftsrechtlicher Normen – Festschrift für Claus Ott zum 65. Geburtstag, S. 313.

ders., Gemeinschaftliche Grenzen der Anwendung inländischen Gesellschaftsrechts auf Auslandsgesellschaften nach Inspire Art, IPRax 2004, 20.

Bennett, Tom, Choice of law rules in claims of unjust enrichment, (1990) 39 I.C.L.Q 136.

Bicker, Eike, Das Durchsetzungsdefizit bei der Haftung wegen *wrongful trading*, GPR 2006, 127.

Bitter, Georg, Haftung von Gesellschaftern und Geschäftsführern in der Insolvenz ihrer GmbH – Teil 1, ZinsO 2010, 1505; Teil 2, ZInsO 2010, 1561.

Borges, Georg, Der rechtliche Status der im Registerstaat erloschenen Gesellschaft, IPRax 2005, 134.

ders., Gläubigerschutz bei ausländischen Gesellschaften mit inländischem Sitz, ZIP 2004, 733.

Bork, Reinhard, Haftung des GmbH-Geschäftsführers wegen verspäteten Konkursantrags, ZGR 1995, 505.

Buschbell, Hans, Prozessfinanzierung als Instrument der Anspruchsverfolgung – Praktische Hinweise zum Umgang mit Prozessfinanzierern, AnwBl 2006, 825.

Callies, Christian/Ruffert, Matthias, EUV/AEUV – Das Verfassungsrecht der Europäischen Union mit Europäischer Grundrechtecharta, 4. Auflage, München 2011.

Canaris, Claus-Wilhelm, Die Haftung für fahrlässige Verletzungen der Konkursantragspflicht nach § 64 GmbHG, JZ 1993, 649.

Carter, Tim, The phoenix syndrome – the personal liability of directors, (2006) 19 Insol. Int. 38.

Clark, Bryan, UK company law reform and directors' exploitation of "corporate opportunities", (2006) 17 I.C.C.L.R. 231.

Clarkson, Chris/Hill, Jonathan, The Conflict of Laws, 3. Auflage, Oxford 2006.

Cloherty, Adam, Knowledge, attribution and fraudulent trading, (2006) 122 L.Q.R. 25.

Commandeur, Anja/Kappstein, Hanna, Früheres Eigenkapitalersatzrecht gehört zum Insolvenzrecht, NZG 2011, 1222.

Cook, Carol, Wrongful trading – is it a real threat to directors or a paper tiger?, (1999) 3 Insolv. L. 99.

Craig, Rosemary, "The enormous turnip": a discussion on the Companies Act 2006 which like Topsy in the child's fairy tale is still growing, (2008) 29 Comp. Law. 360.

Dauner-Lieb, Barbara, Die Berechnung des Quotenschadens, ZGR 1998, 617.

dies., Die Existenzvernichtungshaftung – Schluss der Debatte?, DstR 2006, 2034.

dies., Die Existenzvernichtungshaftung als deliktische Innenhaftung gemäß § 826 BGB, ZGR 2008, 34.

Davies, Paul, Gower and Davies' Principles of Modern Company Law, 8. Auflage, London 2008.

ders., Legal Capital in Private Companies in Great Britain, AG 1998, 346.

Deakin, Simon/Johnston, Angus/Markesinis, Basil, Markesinis and Deakin's Tort Law, 6. Auflage, Oxford 2008.

Desch, Wolfram, Haftung des Geschäftsführers einer GmbH nach § 64 S. 3 GmbHG bei Rückzahlung von Gesellschafterdarlehen, BB 2010, 2586.

Dicey, Albert/Morris, John/Collins, Lawrence (letzterer Hrsg.), Dicey, Morris and Collins on the Conflict of Laws, Volume 1, 14. Auflage, London 2006; Volume 2, 14. Auflage, London 2006.

Dichtl, Andreas, Ausländische GmbH: Keine Durchgriffs- oder Insolvenzverschleppungshaftung des Alleingesellschafter-Geschäftsführers einer englischen „Limited" wegen Unterkapitalisierung, GmbHR 2005, 884.

Dickinson, Andrew, The Rome II Regulation: The Law Applicable to Non-Contractual Obligations, Oxford 2008.

Didcote, Faye, Controlling the abuse of limited liability: the effectiveness of the wrongful trading provision, (2008) 19 I.C.C.L.R. 373.

Doyle, Louis, Misfeasance proceedings: chasing the delinquents: Part 1, (1994) 7 Insolv. Int. 25; Part 2, (1994) 7 Insolv. Int. 35.

Drygala, Tim, Zur Anwendung der Sitztheorie auf zuziehende Gesellschaften, EWiR 2003, 1029.

Dugdale, Anthony/Jones, Michael, Clerk & Lindsell on Torts, 20. Auflage, London 2010.

Duursma-Kepplinger, Henriette-Christine/Duursma, Dieter/Chalupsky, Ernst, Europäische Insolvenzverordnung, Wien 2002.

Edwards, Vanessa, EC Company Law, Oxford 1999.

Ehlers, Harald, Die Haftungsressource Managerhaftung, ZinsO 2008, 524.

Ehricke, Ulrich, Beschlüsse einer Gläubigerversammlung bei mangelnder Teilnahme der Gläubiger, NZI 2000, 52.

Eidenmüller, Horst (Hrsg.), Ausländische Kapitalgesellschaften im deutschen Recht, München 2004.

ders., Geschäftsleiter- und Gesellschafterhaftung bei europäischen Auslandsgesellschaften mit tatsächlichem Inlandssitz, NJW 2005, 1618.

ders., Gesellschaftsstatut und Insolvenzstatut, RabelsZ 70 (2006), 474.

ders., Rechtsmissbrauch im Europäischen Insolvenzrecht, KTS 2009, 137.

ders., Wettbewerb der Gesellschaftsrechte in Europa, ZIP 2002, 2233.

Erker, Martin/Freund, Lydia, Verschwiegenheitspflicht von Aufsichtsratsmitgliedern bei der GmbH, GmbHR 2001, 463.

Fawcett, James/Carruthers, Janeen, Cheshire, North & Fawcett Private International Law, 14. Auflage, Oxford 2008.

Finch, Vanessa, Corporate Insolvency Law – Perspectives and Principles, 2. Auflage, Cambridge 2009.

Fleischer, Holger, Aktuelle Entwicklungen der Managerhaftung, NJW 2009, 2337.

ders., Das unternehmerische Ermessen des GmbH-Geschäftsführers und seine GmbH-spezifischen Grenzen, NZG 2011, 521.

ders., Verdeckte Gewinnausschüttung: Die Geschäftschancenlehre im Spannungsfeld zwischen Gesellschafts- und Steuerrecht, DstR 1999, 1249.

ders., Zur GmbH-rechtlichen Verantwortlichkeit des faktischen Geschäftsführers, GmbHR 2011, 337.

ders., Zur organschaftlichen Treuepflicht der Geschäftsleiter im Aktien- und GmbH-Recht, WM 2003, 1045.

Fletcher, Ian, Insolvency in Private International Law – National and International Approaches, 2. Auflage, Oxford 2005.

ders., Juggling with Norms: The Conflict Between Collective and Individual Rights Under Insolvency Law, in: Cranston, Ross (Hrsg.), Making Commercial Law – Essays in Honour of Roy Goode, Oxford 1997, S. 391.

ders., The Law of Insolvency, 4. Auflage, London 2009.

Flume, Werner, Die Haftung des GmbH-Geschäftsführers bei Geschäften nach Konkursreife der GmbH, ZIP 1994, 337.

French, Derek/Mayson, Stephen/Ryan, Christopher, Mayson, French & Ryan on Company Law, 26. Auflage, Oxford 2009.

Frobenius, Tilmann, „Cartesio": Partielle Wegzugsfreiheit für Gesellschaften in Europa, DStR 2009, 487.

Fröhlich, Claus/Strasser, Christian, Die Limited als Einzelkaufmann mit beschränkter Haftung? Deliktsrechtliche Gegenargumente, ZIP 2006, 1182.

Gehrlein, Markus, Die Existenzvernichtung im Wandel der Rechtsprechung, WM 2008, 761.

Geißler, Markus, Strittige Restanten bei der Haftung des GmbH-Geschäftsführers aus culpa in contrahendo, ZIP 1997, 2184.

Gerner-Beuerle, Carsten/Schillig, Michael, The mysteries of freedom of establishment after Cartesio, (2010) 59 I.C.L.Q. 303.

Geyrhalter, Volker/Gänßler, Peggy, Perspektiven nach „Überseering" – wie geht es weiter?, NZG 2003, 409.

Gloger, Christian/Goette, Constantin/Huet, Fabienne van, Die neue Rechtsprechung zur Existenzvernichtungshaftung mit Ausblick in das englische Recht (Teil II), DStR 2008, 1194.

Goode, Roy, Principles of Corporate Insolvency Law, 4. Auflage, London 2011.

Grabitz, Eberhard/Hilf, Meinhard/Nettesheim, Martin (letzterer Hrsg.), Das Recht der Europäischen Union – Band I – EUV/AEUV, 46. Ergänzungslieferung, München 2011.

Gräfe, Gerald, Director's fiduciary duties als Gläubigerschutzinstrument bei britischen Limiteds mit Verwaltungssitz in Deutschland, DZWIR 2005, 410.

Grantham, Ross, Company directors and tortious liability, [1997] C.L.J. 259.

Greulich, Sven/Bunnemann, Jan, Geschäftsführerhaftung für zur Zahlungsunfähigkeit führende Zahlungen an die Gesellschafter nach § 64 II 3 GmbHG-RefE – Solvenztest im deutschen Recht?, NZG 2006, 681.

ders./Rau, Thomas, Zur Insolvenzverursachungshaftung des Geschäftsleiters einer Auslandsgesellschaft mit Inlandsverwaltungssitz, NZG 2008, 565.

Griffin, Stephen, Confusion surrounding the characteristics, identification and liability of a shadow director, (2011) 24 Insolv. Int. 44.

ders., Personal Liability and Disqualification of Directors, Oxford 1999.

Grundmann, Stefan, Ausbau des Informationsmodells im Europäischen Gesellschaftsrecht, DStR 2004, 232.

Gundlach, Ulf/Frenzel, Volkhard/Schmidt, Nikolaus, Die Gewährung von Prozesskostenhilfe an den Insolvenzverwalter, NJW 2003, 2412.

Haas, Ulrich, Aktuelle Fragen zur Krisenhaftung des GmbH-Geschäftsführers nach § 64 GmbHG, GmbHR 2010, 1.

ders., Aktuelle Rechtsprechung zur Insolvenzantragspflicht des GmbH-Geschäftsführers nach § 64 Abs. 1 GmbHG, DstR 2003, 423.

ders., Die internationale Zuständigkeit für Klagen nach § 64 II GmbHG a.F. (bzw. § 64 S. 1 GmbHG n.F.), NZG 2010, 495.

ders., Die Rechtsfigur des „faktischen GmbH-Geschäftsführers", NZI 2006, 494.

ders., Geschäftsführerhaftung und Gläubigerschutz – Unternehmerische Verhaltenspflichten des GmbH-Geschäftsführers zum Schutz Dritter, München 1997.

ders., Gewährt die Haftungsnorm in § 64 Satz 3 GmbHG ein Leistungsverweigerungsrecht?, DstR 2010, 1991.

ders., Haftung des GmbH-Geschäftsführers; Bedienung nicht fälliger Forderungen, DstR 2000, 1447.

ders., Insolvenzantragsrecht und -pflicht in der GmbH insbesondere des „faktischen Geschäftsführers" nach neuem Recht, DStR 1998, 1359.

Habersack, Mathias, Trihotel – Das Ende der Debatte?, ZGR 2008, 533.

ders./Schürnbrand, Jan, Die Rechtsnatur der Haftung aus §§ 93 Abs. 3 AktG, 43 Abs. 3 GmbHG, WM 2005, 957.

Habetha, Joachim, Deliktrechtliche Geschäftsführerhaftung und gesellschaftsfinanzierte Haftpflichtversicherung, DZWIR 1995, 272.

Hamilton, Gary, Aspects of official liquidators' personal liability for costs of litigation, (1989) 7 C & SLJ 301.

Happ, Wilhelm/Holler, Lorenz, „Limited" statt GmbH? Risiken und Kosten werden gern verschwiegen, DStR 2004, 730.

Harbauer, Walter (Begr.), Rechtsschutzversicherung – Kommentar zu den Allgemeinen Bedingungen für die Rechtsschutzversicherung (ARB 2000/2009 und 75), 8. Auflage, München 2010.

Hase, Karl von, Insolvenzantragsrecht für directors einer Limited in Deutschland?, BB 2006, 2141.

Haß, Detlef/Huber, Peter/Gruber, Urs/Heiderhoff, Bettina, EU-Insolvenzverordnung (EuInsVO) – Kommentar zur VO (EG) Nr. 1346/2000 über Insolvenzverfahren, München 2005.

Haß, Peter, Die persönliche Haftung des GmbH-Geschäftsführers bei Wettbewerbsverstößen und Verletzung gewerblicher Schutzrechte, GmbHR 1994, 666.

Hasselbach, Kai, Die Geltendmachung von Gesamtschadensansprüchen der Gläubiger durch den Insolvenzverwalter – Regelungsgehalt und Anwendungsbereich der neuen §§ 92, 93 InsO, DB 1996, 2213.

Hein, Jan von, Of Older Siblings and Distant Cousins: The Contribution of the Rome II Regulation to the Communitarisation of Private International Law, RabelsZ 73 (2009), 461.

Heitsch, Joachim, Zur Bedeutung des Urt. des BGH v. 16.7.2007 – II ZR 3/04 (TRIHOTEL) für die Organhaftung unter Einbeziehung der Englischen Ltd., ZInsO 2007, 961.

Henssler, Martin/Mansel, Heinz-Peter, Die Limited Liability Partnership als Organisationsform anwaltlicher Berufsausübung, NJW 2007, 1393.

dies., Internationalrechtliche Haftungsfragen beim Auftreten einer anwaltlich tätigen Limited Liability Partnership (LLP) englischen Rechts in Deutschland, in: Berger, Klaus Peter u. a. (Hrsg.), Zivil- und Wirtschaftsrecht im Europäischen und Globalen Kontext – Festschrift für Norbert Horn zum 70. Geburtstag, Berlin 2006, S. 403.

Henze, Hartwig, Leitungsverantwortung des Vorstands – Überwachungspflicht des Aufsichtsrats, BB 2000, 209.

Hicks, Andrew, Advising on wrongful trading: Part 1, (1993) 14 Comp. Law 16.

ders./Cooke, Terry, Wrongful trading – predicting insolvency, [1993] J.B.L. 338.

Hirte, Heribert, Ein Plädoyer für die Vereinfachung des Rechts der Insolvenzanfechtung im Bereich der Globalsicherheiten unter gleichzeitiger Angleichung an die englische *floating charge*, in: Grundmann, Stefan u. a. (Hrsg.), Unternehmen, Markt und Verantwortung – Festschrift für Klaus J. Hopt zum 70. Geburtstag, Berlin 2010, S. 141.

ders./Bücker, Thomas, Grenzüberschreitende Gesellschaften, 2. Auflage, Köln 2006.

ders./Mock, Sebastian, Wohin mit der Insolvenzantragspflicht?, ZIP 2005, 474.

Hörmann, Martin, Prozesskostenhilfe zur Durchsetzung von (Anfechtungs-) Ansprüchen zu Gunsten der Insolvenzmasse, NZI 2008, 291.

Horn, Norbert, Deutsches und europäisches Gesellschaftsrecht und die EuGH-Rechtsprechung zur Niederlassungsfreiheit – Inspire Art, NJW 2004, 893.

Jauchmann, Monika/Klein, Dennis, Die englische „private limited company“ im deutschen Haftungs- und Steuerrecht, StB 2005, 374.

Jones, Ben, The difficulty of proving fraudulent trading, (2003) 16 Insolv. Int. 69.

Jooß, Alexander, Die erloschene Limited, GWR 2010, 340.

Joussen, Jacob, Der Sorgfaltsmaßstab des § 43 Abs. 1 GmbHG, GmbHR 2005, 441.

Just, Clemens, Zur Anwendung deutscher Haftungsnormen auf eine ausschließlich in Deutschland tätige Limited, ZIP 2006, 1251.

Kallenbach, Jessika, Die Möglichkeit der Prozessfinanzierung durch Dritte – Marktüberblick des Deutschen Anwaltvereins, AnwBl 2010, 352.

Keay, Andrew, A theoretical analysis of the director's duty to consider creditors interests: the progressive school's approach, (2004) 4 J.C.L.S. 307.

ders., Office-holders and the duty of directors to promote the success of the company, (2010) 23 Insolv. Int. 129.

ders., Section 172(1) of the Companies Act 2006: an interpretation and assessment, (2007) 28 Comp. Law. 106.

ders., The duty of directors to take account of creditors' interests: has it any role to play?, [2002] J.B.L. 379.

ders., Wrongful trading and the point of liability, (2006) 19 Insolv. Int. 132.

ders./Walton, Peter, Insolvency Law – Corporate and Personal, 2. Auflage, Bristol 2008.

Kegel, Gerhard/Schurig, Klaus, Internationales Privatrecht, 9. Auflage, München 2004.

Keller, Ulrich, Zur Entlassung des Insolvenzverwalters aus wichtigem Grund, EWiR 2003, 935.

Kershaw, David, Lost in translation: corporate opportunities in comparative perspective, (2005) 25 O.J.L.S. 603.

Kiethe, Kurt, Abwehrfunktion des nationalen Deliktsrechts im Internationalen Gesellschaftsrecht?, RIW 2005, 649.

ders., Die Renaissance des § 826 BGB im Gesellschaftsrecht – Neuere Tendenzen in der Rechtsprechung, NZG 2005, 333.

Kindler, Peter, Auf dem Weg zur Europäischen Briefkastengesellschaft? Die „Überseering"-Entscheidung des EuGH und das Internationale Privatrecht, NJW 2003, 1073.

ders., GmbH-Reform und internationales Gesellschaftsrecht, AG 2007, 721.

ders., Grundzüge des neuen Kapitalgesellschaftsrechts – Das Gesetz zur Modernisierung des GmbH-Rechts und zur Bekämpfung von Missbräuchen (MoMiG), NJW 2008, 3249.

ders., Internationales Gesellschaftsrecht 2009: MoMiG, Trabrennbahn, Cartesio und die Folgen, IPRax 2009, 189.

ders., Zum Kollisionsrecht der Zahlungsverbote in der Gesellschaftsinsolvenz, IPRax 2010, 430.

Kleindiek, Detlef, BGH: Zum existenzvernichtenden Eingriff durch Gesellschafter-Geschäftsführer einer GmbH, BB 2012, 1628.

ders., Die Geschäftsführerhaftung nach § 64 Satz 3 GmbHG – eine Zwischenbilanz, GWR 2010, 75.

ders., Geschäftsführerhaftung in der Krise, in: Burgard, Ulrich u. a. (Hrsg.), Festschrift für Uwe H. Schneider zum 70. Geburtstag, Köln 2011.

Klöhn, Lars, Statische oder formale Lebenssachverhalte als „Interessen" i.S. des Art. 3 I 1 EuInsVO? Zum Mittelpunkt der hauptsächlichen Interessen einer im Ausland gegründeten Gesellschaft bei Einstellung ihrer werbenden Tätigkeit im Inland, NZI 2006, 383.

Knobbe-Keuk, Brigitte, Der Tatbestand der verdeckten Gewinnausschüttung und branchengleichen Tätigkeit des Gesellschafter-Geschäftsführers, GmbHR 1992, 333.

Knof, Béla, Die neue Insolvenzverursachungshaftung nach § 64 Satz 3 RegE-GmbHG (Teil I), DstR 2007, 1536; (Teil II), DStR 2007, 1580.

Knütel, Christian, Nachtragsliquidation des inländischen Vermögens einer englischen Kapitalgesellschaft, RIW 2004, 503.

Kocher, Eva, Funktionen der Rechtsprechung – Konfliktlösung im deutschen und englischen Verbraucherprozessrecht, Tübingen 2007.

Köke, Jens/Schwabe, Christian, Haftungsfragen der englischen Private Company limited by shares, ZAP Fach 15, 511.

Kopp, Ferdinand/Ramsauer, Ulrich, VwVfG – Verwaltungsverfahrensgesetz, 12. Auflage, München 2011.

Kornblum, Udo, Bundesweite Rechtstatsachen zum Unternehmens- und Gesellschaftsrecht (Stand 1.1.2010), GmbHR 2010, 746; (Stand 1.1.2011), GmbHR 2011, 692.

Kort, Michael, Zur Auslegung der GmbHG § 30 und GmbHG § 43, EWiR 2009, 23.

Krömker, Michael/Otte, Sabine, Die gelöschte Limited mit Restvermögen in Deutschland: Stehen Gläubiger und Gesellschafter im Regen?, BB 2008, 964.

Kübler, Bruno/Prütting, Hanns/Bork, Reinhard, InsO – Kommentar zur Insolvenzordnung, 48. Ergänzungslieferung, Köln 2012.

Kühnle, Karsten/Otto, Dirk, „Neues“ zur kollisionsrechtlichen Qualifikation Gläubiger schützender Materien in der Insolvenz der Scheinauslandsgesellschaft, IPRax 2009, 117.

Lamprecht, Philipp, Gelöschte englische Limiteds in Deutschland – Die Spaltungstheorie im Zeitalter der Niederlassungsfreiheit, ZEuP 2008, 289.

Leible, Stefan, Niederlassungsfreiheit und Sitzverlegungsrichtlinie, ZGR 2004, 530.

ders./Hoffmann, Jochen, „Überseering“ und das (vermeintliche) Ende der Sitztheorie, RIW 2002, 925.

dies., „Überseering“ und das deutsche Gesellschaftskollisionsrecht, ZIP 2003, 925.

ders./Lehmann, Matthias, Auswirkungen der Löschung einer Private Limited Company auf ihr in Deutschland belegenes Vermögen, GmbHR 2007, 1095.

ders./Staudinger, Ansgar, Die europäische Verordnung über Insolvenzverfahren, KTS 2000, 533.

Leipold, Klaus/Schaefer, Torsten, Vermögensverschiebung des GmbH-Geschäftsführers in der Krise – Bankrott oder Untreue?, NZG 2009, 937.

Leitzen, Mario, Die GmbH mit Verwaltungssitz im Ausland, NZG 2009, 728.

Lelley, Jan, Zur Darlegungs- und Beweislastverteilung bei der Haftung des Gesellschafters gegenüber einer GmbH, GmbHR 2003, 116.

Lenz, Martin, Gewerbliche Prozessfinanzierung – Praktische Erfahrungen aus Sicht der Finanzierungsgesellschaften, AnwBl 2007, 483.

Leutner, Gerd/Langner, Olaf, Durchgriffshaftung bei Scheinauslandsgesellschaften, ZInsO 2005, 575.

Lieder, Jan, Die Haftung der Geschäftsführer und Gesellschafter von EU-Auslandsgesellschaften mit tatsächlichem Verwaltungssitz in Deutschland, DZWIR 2005, 399.

Lo, Stefan, Liability of directors as joint tort feasors, [2009] J.B.L. 109.

Looschelders, Dirk, Die Anpassung im Internationalen Privatrecht, Heidelberg 1995.

ders., Internationales Privatrecht – Art. 3-46 EGBGB, Berlin 2004.

Loose, Peter/Griffiths, Michael, Loose on Liquidators, 5. Auflage, Bristol 2005.

dies./Impey, David, The Company Director – Powers, Duties and Liabilities, 10. Auflage, Bristol 2008.

Lotz, Sascha, Duty to creditors – Haftungsrisiken für Limited-Geschäftsführer im Vorfeld der Insolvenz, ZInsO 2010, 1634.

Lowry, John, Eliminating obstacles to freedom of establishment: the competitive edge of UK company law, [2004] C.L.J. 331.

Lüke, Wolfgang, Das europäische internationale Insolvenzrecht, ZZP 111 (1998), 275.

Lutter, Marcus, Haftung und Haftungsfreiräume des GmbH-Geschäftsführers: 10 Gebote an den Geschäftsführer, GmbHR 2000, 301.

ders., Haftungsrisiken des Geschäftsführers einer GmbH, GmbHR 1997, 329.

ders./Banerjea, Robert, Die Haftung wegen Existenzvernichtung, ZGR 2003, 402.

ders./Hommelhoff, Peter, GmbH-Gesetz, 17. Auflage, Köln 2009.

Lüttringhaus, Jan, Das internationale Privatrecht der culpa in contrahendo nach den EG-Verordnungen Rom I und Rom II, RIW 2008, 193.

Magnus, Ulrich/Mankowski, Peter, Brussels I Regulation, München 2007.

Mankowski, Peter, „Enger Zusammenhang" zwischen Zivilklage und Konkursverfahren – Anerkennung von Entscheidungen eines anderen Mitgliedstaats, NZI 2009, 570.

ders., Die Qualifikation der culpa in contrahendo – Nagelprobe für den Vertragsbegriff des europäischen IZPR und IPR, IPRax 2003, 127.

ders., Internationale Zuständigkeit für Ansprüche gegen faktischen Geschäftsführer, NZI 2012, 52.

Mansel, Heinz-Peter, Anerkennung als Grundprinzip des Europäischen Rechtsraums – Zur Herausbildung eines europäischen Anerkennungs-Kollisionsrechts: Anerkennung statt Verweisung als neues Strukturprinzip des Europäischen internationalen Privatrechts, RabelsZ 70 (2006), 651.

ders., Internationalprivatrechtliche Anpassung bei Liquidationsgesellschaften im deutsch-englischen Rechtsverkehr, in: Krüger, Hilmar/Mansel, Heinz-Peter (Hrsg.), Liber Amicorum Gerhard Kegel, München 2002, S. 111.

ders., Substitution im deutschen Zwangsvollstreckungsrecht – Zur funktionellen Rechtsvergleichung bei der Sachrechtsauslegung, in: Pfister, Bernhard/Will, Michael (Hrsg.), Festschrift für Werner Lorenz zum siebzigsten Geburtstag, Tübingen 1991, S. 689.

Mayer, Hans-Jochem/Kroiß, Ludwig (Hrsg.), Rechtsanwaltsvergütungsgesetz – Handkommentar, 5. Auflage, Baden-Baden 2012.

McCormack, Gerard, Jurisdictional competition and forum shopping in insolvency proceedings, [2009] C.L.J. 169.

ders., Time to Revise the Insolvency Regulation, IILR 2011, 121.

Meyer-Löwy, Bernd/Poertzgen, Christoph/Sauer, Rene, Neue Rechtsprechung zur Insolvenzverwalterhaftung im Überblick, ZinsO 2005, 691.

Michalski, Lutz (Hrsg.), Kommentar zum Gesetz betreffend die Gesellschaften mit beschränkter Haftung (GmbHG), Band I - Systematische Darstellungen - §§ 1-34 GmbHG, 2. Auflage, München 2010; Band II - §§ 35-85 GmbHG/ §§ 1-4 EGGmbHG, 2. Auflage, München 2010.

Milman, David, Company charges and security: an overview of the present position, (2006) 9 Co. L.N. 1.

ders., Company directors: a review of recent legal developments, (2009) 260 Co. L.N. 1.

ders., Corporate insolvency law: the drivers for litigation and reform, (2011) 292 Co. L.N. 1.

ders., Strategies for regulating managerial performance in the twilight zone, [2004] J.B.L. 493.

Mock, Sebastian, Löschung englische Limited – Fortbestehen als Restgesellschaft zur Liquidation in Deutschland, NZI 2008, 260.

ders./Schildt, Charlotte, Insolvenz ausländischer Kapitalgesellschaften mit Sitz in Deutschland, ZInsO 2003, 396.

Mörsdorf, Oliver, Was von Daily Mail übrig blieb – Die Wegzugsbesteuerung von EU-Gesellschaften nach dem EuGH-Urteil National Grid Indus, EuZW 2012, 296.

Mortimore, Simon (Hrsg.), Company Directors – Duties, Liabilities and Remedies, Oxford 2009.

Moss, Gabriel, Administrators' Duties and Liabilities, (1999) 12 Insolv. Int. 12.

ders./Fletcher, Ian/Isaacs, Stuart, The EC Regulation on Insolvency Proceedings – A Commentary and Annotated Guide, 2. Auflage, Oxford 2009.

Müller, Gerd, Zum Schutz der Neugläubiger nach § 64 GmbHG, GmbHR 1994, 209.

Müller, Hans-Friedrich, Insolvenz ausländischer Kapitalgesellschaften mit inländischem Verwaltungssitz, NZG 2003, 414.

Münchener Kommentar zum Bürgerlichen Gesetzbuch, Band 1 – Allgemeiner Teil, 6. Auflage, München 2012; Band 2 – Schuldrecht Allgemeiner Teil, 6. Auflage, München 2012; Band 5 – Schuldrecht Besonderer Teil III, 5. Auflage, München 2009; Band 6 – Sachenrecht, 5. Auflage, München 2009; Band 10 – Internationales Privatrecht, Rom I-Verordnung, Rom II-Verordnung, Einführungsgesetz zum Bürgerlichen Gesetzbuche (Art. 1-24), 5. Auflage, München 2010; Band 11 – Internationales Privatrecht, Internationales Wirtschaftsrecht, Einführungsgesetz zum Bürgerlichen Gesetzbuche (Art. 25-248), 5. Auflage, München 2010.

Münchener Kommentar zur Insolvenzordnung, Band 1 – §§ 1-102, InsVV, 2. Auflage, München 2007; Band 2 – §§ 103-269, 2. Auflage, München 2008; Band 3 – §§ 270-359, Int. InsR, Ins. SteuerR, 2. Auflage, München 2008.

Musielak, Hans-Joachim (Hrsg.), ZPO – Zivilprozessordnung, 9. Auflage, München 2012.

Nawroth, Mario, Der neue § 55 Abs. 4 InsO – Die Gedanken sind frei..., ZInsO 2011, 107.

Niesert, Burkhard/Hohler, Anne, Die Haftung des Geschäftsführers für die Rückzahlung von Gesellschafterdarlehen und ähnliche Leistungen – Zugleich ein Beitrag zur Auslegung des § 64 S. 3 GmbHG, NZI 2009, 345.

Noonan, Chris/Watson, Susan, Directors' tortious liability – Standard Chartered Bank and the restoration of sanity, [2004] J.B.L. 359.

dies., Examining directors through the lens of de facto directorship, [2008] J.B.L. 587.

O'Hare, John/Browne, Kevin, Civil Litigation, 14. Auflage, London 2009.

Oditah, Fidelis, Misfeasance proceedings against company directors, [1992] L.M.C.L.Q. 207.

Oepen, Klaus, Die Zuständigkeiten des Insolvenzverwalters für Gesamtschadensersatzansprüche und Gesellschafterhaftung – Aktuelles zu §§ 92, 93 InsO, ZInsO 2002, 162.

Olbrich, Carola/Kassing, Daniel, Der Selbstbehalt in der D&O Versicherung: Gesetzliche Neuregelung lässt viele Fragen offen, BB 2009, 1659.

Omar, Paul, In the wake of the Companies Act 2006: an assessment of the potential impact of reforms to company law, (2009) 20 I.C.C.L.R. 44.

Osterloh-Konrad, Christine, Abkehr vom Durchgriff – Die Existenzvernichtungshaftung des GmbH-Gesellschafters nach „Trihotel", ZHR 172 (2008), 274.

Paefgen, Walter, Kapitalerhaltungshaftung von GmbH-Geschäftsführern und Gesellschaftern, DZWIR 2009, 177.

Pahlke, Anne-Kathrin, Risikomanagement nach KonTraG – Überwachungspflichten und Haftungsrisiken für den Aufsichtsrat, NJW 2002, 1680.

Palandt, Otto (Begr.), Palandt – Bürgerliches Gesetzbuch, 71. Auflage, München 2012.

Pannen, Klaus, Die „Scheinauslandsgesellschaft" im Spannungsfeld zwischen dem ausländischen Gesellschaftsstatut und dem inländischen Insolvenzstatut, in: Ganter, Hans Gerhard/Gottwald, Peter/Lwowski, Hans-Jürgen (Hrsg.), Haftung und Insolvenz – Festschrift für Gero Fischer zum 65. Geburtstag, München 2008, S. 403.

ders./Riedemann, Susanne, Gläubigeransprüche bei englischer Limited mit Geschäftstätigkeit in Deutschland, NZI 2005, 411.

Pape, Gerhard, Prozeßkostenhilfe für Konkursverwalter, ZIP 1988, 1293.

Paulus, Christoph, Grundlagen des neuen Insolvenzrechts – Internationales Insolvenzrecht, DStR 2005, 334.

Peel, Edwin, Treitel – The Law of Contract, 12. Auflage, London 2007.

Peltzer, Martin, Konstruktions- und Handhabungsschwierigkeiten bei der D&O-Versicherung, NZG 2009, 970.

Pelz, Christian, Die persönliche Haftung des Geschäftsführers einer GmbH, RnotZ 2003, 415.

Perry, Bill/Gregory, Lynne, The European panorama: directors' economic and social responsibilities, (2009) 20 I.C.C.L.R. 25.

Poertzgen, Christoph, Die künftige Insolvenzverschleppungshaftung nach dem MoMiG, GmbHR 2007, 1258.

ders., Die künftige Insolvenzverschleppungshaftung nach dem MoMiG, NZI 2007, 15.

ders./Meyer, Benedikt, Aktuelle Probleme des § 64 Satz 3 GmbHG, ZInsO 2012, 249.

Prentice, Daniel, Creditor's Interests and Director's Duties, (1990) 19 O.J.L.S. 265.

Preußner, Joachim/Becker, Florian, Ausgestaltung von Risikomanagementsystemen durch die Geschäftsleitung, NZG 2002, 846.

Prölls, Erich/Martin, Anton (Begr.), Versicherungsvertragsgesetz, 28. Auflage, München 2010.

Prütting, Hanns/Wegen, Gerhard/Weinreich, Gerd (Hrsg.), BGB Kommentar, 7. Auflage, Köln 2012.

Rainer, Anno, Verlegung des operativen Geschäftssitzes in einen anderen Mitgliedstaat ohne jedoch den Rechtsstatus nach den Rechtsvorschriften des Herkunftsstaates zu verlieren, IStR 2008, 478.

Rehm, Gebhard, Wirksamkeit in Deutschland vorgenommener Akte ausländischer Urkundspersonen?, RabelsZ 64 (2000), 104.

Reinhart, Stefan, Die Überarbeitung der EuInsVO, NZI 2012, 304.

Richter, Lutz, Der identitätswahrende Wegzug deutscher Gesellschaften ins EU-/EWR-Ausland auf dem Vormarsch – Zugleich Anmerkungen zu den Schlussanträgen in der Rechtssache Cartesio vom 22.5.2008, IStR 2008, 719.

Rickett, Charles/Grantham, Ross, Directors' "tortious" liability: contract, tort or company law?, (1999) 62 M.L.R. 133.

Ringe, Wolf-Georg/Willemer, Charlotte, Die „deutsche Limited" in der Insolvenz, EuZW 2006, 621.

dies., Zur Anwendung von § 64 GmbHG auf eine englische Limited, NZG 2010, 56.

Röhricht, Volker, Die GmbH im Spannungsfeld zwischen wirtschaftlicher Dispositionsfreiheit ihrer Gesellschafter und Gläubigerschutz, in: Geiß, Karlmann/Nehm, Kay u. a. (Hrsg.), Festschrift aus Anlaß des fünfzigjährigen Bestehens von Bundesgerichtshof, Bundesanwaltschaft und Rechtsanwaltschaft beim Bundesgerichtshof, Köln 2000, S. 83.

Rollmann, Christian, Prozesskostenfinanzierung für Insolvenzverwalter – Zumutbare und sinnvolle Alternative zur Prozesskostenhilfe, InVo 2006, 305.

Römermann, Volker, Aktuelles zur Insolvenzantragspflicht nach § 15a InsO, NZI 2010, 241.

ders., Insolvenzrecht im MoMiG, NZI 2008, 641.

Roth, Günter, Die Bedeutung von Cadbury-Schweppes für die Centros-Judikatur des EuGH, EuZW 2010, 607.

ders./Altmeppen, Holger, Gesetz betreffend die Gesellschaften mit beschränkter Haftung (GmbHG), 7. Auflage, München 2012.

Rozijn, Michael, Geheimhaltungspflichten und Kapitalschutz beim Abschluss von M&A-Dienstleistungsverträgen, NZG 2001, 494.

Rubel, Jörgen/Nepomuck, Lutz, Zur Strafbarkeit des Directors einer Limited wegen Untreue, EWiR 2010, 761.

Ruiner, Christoph, Fortentwicklung des EuGH-Urteils in der Rs. Cartesio durch die Schlussanträge des GA Jääskinen in der Rs. Vale Építési kft., IStR 2012, 257.

Schall, Alexander, Deutscher Gläubigerschutz und Europarecht – Lehren aus dem PIN-Fall des BGH, NJW 2011, 3745.

ders., Die floating charge im Wettbewerb der Insolvenzrechte, KTS 2009, 69.

ders., Die neue englische floating charge im Internationalen Privat- und Verfahrensrecht, IPRax 2009, 209.

ders., Englischer Gläubigerschutz bei der Limited in Deutschland, ZIP 2005, 965.

ders./Barth, Alexander, Stirbt Daily Mail langsam? – Zu den Folgen von EuGH C-371/10 (National Grid Indus) für Kollisionsrecht und Wegzugsbesteuerung, NZG 2012, 414.

Schanze, Erich, Gesellschafterhaftung für unlautere Einflussnahme nach § 826 BGB: Die Trihotel-Doktrin des BGH, NZG 2007, 681.

ders./Jüttner, Andreas, Die Entscheidung für Pluralität – Kollisionsrecht und Gesellschaftsrecht nach der Entscheidung „Inspire Art“, AG 2003, 661.

Schedhelm, Rolf, Wettbewerbsverbot und Betriebsabgrenzung, DstR 1993, 245.

Schillig, Michael, Die ausschließliche internationale Zuständigkeit für gesellschaftsrechtliche Streitigkeiten vor dem Hintergrund der Niederlassungsfreiheit – Zur Anwendung des Art. 22 Nr. 2 EuGVVO auf eine englische *limited* mit Verwaltungssitz in Deutschland, IPRax 2005, 208.

Schimmer, Dieter, Zur Darlegungslast und Beweislast beim Schadensersatzanspruch nach GmbHG § 43 Abs 2, EWiR 2003, 225.

Schmahl, Hermannjosef, Zur Praxis öffentlich-rechtlicher Gläubiger bei der Stellung und Rücknahme von Eröffnungsanträgen – Tatsachen und Anmerkungen am Beispiel des AG Duisburg, NZI 2002, 177.

Schmelz, Christoph, Das Liquidationsrecht der GmbH, terra incognita?, NZG 2007, 135.

Schmidt, Jessica, Fortbestehen einer in England gelöschten Ltd. als Restgesellschaft zur Liquidation des in Deutschland belegenen Vermögens, ZIP 2007, 1709.

dies., Insolvenzantragspflicht und Insolvenzverschleppungshaftung bei der deutschen Limited – Das LG Kiel auf dem richtigen Weg?, ZInsO 2006, 737.

dies., Verfahren und Gefahren bei der Liquidation einer „Rest-Limited“, ZIP 2008, 2400.

Schmidt, Karsten, Grenzen der Haftungsprivilegierung bei Ermessensentscheidungen des GmbH-Geschäftsführers, JuS 2008, 1128.

ders., Kein Abschied vom Quotenschaden bei der Insolvenzverschleppungshaftung!, NZI 1998, 9.

ders., Keine Begrenzung der Haftung des GmbH-Geschäftsführers bei Verletzung der Konkursantragspflicht, NJW 1993, 2931.

ders., Konkursverschleppungshaftung und Konkursverursachungshaftung, ZIP 1988, 1497.

ders., Labyrinthus creditorum – Gesellschaftsrechtliche Haftung im Insolvenzverfahren nach §§ 92, 93 InsO, ZGR 1996, 209.

ders., Organverantwortlichkeit und Sanierung im Insolvenzrecht der Unternehmen, ZIP 1980, 328.

ders., Reform der Kapitalsicherung und Haftung in der Krise nach dem Regierungsentwurf des MoMiG, GmbHR 2007, 1072.

ders., Verbotene Zahlungen in der Krise von Handelsgesellschaften und die daraus resultierenden Ersatzpflichten, ZHR 168 (2004), 637.

ders./Uhlenbruck, Wilhelm (Hrsg.), Die GmbH in Krise, Sanierung und Insolvenz, 4. Auflage, Köln 2009.

Schmidt-Ehemann, Stephanie, Die Haftung bei Insolvenz einer EU-Auslandsgesellschaft, Baden-Baden 2010.

Schneider, Sven, Unternehmerische Entscheidungen als Anwendungsvoraussetzung für die Business Judgement Rule, DB 2005, 707.

Scholz, Franz (Begr.), Kommentar zum GmbH-Gesetz, I. Band - §§ 1-34, 10. Auflage, Köln 2006; II. Band - §§ 35-52, 10. Auflage, Köln 2007; III. Band - §§ 53-85, Nachtrag MoMiG, §§ 1-4 EGGmbHG, 10. Auflage, Köln 2010.

Stöber, Michael, Die Insolvenzverschleppungshaftung in Europa, ZHR 176 (2012), 326.

Schulte, Richard, Enforcing wrongful trading as a standard of conduct for directors and a remedy for creditors: the special case of corporate insolvency, (1999) 20 Comp. Law. 80.

Schulz, Martin/Sester, Peter, Höchstrichterliche Harmonisierung der Kollisionsregeln im europäischen Gesellschaftsrecht: Durchbruch der Gründungstheorie nach „Überseering", EWS 2002, 545.

Schulz, Thomas, Die Verteilung von inländischem Restvermögen aufgelöster ausländischer Gesellschaften, NZG 2005, 415.

Schulze-Osterloh, Joachim, Grenzen des Gläubigerschutzes bei fahrlässiger Konkursverschleppung, AG 1984, 141.

Schwab, Martin, Die Neuauflage der Existenzvernichtungshaftung – Kein Ende der Debatte!, ZIP 2008, 341.

ders., Missbrauchsbekämpfung durch die GmbH-Reform: Schutzinstrumente und Schutzlücken, DStR 2010, 333.

Sealy, Len, Paycheck services 3 Ltd: the Supreme Court reviews the concept of the de facto director, (2011) 287, Co. L.N. 1.

ders./Worthington, Sarah, Cases and Materials in Company Law, 9. Auflage, Oxford 2010.

Shears, Peter/Stephenson, Graham, James' Introduction to English Law, 13. Auflage, London 1996.

Simmons, Marion, Wrongful trading, (2001) 14 Insolv. Int. 12.

Smid, Stefan, Existenzvernichtungshaftung, Insolvenzabwicklung und Sanierung, DZWIR 2008, 265.

Soergel, Hans (Begr.), Bürgerliches Gesetzbuch mit Einführungsgesetz und Nebengesetzen, Band 10 – Einführungsgesetz, Stuttgart 1996.

Spindler, Gerald/Berner, Olaf, Der Gläubigerschutz im Gesellschaftsrecht nach Inspire Art, RIW 2004, 7.

Staudinger, Julius von (Begr.), Kommentar zum Bürgerlichen Gesetzbuch mit Einführungsgesetz und Nebengesetzen, Buch 1 – Allgemeiner Teil - §§ 134-138, Anh zu § 138: ProstG (Allgemeiner Teil 4 a), Neubearbeitung 2011, Berlin; Buch 1 – Allgemeiner Teil - §§ 164-240 (Allgemeiner Teil 5), Neubearbeitung 2009, Berlin; Buch 2 – Recht der Schuldverhältnisse - §§ 311, 311a, 312, 312a – f (Vertragsschluss), Neubearbeitung 2005, Berlin; Buch 2 – Recht der Schuldverhältnisse - §§ 397-432 (Erlass, Abtretung, Schuldübernahme, Mehrheit von Schuldnern und Gläubigern), Neubearbeitung 2005, Berlin; Buch 2 – Recht der Schuldverhältnisse - §§ 830-838 (Unerlaubte Handlungen 3), Neubearbeitung 2008, Berlin; Einführungsgesetz zum Bürgerlichen Gesetzbuche/IPR (Internationales Privatrecht – Allgemeiner Teil), Neubearbeitung 2003, Berlin.

Steffek, Felix, Der subjektive Tatbestand der Gesellschafterhaftung im Recht der GmbH – zugleich ein Beitrag zum Haftungsdurchgriff, JZ 2009, 77.

ders., Gläubigerschutz in der Kapitalgesellschaft – Krise und Insolvenz im englischen und deutschen Gesellschafts- und Insolvenzrecht, Tübingen 2011.

ders., Wrongful Trading – Grundlagen der Spruchpraxis, NZI 2010, 589.

Stelkens, Paul/Bonk, Heinz/Sachs, Michael (Hrsg.), Verwaltungsverfahrensgesetz: VwVfG, 7. Auflage, München 2008.

Sterzinger, Christian, Prozesskostenhilfe im Insolvenzverfahren, NZI 2008, 525.

Strohn, Lutz, Existenzvernichtungshaftung – Vermögensvermischungshaftung – Durchgriffshaftung, ZinsO 2008, 706.

ders., Organhaftung im Vorfeld der Insolvenz, NZG 2011, 1161.

Süß, Rembert, Häufige Probleme mit Zweigniederlassungen englischer Limited Companies, DNotZ 2005, 180.

Tetzlaff, Christian, Zusammenarbeit zwischen Insolvenzverwaltern und Prozessfinanzierern, ZInsO 2011, 311.

Thomale, Chris, Die Gründungstheorie als versteckte Kollisionsnorm – Höchstrichterliche Fortbildung des internationalen Gesellschaftsrechts anhand von Art. 22 Nr. 2 EuGVO, NZG 2011, 1290.

Thüsing, Gregor/Traut, Johannes, Angemessener Selbstbehalt bei D&O-Versicherungen – Ein Blick auf die Neuerungen nach dem VorstAG, NZA 2010, 140.

Timm, Wolfram, Wettbewerbsverbot und „Geschäftschancen"-Lehre im Recht der GmbH, GmbHR 1981, 177.

Tolmie, Fiona, Funding litigation by liquidators: a consideration of the amendment to rule 4.218, [2003] 9 Insolv. L. 153.

Triebel, Volker/Silny, Deny, Die persönliche Haftung der Gesellschafter einer in Deutschland tätigen englischen Rechtsanwalts-LLP, NJW 2008, 1034.

Uhlenbruck, Wilhelm (Hrsg.), InsO, 13. Auflage, München 2010.

ders., Die Legitimation zur Geltendmachung von Neugläubigerschäden wegen Konkursverschleppung, ZIP 1994, 1153.

ders., Prozeßkostenhilfe im Konkurs, ZIP 1982, 288.

Ullrich, Norbert, Außenhaftungsrisiken des Geschäftsführers in der Krise der GmbH nach aktueller zivilgerichtlicher Rechtsprechung, DZWIR 2000, 177.

Ulmer, Peter (Hrsg.), Gesetz betreffend die Gesellschaften mit beschränkter Haftung (GmbHG) – Großkommentar, Band II - §§ 29 bis 52, Tübingen 2006; Band III - §§ 53 bis 87, Tübingen 2008; Ergänzungsband MoMiG, Tübingen 2010.

ders., Gläubigerschutz bei Scheinauslandsgesellschaften, NJW 2004, 1201.

ders., Insolvenzrechtlicher Gläubigerschutz gegenüber Scheinauslandsgesellschaften ohne hinreichende Kapitalausstattung?, KTS 2004, 291.

Vallender, Heinz, Auflösung und Löschung der GmbH – Veränderungen aufgrund des neuen Insolvenzrechts, NZG 1998, 249.

ders., Die Entwicklung des Regelinsolvenzverfahrens im Jahre 2011, NJW 2012, 1633.

ders., Die Insolvenz von Scheinauslandsgesellschaften, ZGR 2006, 425.

Vanmeenen, Melissa/Van Hoe, Arie, Shareholders' loans at the crossroads between corporate and insolvency law: impact of the freedom of establishment on national insolvency law, IILR 2011, 468.

Virgós, Miguel/Schmit, Etienne, Erläuternder Bericht zu dem EU-Übereinkommen über Insolvenzverfahren, Der Rat der Europäischen Union, Doc. 6500/1/96REV1, u. a. in Stoll, Hans (Hrsg.), Vorschläge und Gutachten zur Umsetzung des EU-Übereinkommens über Insolvenzverfahren im deutschen Recht, Tübingen 1997, S. 32.

Wachter, Thomas, Persönliche Haftung des Gründers einer englischen *private limited company*, BB 2006, 1463.

Wackerbarth, Ulrich, Niederlassungsfreiheit und nationales Gläubigerschutzsystem, in: Berger, Klaus Peter u. a. (Hrsg.), Zivil- und Wirtschaftsrecht im Europäischen und Globalen Kontext – Festschrift für Norbert Horn zum 70. Geburtstag, Berlin 2006, S. 605.

Wagner, Gerhard, Die neue Rom II-Verordnung, IPRax 2008, 1.

Walters, Adrian, Foreshortening the shadow: maintenance, champerty and the funding of litigation in corporate insolvency, (1996) 17 Comp. Law. 165.

ders., Staying proceedings on grounds of champerty: more reasons to question the result in *Oasis Merchandising*, (2000) 1 Ins. Law. 16.

Wälzholz, Eckhard, Die insolvenzrechtliche Behandlung haftungsbeschränkter Gesellschaften nach der Reform durch das MoMiG, DStR 2007, 1914.

Weller, Marc-Philippe, Die Neuausrichtung der Existenzvernichtungshaftung durch den BGH und ihre Implikationen durch die Praxis, ZIP 2007, 1681.

ders., Europäische Rechtsformwahlfreiheit und Gesellschafterhaftung, Köln 2004.

ders., Scheinauslandsgesellschaften nach Centros, Überseering und Inspire Art: Ein neues Anwendungsfeld für die Existenzvernichtungshaftung, IPRax 2003, 207.

Wenckstern, Manfred, Die englische Floating Charge im deutschen Internationalen Privatrecht, RabelsZ 56 (1992), 624.

Wessels, Bob, COMI: past, present and future, (2011) 24 Insolv. Int. 17.

Wilhelm, Jan, Konkursantragspflicht des GmbH-Geschäftsführers und Quotenschaden, ZIP 1993, 1833.

ders., Zur Existenzvernichtungshaftung, EWiR 2007, 557.

Wilhelmi, Rüdiger, Die „neue“ Existenzvernichtungshaftung der Gesellschafter der GmbH, DZWIR 2003, 45.

Williams, Christina, Section 214 of the Insolvency Act 1986 and the private company: why it may fall short of the mark, (1990) 11 Comp. Law. 222.

Wimmer, Richard, Die Haftung des GmbH-Geschäftsführers, NJW 1996, 2546.

Wübbelsmann, Stephan, Streitschrift gegen die Insolvenzverschleppungshaftung, GmbHR 2008, 1303.

Zerres, Thomas, Deutsche Insolvenzantragspflicht für die englische Limited mit Inlandssitz, DZWIR 2006, 356.

Zimmer, Daniel, Nach „Inspire Art“: Grenzenlose Gestaltungsfreiheit für deutsche Unternehmen?, NJW 2003, 3585.

ders./Naendrup, Christoph, Das Cartesio-Urteil des EuGH: Rück- oder Fortschritt für das internationale Gesellschaftsrecht?, NJW 2009, 545.

Zöller, Richard (Begr.), ZPO – Zivilprozessordnung, 29. Auflage, Köln 2012.

FSC
www.fsc.org
MIX
Papier | Fördert
gute Waldnutzung
FSC® C083411

Kolibri 360 GmbH
Ferdinand-Jühlke-Straße 7
99095 Erfurt, Deutschland
produktsicherheit@kolibri360.de